Bekennen – Bekenntnis – Bekenntnisse

Greifswalder Theologische Forschungen

(GThF)

Herausgegeben von Christfried Böttrich im Auftrag der Theologischen Fakultät Greifswald

Band 22

Bekennen – Bekenntnis – Bekenntnisse

Interdisziplinäre Zugänge

Herausgegeben von
Thomas K. Kuhn

unter Mitarbeit von
Marita Gruner und Reinhardt Würkert

EVANGELISCHE VERLAGSANSTALT
Leipzig

Gedruckt mit Mitteln der Evangelisch-lutherischen Kirche in Norddeutschland und der Theologischen Fakultät der Ernst-Moritz-Arndt-Universität Greifswald.

Bibliographische Information der Deutschen Nationalbibliothek
Die Deutsche Nationalbibliothek verzeichnet diese Publikation in der Deutschen Nationalbibliographie; detaillierte bibliographische Daten sind im Internet über http://dnb.dnb.de abrufbar.

Printed in Germany · H 7780

Das Buch wurde auf alterungsbeständigem Papier gedruckt.

Cover: Kai-Michael Gustmann, Leipzig
Satz: Stephan Rehm, Greifswald
Druck und Binden: Hubert & Co., Göttingen

ISBN 978-3-374-03782-7
www.eva-leipzig.de

Vorwort

Im Jahr 1563 erschien in Heidelberg ein Katechismus, der ausgehend von der Kurpfalz rasche Verbreitung fand und weltweit zu einem der wirkungsmächtigsten theologischen Grundtexte avancieren sollte. Der sogenannte »Heidelberger Katechismus« mit seinen 129 Fragen und Antworten erschien zunächst als katechetisches Kompendium für den Unterricht junger Menschen und erlangte darüber hinaus einen normativen Anspruch für Pfarrer und Lehrkräfte sowie für die Ausbildung reformierter Theologie. In drei Teilen handelt er von des Menschen Elend, von des Menschen Erlösung und von des Menschen Dankbarkeit. Seine berühmte erste Frage lautet: »Was ist dein einziger Trost im Leben und im Sterben?« Die darauf folgenden Fragen und Antworten leiten Leserinnen und Leser dazu an, diese Frage zu beantworten, sie fordern heraus und helfen, Grundaussagen des christlichen Glaubens zu formulieren, zu bekennen.

Die Theologische Fakultät der Ernst-Moritz-Arndt Universität in Greifswald nahm das 450. Gedenken des Heidelberger Katechismus im Sommersemester 2013 zum Anlass, eine Ringvorlesung zum Thema »Bekennen, Bekenntnis, Bekenntnisse« zu veranstalten. Die insgesamt vierzehn interdisziplinären Beiträge griffen das pluriforme Phänomen von Bekennen und Bekenntnissen in sehr unterschiedlicher Weise auf. Neben exegetischen und kirchenhistorischen Perspektiven standen judaistische, archäologische und musikwissenschaftliche sowie systematisch- und praktisch-theologische als auch religionssoziologische und juristische Zugänge. Der vorliegende Band versammelt bis auf einen die Vorträge dieser Ringvorlesung.

Der Herausgeber dankt an dieser Stelle der Autorin und den Autoren ganz herzlich für ihre Bereitschaft, sich an der Ringvorlesung zu beteiligen und ihre Manuskripte zur Verfügung zu stellen.

Für die Herstellung der Druckvorlage danke ich meiner Sekretärin Sabine Schöning, den beiden wissenschaftlichen Mitarbeitenden Marita Gruner und Reinhardt Würkert sowie den studentischen Hilfskräften Nicola Barten und Annemarie Pachel. Ein besonderer Dank gilt ferner Herrn Stephan Rehm, wissenschaftlicher Mitarbeiter am Lehrstuhl für Neues Testament, für seine überaus kompetente Unterstützung bei der Einführung in das Satzprogramm und bei der Manuskripterstellung.

Meinem Kollegen Prof. Dr. Christfried Böttrich gilt mein Dank für die Aufnahme des Bandes in die Reihe »Greifswalder theologische Forschungen«.

Für großzügige Druckkostenzuschüsse ist neben der Evangelisch-lutherischen Kirche in Norddeutschland auch der Theologischen Fakultät in Greifswald zu danken.

Greifswald, im Februar 2014 Thomas K. Kuhn

Inhaltsverzeichnis

1. Exegetische und historische Zugänge

Bekennen und Bekenntnis im Alten Testament

Zur Semantik des Lexems ידה II und zur Credo-Funktion des *šᵉmaʿ jiśrāʾel*

Andreas Ruwe

1. Einleitung

Aus der Perspektive alttestamentlicher Wissenschaft etwas zum Thema »Bekennen und Bekenntnis« zu sagen, stellt vor Schwierigkeiten. Zum einen liegt auf der Hand, dass Bekenntnisse im herkömmlichen Sinn vornehmlich eine Angelegenheit des christlichen Glaubens sind. Auch die *Schahāda* (*aš-šahāda*), das heißt der auf Koran-Formulierungen basierende zweiteilige Ausspruch: »Es gibt keinen Gott außer Gott und Mohammad ist sein Gesandter«,[1] ist nach islamischem Selbstverständnis trotz seiner Kürze ein Bekenntnis,[2] das ins Zentrum der Religionsausübung gehört. Die Frage, ob ein Bekenntnis oder gar mehrere Bekenntnisse im Judentum eine vergleichbare Rolle spielen, ist nicht leicht zu beantworten. Eine gewisse Prominenz haben die »Dreizehn Glaubensartikel« (*šelošâ ʿaśar ʿiqqārîm*) des Maimonides, die aus dem Mittelalter stammen.[3] Sie fanden wohl nicht die Verbreitung und Verbindlichkeit, die dem *Apostolikum* oder der *Schahāda* je in ihrem Bereich zugewachsen sind.[4] Ob das berühmte *šᵉmaʿ jiśrāʾel*, also die mit diesen Worten beginnende

---

1 Zu Bedeutung und Verwendung des Wortes *Schahāda* vgl. Daniel Gimaret, Art. Shahāda, in: EI² 9 (1997), 201.

2 Vgl. die erste Hälfte der *Schahāda* mit Sure 37,35 (Der Koran. Übersetzung von Rudi Paret, Stuttgart ⁹2004, 313) und mit Sure 47,19 (358), die zweite Hälfte mit Sure 48,29 (363).

3 Vgl. dazu Johann Maier, Art. Mose ben Maimon, in: TRE 23 (1994), 357-362, hier 359-360.

4 Ob Martin Buber z.B. die 13 *ʿiqqārîm* im Blick hat, wenn er zum Progress späterer Phasen der jüdischen Religionsgeschichte skeptisch schreibt: »Die weitere Entwicklung, die, im Zeichen der Auseinandersetzung mit Christentum und Islam stehend, von Formeln zu Formeln und bis zum regelrechten Bekenntnis nach Artikeln führt, gehört im wesentlichen nicht mehr der lebendigen Religion selber, sondern ihren intellektual verfaßten Außenbezirken, der Theologie und der Religionsphilosophie, an« (Buber, Zwei Glaubens-

Textsequenz aus Dtn 6, als ein der *Schahāda* und dem *Apostolikum* vergleichbares Bekenntnis seit alttestamentlicher Zeit in Betracht kommt, ist eine interessante Frage, auf die noch zurückzukommen sein wird. Auf den ersten Blick sieht es nicht so aus. Von seinem Sinnzusammenhang her ist das *šᵉmaʿ jiśrā'el* ein mosaisches, das heißt an Israel vermitteltes, letztlich göttliches Gebot. Und ob ein Israel vermitteltes Gebot sachlogisch als *sein* Bekenntnis in Betracht kommt, kann zumindest gefragt werden. Zweifellos ist das *šᵉmaʿ jiśrā'el* ein zentraler alttestamentlicher Text. Aber das sind auf ihre Weise die Zehn Gebote oder Psalm 23 oder die Paradieserzählung in Gen 2-3 auch – ohne Bekenntnisse zu sein. Abgesehen von der Frage nach Stellenwert und Funktion des *šᵉmaʿ jiśrā'el* in der Religionsgeschichte Israels und im Judentum scheint das Alte Testament zum Thema Bekenntnis keinen wesentlichen Beitrag zu leisten.

Auf der anderen Seite ist es im Rahmen der alttestamentlichen Wissenschaft von Gerhard von Rad bis in die neuesten Auflagen von Standardlehrbüchern hinein verbreitet, von Bekenntnis oder Bekenntnissen als literarischen Größen des Alten Testaments bzw. der Religionsgeschichte Alt-Israels zu sprechen.[5] In seiner Studie »Das formgeschichtliche Problem des Hexateuch« von 1938 suchte von Rad nachzuweisen, dass »das alte Credo« den Ausgangspunkt für die Entstehung des Pentateuch und seiner Quellen bildete.[6] An zentralen Kultorten gepflegte Traditionen, die Stationen der »Heilsgeschichte« höhenlinienartig zusammenfassen, seien sekundär zu Geschichtswerken ausgearbeitet worden, woraus schließlich der Zusammenhang der Bücher Genesis bis Josua entstanden sei. Diese entstehungsgeschichtliche These gilt nach Kritik[7] inzwischen als widerlegt. Dass solche, dem postulierten »Credo«

weisen [1950], in: Karl-Josef Kuschel (Hg.), Martin Buber Werkausgabe. 9. Schriften zum Christentum, Gütersloh 2011, 225)?

5 Georg Braulik etwa formuliert: »Für besondere Situationen stellt das Dtn ›Kurzformeln des Glaubens‹ zur Verfügung: das ›katechetische Credo‹ 6,21-25 [...] und das so genannte ›kleine historische Credo‹ 26,5-10 [...]. Der Dekalog (5,6-22) bildet eine ›ethische Kurzformel‹« (in: Erich Zenger u.a., Einleitung in das Alte Testament, hg. von Christian Frevel, KStTh 1,1, Stuttgart ⁸2012, 183).

6 Gerhard von Rad, Das formgeschichtliche Problem des Hexateuch (1938), in: ders., Gesammelte Studien zum Alten Testament, München 1958, 9-86, hier 9-11, 77-81.

7 Vgl. dazu die Bemerkungen von Jean Louis Ska, The Yahwist, a Hero with Thousand Faces. A Chapter in the History of Modern Exegesis, in: Jan Christian Gertz / Konrad Schmid / Markus Witte (Hg.), Abschied vom Jahwisten. Die Komposition des Hexateuch in der jüngeren Diskussion, Berlin u.a. 2002, 1-23, hier 15-17 und die dort angegebene Literatur.

ähnlichen Texte sehr viel jünger sind, als von Rad annahm, und nicht die Ausgangsbasis für die penta- bzw. hexateuchischen Geschichtserzählstränge repräsentieren, kann man in der neueren Fachliteratur lesen.[8] Gleichwohl wird an der Gattungsbezeichnung »Bekenntnis« für alttestamentliche Texte mancherorts festgehalten.[9] Die Tatsache, dass der Terminus »kleines geschichtliches Credo« als Bezeichnung von Dtn 26,5-9 nach wie vor geläufig ist, kann als Indiz dafür gelten.

Vielleicht ist nicht verwunderlich, dass von Rad als Mitglied der »Bekennenden Kirche« 1938 eine große Sensibilität für Bekenntnisse hatte. Es stellt sich aber die Frage, welche Gründe die trotz Widerlegung der Kernthese von Rads verbreitete Selbstverständlichkeit hat, die Gattung »Bekenntnis« in der Hebräischen Bibel auszumachen. Viel näher als die Suche nach »Bekenntnis« im Sinne einer literarischen Größe liegt meines Erachtens die Frage nach Geläufigkeit und Kontur des Vorgangs »Bekennen«. Diesem Fragenkomplex sei im Folgenden nachgegangen. Die Ausführungen gliedern sich in zwei Abschnitte. Im ersten werden Überlegungen zur Semantik der einschlägigen hebräischen Verbalwurzel ידה II angestellt. Im zweiten, kürzeren, wende ich mich der Frage nach der Existenz des formularischen Bekenntnisses im Alten Testament und dem *šᵉmaʿ jiśrāʾel* zu. Angestrebt ist, dass durch diese Blicke ins erste Jahrtausend *vor* Christus zentrale Aspekte der Bekenntnisthematik sichtbar werden.

2. Bekennen im Alten Testament

Ein Äquivalent für das Nomen »Bekenntnis« gibt es im Biblischen Hebräisch nicht.[10] Was das Verb »bekennen« angeht, so werden von den einschlägigen

---

[8] Vgl. etwa zur Datierung von Ps 136 Frank-Lothar Hossfeld / Erich Zenger, Psalmen 101-150, HThKAT, Freiburg im Breisgau u.a. 2008, 676-677. Eine Grundschicht dieses Psalms wird exilisch verortet, während der *terminus post quem* für die »Endgestalt« in persischer Zeit gesehen wird. Und diese setze den Pentateuch voraus (677).

[9] Werner H. Schmidt, Alttestamentlicher Glaube, Neukirchen-Vluyn [10]2007, 23-29, etwa stellt den ersten materialen Teil seiner Darstellung unter die Überschrift »Bekenntnisse und Überlieferungen«.

[10] Weder das deutsche Wörterverzeichnis der 18. Auflage des Lexikons von Wilhelm Gesenius (Rudolph Meyer / Herbert Donner (Hg.), Wilhelm Gesenius Hebräisches und Aramäisches Handwörterbuch über das Alte Testament. Supplementband, Heidelberg u.a. 2012, 1549-1624) noch das entsprechende Verzeichnis des HALAT (Ludwig Köhler / Wal-

Lexika die Verben זכר I im Hif'il, נגד im Hif'il und vor allem ידה II[11] im Hif'il und Hitpa'el als Äquivalente genannt. Da die Grundbedeutungen von זכר I »erinnern, gedenken« und נגד »berichten, mitteilen« deutlich in je andere Richtungen gehen und mit dem Vorgang des Konfessorischen wenig zu tun haben[12] und andererseits beim Verb ידה II eine Häufung der Belege für »bekennen« vorliegt, konzentriere ich mich im Folgenden auf dieses Lexem. Eigennamen des Alten Testaments, die diese Wurzel enthalten, tragen nur teilweise etwas zur Semantik bei.[13] Ebenso das Hapaxlegomenon הֻיְּדוֹת (»Preisungen«), das in Neh 12,8 vorkommt. Wichtiger für die semantische Analyse des Lexems sind hingegen die 32 Belege des nominalen Derivats תּוֹדָה.

2.1. Das semantische Problem des Lexems ידה II

Die Verbalwurzel ידה II kommt in der Hebräischen Bibel insgesamt 111mal vor, einhundert Belege entfallen auf das Hif'il, elf auf das Hitpa'el. Hinzu kommen zwei Haf'el-Belege im aramäischen Teil des Danielbuches (Dan 2,23 und

---

ter Baumgartner u.a. (Hg.), Hebräisches und Aramäisches Lexikon zum Alten Testament. Supplementband, Leiden u.a. 1996, 1*-131*) führen dieses Stichwort.

11 In den neueren Lexika wird ידה II »loben, preisen, bekennen« (Hif'il) und »bekennen« (Hitpa'el) von ידה I »werfen« (Qal) und »schießen« (Pi'el) semantisch unterschieden (vgl. Ges[18], 439-440; HALAT, 372; CDCH, 146). Dagegen votierten Eduard König, Hebräisches und aramäisches Wörterbuch zum Alten Testament, Leipzig [4+5]1931, 141 und Wilhelm Gesenius, Hebräisches und chaldäisches Handwörterbuch über das Alte Testament, Leipzig [6]1863, 342-343 für eine einzige Wurzel.

12 זכר I im Hif'il bedeutet »(etwas) erwähnen, kundgeben« bzw. »in Erinnerung bringen«. HALAT schlägt die hymnisch konnotierte Nebenbedeutung »bekennen, preisen« für die Belege Ex 23,13; Jos 23,7; Ps 45,18; 71,16; Jes 26,13; 48,1; 62,6; 1.Chr 16,4 vor (HALAT, 259). An keiner dieser Stellen ist die Bedeutung »bekennen« jedoch zwingend. Ges[18] ist in dieser Hinsicht zurückhaltender und führt im Anschluss an Gunkel (Hermann Gunkel, Die Psalmen, HKAT II.2, Göttingen [4]1926, 378) lediglich für den Beleg Ps 87,7 die Übersetzung »bekennen« an (Ges[18], 301-302). Das Verb נגד im Hif'il, mit ca. 330 Belegen in der Hebräischen Bibel ein Allerweltsverb des Mitteilungsvorgangs, ist sowohl nach Ges[18] (777) als auch nach HALAT (629) einzig in Ps 38,19 mit »bekennen« zu übersetzen (im Sinne von Schuld bekennen).

13 Nach Ges[18] enthalten Personennamen wie הוֹדַוְיָה (vgl. 1.Chr 5,24), יְדוּתוּן (vgl. Ps 39,1; 62,1; 77,1), יְדָיָה (vgl. Neh 3,10) u.ä. möglicherweise diese Wurzel (vgl. Ges[18], 270.440-441). Der Name »Juda« gehört wohl auch hierher und ist für die Semantik der Wurzel im Unterschied zu anderen Namen bedeutsam (s.u.).

6,11), die hier aber ebenso außer Acht bleiben wie die Belege aus dem Corpus der Handschriftenfunde vom Toten Meer.[14]

Die Semantik der Wurzel ist unklar. In den Lexika werden ganz verschiedene Bedeutungen angegeben, wie einerseits »loben«, »preisen« und andererseits »danken«, aber eben auch »bekennen« und »anerkennen«. Und nicht nur das: Obendrein zeichnen sich in den Lexika ganz verschiedene Ansätze ab, das semantische Feld der Wurzel zu strukturieren. In unterschiedlicher Weise wird das Nennen, das Loben oder das Bekennen jeweils zum Kern erhoben.[15] Oder es wird darauf verzichtet, einen semantischen Kern zu bestimmen.[16]

Drei Positionen aus der Sekundärliteratur mögen genügen, um die Verschiedenheit der Klärung der Semantik darzustellen. Bernd Janowski etwa schreibt im Zusammenhang einer Erörterung über das Lobgelübde zur Hif'il-Bedeutung von ידה II Folgendes:

> »Typisch für das Lobgelübde ist das Verb ידה hif., dessen Grundbedeutung ›bekennen‹ die beiden Handlungssituationen des ›Lobpreises / Dankes‹ und des ›(Sünden-)Bekenntnisses‹ prägt«.[17]

Demgegenüber meint Günter Mayer zum Verb insgesamt:

> »Das Verbum *jdh* kommt im *hiph* und *hitp* vor und umfaßt zwei Bedeutungskomplexe. Zum einen ›loben, rühmen, preisen, ein Loblied singen‹. Zum andern ›ge-

---

[14] Die aramäischen Belege in Dan 2,23 und 6,11 verbindet der Gebetskontext. Zu den Belegen aus den Handschriften vom Toten Meer vgl. Eileen Schuller, Art. ידה II *jdh*, in: ThWQ II (2013), 69-77. Zu einem möglichen Beleg in den Texten von Ugarit (KTU², 1.119:22) vgl. Josef Tropper, Kleines Wörterbuch des Ugaritischen, Elementa Linguarum Orientis 4, Wiesbaden 2008, 139. Für Belege im Aramäischen vgl. DNWSI, 296 und 439. Speziell für die Belege im Palmyrenisch-Aramäischen vgl. Delbert Hillers / Eleonora Cussini, Palmyrene Aramaic Texts, Baltimore / London 1996, 369.

[15] Julius Fürst, Hebräisches und chaldäisches Schul-Wörterbuch über das Alte Testament, Leipzig 1877, 212, erkennt in den von ihm zuerst angegebenen Aspekten »nennen« bzw. »aussprechen« die eigentliche Bedeutung. König, Wörterbuch, 141 und Ges⁶, 342-343, rücken im Bemühen, ידה I und ידה II als einheitliche Wurzel zu fassen, die Nuancen »Bekennen« und »Anerkennen« in den Vordergrund.

[16] Im Glossar von Hillers / Cussini, Texts, 369 und ähnlich im DNWSI, 439, stehen die Bedeutungen »to acknowledge« und »to thank« bzw. »to return thanks« für YDY im Kausativstamm unvermittelt nebeneinander.

[17] Bernd Janowski, Konfliktgespräche mit Gott. Eine Anthropologie der Psalmen, Neukirchen ³2009, 299.

> stehen, beichten, bekennen‹. ›Danken‹ ist eine ›Weise des Lobens‹ [...]. Die Verwendung der beiden Aktionsarten ist semantisch ohne Belang. Es ist richtig, daß das *hiph* meist den Lobpreis, das *hitp* das Geständnis ausdrückt«.[18]

Wieder anders äußert sich Frank Crüsemann:

> »Zusammenfassend ist festzuhalten, daß – natürlich! – kein deutsches Wort das Wortfeld von ידה hi. exakt deckt. Sein Gebrauch in den Dankpsalmen ist aber am besten durch ›danken‹ getroffen«.[19]

Auch wenn diese Voten nur bedingt vergleichbar sind, da sie sich auf unterschiedliche Belegkomplexe beziehen, werden doch grundlegende Differenzen deutlich. Janowski gibt den Aspekt »bekennen« als Bedeutungskern des Hif'ils an, während Mayer »bekennen« für das Hif'il gegenüber »loben« deutlich als nachgeordnet sieht.[20] Crüsemann schließlich verzichtet auf die Bestimmung eines semantischen Kerns, plädiert für eine von-Fall-zu-Fall-Übersetzung und spricht sich im Fall der »Dankpsalmen« für die Wahl von »danken« aus.[21]

An diesen Ausführungen wird deutlich, dass die semantische Erschließung von ידה II weiterhin klärungsbedürftig ist.[22] Angesichts der hundert Belege dieses Verbs im Hif'il, die in der Fachliteratur weit überwiegend mit »loben«, »danken« und »preisen« übersetzt werden, ist zumindest *prima vista* unverständlich, wieso »bekennen«, wie Janowski meint, als Grunddeutung auch des Hif'ils in Betracht kommt.[23] Und gegen die Ausführungen von Mayer und Crüsemann spricht vorderhand, dass mit der von ihnen vorgeschlagenen

---

18 Günter Mayer, Art. ידה *jdh*, in: ThWAT III (1982), 457. In der Aussage, dass Danken eine Weise des Lobens sei, folgt Mayer Claus Westermann, den er zitiert (vgl. Claus Westermann, Lob und Klage in den Psalmen, Göttingen [5]1977, 21).

19 Frank Crüsemann, Studien zur Formgeschichte von Hymnus und Danklied in Israel, Neukirchen-Vluyn 1969, 282. Im Unterschied zu Mayer kritisiert Crüsemann die Westermannsche These von »loben« als der Kernbedeutung der Wurzel.

20 Deutlich wird das nicht zuletzt an seiner Bestimmung für das Nomen תּוֹדָה: »Das vom *hiph* des Verbs abgeleitete Nomen *tôdāh* [...] entspricht diesem in seinen Bedeutungen: (1) Lob (Dank), Loblied (Danklied), Lobopfer (Dankopfer), (der das Loblied singende) Chor. (2) Geständnis, Beichte« (Mayer, ThWAT III, 457). Der Terminus »Bekenntnis« kommt bei Mayer in diesem Überblick nicht vor (anders 472-473).

21 Crüsemann, Studien, 280.

22 Vgl. auch Ges[18], 440; HALAT, 372; KAHAL, 204; CDCH, 146; Claus Westermann, Art. ידה *jdh* hi. preisen, in: THAT I ([4]1984), 674-682.

23 Alle elf Belege des Hitpa'els sind mit »bekennen«, »beichten«, »sich bekennen« zu übersetzen, vgl. dazu die Lexika.

Aufteilung der Belege in verschiedene semantische Teilbereiche die vorauszusetzende Einheit des Lexems verloren zu gehen droht.

Wie ist an dieser Stelle weiter zu kommen? Vielversprechend erscheint, die Semantik von ידה II mithilfe der Bestimmung des Wesens des Bekenntnisvorgangs zu klären, zumal Hubert Grimme und Fritzlothar Mand das Lexem bereits in den Zusammenhang des Bekennens gerückt haben.[24]

2.2. Was tun wir, wenn wir bekennen?

Katechismen und Traktate, aber auch Thesen und Erklärungen und andere Textgattungen können, wie ein Blick in die christliche Tradition zeigt, Bekenntnisse sein.[25] Ein Bekenntnis ist angesichts dieser Gattungsvielfalt der christlichen Tradition, die *mutatis mutandis* auch für Bekenntnisse im Judentum und Islam anzunehmen ist, offensichtlich keine bestimmte Textsorte. Was ist ein Bekenntnis dann? Ist es keine Textsorte, aber ein bestimmter Sprechakt? Oder ist das Bekenntnis weder eine Textsorte noch ein Sprechakt, sondern ein bestimmtes Handlungsschema, das sprachlich, aber auch nichtsprachlich vollzogen werden kann (wie etwa das Sabbathalten[26])? Von derartigen Definitionsproblemen abgesehen, stellen sich weitere Fragen: Ist Bekennen notwendig religiös? Kann man sich nicht auch zu bestimmten Menschen oder bestimmten Lebensformen bekennen? Welche Aspekte sind für den Bekenntnisakt konstitutiv?

Um wenigstens einen Teil dieser Fragen zu klären, bediene ich mich im Folgenden zweier Definitionen. Die eine stammt vom Religionswissenschaftler Christoph Bochinger, die andere vom systematischen Theologen Wilfried Härle. Beide sind eher zufällig gewählt, erscheinen aber in der Zusammenschau heuristisch nützlich, um den Kern des Bekenntnisvorgangs sichtbar zu machen. Bochinger liefert folgende Bestimmung:

---

24 Hubert Grimme, Der Begriff von hebräischem הודה und תודה, in: ZAW 57 (1939), 234-240 und Fritzlothar Mand, Die Eigenständigkeit der Danklieder des Psalters als Bekenntnislieder, in: ZAW 70 (1958), 185-199.

25 Der Blick in die gattungsmäßig ganz unterschiedlichen Schriften des lutherischen Konkordienbuchs mag als Beleg genügen (vgl. Die Bekenntnisschriften der evangelisch-lutherischen Kirche, hg. vom Deutschen Evangelischen Kirchenausschuss im Gedenkjahr der Augsburgischen Konfession 1930, Göttingen 1930).

26 Rainer Albertz, Religionsgeschichte Israels in alttestamentlicher Zeit, Teil 2: Vom Exil bis zu den Makkabäern, Göttingen 1992, 426, hat genau dies im Sinn: »Der Vollzug der Arbeitsruhe erhielt [...] im Laufe der Zeit die Dignität eines Bekenntniszeichens (*'ōt*) für das israelitische Gottesverhältnis (Ex 31,13.17) [...]«.

> »Der Terminus B. bezeichnet verschiedene Phänomene, u.a. das Glaubens- und das Sündenb. [...] Ein Glaubensb. kann als eine offiziell sanktionierte, formelhafte Zusammenfassung der zentralen Lehren [...] verstanden werden. In Kulthandlungen und/ oder in der Alltagsfrömmigkeit rezitiert, dient es als Affirmations- oder Zugehörigkeitsformel, vergegenwärtigt die individuelle und soziale rel. Identität und ist daher in Aufnahmeriten bedeutsam. Zugleich fungiert es als Strukturprinzip der Lehrentfaltung von der Gelehrtenebene bis zur Laiendidaktik, etwa in Katechismen. Mit dieser Doppelfunktion in Kult und Dogma wirkt das B. gemeinschaftsstiftend und -bewahrend, dient der Abgrenzung von anderen Religionsgemeinschaften und ›Häresien‹, gewährt aber gleichzeitig Raum für deutende Aneignungen der Lehrbestände. Da der Sprachgebrauch stark durch die christl. Theologie geprägt ist [...], muß bei der Anwendung auf andere Religionen hermeneutische Vorsicht walten«.[27]

Äußerlich fällt auf, dass der Spezialfall »Glaubensbekenntnis« im Zentrum dieser religionswissenschaftlichen Definition steht. Der Verweis auf die Funktion des Bekenntnisses als einer Zusammenfassung zentraler Lehren und eines Instruments zur Abgrenzung von »Häresie« sowie die Nennung der Textform »Katechismus« sind zusätzliche Indizien dafür, dass Bochingers Definition von der Kultur des christlichen Bekenntnisses bestimmt ist. Andere Religionen, deren Bekenntnispraxen möglicherweise anders strukturiert sind und vielleicht zu anderen Akzenten in der definitorischen Erfassung führen, kommen lediglich durch die abschließende Empfehlung zu »hermeneutischer Vorsicht« bei der Anwendung des Bekenntnisbegriffs auf sie in den Blick. Gleichwohl scheinen mir drei Aspekte dieser Definition von Bedeutung zu sein:

Bochinger erwähnt neben dem Glaubensbekenntnis das Sündenbekenntnis als weitere Form, ohne freilich auszuführen, welche Schlüsse hinsichtlich des Wesens von Bekennen aus dieser Dualität zu ziehen sind. Das wäre aber wichtig, denn die Bewertung des Sündenbekenntnisses als einer elementaren Form hat zur Folge, dass das Bekenntnis nicht auf die pointierte Zusammenfassung religiöser Traditionen begrenzt werden darf.

Bochinger versteht Bekennen und Bekenntnis als einen Vorgang der Markierung von Zugehörigkeit, sieht also Gruppierungsprozesse als Wesensmerkmal von Bekenntnis an. Bekennen setzt Öffentlichkeit voraus, ist wesentlich gesellschaftliches Handeln.

---

27 Christoph Bochinger, Art. Bekenntnis. I. Religionsgeschichtlich, in: RGG^4 1 (1998), 1246.

Nach Bochinger dient das Bekenntnis der individuellen und sozialen Identitätsbildung oder -vergegenwärtigung, was etwa im Blick auf die nach innen gemeinschaftsbildenden und nach außen abgrenzenden Effekte eines Bekenntnisses unmittelbar einleuchtet.

Demgegenüber lautet die Bekenntnisdefinition von Härle folgendermaßen:

> »Das Verbum ›bekennen‹ und das Substantiv ›B.‹ bezeichnen einen Akt, der durch mindestens drei Instanzen konstituiert wird: die Zeichen (seien es Texte oder Verhaltensformen), mittels derer bekannt wird, die Person(en), die bekennt bzw. die bekennen, und die Adressaten oder das Forum, vor dem bekannt wird. ›B.‹ kann jedoch auch speziell das erstgenannte Element des B.aktes, also den Text bezeichnen, mittels dessen bekannt wird (Bekenntnis als Credo). Schließlich kann ›B.‹ auch eine kirchl. Institution bezeichnen, die auf der Basis eines gemeinsamen [...] Credos gebildet ist (B. als Konfession). In manchen seiner Bedeutungsnuancen ist ›B.‹ dem Begriff ›Glauben‹ verwandt oder benachbart. Die Tatsache, daß das B. stets vor jemandem geschieht, indem es sich an einen Adressaten wendet oder ein Forum voraussetzt, verweist jedoch auf ein Spezifikum von ›bekennen‹ und ›B.‹: nämlich seinen Charakter als Äußerung, d.h. als ein Nach-Außen-Treten, das insofern den Charakter der Veröffentlichung hat. ›B.‹ als Akt ist ein offenes Stehen-zu. Das gilt auch für Situationen, in denen Offenheit nicht Öffentlichkeit ist, z.B. für das B. (im Gebet) vor Gott oder für das B. eigener Schuld im Kontext der Seelsorge. [...] Bekennen kann eine Person – im Positiven wie im Negativen – nur etwas, was für sie selbst (u.U. zusammen mit anderen) gilt, also nur Eigenes«.[28]

Härles Definitionsversuch setzt in bestimmter Hinsicht allgemeiner an als der Bochingers, und zwar indem er das bekannte Kommunikationsmodell von Botschaft, Sender und Empfänger zugrunde legt. Die Konstituenten seiner Variante dieses Modells sind a) Bekenntnis, b) bekennende Person und c) Adressat und / oder Forum. In Härles Anwendung des Modells liegt insofern eine Differenzierung vor, als der Empfängerbereich doppelt besetzt ist. Anders als in anderen Kommunikationsverhältnissen besteht der Empfängerbereich beim »Bekennen« zum einen aus einer Referenzgröße, auf die sich das Bekenntnis bezieht. Diese kann personaler (ein Mensch, Gott) oder nichtpersonaler Natur sein (ein Glaubensinhalt, eine konkrete Schuld). Zum anderen kommt die Öffentlichkeit (»Forum«) als zweiter Pol hinzu. Die doppelte Besetzung des Empfängerbereichs erscheint für Härles Definition essentiell.

---

28 Wilfried Härle, Art. Bekenntnis. IV. Systematisch, in: RGG[4] 1 (1998), 1257-1258.

Auffällig ist daneben, dass Härle einen weiten Begriff von Bekennen pflegt, indem er diesen Akt nicht auf das Vorhandensein von sprachlichen Zeichen beschränkt, sondern auch nicht-sprachlichen Zeichen wie »Verhaltensformen« Bekenntnisfunktion zugesteht, was zum Beispiel im Blick auf die Beschneidung oder das Halten des Sabbats oder andere nonverbale Akte mit Bekenntniswirkung von Relevanz ist. Nach Härle ist das Bekenntnis somit im Kern weder ein Text noch ein Sprechakt, sondern ein Handlungszusammenhang. Ein Text oder ein Sprechakt können durchaus Bekenntnisse sein. Konkrete Äußerungsformen sind aber für die Definition nicht essentiell. Daneben scheinen drei weitere Aspekte an Härles Bestimmung zentral zu sein:

Wie Bochinger identifiziert auch Härle das Schuld- oder Sündenbekenntnis als besondere Form. Der von Bochinger genannte Aspekt von Identitätsvergegenwärtigung taucht bei Härle der Sache nach ebenfalls auf, indem er darauf insistiert, man könne »nur Eigenes« bekennen. Äußerst treffend erscheint schließlich Härles Kennzeichnung des Bekenntnisaktes als eines »offenen Stehens-zu«, womit die Besonderheit des mit Bekenntnis bezeichneten Agierens in der Öffentlichkeit präzise beschrieben ist.

Soweit einige Überlegungen zum Wesen des Bekennens, ausgehend von den zitierten Definitionen. Festzuhalten ist, dass jene Struktur des »offenen Stehens-zu« (zu jemandem oder zu etwas) das Wesen des Bekenntnisvorgangs erfasst und eine genaue Beschreibung seines handlungsschematischen Kerns darstellt. Diese Definition ist einerseits distinkt genug, um das Bekennen von anderen menschlichen Äußerungsformen zu unterscheiden (auch ähnlichen, etwa dem Zeugnisgeben), und andererseits offen genug, um eine Vielzahl von Bekenntnisweisen einzuschließen. Die Charakterisierung des Bekennens als »offenes Stehen-zu« lässt nicht zuletzt Glaubensbekenntnis und Sündenbekenntnis als zwei Seiten derselben Medaille verständlich werden. Denn beim Glaubensbekenntnis steht man offen zu seinem Glauben, und beim Sündenbekenntnis in ähnlicher Weise offen zu eigenen Fehltritten. »Offenes Stehen-zu« ist das *tertium comparationis*. An diesem »offenen Stehen-zu« (bzw. »offenen sich-Stellen-zu«) hängt die mehrfach erwähnte identitätsbildende Funktion des Bekenntnisses, wobei klar ist, dass Identität nicht nur vergegenwärtigt, sondern auch gebildet wird. Auf der Basis dieser Erwägungen zum Wesen des Bekenntnisaktes ist nun auf das Problem der Semantik des Lexems ידה II zurückzukommen.

2.3. Ein Lösungsvorschlag zum semantischen Problem des Lexems ידה II

Das semantische Problem der Verbalwurzel ידה II besteht, wie erwähnt, zum großen Teil darin, dass auf den ersten Blick sehr verschiedene Handlungsweisen wie Loben, Preisen, Danken, Anerkennen und Sündenbekennen mit ein und demselben Verb bezeichnet werden. Dieses semantische Problem lässt sich meines Erachtens auf der Basis der gewonnenen Wesensbestimmung des Bekennens als »offenes Stehen-zu« lösen. ידה II begegnet im Biblisch-Hebräischen nur in zwei Stämmen, im Hif'il und im Hitpa'el. Unstrittig ist, dass die Bedeutung »bekennen« für das Hitpa'el zentral und für das Hif'il zumindest in einigen Belegen unumgänglich ist.[29] Umgekehrt ist ausgeschlossen, dass die laudatorischen und »eucharistischen« Bedeutungsnuancen wie »loben«, »preisen« und »danken« für das Hitpa'el relevant sind. Angesichts dieses Gesamtbefundes in allen belegten Stammesmodifikationen ist sehr wohl denkbar, dass »bekennen« die Kernbedeutung von ידה II darstellt. Der ermittelte handlungsschematische Bedeutungskern von Bekennen im Sinne des »offenen Stehens-zu« führt entscheidend weiter, auch das Gros der Hif'il-Belege als Exponenten dieses Bedeutungsaspekts zu verstehen.

Zu diesem Zweck sei der Begriff der »Loyalitätsbekundung« eingeführt. »Offenes Stehen-zu« und »Bekundung von Loyalität« dürften weitgehend Synonyme sein. Die Leistungsfähigkeit des Loyalitäts-Begriffs im vorliegenden Zusammenhang wird am Schuldbekenntnis deutlich. Denn dieses Bekenntnis ist präzise als Loyalitätserweis gegenüber Gott, durch Bekundung vergangener Illoyalität zu verstehen.[30] Schuld vor Gott einzugestehen, ist ein Loyalitätsakt, indem vergangenes Handeln – etwa die Schädigung eines anderen Menschen – (coram deo) als Illoyalität gegenüber Gott eingestanden wird.[31]

---

29 Selbst Westermann, der sich für eine laudatorische Kernbedeutung des Lexems ausspricht, konzediert, dass die Hif'il-Belege in 1.Kön 8,33.35; 2.Chr 6,24.26 und Ps 32,5; Spr 28,13 mit »bekennen« zu übersetzen sind (Westermann, THAT I, 681).

30 Ganz ähnlich sieht Johanna Schumm den augustinischen Begriff von confessio strukturiert, indem sie meint, dass »für Augustinus [...] das Sünden- und das Lobbekenntnis die zwei Seiten einer Münze [sind]« (Johanna Schumm, Confessio, *Confessiones*, »Circonfession«. Zum literarischen Bekenntnis bei Augustinus und Derrida, München 2013, 12-13).

31 Verbuchungen von originär zwischenmenschlichen Delikten als Vergehen gegenüber Gott prägen bekanntermaßen Vorstellungen von Schuld und Sünde im Alten Testament. Das sei beispielhaft an der Natan-Passage der Batseba-Erzählung nachgezeichnet (vgl. 2.Sam 12,1-14). Das konkrete Vergehen Davids besteht im Ehebruch mit Batseba und anschließend lancierter Tötung ihres Mannes (V.9). In seiner Anklagerede (V.7-10) bewertet Natan in Form von Gottesrede diese Taten Davids wiederholt religiös, und zwar dezidiert

Vom so verstandenen Vorgang des Sündenbekenntnisses abgesehen, lassen sich auch alle anderen, in den Lexika aufgeführten Bedeutungsaspekte von ידה II im Hif'il unter den Strukturbegriff des »offenen Stehens-zu« subsummieren. Obwohl sie im Konkreten je Verschiedenes bedeuten, stellen auch »loben«, »danken«, »preisen« und »anerkennen« je verschiedene Formen von Loyalitätsbekundung dar. Alle 100 Hif'il-Belege von ידה II können somit vom handlungsschematischen Kern des Bekenntnisvorgangs her verstanden werden.

Ähnliches gilt auch für das vom Verb abgeleitete Nomen תּוֹדָה. Die semantische Analyse dieses Nomens in der Hebraistik ist der der Verbalwurzel ידה II im Hif'il sehr ähnlich. In den einschlägigen Lexika taucht exakt das Spektrum der für das Verb angegebenen Bedeutungskomponenten auf: »Dank, Lob, Preis (an Gott)«, »Bekenntnis (zu Gott)«, »Geständnis (vor Gott)«. Neu kommt nur – dem kultischen Kontext vieler Belege von תּוֹדָה entsprechend – der Begriff »Dankopfer« hinzu.[32] Die Bedeutung »Bekenntnis« ist für die Übersetzung in Jos 7,19 unvermeidlich. Und analog zur Verbwurzel lassen sich auch alle übrigen Bedeutungskomponenten des Nomens תּוֹדָה dem Begriff der Loyalitätsbekundung in der Struktur des »offenen Stehens-zu« subsummieren. Als Zwischenfazit ergibt sich somit, dass sowohl die Verbalwurzel ידה II als auch ihr wichtigstes Derivat תּוֹדָה im handlungsschematischen Wesen von Bekennen ihre Kernbedeutung haben (= »Loyalität / Referenz erweisen«).

2.4. Überprüfung der These an Textbeispielen

Die entscheidende Frage ist nun, ob diese mehr oder weniger »top down« gewonnene These zur Kernbedeutung von ידה II tatsächlich zu den vorhandenen Belegen passt und gegenüber anderslautenden Übersetzungsvorschlägen zumindest partiell zu vertieftem Textverstehen führt. Das kann hier nicht für alle Belege erwiesen, soll aber exemplarisch aufgezeigt werden. Sowohl die

---

als Geringschätzung Gottes (בזה, V.9.10), wodurch die loyalistische Basis der Bewertung deutlich wird. Sachlich entsprechend bekennt David im Anschluss an Natans Rede (V.13a), gegen JHWH gesündigt zu haben (חטא). Dieses Sündenbekenntnis Davids hat seinerseits zur Folge, dass er der Todesstrafe entgeht (V.13b). Weil David aber – und hier zeigt sich die Prägnanz der religiösen Bewertung in loyalistischer Perspektive – »[...] zum Hohne gereizt die Feinde des Ewigen durch diese Sache« (V.14a, Übersetzung: Leopold Zunz [Hg.], Die vier und zwanzig Bücher der Heiligen Schrift, Berlin 1838, 295), muss der Sohn sterben (V.14b).

32 So lauten die Angaben in Ges[18], 1427. Ferner kommt die Bedeutung »Levitenchor v. Dank- u. Lobsängern« für drei Belege in Neh 12,31.38.40 hinzu. Ähnlich wird die Semantik des Nomens תּוֹדָה in HALAT, 1562 und CDCH, 484, bestimmt.

Verbalwurzel ידה II als auch das Nomen תּוֹדָה sind fast ausschließlich im religiösen Bereich verortet. Kein einziger der insgesamt 32 Belege des Nomens wird im Alten Testament für zwischenmenschliche Beziehungen verwendet. Das ist beim Verb im Hif'il ähnlich, allerdings ist es in einigen Belegen mit menschlichem Objekt verbunden, und zwar in Gen 49,8; Ps 45,18; 49,19; Hi 40,14. Diese Belege spielen für die semantische Analyse des Lexems daher eine besondere Rolle, weshalb sie sich zur Überprüfung der These besonders eignen. Hinzu kommt der Personenname יְהוּדָה (»Juda«), der etymologisch zumindest in den zu behandelnden Stellen Gen 29,35 und Gen 49,8 mit der Verbalwurzel ידה II zusammenhängt. Die vier genannten Belege für das Verb, der Juda-Name sowie Jos 7,19 und Esr 10,11 als Belege für das Nomen seien im Folgenden durchgesehen.

1. Zum Personennamen יְהוּדָה (»Juda«). Dessen Etymologie ist unklar; es gibt verschiedene Thesen dazu.[33] Im vorliegenden Zusammenhang geht es nur um die Bedeutung dieses Namens in den Wortspielen von Gen 29,35 und Gen 49,8. Die Fragen nach seinem ursprünglichen oder gesamtalttestamentlichen Sinn können unberührt bleiben.

Seiner grammatischen Struktur nach ist יְהוּדָה in Gen 29,35 und Gen 49,8 ein religiöser Satzname. Grundsätzlich gibt es diesbezüglich zwei Formen – Namen mit Gottesnamen oder -begriff in Endposition (wobei dieses Element bei den Hypokoristika wegfallen kann) oder Namen mit Gottesnamen oder -begriff in Anfangsposition. William F. Albright erklärt den Namen »Juda« im ersten Sinne: »*Yehûdāh* is a hypokoristicon of Yehud^{e} 'el which means either ›God is praised‹ or more probably ›let God be praised‹«.[34] Das nach Albright vorn stehende Verb wird als Hof'al-Jussiv 3.m.Sg. (mit infigiertem ה) gedeutet. Die Achillesferse dieser Analyse ist die Endung -āh im Namen, die morphologisch nicht zum Jussiv passt und gesondert erklärt werden muss. Alan R. Millard schließt sich Albright im Blick auf die Bestimmung des (auch nach ihm vorn stehenden) Verbs an (יְהוּד = Hof'al-Jussiv 3.m.Sg. von ידה II), meint aber, dass die Endung -āh in Analogie zu anderen religiösen Personennamen eine

33 Vgl. dazu neben den einschlägigen hebraistischen Lexika zum Namen יְהוּדָה besonders die Ausführungen von Hans-Jürgen Zobel, Art. יְהוּדָה *jehûḏāh*, in: ThWAT III (1982), 512-533 (bes. 514-515); Bernd J. Diebner, Erwägungen zur Namensform »Juda«, DBAT 29 (1989), 49-73 und Manfred Görg, Art. Juda, in: NBL II (1995), 396-397.

34 William F. Albright, The Names »Israel« and »Judah« with an Excursus on the Etymology of Tôdâh and Tôrâh, in: JBL 46 (1927), 151-185 (174).

Abkürzung für endständiges -jhw darstellt.[35] Trifft diese Analyse zu, wäre der Juda-Name in Gen 29,35 und Gen 49,8 entsprechend den Bedeutungskomponenten des Verbs ידה II im Hif'il entweder mit »JHWH [bzw. er] werde gelobt«, »JHWH [bzw. er] werde gepriesen«, »JHWH [bzw. ihm] werde gedankt« oder eben – nach obiger These zum Handlungskern – mit »JHWH [bzw. ihm] werde Loyalität erwiesen« zu übersetzen. Welche dieser Möglichkeiten zu bevorzugen ist, ergibt sich aus der Interpretation der Belege je in ihrem Kontext.

2. Somit gleich zum Prüfbeleg Gen 29,35, wobei hier von einer Übersetzung des größeren Zusammenhangs Gen 29,31-35 auszugehen ist:

> »(31) JHWH aber sah, dass Lea eine Zurückgesetzte war, und er öffnete ihren Schoß; Rachel aber war unfruchtbar. (32) Und Lea wurde schwanger und sie gebar einen Sohn und nannte ihn Ruben[36], denn sie sagte sich: ›Ja doch – JHWH hat mein Elend angesehen; gewiss wird mich mein Mann jetzt lieben‹. (33) Und sie wurde wieder schwanger und gebar einen Sohn und sprach: ›Ja doch – JHWH hat gehört, dass ich eine Zurückgesetzte bin, und hat mir auch [noch] diesen gegeben.‹ Und sie nannte ihn Simeon.[37] (34) Und sie wurde wieder schwanger und gebar einen Sohn und sprach: ›Jetzt, diesmal, wird mein Mann mir anhänglich werden, denn ich habe ihm drei Söhne geboren.‹ Daher nannte man ihn Levi.[38] (35) Und sie wurde wieder schwanger und gebar einen Sohn und sprach: ›Diesmal werde ich JHWH [... ידה II Hif'il].‹ Daher nannte sie ihn Juda. Und sie hörte auf zu gebären«.

Hauptperson dieser Passage ist Lea, die von Jakob gegenüber der Lieblingsfrau Rahel zurückgesetzte, zweite Frau. Bereits in den V.31-33, die von den Geburten ihrer beiden ersten Söhne, Ruben und Simeon, handeln, wird Lea als eine Frau gezeichnet, die von der Hoffnung beseelt ist, infolge von Geburten die Anhänglichkeit ihres Mannes zu gewinnen. Die in V.34 erzählte Geburt des dritten Sohnes Levi bildet den Höhepunkt dieser Erwartung, nach

---

35 Alan R. Millard, The Meaning of the Name Judah, in: ZAW 86 (1974), 216-218. Millard stützt seine Behauptung auf etymologisch zusammenhängende Personennamen wie z.B. מִיכָיָהוּ (»Wer ist wie JHWH?«) und מִיכָה (eine Kurzform davon).

36 Wohl ein Begrüßungsname mit der Bedeutung »Seht, ein Sohn!«.

37 Das ist ursprünglich vermutlich ein Tiername (»kleiner Hyänenhund«, vgl. HALAT, 1457), der in Gen 29,33 vom Verb שמע »hören« her gedeutet wird. Eine mögliche Bedeutung hier ist »Erhörung«.

38 Die Etymologie des Namens Levi ist nicht gesichert, vgl. zur Diskussion Dieter Kellermann, Art. לֵוִי *lewî*, in: ThWAT IV (1984), 503-506. Aus Gen 29,34 und Num 18,2.4 ergibt sich, dass dieser Name unter Bezugnahme auf die Verbalwurzel לוה I im Sinne von »Anhänger, Klient« verstanden wurde.

dem Motto: »jetzt, nach drei Geburten, muss mein Mann doch endlich ein Anhänger meiner Person werden!«

Im Zusammenhang der Geburt des vierten Sohnes Juda wird demgegenüber eine (vorübergehende) Veränderung der Motivationslage Leas herausgestellt.[39] Nach dieser Geburt geht es Lea überraschenderweise nicht mehr um die Gewinnung der Zuneigung ihres Mannes. Die Pflege dieser Hoffnung wird ersetzt durch Leas Absicht, ihrerseits nun JHWH etwas Positives zu erweisen. Statt von ihrem Mann infolge ihrer Geburten endlich das Ersehnte zu *bekommen*, will sie JHWH etwas *geben*. Zur Bezeichnung dieser Gabe wird das Verb ידה II Hif'il verwendet. Entsprechend dem Bedeutungsspektrum dieser Wurzel wäre zu fragen: Kündigt Lea in V.35 ein Gotteslob oder eine Danksagung an? Derartiges wäre sicher situationsadäquat. Allerdings erwähnt der Erzähler in V.35 und den darauffolgenden Versen keinerlei laudatorisches oder »eucharistisches« Handeln Leas, irgendeine Aktivität, die als Einlösung ihrer so verstandenen Ankündigung in Betracht käme.[40] Viel näher liegt es deshalb, *die Benennung des vierten Sohnes mit dem Namen* יְהוּדָה als Realisierung der Ankündigung zu sehen. Dieser Name enthält, wie Millard gezeigt hat, eine Kurzform des Tetragramms, was im Kontext der Namensgebungen Leas Premiere hat, jedoch ihrer besonderen Hinwendung zu JHWH nach der vierten Geburt völlig entspricht. Die Handlungsformen »loben«, »danken«, »preisen« machen als Bedeutung des Juda-Namens einerseits und der betreffenden Verbform in V.35aβ andererseits durchaus Sinn.[41] Allerdings wird bei Zugrundelegung einer dieser drei Handlungsformen in der Übersetzung des Wortspiels von der Dreiecksbeziehungsgeschichte abstrahiert, die im Hintergrund aller vier Geburten steht, was gegen die Verwendung dieser Bedeutungsnuancen spricht.

Aus diesem Grund sei V.35aβγ entsprechend den obigen Überlegungen (siehe unter 2.3) zum Bedeutungskern von ידה II folgendermaßen übersetzt: »Und sie sprach: Diesmal will ich JHWH Loyalität erweisen. Darum nannte sie ihn Juda [= ›JHWH möge Loyalität erwiesen werden‹].« Mit der so ver-

---

39 In Gen 30,14-20 wird erzählt, dass Leas Hoffnung auf Zuwendung Jakobs im weiteren Verlauf dieser komplexen Familiengeschichte als Handlungsmotiv wieder auftaucht.

40 Diese Problematik löst Claus Westermann, Genesis. 2. Teilband. Genesis 12-36, BKAT I.2, Neukirchen-Vluyn 1981, 577, so, dass er die Sätze in V.35 im Blick auf die weiteren Geburten Leas in Gen 30 literarhistorisch als »Ergänzung« und V.35aβ sachlich als ein (die Erzähleinheit 29,31-35* abschließendes) »Lobgelübde« versteht.

41 Jürgen Ebach, Genesis 37-50, HThKAT, Freiburg u.a. 2007, 568.598-599 und Magdalene L. Frettlöh, Doppelter Dank. Andenkende Notizen zu *zwei* Deutungen *eines* Namens, KuI 21 (2006), 47-63 sehen den besonderen Akzent beim Dank.

standenen Benennung ihres Sohnes beantwortet Lea die Loyalität JHWHs ihr gegenüber, die sich in ihren vier Geburten unter den Bedingungen der prekären Beziehungslage manifestiert und die die erzählende Person bereits eingangs der Erzählpassage als Motiv des Handelns JHWHs überschriftartig andeutet: »JHWH sah, dass Lea eine Zurückgesetzte war und öffnete ihren Schoß« (V.31). Nach der Geburt ihres vierten Sohnes und nach vergeblichen Bemühungen um die Loyalität ihres Mannes erweist Lea nun JHWH Loyalität, und zwar dadurch, dass sie seinem vorgängigen Loyalitätserweis ihr gegenüber durch eine Namensanalogie entspricht. Wegen der mit diesem Wortspiel offenbar ausgedrückten Wechselseitigkeit des Handelns JHWHs und des Handelns Leas ist ידה II im Hif'il an dieser Stelle besser mit »Loyalität erweisen« zu übersetzen. Die Wechselseitigkeit kommt bei Verwendung der anderen Bedeutungsaspekte des Verbs weniger gut zum Ausdruck.

3. Als ein ähnliches Wortspiel mit dem Juda-Namen ist der Beleg für ידה II im Hif'il in Gen 49,8, dem Anfang des sogenannten Stammesspruchs für Juda, zu verstehen. Für die vorliegenden Belange genügt die Übersetzung dieses Verses: »Juda, dich / dir, ja, dich / dir [... ידה II Hif'il] deine Brüder. Deine Hand ist am Nacken deiner Feinde. Es verneigen sich vor dir die Söhne deines Vaters«. Der Vers ist poetisch, er besteht aus drei asyndetisch verbundenen Sätzen,[42] bildet ein Trikolon in der Struktur A – B – A'. Satz 1 und Satz 3 stehen parallel; beide verbalen Prädikate sind in der 3.m.Pl. der Präformativkonjugation gebildet, mit der Nominalphrase »deine Brüder« und dem Wechselbegriff »die Söhne deines Vaters« als Subjekten. Das angesprochene »du« (Juda) bildet den Objektbereich. Satz 2 kann als Ursachenangabe für die in Satz 1 und Satz 3 in Aussicht gestellten positiven Handlungen der Brüder an Juda aufgefasst werden. Im Fall von Gen 49,8 ist es durchaus möglich, ידה II im Hif'il mit Blick auf den in Satz 2 ausgesagten militärischen Erfolg Judas, wie üblich, laudatorisch oder »eucharistisch« aufzufassen (»Juda, dich, ja, dich werden preisen deine Brüder« bzw. »dir, ja, dir werden danken deine Brüder«). Das Wortspiel mit dem im Juda-Namen enthaltenen Verb ידה II kommt auf diese Weise aber nicht gut zur Geltung. Unter Zugrundelegung des oben erschlossenen Bedeutungskerns der Wurzel (siehe 2.3) tritt die Pointe besser zutage. Der Vers wäre folgendermaßen zu übersetzen: »Juda [= ›JHWH werde Loyalität erwiesen‹], dir, ja, dir werden deine Brüder Loyalität erweisen. Deine Hand ist am Nacken deiner Feinde. Es werden sich vor dir verneigen die Söhne deines Vaters«. Auf diese Weise kommt zum einen die Parallelität von Satz 1 und 3 *in politischer Hinsicht* zum Tragen (vgl. √חוה im Št-Stamm).

---

42 Verbalsatz + Nominalsatz + Verbalsatz.

Zum anderen wird die Huldigung Judas durch seine Brüder, die in der Beherrschung der Feinde ihre Ursache hat, in einen theokratischen Rahmen gestellt, was zur Besonderheit des Juda-Abschnitts in den Stammessprüchen von Gen 49 gut passt (vgl. besonders V.10).

4. Der Beleg Ps 45,18 bildet den Schluss eines Psalms, in dessen Zentrum ein (judäischer?) König steht.[43] Der Dichter sichert, sein Gedicht abschließend, dem angeredeten König zu, durch seine(n) Text(e) dafür sorgen zu wollen, dass sein Name für immer erinnert werde (V.18a), und verbindet damit die Vision, dass Völker den König »auf immer und ewig preisen werden [ידה II im Hif'il]« (V.18b). Die Übersetzung des fraglichen Verbs mit »danken« ist hier sicher auszuschließen. Denn weshalb sollten die imaginierten Völker fernster Zukunft, die durch die textliche Erinnerung des Psalmdichters von diesem König hören, ihm dankbar sein? Treffender ist das Verb hier entweder im laudatorischen oder loyalistischen Sinn zu übersetzen (»Völker werden dich preisen auf immer und ewig« oder: »Völker werden dir Loyalität / Referenz erweisen auf immer und ewig«).

5. Der Beleg Ps 49,19, der aus einem weisheitlichen Lehrgedicht zum Thema »*memento mori*« stammt, ist in mehrfacher Hinsicht syntaktisch und semantisch schwierig.[44] Im Kontext dieses Verses wird dem angeredeten »du« empfohlen, nicht verzagt bzw. verängstigt zu reagieren, wenn jemand reich wird oder Zuwachs an Bedeutsamkeit erfährt (V.17). Das Argument für diese Gelassenheitsempfehlung liegt in dem Hinweis, dass, wenn ein solcher »Aufsteiger« stirbt, er weder Reichtum noch Ehre mitnehmen könne (V.18). V.19-20 wiederholen dieses Argument präzisierend: Selbst die Vitalität bzw. Lebenskraft (נֶפֶשׁ), für die sich ein derartiger Mensch zu seinen Lebzeiten beglückwünschen mag (V.19a), werde ins (Todes)dunkel kommen (V.20). Die für die Frage nach der Bedeutung von ידה II relevanten Sätze in V.19b charakterisieren zitathaft die Selbstgefälligkeit des »Aufsteigers« und sein Setzen auf öffentlichen Beifall für die der eigenen Person geltende Fürsorge: »Man wird dir Loyalität / Referenz dafür erweisen [ידה II Hif'il], dass Du dir Gutes schaffst«, sagt ein solcher Mensch zu sich selbst. Auch an dieser Stelle ist die Übersetzung von ידה II mit »danken« oder »loben« weniger sinnvoll.

6. Ähnlich liegen die Dinge in Hi 40,14. Der Vers steht am Anfang der zweiten Gottesrede an Hiob und bildet den Endpunkt eines einleitenden Argu-

---

[43] Vgl. dazu Markus Saur, Die Königspsalmen. Studien zur Entstehung und Theologie, Berlin / New York 2004, 114-116.

[44] Vgl. dazu die Übersetzung von Beat Weber, Werkbuch Psalmen. Die Psalmen 1 bis 72, Stuttgart u.a. 2001, 224.

mentationsgangs in diese Rede.[45] Hiob wird zunächst von Gott gefragt, ob er denn einen Arm wie ein Gott habe oder es wie ein Gott donnern lassen könne (V.9). Anschließend wird Hiob mit einer Serie von Imperativen aufgefordert, sich einem Gott entsprechend zu verhalten (V.10-13). Der das fragliche Verb ידה II Hif'il enthaltende V.14a benennt schließlich die (hypothetische) Reaktion Gottes für den Fall, dass Hiob diesen Aufforderungen Folge leisten könnte. Dabei geht es kaum um Dank. Üblich ist die Übersetzung des die Reaktion Gottes in den Blick nehmenden Satzes im laudatorischen Sinn (»[...] dann will auch ich dich preisen, weil deine Rechte dir Erfolg verleiht«).[46] Das ist sicher sinnvoll; noch besser passt aber die nach den obigen Überlegungen mögliche Übersetzungsvariante »[...] so werde auch ich dir Loyalität bekunden, denn deine Rechte verhilft dir zum Sieg«, zumal angesichts der *politischen Dimension* der dieser Gottesrede zugrundeliegenden Königsvorstellungen.

7. Hinsichtlich der Belege für das Nomen תּוֹדָה sei zunächst auf Jos 7,19 eingegangen, einen Vers, der zur »Ai-Episode« des Landnahmekomplexes im Josuabuch gehört. Im Vorfeld wird erzählt, dass der Judäer Achan bei Einnahme der zuvor eroberten Stadt Jericho Gegenstände des Gott vorbehaltenen Beuteguts gestohlen hatte, und Israel aus diesem Grund, wie sich später herausstellt, nicht in der Lage war, die Stadt Ai als nächste Etappe einzunehmen. Ferner wird erzählt, dass Josua in einem Ermittlungsverfahren an den Tag bringt, dass die Ursache des Scheiterns Israels beim Judäer Achan liegt (V.16-18). Der anschließende Dialog zwischen Josua und Achan, in dem dieser als Täter zur Rede gestellt wird und in dem der fragliche Begriff תּוֹדָה vorkommt, beginnt mit folgenden Worten: »(19) Da sprach Josua zu Achan: ›Mein Sohn, gib doch JHWH, dem Gott Israels, Ehre und erweise [נתן] ihm תּוֹדָה und teile mir doch mit, was du getan hast! Verhehle nichts vor mir!‹ (20) Und Achan antwortete Josua und sprach: ›Wahrheit! Ich war es, der sich an JHWH, dem Gott Israels, versündigt hat, und folgendermaßen habe ich getan: [...]‹«. Im weiteren Verlauf seiner Antwort gesteht Achan die Details des Diebstahls (V.21), gibt die Lage des Depots des geraubten Gutes an (V.21b) und wird schließlich gesteinigt (V.26). Für die Frage nach der sachgerechten Übersetzung des Nomens תּוֹדָה an dieser Stelle kommt es auf den Wortlaut der Dialogsequenz in V.19-21 an. Achans Antwort (V.20-21) auf Josuas Aufforderung besteht ausschließlich aus dem detaillierten Geständnis. Ein gesondertes Gotteslob oder eine an Gott gerichtete Danksagung findet sich nicht. Insofern ist es auch

---

45 Nach einleitenden Sätzen in V.7-8.

46 Vgl. die Zürcher Bibel, ähnlich die Luther-Bibel (1984) und die Elberfelder-Bibel zur Stelle. Unklar ist an diesen Übersetzungen, worauf sich die Partikel »auch« bezieht.

nicht naheliegend, das Nomen תּוֹדָה im vorgängigen Befehl Josuas (V.19aβ) mit »Lob«, »Dank«, »Preis« oder gar »Dankopfer« zu übersetzen. Der von Josua geforderte Todah-Erweis steht vielmehr in genauer Parallele zu seiner unmittelbar davor stehenden Aufforderung an Achan, JHWH Ehre zu geben. Offenkundig ist mit beiden Befehlen Vergleichbares gemeint, dem Achan exakt mit seinem Sündenbekenntnis gegenüber Josua nachkommt. Die Aufforderungen Josuas in V.19 sind deshalb am besten wie folgt zu übersetzen: »Mein Sohn, gib doch JHWH, dem Gott Israels, Ehre und erweise ihm Loyalität [...]«. Eben dies tut Achan mit seinem Schuldbekenntnis, in dem er sein Vergehen zuallererst als Delikt gegen JHWH qualifiziert (אנכי חטאתי ליהוה).

8. Schließlich sei noch der Nomen-Beleg Esr 10,11 behandelt. Im Hintergrund steht die sogenannte »Mischehenproblematik«, die weite Teile der nach Juda und Jerusalem zurückgekehrten Exulantenschaft betrifft. Nach Initiative des Leviten Schechenja in einer spontanen Volksversammlung im Zusammenhang eines Gebets Esras (Esr 10,1) wird die gesamte Exulantenschaft am 20. Tag des 9. Monats in Jerusalem vor dem Tempel versammelt (V.9). In öffentlicher Rede hält Esra den Anwesenden vor, durch Verbindung mit fremdländischen Frauen JHWH gegenüber »treulos gehandelt« (מעל) und Israels Schuld vergrößert zu haben (V.10). Anschließend fordert er dazu auf, sich von diesen Frauen zu trennen. Das in der Bedeutung fragliche imperativische Syntagma נתן תּוֹדָה (V.11aβ) leitet in Parallele zur Forderung »[...] und tut seinen [das heißt JHWHs] Willen [...]« die konkrete Aufforderung zur Trennung von den Frauen (V.11b) ein. Die an anderen Stellen durchaus passenden Bedeutungsnuancen von תּוֹדָה (»Preis, Dank, Lob, Dankopfer«) ergeben hier keinen Sinn. Aber auch die Übersetzung: »So legt nun dem HERRN, dem Gott eurer Vorfahren, ein Bekenntnis ab und folgt seinem Willen: [...]«[47] (V.11a) ist nicht frei von Problemen. Denn im Anschluss an Esras Rede kommt es zu keiner Verbalisierung eines wie auch immer gearteten (Sünden)bekenntnisses durch die Versammlung. Diese willigt lediglich pauschal in Esras Forderungen ein (»So, wie du geredet hast, obliegt uns zu handeln«, V.12b) und macht konkrete Vorschläge zu den erforderlichen Maßnahmen (V.13-14), die später unter Federführung Esras umgesetzt werden, bis am 1. Tag im 1. Monat des Folgejahres alles abgeschlossen ist. Wo steckt in dieser Handlungsabfolge die Umsetzung eines (angeblich) geforderten (Schuld)Bekenntnisses durch die

---

[47] Zürcher-Bibel z. St.; ähnlich übersetzen Kurt Galling, Die Bücher der Chronik, Esra, Nehemia, ATD 12, Göttingen 1954, 213 und Antonius H. J. Gunneweg, Esra, KAT XIX.1, Gütersloh 1985, 176.

Versammlung?[48] Bei Verwendung der oben vorgeschlagenen Loyalitätsbegrifflichkeit stellt sich diese Frage nicht. V.11a ist besser zu übersetzen: »Und nun, gebt JHWH, dem Gott eurer Vorfahren, einen Loyalitätserweis und tut seinen Willen [...]«. Mit der erklärten Bereitschaft, die Forderungen zu erfüllen (V.12-14), kommt die Versammlung bei dieser Übersetzung den Forderungen Esras prägnant nach. Erzählerisch fehlt nichts.

2.5. Bekennen im Alten Testament – ein Zwischenfazit

An allen untersuchten Stellen ist die Übersetzung mit »Loyalität erweisen« bzw. »Loyalitätserweis« eine gute Möglichkeit, zum Teil sogar zu bevorzugen. Allgemein kann man sagen: »Bekennen« kommt in der Hebräischen Bibel vor, ist hier terminologisch vor allem mit dem Lexem ידה II verbunden. Alle damit bezeichneten Vorgänge sind als Loyalitätsbekundungen zu verstehen. Das gilt auch für diejenigen Belegstellen des Lexems ידה II, bei denen die übliche Übersetzung mit »loben«, »danken«, oder »preisen« am treffendsten ist.[49] Ausgehend von der Kernbedeutung des Lexems ist Bekennen in der Hebräischen Bibel wesentlich ein situationsabhängiges Beziehungsgeschehen im Sinne des »offenen Stehens-zu«.

Auffällig ist die Vielfalt der damit bezeichneten Vorgänge. Eine Frau, Lea, bekennt sich zu Gott, indem sie ihrem neugeborenen Sohn einen Namen gibt, der auf JHWH verweist. Ein Mann, Achan, bekennt sich zu Gott, indem er vor der Öffentlichkeit der Person Josua ein Geständnis ablegt, sich am Gott vorbehaltenen Gut vergriffen zu haben. Die Erwartung wird geäußert, dass kommende Völker einem vergangenen König Referenz erweisen werden. Es findet sich vereinzelt die ungewöhnliche Vorstellung, dass sich Gott zu einem Menschen bekennt. Schwerpunktmäßig wird sich menschlicherseits zu Gott bekannt. Zwei Belegstellen (Gen 29,31-35 und Hi 40,14) liegt die spiegelbildliche Vorstellung einer göttlichen Loyalitätsbekundung gegenüber Menschen zugrunde. Die Vorstellung eines ausschließlich zwischenmenschlichen Bekenntnisaktes begegnet ebenfalls, in Ps 45,18 und – mit negativer Bewertung – in Ps 49,19. Bekennen scheint damit im Alten Testament, jedenfalls im Blick auf die Menge der mit ידה II erfassten Belege, eine überwiegend re-

---

[48] Diese »Lücke« monierte bereits Galling, Bücher, 214, ähnlich Mayer, ThWAT III, 473 (mit weitreichenden literarkritischen Schlussfolgerungen einschließlich des Gebets von Neh 9,6-37).

[49] Die Kernbedeutung von ידה II wäre im Hif'il (kausativ) mit »Loyalität erweisen / bekunden« und im Hitpa'el reflexiv-deklarativ mit »sich (wegen einer Sache oder Person) für loyal erklären« anzugeben.

ligiöse Handlung zu sein. Nimmt man die Belege für das Nomen תּוֹדָה hinzu, das an vielen Stellen treffend mit »Dankopfer« zu übersetzen ist, muss man konkreter sagen, dass der Kult ein wichtiger Ort für den religiösen Loyalitätserweis ist (anders in Esr 10,11).

Wenn Bekennen demgemäß ein situationsabhängiges Beziehungsgeschehen ist – gibt es in der Hebräischen Bibel dann nicht auch Belege für ein textformulargestütztes Bekennen im Sinne des »Glaubensbekenntnisses«, das im Judentum durchaus Bedeutung hat, wie die »Dreizehn Glaubensartikel« zeigen?

3. Das *šᵉmaʿ jiśrāʾel* als Credo im Alten Israel?

In diesem Zusammenhang ist auf die beiden wichtigsten, eingangs genannten Texte einzugehen, auf das *šᵉmaʿ jiśrāʾel* in Dtn 6,4 zum einen und das sogenannte »kleine geschichtliche Credo« in Dtn 26,5-9 zum anderen. Dtn 26,5a-10a (!) kann in der Tat wegen des auf Repetition angelegten, und Gott als Geber von Lebensgrundlagen anredenden Textvortrags vor einem Priester als ein formularisches »Bekenntnis« im Alten Israel angesehen werden. Darauf deuten auch die Konstellationen hin, die die Rahmenabschnitte V.1-5 und V.10b-11 für diesen Textvortrag vorschreiben.[50] Gilt das aber auch für das *šᵉmaʿ jiśrāʾel*?

Es steht hier nicht zur Debatte, ob das *šᵉmaʿ jiśrāʾel* in späterer Zeit die Funktion eines formularischen Bekenntnisses bekam. Das mag so gewesen sein.[51] Die hier zu klärende Frage ist, ob Dtn 6,4 (bzw. eine bestimmte Textsequenz aus Dtn 6) in alttestamentlicher Zeit diese Funktion hatte. Wie aber lässt sich diese Frage entscheiden, wenn, wie im Kontext von Dtn 6,4, das

---

50 Vgl. dazu Andreas Michel, Art. Credo, kleines geschichtliches. www.wibilex.de, März 2011 (gelesen 15.11.2013), der zu folgendem abschließenden Urteil kommt: »All dies sind aber Charakteristika, die die gattungskritisch nicht zu eng ausgelegte Bezeichnung ›Glaubensbekenntnis‹ bzw. ›Credo‹ für diesen Text als durchaus gerechtfertigt erscheinen lassen«.

51 Die im Papyrus Nash und in der LXX zu findende besondere Einleitung des *šᵉmaʿ jiśrāʾel* durch eine Formulierung, die in etwa Dtn 4,45 entspricht (vgl. dazu Cornelis den Hertog u.a., Deuteronomion. Deuteronomium / Das fünfte Buch Mose, in: Martin Karrer / Wolfgang Kraus (Hg.), Septuaginta Deutsch. Erläuterungen und Kommentare zum griechischen Alten Testament, Stuttgart 2011, 550-551), ist vielleicht ein frühes Indiz für eine solche Entwicklung.

einschlägige hebräische Lexem für Bekennen fehlt? Hier zunächst eine Übersetzung von Dtn 6,4 im Kontext:

> »(4) Höre Israel: JHWH ist unser Gott, JHWH ist einer; (5) und du sollst JHWH, deinen Gott, lieben mit deinem ganzen Herzen und deiner ganzen Lebenskraft und deinem ganzen Vermögen. (6) Und diese Worte, die ich im Begriff bin, dir heute zu gebieten, sollen auf deinem Herzen sein (7) und du sollst sie deinen Kindern einschärfen und davon reden, wenn du in deinem Haus sitzt und wenn du auf dem Weg gehst, bei deinem Liegen und bei deinem Aufstehen. (8) Und du sollst sie zum Zeichen auf deine Hand binden und sie sollen zu Merkzeichen zwischen deinen Augen werden (9) und du sollst sie an die Türpfosten deines Hauses schreiben und an deine Tore.«

Nicht die vielen Übersetzungs- und Deutungsmöglichkeiten von Dtn 6,4 sind hier zu klären,[52] sondern die Verwendungsfrage. Findet sich in V.4 etwas, was als Credo des Alten Israel angesehen werden kann, vergleichbar mit der ebenfalls aus Kurzsätzen bestehenden *Schahāda* im Islam oder dem *Apostolikum* im Christentum?

Diese Frage ist nicht einfach zu beantworten, da die Kriterien unklar sind. Durch Hinweis auf die Gebotsform von Dtn 6,4 (siehe oben) kann diese Frage nicht bündig entschieden werden. Es trifft zwar zu, dass V.4 mit dem syntaktisch beherrschenden Imperativ »Höre« eröffnet wird und der ganze Vers ein Gebot ist. Der Hinweis auf die Gebotsform ist jedoch nicht zwingend, da man einwenden kann, dass nicht der gesamte Text von V.4 für die Frage nach einem möglicherweise vorliegenden Bekenntnis in Betracht kommt, sondern nur der hintere Teil, die »viergliedrige Nominalgruppe«[53] von Dtn 6,4b. Und diese Sequenz ist eine eigenständige Einheit innerhalb von V.4-5, muss in Hinsicht auf den vorliegenden Sprechakt gesondert betrachtet werden. Dtn 6,4b hat im Deuteronomium zweifellos eine grundlegende Funktion; zumindest einige Gebote oder Gebotskomplexe der anschließenden Kapitel fußen inhaltlich darauf (vgl. nur Dtn 12). Mindestens der Funktion nach hat Dtn

---

52 Vgl. dazu den Beitrag von Stefan Beyerle in diesem Band sowie Christof Hardmeier, Das *Schᵉmaʿ Jisraʾel* in Dtn 6,4 im Rahmen der Beziehungstheologie der deuteronomistischen Tora, in: ders., Erzähldiskurs und Redepragmatik im Alten Testament. Unterwegs zu einer performativen Theologie der Bibel, Tübingen 2005, 123-154.

53 Hardmeier, *Schᵉmaʿ Jisraʾel*, 146.

6,4 zudem eine präambelartige Bedeutung im Ganzen. Ist es deshalb nicht berechtigt, zumindest V.4b als ein Bekenntnis anzusehen?[54]

Wenn man allerdings die Frage nach Dtn 6,4b (oder irgendeiner Textsequenz von Dtn 6) als möglichem Credo im Alten Israel[55] an die Voraussetzung bindet, dass Bekenntnissen eine fixe Textform eignet, da sie als solche wörtlich wiederholbar und rezitierbar sein müssen, ist Dtn 6,4b – jedenfalls für die alttestamentliche Zeit, soweit wir sehen können – kein Credo. Denn zum einen gibt es innerhalb des Alten Testaments mit Sach 14,9b gerade einen einzigen (und durchaus hinterfragbaren) Beleg für die Rezeption von Dtn 6,4b,[56] was eine eher ungünstige Ausgangsbasis für die Annahme einer frühen isolierten Tradierung ist. Zum anderen spricht der Wortlaut der mosaischen Anweisungen im Kontext des *šᵉmaʿ jiśrāʾel* (Dtn 6,6-9) entschieden gegen eine isolierte Tradierung. »Diese Worte, die ich im Begriff bin, dir heute zu gebieten«, sollen nach Dtn 6,6 der Inhalt der in Dtn 6,7-9 aufgeführten mnemotechnischen Maßnahmen sein. Damit ist aber nicht das *šᵉmaʿ jiśrāʾel* gemeint. Vielmehr zielt die Formulierung auf die *ganze*, im fiktiven »heute« zusammengeschlossene Weisung des Mose, also auf einen größeren (wie auch immer abzugrenzenden) Textzusammenhang. Die sich aus dem Deuteronomium selbst ergebenden Tradierungsvorschriften (vgl. auch Dtn 31) sprechen somit gegen eine isolierte Verwendung des *šᵉmaʿ jiśrāʾel*. Das wird schließlich durch relevante epigraphische Zeugnisse bestätigt. Frühe Belege dafür, dass eine Sequenz aus Dtn 6 als selbständiger Text etwa in Form von Mezuzot und Tefillin tradiert wurde, entstammen der hellenistisch-römischen Zeit.[57] Sie belegen jedoch keineswegs den isolierten Wortlaut von Dtn 6,4b, sondern weisen zum Teil unterschiedliche Textpassagen aus Dtn 6 in Verbin-

---

54 Dafür sprechen sich etwa Hardmeier, *Schᵉmaʿ Jisraʾel*, 149-154 und Eckart Otto, Deuteronomium 1-11. Zweiter Teilband 4,44-11 32, HThK, Freiburg im Breisgau u.a. 2012, 793-796, aus. Otto bezeichnet Dtn 6,4b als »Bekenntnisformel«.

55 Martin Buber, Der Glaube der Propheten, Heidelberg, ²1984, 211, bezeichnet Dtn 6,4 als »Einheitsbekenntnis des Deuteronomium«.

56 Sach 14,9b lautet: »An jenem Tag wird sein – JHWH einzig und sein Name einzig.« Die Differenzen gegenüber Dtn 6,4b sind auch abgesehen vom beherrschenden Moment der Eschatologisierung nicht unbeträchtlich: (1) Aus der komplexen Nominalgruppe von Dtn 6,4b wird ein Verbalsatz. (2) Der Aussagemodus der 1.P.Pl. fehlt. (3) Ebensowenig wurde das Nomen אֱלֹהִים in Sach 14,9b berücksichtigt. (4) Umgekehrt spielt das gewichtige Namensmotiv von Sach 14,9b in Dtn 6,4b keine Rolle.

57 Vgl. dazu Lawrence H. Schiffman, Art. Phylacteries and Mezuzot, in: Encyclopedia of the Dead Sea Scrolls II (2000), 675-677.

dung mit anderen Texten des Pentateuch auf.[58] Insofern sieht es für den Text Dtn 6,4b als alttestamentlichem Credo eher fraglich aus, was freilich seine Bedeutung für die Theologie im Allgemeinen und die Religionsgeschichte im Besonderen nicht schmälert. Vielleicht wäre es besser, von einer credoartigen Formulierung zu sprechen.

---

58 Vgl. nur die in Roland de Vaux / Józef T. Milik, Qumrân Grotte 4, II, DJD VI, Oxford 1977, 48-85 publizierten Texte.

Das Bekenntnis zu dem einen Gott im antiken Judentum

Stefan Beyerle

1. Bekennen, Bekenntnis, Bekenntnisse – Terminologisches

Da das Bekennen vor allem sprachlich vonstatten geht und in der Rückschau auf Altisrael und das antike Judentum gar nicht anders erkundet werden kann, denn über die Sprache, ist das Wort selbst im Hebräischen aufzusuchen.[1] Wo auch immer man nachschlägt, unter den aktuellen verweisen alle Einträge der Fachlexika zu »Bekenntnis« und ähnliches auf ein einziges hebräisches Wort: *jādāh* (ידה). Dieses Wort begegnet im Alten Testament wie in den Schriften des antiken Judentums mit unterschiedlichen Bedeutungen. Deshalb unterscheiden die sprachlichen Hilfsmittel, wie etwa Wörterbücher, zwischen einem Verb *jādāh* I und *jādāh* II. Unter *jādāh* I findet man die Bedeutung »werfen, auf jemanden schießen«, die freilich schlecht zum Akt des Bekennens passen will. Dagegen fügen sich die Bedeutungen »Gott preisen« (im Kausativstamm) und eben »bekennen, beichten« (im Reflexivstamm) bestens in den beim Bekenntnis erwartbaren semantischen Rahmen.[2]

---

[1] Dass die sprachliche bzw. verbale Dimension Form und Inhalt dessen, was ein »Bekenntnis« ist, wesentlich bestimmt, zeigt Notger Slenczka, Art. Bekenntnis, Bekenntnisse, in: Taschenlexikon Religion und Theologie 1 (2008), 138-145, hier 138-139, der schreibt: »Der im Lat.[einischen] entsprechende Begriff ist der der *confessio/confiteri*. Der Begriff hängt damit zunächst am Akt der öffentlichen Manifestation einer Bindung. Die öffentliche Manifestation kann aber nicht ohne inhaltlich distinkten verbalen Ausdruck bleiben, und so ist mit dem aktualen Begriff des Bekennens zugleich der materiale des B.[ekenntnisses] gesetzt im Sinne des verbalen Verweises auf eine Instanz, zu der man sich bekennt.« Zur alttestamentlich-theologischen Dimension vgl. Christof Hardmeier, Systematische Elemente der Theo-Logie in der Hebräischen Bibel. Das Loben Gottes – ein Kristallisationsmoment biblischer Theo-Logie (1995), in: ders., Erzähldiskurs und Redepragmatik im Alten Testament. Unterwegs zu einer performativen Theologie der Bibel, Tübingen 2005, 339-354; Wolfram Herrmann, תודה. Ein Kapitel alttestamentlicher Theologie, in: ZAW 119 (2007), 90-99, und den Beitrag von Andreas Ruwe in diesem Band.

[2] Vgl. HALAT 372; KAHAL 204; Ges[18] 439-440.

Das Bekenntnis nach dem Alten Testament umfasst also den Lobpreis Gottes, dann Dank, aber auch das Eingeständnis von Schuld, bis hin zu den hierher gehörenden Opfern, etwa in dem von *jādāh* II abgeleiteten Nomen *tôdāh* (תּוֹדָה: »Dankopfer«). Vor allem die Gebete im Psalter verdeutlichen, was hier gemeint ist (Ps 7,18; 9,2; 35,18; 52,11; 107,1; 145,10):

7,18: אוֹדֶה יְהוָה כְּצִדְקוֹ וַאֲזַמְּרָה שֵׁם־יְהוָה עֶלְיוֹן׃
Ich will JHWH danken / preisen entsprechend seiner Gerechtigkeit,
und ich will singen dem Namen JHWHs, des Höchsten.

9,2: אוֹדֶה יְהוָה בְּכָל־לִבִּי אֲסַפְּרָה כָּל־נִפְלְאוֹתֶיךָ׃
Ich will JHWH danken / preisen mit meinem ganzen Herzen,
ich will alle deine Wundertaten erzählen.

35,18: אוֹדְךָ בְּקָהָל רָב בְּעַם עָצוּם אֲהַלְלֶךָּ׃
Ich will dir danken / dich preisen in großer Gemeinde,
im mächtigen Volk will ich dich loben.

52,11: אוֹדְךָ לְעוֹלָם כִּי עָשִׂיתָ וַאֲקַוֶּה שִׁמְךָ כִי־טוֹב נֶגֶד חֲסִידֶיךָ׃
Ich will dir danken / dich preisen für immer, denn du hast gehandelt,
und ich will hoffen (auf) deinen Namen,
denn (er ist) gut, im Angesicht deiner Treuen.

107,1:[3] הֹדוּ לַיהוָה כִּי־טוֹב כִּי לְעוֹלָם חַסְדּוֹ׃
Lobt / preist JHWH, denn er (ist) gut,
ja, seine Gnade (währt) ewig.

145,10: יוֹדוּךָ יְהוָה כָּל־מַעֲשֶׂיךָ וַחֲסִידֶיךָ יְבָרְכוּכָה׃
Es loben / preisen dich, JHWH, alle deine Werke,
und deine Treuen segnen (i. S. v. loben) dich.

Das in diesen Textbeispielen ausgedrückte überschwängliche Lob hat nur ein einziges Gegenüber: den einen Gott JHWH. Die bekenntnishaften Preisungen JHWHs zielen auf konkrete Grundsituationen der Beter, die in Klage und Dank greifbar sind.[4] Doch nicht nur die Situation der Beter ist relativ klar umrissen

---

3 Vgl. auch Ps 106,1; 118,1.29; 136,1; 1Chr 16,34.

4 Vgl. dazu Siegfried Kreuzer, Art. Bekenntnis. II. Bibel. 1. Altes Testament, in: RGG[4] 1 (1998), 1246-1247; vgl. auch die weiteren Lexikonartikel von Erhard S. Gerstenberger, Art. Glaubensbekenntnis(se). II. Altes Testament, in: TRE 13 (1984), 386-388; Georg Braulik / Rudolf Schnackenburg, Art. Bekenntnis, in: NBL 1 (1991), 264-265.; Edmund Arens, Art.

und fast gleichförmig. Auch das Gegenüber der Bekenntnisaussagen, JHWH, wird bereits als der *eine* Gott Israels und, was hier dasselbe ist, des Beters angerufen. Zwar sind Gebetstexte im Alten Testament schwer zu datieren, doch zeigt die Fokussierung dieser und anderer Bekenntnisaussagen, dass der Glaube an JHWH als den *einen* Gott bereits gefestigt ist und entsprechend das »Bekenntnis« in die Spätzeit der Geschichte Israels gehört, wahrscheinlich erst nach dem babylonischen Exil (587/86-538 v. Chr.) zu datieren.[5]

Diese Überzeugung hat sich in der Forschung erst in den letzten Jahrzehnten gefestigt. Etwa in der Mitte des vergangenen Jahrhunderts war Gerhard von Rad noch der Auffassung, *das* zentrale alttestamentliche Bekenntnis, das »Kleine geschichtliche Credo« (Dtn 26,5-9[.10]), wie er es nannte, stehe am Beginn der geschichtlichen Überlieferungen des Alten Testaments. Dieses »Credo« schildert im Kontext agrarischer Verhältnisse - Darbringung der Erstlingsfrüchte - eine Art Dankfeier, die Bedrückung, den Hilfeschrei und schließlich die Rettung »Israels« in der Vergangenheit artikuliert, wie sie der Dankende vor JHWH bringt. Gerhard von Rad war nun der Auffassung, dass hier ein ursprünglich altes Geschichtssummarium den Väter- und Exodustexten des Pentateuch als Vorlage diente. Allerdings zeigen schon zahlreiche sprachliche Beobachtungen am Text, dass hier kein *altes* »Credo«, sondern eine *späte* Zusammenfassung, vor allem zur »Exodus«-Erinnerung Israels, formuliert ist.[6]

Ist also die über die Sprache und Begriffe zunächst grob erfasste Bekenntnisthematik erst ein Thema der späten Überlieferungen des Alten Tes-

---

Bekenntnis. II. Biblisch, in: LThK 2 (^{3}1994), 174-175; Elaine James, Art. Confession. I. Old Testament / Hebrew Bible, in: EBR 5 (2012), 606.

5 Den Weg zur späten »Bekenntnisreligion« vollzieht an Ps 139 Andreas Wagner, Permutatio religionis - Ps. cxxxix und der Wandel der Israelitischen Religion zur Bekenntnisreligion, in: VT 57 (2007), 91-113, nach; ähnlich zu Ps 91: ders., Ps 91 - Bekenntnis zu Jahwe, in: ders. (Hg.), Primäre und sekundäre Religion als Kategorie der Religionsgeschichte des Alten Testaments, Berlin / New York 2006, 73-97; vgl. auch die Reaktion von Mark S. Smith, Primary and Secondary Religion in Psalms 91 and 139. A Response to Andreas Wagner, in: Andreas Wagner (Hg.), Primäre und sekundäre Religion als Kategorie der Religionsgeschichte des Alten Testaments, Berlin / New York 2006, 99-103.

6 Vgl. dazu die Ausführungen bei Gerhard von Rad, Das formgeschichtliche Problem des Hexateuch (1938), in: ders. (Hg.), Gesammelte Studien zum Alten Testament, München 1958, 9-86; und zur neueren Diskussion Jan Christian Gertz, Die Stellung des kleinen geschichtlichen Credos in der Redaktionsgeschichte von Deuteronomium und Pentateuch, in: Reinhard G. Kratz / Hermann Spieckermann (Hg.), Liebe und Gebot. Studien zum Deuteronomium, Göttingen 2000, 30-45.

taments, dann zeichnet sich bereits der Weg zum hier gestellten Thema ab: das Bekenntnis zu dem einen Gott im *antiken Judentum*. Doch ist zuvor noch auf jene Form des Bekenntnisses im Alten Testament einzugehen, die alle anderen Einzelaussagen überstrahlt. Es ist jenes Bekenntnis, das den thematischen Bezug dieser Ausführungen vorgibt, das Bekenntnis zu dem einen Gott als einzigartigem Gott im *š^{e}ma‘ jisrael* (Dtn 6,4-5). Der Text ist in seiner Übersetzung durchaus umstritten, weshalb hier nur ein Vorschlag unterbreitet sei:[7]

4 שְׁמַע יִשְׂרָאֵל
Höre, Israel!
יְהוָה אֱלֹהֵינוּ
JHWH (ist) unser Gott,
יְהוָה אֶחָד׃
JHWH (ist) einer / einzig!
5 וְאָהַבְתָּ אֵת יְהוָה אֱלֹהֶיךָ
Und du sollst JHWH, deinen Gott, lieben
בְּכָל־לְבָבְךָ וּבְכָל־נַפְשְׁךָ וּבְכָל־מְאֹדֶךָ׃
mit deinem ganzen Herzen, mit deinem ganzen Selbst und mit deinem ganzen Vermögen!

Bekanntlich hat dieser Text eine große Prominenz erlangt. Diese betrifft nicht nur das Judentum, sondern auch die christliche Überlieferung, in der er als die eine Hälfte des »ersten Gebots« unter allen (Mk 12,28-34 parr., V.28: ἐντολὴ πρώτη πάντων) firmiert.

Spätestens hier ist der Ort, um auf den Anlass dieses Sammelbandes zu sprechen zu kommen: Das 450. Jubiläum des Heidelberger Katechismus, dessen Vorrede von Kurfürst Friedrich III. von der Pfalz (1515-1576) vom 19. Januar 1563 datiert. Mit dem 15. November 1563 war der Katechismus Bestandteil der Pfälzischen Kirchenordnung geworden.[8] Die bekannte Dreiteilung der 129 Katechismus-Fragen, »Von des Menschen Elend«, »Von des Menschen Erlösung« und »Von der Dankbarkeit«, entfaltet im ersten Hauptabschnitt »Von des Menschen Elend« aus dem Doppelgebot der Liebe heraus.

---

[7] Zur syntaktischen Struktur von Dtn 6,4 vgl. Eckart Otto, Deuteronomium 1-11. Zweiter Teilband. 4,44-11,32 (HThKAT), Freiburg im Breisgau u.a. 2012, 794-795.

[8] Vgl. die Einführung bei Wilhelm H. Neuser, Heidelberger Katechismus von 1563, in: Andreas Mühling / Peter Opitz (Hg.), Reformierte Bekenntnisschriften, Bd. 2/2. 1562-1569, bearb. v. Mihály Bucsay u.a., Neukirchen-Vluyn 2009, 167-212, hier 167-172.

Nachdem Frage drei das »Woher« der Erkenntnis des Elends unter Verweis auf das Gesetz Gottes (vgl. Röm 3,20) beantwortet hat, formuliert Frage vier:[9]

> »Was erfordert denn das Göttlich gesetz von uns?
> Antwort.
> Diß lehret uns Christus in summa, Matth[äus] 22.*[37-40]* Du solt lieben Gott deinen Herren, von gantzem hertzen, von gantzer seelen, von gantzem gemüth und allen krefften. Diß ist das fürnebste und das größte Gebot: Das ander aber ist dem gleich, Du solt deinen Nechsten lieben als dich selbs. In diesen zweyen Gebotten hanget das gantze Gesetz und die Propheten.«

Die nachstehenden Fragen verdeutlichen, dass eben »des Menschen Elend« in der Verunmöglichung besteht, »diß alles volkomlich [zu] halten«. Nach der durch Christus erwirkten Erlösung des Menschen kommt der dritte Teil, »Von der Dankbarkeit«, in der Auslegung der Zehn Gebote noch einmal auf Dtn 6 zu sprechen, ebenso wie das Verzeichnis der wichtigsten Bibeltexte des Katechismus im Anhang.[10]

Der Heidelberger Katechismus sieht also das Scheitern des Menschen gerade in seiner Unzulänglichkeit gegenüber dem »höchsten Gebot«, dem »Gesetz«, und greift damit textgemäß auf die Einleitung des Deuteronomiumtextes zum *šᵉma' jisrael* in Dtn 6,1-3 zurück, wo von »der Satzung, den Geboten und Gesetzen« die Rede ist (V.1: הַמִּצְוָה הַחֻקִּים וְהַמִּשְׁפָּטִים). Natürlich bezieht der Lehrtext auch paulinisches Gedankengut ein, wenn die Fragen sechs und sieben auf die Sünde Adams und Evas verweisen (Gen 3), durch die alle Menschen in Sünde leben (Röm 3,5.10-12; 5,12.18-19).[11] Die Frage nach dem *einen* Gott wird erst gar nicht mehr eigens zum Thema, wenngleich die Erlösungslehre des Heidelberger Katechismus Christi zwei Naturen, als »wahrer Mensch und wahrer Gott«, gleich zu Beginn des zweiten Teils, »Von des Menschen Erlösung«, betont.[12] Doch schon für die frühchristliche Überlieferung bestand hier kein Problem. Dies sollte dann erst wieder mit den altkirchlichen Streitigkeiten, mit den Gnostikern oder in den christologischen Auseinandersetzungen, quasi »zwischeneinkommen«.

---

9 Text: Neuser, Heidelberger Katechismus von 1563, 176: Hervorhebung im Original; die im Druck hochgestellten »e« zur Kennzeichnung eines Umlauts wurden angeglichen.

10 Vgl. dazu Neuser, Heidelberger Katechismus von 1563, 200.209-210.

11 Vgl. dazu Neuser, Heidelberger Katechismus von 1563, 177.

12 Vgl. dazu die 16. und 17. Frage: dazu Neuser, Heidelberger Katechismus von 1563, 179.

Im Folgenden sei, einmal ganz ahistorisch, das Problem des *einen* Gottes im Horizont des für den Heidelberger Katechismus so wichtigen Übergangs vom Elend zur Erlösung des Menschen aufgegriffen. Innerhalb der ersten beiden Fragen, mit deren Hilfe der Heidelberger Katechismus sein gesamttheologisches Konzept vorausschickt, ist bei der trinitarisch strukturierten Antwort auf die Frage nach »des Menschen Trost in Leben und Sterben« *Christus* vorangestellt:[13]

> »Das ich mit Leib und Seel, beyde in leben und in sterben [Rom. 14*(, 8)*], nicht mein [1. Cor. *6(, 19)*], sonder meines getrewen Heilands Jesu Christi eigen bin [1. Cor. 3*(, 23)*], der mit seinem thewren blut [1. Pet. 1*(, 18. 19)*], für alle meine sünden volkomlich bezalet [1. Ioh. 1*(, 7)* et 2 *(1-2)*].«

Ist also schon in der trinitarischen Struktur der zusammenfassenden Eröffnung der Sohn vor den Vater gerückt, wird durch die Positionierung des Vaters vor dem Sohn im Übergang vom ersten zum zweiten Hauptteil die spiegelbildliche Entsprechung zur Eröffnung deutlich. Diese Entsprechung ist zudem theologisch gefüllt: Dem »wahren Menschsein« Christi im zweiten Teil (»von der Erlösung«) ist Gottes Gerechtigkeit aus dem ersten Teil (»vom Elend«) zugeordnet. Das »wahre Gottsein« Christi im zweiten Teil verweist dann auf Gottes Zorn aus dem ersten Teil. Das lässt schließen, dass sich in Gott und Christus gleichermaßen mithin gegensätzliche Eigenschaften und Wirkungen zusammenbinden.[14] Dieser Zusammenschluss berührt ein Problem, das bereits in der Antike für das, was wir »Monotheismus« nennen, wegweisend war: Dass nämlich ganz gegensätzliche Wirkweisen, ursprünglich auf mehrere Götter verteilt, nun summarisch in *einem* Gott vereint sind. So wäre dann zunächst die Frage nach dem im Alten Testament und in den Texten der Umwelt konzipierten »Monotheismus« zu stellen, schon deshalb, weil dieser »Monotheismus« nur sehr bedingt mit den seit dem frühen Christentum zum Gemeingut gewordenen Selbstverständlichkeiten (siehe oben) über den Glauben an *den einen Gott* vergleichbar ist.

---

[13] Text: Neuser, Heidelberger Katechismus von 1563, 175: Hervorhebung im Original. Die im Druck hochgestellten »e« zur Kennzeichnung eines Umlauts wurden angeglichen.

[14] Vgl. dazu die 10. und 11. bzw. 16. und 17. Frage: vgl. Neuser, Heidelberger Katechismus von 1563, 177-179.

2. DAS PROBLEM DES »MONOTHEISMUS«

Unter den sehr unterschiedlichen Versuchen, dem Phänomen »Monotheismus« definitorisch angemessen zu begegnen, dürfte Ernst Axel Knauf den verheißungsvollsten formuliert haben. Knauf beschreibt »Monotheismus« als *das* gemeinsame, *das* einende Element, unter dessen »Dach« alle Eigenschaften anderer Götter zusammengefasst sind. Außerdem unterscheidet Knauf zwischen »exklusivem« und »inklusivem Monotheismus«: Letzterer betont, dass alle, noch existenten, Götter Teil des *einen*, nunmehr verehrten, Gottes sind.[15]

Meines Erachtens ist das Alte Testament insgesamt ein Zeugnis jenes »inklusiven Monotheismus«. Ein Text wie Dtn 6,4-5 kann dies verdeutlichen: In der Betonung der *Einheit JHWHs* soll nämlich nicht Gottes monotheistischer Ausschließlichkeitsanspruch behauptet[16], sondern der Verehrung JHWHs an unterschiedlichen Ortsheiligtümern gewehrt werden. Im Einklang mit der in Dtn 12 einsetzenden Kultzentralisation will Dtn 6,4-5 sicherstellen, dass der JHWH von Betel, von Dan, der JHWH von Samaria, von Teman oder der JHWH von Jerusalem in dem *einen JHWH* und nur noch an dem *einen Ort* verehrt werden sollen.[17] Zum »inklusiven Monotheismus« gehört dann auch

---

[15] Vgl. Ernst Axel Knauf, »Ist die Erste Bibel monotheistisch?«, in: Manfred Oeming / Konrad Schmid (Hg.), Der eine Gott und die Götter: Polytheismus und Monotheismus im antiken Israel, Zürich 2003, 39-48, hier 39-40, der betont (39): »Unter ›Monotheismus‹ verstehe ich die (religions-) philosophische Annahme, dass die Menge aller Götter nur ein einziges Element enthalte.« Vgl. auch Oswald Loretz, Die Einzigkeit eines Gottes im Polytheismus von Ugarit. Zur Levante als Ursprungsort des biblischen Monotheismus, in: Manfred Krebernik / Jürgen van Oorschot (Hg.), Polytheismus und Monotheismus in den Religionen des Vorderen Orients, Münster 2002, 71-89, hier 82-83; für die Zeit des Zweiten Tempels vgl. die Zusammenfassung bei Larry W. Hurtado, Art. Monotheism, in: John J. Collins / Daniel C. Harlow (Hg.), The Eerdmans Dictionary of Early Judaism, Grand Rapids (MI) / Cambridge 2010, 961-964.

[16] Das schließt nicht aus, dass Dtn 6,4-5 in den unterschiedlichen Kontextualisierungen der literarhistorischen Genese des Buches Deuteronomium divergierende Verstehensweisen an sich zog, zu denen neben dem »Monojahwismus« auch die »Monolatrie« und der »Monotheismus« gehörten: vgl. dazu Otto, Deuteronomium 1-11, 798-801.

[17] Zu den Ausprägungen des Polyjahwismus bzw. der Zuordnung der Göttin Aschera vgl. etwa 1Kön 12,25-30 bzw. die Inschriften aus Kuntilet Ajrud, Hirbet el-Qom oder Hirbet Bet-Lay: s. die Texte bei Johannes Renz, Die althebräischen Inschriften. Teil 1. Text und Kommentar (HAE I/1), Darmstadt, 1995, 61-64.207-211.245-246. Die Frage, ob mit den Ortsnamen Samaria, Teman oder Jerusalem Herkunft oder Kultort der Gottheit benannt wird, ist momentan in der Diskussion: vgl. Henrik Pfeifer, Die Herkunft Jahwes und ihre

die religionsgeschichtliche Einsicht, dass JHWH zahlreiche »Eigenschaften« der Umweltgötter absorbiert hat (vgl. nur Ps 29; 82).[18] Dagegen ist die Form des »exklusiven Monotheismus« nur sporadisch in der israelitischen Literatur oder in den Texten der Umwelt, wie etwa in Dtjes oder in den Zeugnissen der Amarnazeit aus Ägypten, belegt. Das Spezifikum dieser Form besteht in der umfassenden Depotenzierung oder gar Leugnung anderer Götter neben dem einen Gott.[19]

Schaut man nun auf das antike Judentum, also grob jene Schriften, die zwischen dem 3. oder 2. Jahrhundert v. Chr. und dem 2. Jahrhundert n. Chr. abgefasst wurden, dann zeigt sich, dass diese Epoche in der Forschung zum Monotheismus lange Zeit eher vernachlässigt wurde.[20] Dies liegt darin begründet, dass über eine lange Phase der jüngeren Forschungsgeschichte so pauschal wie selbstverständlich von einer Frühdatierung des Monotheismus im Alten Testament ausgegangen wurde. Als Folge dieser Frühdatierung war dann ebenso selbstverständlich, dass sich der Monotheismus in den Quellen des antiken Judentums längst unhinterfragbar verfestigt hatte. Erst in der aktuellen Diskussion wird dies nicht mehr einfach vorausgesetzt – und darf auch nicht vorausgesetzt werden. An einem besonders interessanten wie gewichtigen Beispiel, der antik-jüdischen Weisheitsliteratur, sei diese Einsicht näher erläutert. Hierzu wird man zunächst die grundsätzliche Zuordnung weisheitlicher Literatur zu einem »inklusiven Monotheismus« und dessen religionsgeschichtliche Permanenz in Augenschein nehmen müssen.

Zeugen, in: BThZ 30 (2013), 11-43, hier 35-36, und zu regionalen Ausformungen eines Polyjahwismus Angelika Berlejung, Die Anfänge und Ursprünge der Jahweverehrung. Der ikonographische Befund, in: BThZ 30 (2013), 142-165, hier 160-162.

[18] Vgl. zuletzt Patrick D. Miller, Gott unter den Göttern. Ein differenziertes Gottesbild in differenzierten religiösen Kontexten, in: EvTh 73 (2013), 72-78, und religionsgeschichtlich pointiert: Reinhard Müller, Die frühe Jahweverehrung im Spiegel der ältesten Psalmen, in: BThZ 30 (2013), 88-119.

[19] Vgl. auch Walter Dietrich, Über Werden und Wesen des biblischen Monotheismus. Religionsgeschichtliche und theologische Perspektiven, in: ders. / Martin A. Klopfenstein (Hg.), Ein Gott allein? JHWH-Verehrung und biblischer Monotheismus im Kontext der israelitischen und altorientalischen Religionsgeschichte, Göttingen / Fribourg 1994, 13-30, hier 23-24. Beim »exklusiven Monotheismus« sind insbesondere die »Unvergleichlichkeitsaussagen« JHWHs zu beachten, wie sie in exilisch-nachexilischen Texten des AT begegnen: vgl. Jes 40,18.25; 43,11; 44,6; 45,5-6.18.21; 46,5; Ps 18,31; vgl. auch Jer 10,6.

[20] Etwa die wegweisende Darstellung zur Monotheismusforschung von Fritz Stolz, Einführung in den biblischen Monotheismus (Die Theologie), Darmstadt 1996, 196-200, behandelt die späte Weisheitsliteratur nur knapp.

3. »Weisheit« als Bestandteil der »trois activités fondamentales« und die religionsgeschichtliche Permanenz des »inklusiven Monotheismus«

Der Beitrag der Weisheitsliteratur zur Monotheismusfrage wird dann interessant, wenn es um die Vorstellung, Bedeutung und Funktion der personifizierten Weisheit geht. Nun hat der französische Religionswissenschaftler Georges Dumézil (1898-1986) in seiner »idéologie tripartite« Religion und Gesellschaft nach den Aspekten von »Krieg«, »Nahrungsbeschaffung / Lebensbewältigung« und eben »Weisheit« unterschieden. Damit gehört die »Weisheit« zu den »trois activités fondamentales«, also den drei sozialen und anthropologischen Grundkategorien, die sich sowohl in der menschlichen Gemeinschaft als auch in den göttlichen Mythen der Antike widerspiegeln.[21] In der neueren Monotheismusdiskussion hat Bernhard Lang die Theorie Dumézils aufgenommen. Er unterscheidet, auch für das antike Judentum, drei Typen von Göttern: den Kriegsgott, den Gott des Lebens / der Bewahrung (Fruchtbarkeitsgott) und den Gott der Weisheit.[22]

Nun kann man allfällig Kritik üben: vielleicht weniger an der etwas »nassforschen« Adaption eines religionswissenschaftlichen Modells auf den »Hebräischen Gott« als an der exegetischen Anwendung des Paradigmas auf die altorientalische und israelitische Weisheit bei Lang.[23] Richtig am Modell und seinem Inhalt ist jedoch, dass »Kenntnis« und »Weisheit« ein breit bezeugtes Gottesbild determinieren, das noch in den nachfolgenden Erörterungen weiter erhellt werden soll.

---

21 Georges Dumézil, L'idéologie tripartite des Indo-Européens, Brüssel 1958, 18, schreibt: »Il faut entendre par là, certes, les trios activités fondamentales que doivent assurer des groupes d'hommes – prêtres, guerriers, producteurs – pour que la collectivité subsiste et prospère.« Zur weiblichen Seite Gottes, expliziert an der röm. Göttin Fortuna, vgl. ders., Déesses latines et mythes védiques, Brüssel 1956, 85-86.89-90.

22 Bernhard Lang, JAHWE, der biblische Gott. Ein Portrait, München 2002, 15, schreibt: »Die bedeutendste Entdeckung gelang Dumézil auf dem Gebiet der Religionsgeschichte. Er erkannte, daß auch Götter und übernatürliche Wesen nach einem vergleichbaren Prinzip der Dreigliederung organisiert sind. Dieselbe Dreigliederung strukturiert die menschliche wie die göttliche Welt. In der menschlichen Gesellschaft werden die drei Komponenten von Lehrern, Kriegern und Bauern verkörpert; in der Religion gibt es weise Gottheiten, Kriegsgötter und die Fruchtbarkeit fördernde Geister.«

23 Vgl. dazu das Kapitel über den »Herrn der Weisheit« in Lang, JAHWE, der biblische Gott, 30-64.

Doch zunächst zur Permanenz des »inklusiven Monotheismus«: In der Umwelt Altisraels ist es vor allem die neubabylonische Marduk-Verehrung, die immer wieder monotheistischen Tendenzen folgt.[24] Ein für die Fragestellung hilfreicher Text ist das weisheitliche Gebet *Ludlul bēl nēmeqi*. Der Name des in akkadischer Sprache abgefassten Gebets leitet sich von seiner Eröffnung ab und lautet in Übersetzung: »Ich will preisen den Herrn der Weisheit (i. e. Marduk)«. Die Komposition ist auf vier Keilschrifttafeln überliefert, die aus neuassyrischer Zeit (7. Jahrhundert v. Chr.) stammen, allerdings eine spätere Abschrift des Textes aus der Epoche der Kassiten (2. Hälfte des 2. Jtsd.s v. Chr.) bieten.[25] Inhaltlich geht es um das Gebet eines konkreten Typus von Beter, des »leidenden Gerechten«, der gleich im hymnischen Aufgesang den Hochgott Marduk so beschreibt (Tfl. I, Z. 15-20):[26]

> »Zürnt er [i. e. Marduk, S. B.], so weichen Schutzgöttin und Schutzgott;
> sieht er freundlich hin, so wendet er sich dem zu, den (selbst) sein Gott abwies.
> Sei sie noch so hart, ganz plötzlich streicht er seine Sündenstrafe durch;
> er verzeiht, und alsbald kreißt die Gebärende.
> Er eilt hin und pflegt ihren Mutterleib;
> auch umsorgt er sie wie eine Kuh (ihr) Kalb.«

Bereits dieser kurze Textausschnitt stellt Marduk als zugleich zürnenden und barmherzigen Gott dar – eine Vorstellung, die auch bestens aus dem Alten Testament bekannt ist (vgl. Ex 20,5-6 par. Dtn 5,9-10; Ex 34,6-7). Allerdings zeigt der Beter im Fortgang des Gedichtes, dass er die Ambiguität des königlichen Marduk als verstörend, ja desorientierend wahrnimmt.[27] Andererseits kann die babylonische Religion auch neutral die Vereinigung diverser göttlicher Eigenschaften auf einen Gott beschreiben. Die Götter Marduk und Ninurta repräsentierten so die Summe vieler Gottheiten unter ihren Namen.[28] Einschlägig ist vor allem der Anhang zum Schöpfungsepos *Enūma eliš*, das

---

24 Zur mesopotamischen Überlieferung vgl. Mark S. Smith, God in Translation. Deities in Cross-cultural Discourse in the Biblical World, Tübingen 2008, 149-180.

25 Vgl. dazu Wilfred G. Lambert, Babylonian Wisdom Literature, Winona Lake (IN) 1996, 26-27.

26 Übersetzung nach Wolfram von Soden, TUAT III/1, Gütersloh 1990, 110-135, hier 115-116.

27 Vgl. Hermann Spieckermann, Ludlul bēl nēmeqi und die Frage nach der Gerechtigkeit Gottes (1998), in: ders., Gottes Liebe zu Israel. Studien zur Theologie des Alten Testaments, Tübingen 2001, 103-118.

28 Eric Voegelin prägte dafür den Begriff »Summodeismus«, den zuletzt Smith, God in Translation, 168.170-174, wieder aufgenommen hat.

den mythischen Sieg Marduks über den Chaosgott Tiamat darstellt. Auf Tafel VI, Z. 119-120 heißt es:[29]

> »Auch wenn die Schwarzköpfigen irgendeinen, einen anderen Gott verehren sollten,
> ist er der Gott von einem jeden von uns.«

Wie diese »freundliche Übernahme« der möglichen Fremdgötter zu verstehen ist, wird an den nachfolgenden Zeilen deutlich, die die fünfzig Götternamen des Marduk auflisten. So konnte jeder beliebige Gott der Nachbarn, ja der Menschheit, letztlich unter dem einen Gott Marduk verehrt werden.[30]

Auch die späten Texte des Alten Testaments greifen das Konzept des »inklusiven Monotheismus« explizit auf. Die unbestritten monotheistisch geprägte Priesterschrift[31], eine Pentateuchüberlieferung des 6. Jahrhunderts v. Chr., betont in ihrer Version der Berufungserzählung des Moses (Ex 6,2-3):

2 וַיְדַבֵּר אֱלֹהִים אֶל־מֹשֶׁה וַיֹּאמֶר אֵלָיו אֲנִי יְהוָה׃
Und es sprach *Elohim* zu Mose, und er sagte zu ihm: »Ich (bin) JHWH.
3 וָאֵרָא אֶל־אַבְרָהָם אֶל־יִצְחָק וְאֶל־יַעֲקֹב בְּאֵל שַׁדָּי וּשְׁמִי יְהוָה לֹא נוֹדַעְתִּי לָהֶם׃
Und ich erschien Abraham, Isaak und Jakob als *El-Šaddaj*, aber meinen Namen ›JHWH‹ habe ich ihnen nicht bekannt gemacht.«

Sehr viel stärker als im Falle Marduks greift der Text die unangefochtene Stellung des Gottes JHWH auf: Zum einen ist die Selbstvorstellung JHWHs (»ich [bin] JHWH«) noch vor die Identifizierung mit El-Šaddaj gerückt. Zum anderen bleibt jene Identifizierung betontermaßen auf der Ebene des Namens.

---

29 Übersetzung nach Wilfred G. Lambert, TUAT III/4, Gütersloh 1994, 565-602, hier 595. Mit den »Schwarzköpfigen« könnte eine poetische Umschreibung der ganzen Menschheit vorliegen. Insgesamt ist die Übersetzung von Z. 119 umstritten.

30 Smith, God in Translation, 175, schreibt hierzu: »Divine names, even those belonging to the traditional great gods, are ultimately reflections of his [i. e. Marduks, S. B.] reality.«

31 Vgl. zum Monotheismus der Priesterschrift Konrad Schmid, Differenzierungen und Konzeptualisierungen der Einheit Gottes in der Religions- und Literaturgeschichte Israels. Methodische, religionsgeschichtliche und exegetische Aspekte zur neueren Diskussion um den sogenannten »Monotheismus« im antiken Israel, in: Manfred Oeming / Konrad Schmid (Hg.), Der eine Gott und die Götter: Polytheismus und Monotheismus im antiken Israel, Zürich 2003, 11-38, hier 28-38, sowie ders., Gibt es Theologie im Alten Testament? Zum Theologiebegriff in der alttestamentlichen Wissenschaft, Zürich 2013, 90-95. Zur kritischen Diskussion der Thesen Schmids vgl. Matthew J. Lynch, Mapping Monotheism: Modes of Monotheistic Rhetoric in the Hebrew Bible, in: VT 64 (2014), 47-68, hier 59-60.

Während Marduk mit anderen Göttern gleichgesetzt wird, suggeriert Ex 6, dass JHWH von Beginn an mit *El-Šaddaj* identisch war. Dennoch kann man in diesem Fall von einer »Übertragung« (engl. *translation*) unterschiedlicher Gotteskonzepte auf einen Gott sprechen. Dieser Vorgang vollzieht sich auch in anderen Texten des Alten Testaments (wie in Gen 14,22; Dtn 32,8-9), die ursprünglich einmal JHWH einem Hochgott *El Eljon* untergeordnet hatten. Interessanterweise belegen dies ältere Textversionen der griechischen Übersetzung (LXX) und aus Qumran, also Überlieferungen, die noch im 3. und 2. Jahrhundert v. Chr. Spuren eines »inklusiven Monotheismus« im Sinne der »Übertragung« unterschiedlicher Götter oder ihrer Eigenschaften auf JHWH bezeugen.[32]

Zur weiteren Unterstreichung der Permanenz des analysierten monotheistischen Konzepts sei noch ein Beleg aus hellenistisch-römischer Zeit angeführt. Der jüdisch-römische Historiograph Flavius Josephus geht in seiner nach dem ersten jüdischen Krieg (66-70 n. Chr.), wohl in der zweiten Hälfte der neunziger Jahre des 1. Jahrhunderts n. Chr., verfassten Apologie »Gegen Apion« auf die Anfeindungen des Judentums durch die Umwelt ein (Jos Ap 2,237; vgl. auch Philo SpecLeg 1,53).[33]

> ἐγὼ δ' οὐκ ἂν ἐβουλόμην περὶ τῶν παρ' ἑτέροις νομίμων ἐξετάζειν· τὰ γὰρ αὑτῶν ἡμῖν φυλάττειν πάτριόν ἐστιν, οὐ τῶν ἀλλοτρίων κατηγορεῖν, καὶ περί γε τοῦ μήτε χλευάζειν μήτε βλασφημεῖν τοὺς νομιζομένους θεοὺς παρ' ἑτέροις ἄντικρυς ἡμῖν ὁ νομοθέτης ἀπείρηκεν, αὐτῆς ἕνεκα προσηγορίας τοῦ θεοῦ.
> Ich aber wollte niemals über die Gesetze von Anderen Nachforschungen anstellen, denn unsere eigenen Dinge zu beachten ist unsere väterliche Tradition, nicht die Fremden anzuklagen. Und unser Gesetzgeber hat uns strikt verboten, die Götter, die von Anderen beachtet werden, lächerlich zu machen oder zu lästern, um des Namens »Gott« willen.

Josephus bezieht sich hier auf ein Blasphemie-Verbot gegenüber anderen Traditionen und deren Göttern, indem er auf den Namen »Gott«, den auch er als Jude verehrt, verweist. Damit einher geht also die Einsicht, dass über den Namen des eigenen Gottes auch jene Götter miterfasst werden, die in den

---

32 Vgl. dazu Smith, God in Translation, v.a. 139-143.195-216.

33 Zur Datierung vgl. die Diskussion bei John M. G. Barclay, Against Apion. Translation and Commentary. Flavius Josephus. Translation and Commentary, hg. von Steve Mason, Leiden / Boston 2007, XXVI-XXVIII. Zum Text vgl. Henry St. J. Thackeray, Josephus I. The Life. Against Apion (LCL 186), Cambridge (MA) / London ND 1993, 388.

anderen Völkern und Religionen verehrt werden.[34] Josephus dürfte sich in diesem Abschnitt auf eine Interpretation der Septuaginta von Ex 22,27 beziehen. Während der hebräische Text ein Fluch-Verbot gegen den Gott Israels verhängt, und also אֱלֹהִים im Kurz-Prohibitiv »Du sollst Gott nicht lästern« singularisch auffasst, hat die griechische Übersetzung אֱלֹהִים offenbar pluralisch verstanden und mit »Du wirst (anderen) Göttern nicht lästern« (θεοὺς οὐ κακολογήσεις) Fremdgötter im Blick gehabt.[35] Insgesamt konnte das Blasphemie-Verbot in hellenistisch-römischer Zeit sowohl zum Zwecke der apologetischen Abgrenzung gegen die Umwelt als auch als freundliche Annäherung an die hellenistische Götterwelt bzw. ihre Verehrer formuliert sein.[36]

Eine lückenlose Traditionsgeschichte zu den »inklusiven Monotheismen« soll und kann an dieser Stelle nicht geliefert werden. Doch illustrieren Belege von Babylon bis Rom, aus dem 12., dem 7. und 6., dem 3. Jahrhundert v. Chr. und dem Ende des 1. Jahrhunderts n. Chr. die Permanenz oder Traditionskonstanz einer vorderasiatischen Gotteskonzeption, die in Altisrael und dem antiken Judentum durch »Übertragung« adaptiert wurde. Für die Erklärung der konkreten Umsetzung dieses Konzepts sei für die nachstehende Darstellung ein Weisheitstext gewählt, der außerhalb des protestantischen alttestamentlichen Kanons steht, jedoch wenigstens »deuterokanonische« Dignität genießt und vor allem in seinen wichtigsten Textzeugen hebräische und griechische Überlieferung gleichermaßen bietet: Jesus Sirach.

4. »Inklusiver Monotheismus« in der antik-jüdischen Weisheit

Das Buch Jesus Sirach, eine Weisheitsschrift aus dem ersten Drittel des 2. Jahrhunderts v. Chr., wurde ursprünglich auf Hebräisch verfasst, ist aber als Buchganzes nur in den griechischen Zeugen der Septuaginta überliefert. Die ältere hebräische Textfassung ist, da nicht vollständig, nur noch aus mittelalterlichen Handschriften und einigen Fragmenten der Handschriften vom

[34] Vgl. auch Barclay, Against Apion, 306, Anm. 958.

[35] Vgl. dazu Pieter W. van der Horst, »Thou shalt not revile the gods«. The LXX Translation of Ex. 22:28 (27), Its Background and Influence (1993), in: ders., Hellenism – Judaism – Christianity. Essays on Their Interaction, Leuven ²1998, 125-133.

[36] Vgl. Erich S. Gruen, Heritage and Hellenism. The Reinvention of Jewish Tradition, Berkeley (CA) 1998, 67.

Toten Meer zu rekonstruieren. Ungefähr achtundsechzig Prozent des hebräischen Textes sind insgesamt erhalten.[37]

Mit Blick auf die Thematik ist zunächst Sir 24 von Interesse, ein in den hebräischen Handschriften nicht überlieferter Text. Kompositorisch und thematisch bildet Sir 24 das Zentrum des Sirachbuches.[38] Das Lob oder Selbstlob der Weisheit bezieht sich auf eine personifizierte Weisheit und ihre Rolle in Schöpfung und Geschichte Israels. Das stilisierte »Ich« wird sowohl mit der menschlich-irdischen als auch mit der göttlich-himmlischen Welt verbunden. Grundsätzlich erinnert die Weisheit in ihrer Präexistenz (Sir 24,9) an Gestalt und Funktion der חָכְמָה in Prov 8,22-31 oder in Hi 28,20-28. Zudem verknüpft die Vorstellung von der »Einwohnung« der personifizierten Weisheit in Jakob-Israel die universale Schöpfung mit der partikularen Geschichte Israels.[39] Der weisheitliche Lobpreis in Sir 24 ist so aufgebaut, dass bereits der Beginn die personifizierte Weisheit zugleich in »Israel« und in der »himmlischen Gemeinschaft« lokalisiert (Sir 24,2):

---

[37] Griech. Textzeugen: Codices Vaticanus, Sinaiticus, Alexandrinus sowie eine erweiterte Version, u.a. in den Mss. des Codex Venetus und in Ms. 248 (zur letzteren Version vgl. Conleth Kearns, The Expanded Text of Ecclesiasticus. Its Teaching on the Future Life as a Clue to Its Origin, hg. von Pancratius C. Beentjes [Deuterocanonical and Cognate Literature Studies 11], Berlin / New York 2011, v.a. 50-52); hebr. Textzeugen: 6 Mss. (10.-12. Jahrhundert n. Chr.) aus der Geniza der Kairoer Synagoge (Mss. A-F) und Abschriften aus Höhle 2, 11 und aus Masada. Zur Textüberlieferung vgl. auch John J. Collins, Jewish Wisdom in the Hellenistic Age (OTL), Louisville (KY) 1997, 42-44; Johannes Marböck, Jesus Sirach 1-23 (HThKAT), Freiburg im Breisgau u.a. 2010, 22-26.

[38] Vgl. Collins, Jewish Wisdom in the Hellenistic Age, 49; Martin Leuenberger, Gott in Bewegung. Religions- und theologiegeschichtliche Beiträge zu Gottesvorstellungen im alten Israel, Tübingen 2011, 298; Pancratius C. Beentjes, »Come to me, you who desire me ...« – Lady Wisdom's Invitation in Ben Sira 24:19-22, in: Renate Egger-Wenzel u.a. (Hg.), Weisheit als Lebensgrundlage. FS Friedrich V. Reiterer, Berlin / Boston 2013, 1-11 hier 1-2.

[39] Vgl. dazu Bernhard Lang, Der monarchische Monotheismus und die Konstellation zweier Götter im Frühjudentum. Ein neuer Versuch über Menschensohn, Sophia und Christologie, in: Walter Dietrich / Martin A. Klopfenstein (Hg.), Ein Gott allein? JHWH-Verehrung und biblischer Monotheismus im Kontext der israelitischen und altorientalischen Religionsgeschichte, Göttingen / Fribourg 1994, 559-564, hier 560-562; Oswald Loretz, Des Gottes Einzigkeit. Ein altorientalisches Argumentationsmodell zum »Schma Jisrael«, Darmstadt 1997, 121-123. Zur Verbindung von »Schöpfung« und »Geschichte« in Sir 24 vgl. Bernd Janowski, Gottes Weisheit in Jerusalem: Sirach 24 und die biblische Schekina-Theologie, in: Hermann Lichtenberger / Ulrike Mittmann (Hg.), Deuterocanonical and Cognate Literature. Yearbook 2008: Biblical Figures in Deuterocanonical and Cognate Literature, Berlin / New York 2009, 1-29.

ἐν ἐκκλησίᾳ ὑψίστου στόμα αὐτῆς ἀνοίξει
καὶ ἔναντι δυνάμεως αὐτοῦ καυχήσεται
In der Gemeinschaft / Gemeinde des Höchsten wird sie ihren Mund öffnen,
und im Angesicht des (Himmels-)Heers verherrlicht sie sich.

Da der Text in den hebräischen Handschriften nicht bezeugt ist, bleibt nur die, wenn auch begründete, Vermutung, dass für ὕψιστος, den »Höchsten« als Gotteskennzeichnung, einmal das hebräische Äquivalent עֶלְיוֹן stand.[40] Dass die Weisheit in der »Gemeinde des Höchsten« agiert, erinnert Ps 82,1, da »Gott in der Gemeinde Els steht«. Allerdings ist die Verwendung von ὕψιστος, und ἐκκλησία, bzw. der mutmaßlichen hebräischen Äquivalente עֶלְיוֹן und קָהָל, in Sir 24 so spezifisch wie signifikant, weil sie in dieser Kombination ganz auf Sir 24 beschränkt bleibt.

Im Fortgang des Textes von Kap. 24 folgt dann in V.3-4 die Erörterung zur Herkunft der personifizierten Weisheit. Sie »ging hervor« aus dem »Mund des Höchsten« (V.3), und in V.4 heißt es dann:

ἐγὼ ἐν ὑψηλοῖς κατεσκήνωσα
καὶ ὁ θρόνος μου ἐν στύλῳ νεφέλης
Ich schlug mein Lager auf / zeltete in höchsten Wolken,
und mein Thron (stand) auf einer Wolkensäule.

Wiederum wird der Ort der Weisheit in den Höhen der himmlischen Gemeinschaft lokalisiert. Das mythische Bild vom Thron auf der Wolkensäule zeigt zudem an, dass dieser Ort oberhalb der himmlischen Engelsgemeinschaft zu suchen ist.[41] Im Anschluss fährt der Text fort mit Beschreibungen von kosmischen Reisen der Weisheit (V.5-6). Dabei verbinden sich bemerkenswerterweise dies- und jenseitige Sphären, wenn die Weisheit die Wolken des Himmels umkreist, durch den tiefen Abgrund wandelt (V.5), aber auch über Meereswogen, die Erde, ja Volk und Nation herrscht (V.6). Auffällig ist das für das Herrschen der Weisheit verwendete Verb κτάομαι, das die Septuaginta vor allem für die hebräische Wurzel קנה (»erwerben, schaffen«) mit Gott als Sub-

---

40 Im Sirachbuch finden sich zahlreiche Stellen, in denen diese Entsprechung überliefert ist: vgl. nur Sir 41,4.8; 42,2.18; 43,2; zu 44,1-2 s.u. In Kap. 24 begegnet ὕψιστος noch in V.3 u. 23; Zur Sache vgl. Robert C. T. Hayward, El Elyon and the Divine Names in Ben Sira, in: Renate Egger-Wenzel (Hg.), Ben Sira's God: Proceedings of the International Ben Sira Conference Durham – Ushaw College 2001, Berlin / New York 2002, 180-198.

41 Vgl. Johannes Marböck, Weisheit im Wandel: Untersuchungen zur Weisheitstheologie bei Ben Sira, Berlin / New York ²1999, 61-62.

jekt einsetzt[42], bisweilen mit Schöpfungsassoziationen. Dies, zusammen mit dem Motiv des Hervorkommens der Weisheit aus dem »Munde des Höchsten« (V.3), deutet an, dass die personifizierte Weisheit nicht unabhängig, sondern in Abhängigkeit vom höchsten Gott agiert. Johannes Marböck kommentiert dies mit folgenden Worten:[43]

> »Obwohl die Weisheit in Sir 24 nicht direkt an der Schöpfung beteiligt ist, offenbart sich im Bereich der Schöpfung ihre gottähnliche Herrschaft. [...] Das Wirken der Weisheit offenbart hier einen Aspekt, der keine nationalen Schranken kennt [...] und damit bereits ahnen läßt, daß dieses Herrschen der Weisheit nur Ausdruck ihrer göttlichen Funktion sein kann [...].«

Die für die Frage nach einem »inklusiven Monotheismus« in Sir 24 interessanteste Passage folgt in V.7-8:

7 *μετὰ τούτων πάντων ἀνάπαυσιν ἐζήτησα*
καὶ ἐν κληρονομίᾳ τίνος αὐλισθήσομαι
Unter diesen allen fand ich einen Ruheort,
und in wessen Erbteil ich lagern werde.
8 *τότε ἐνετείλατό μοι ὁ κτίστης ἁπάντων*
καὶ ὁ κτίσας με κατέπαυσεν τὴν σκηνήν μου
καὶ εἶπεν ἐν Ιακωβ κατασκήνωσον
καὶ ἐν Ισραηλ κατακληρονομήθητι
Dann befehligte mir der Schöpfer von allem,
und der, der mich erschaffen hatte, setzte einen Ruheort für mein Lager Zelt fest.
Und er sagte: »In Jakob schlage dein Zelt auf,
und in Israel sei dein Erbteil!«

Die Weisheit sucht nach einem Lagerort, und nahezu alle Kommentatoren zur Stelle verweisen auf eine vermeintliche Parallele in den sogenannten »Bilderreden« des Äthiopischen Henochbuches (äthHen 42,1-2), die formuliert:[44]

---

42 Vgl. Ex 15,16; Dtn 32,6; Ps 74,2; 139,13 (vgl. HALAT 1038-1039; KAHAL 504-505). Ges[18] 1174-1175, trennt die Bedeutungen »kaufen, erwerben« ($_1$קנה) und »(er)schaffen« ($_2$קנה).

43 So Marböck, Weisheit im Wandel, 61-62 (Hervorhebung im Original), der in diesem Kontext auch auf die Gemeinsamkeiten mit den Isis-Aretalogien verweist.

44 Übersetzung: Siegbert Uhlig, Das äthiopische Henochbuch (JSHRZ V/6), Gütersloh 1984, 584. Vgl. Leuenberger, Gott in Bewegung, 305; Georges W. E. Nickelsburg / James H. VanderKam, 1 Enoch 2. A Commentary on the Book of 1 Enoch Chapters 37-82 (Herme-

»1 Die Weisheit fand keinen Platz, wo sie wohnen konnte,
da hatte sie eine Wohnung in den Himmeln.
2 Die Weisheit ging aus, um unter den Menschenkindern zu wohnen,
und sie fand keine Wohnung;
die Weisheit kehrte an ihren Ort zurück
und nahm ihren Sitz unter den Engeln.«

In äthHen 42 und in Sir 24 begegnet die personifizierte Weisheit, hier wie dort sucht sie nach einem Lagerort. Der Hauptunterschied besteht darin, dass in äthHen 42 der Weisheit ein exklusiv *himmlischer* Ort als Lagerstätte zugewiesen wird. In der Forschung wird dies gern als eine Polemik gegen Sir 24 und der im Weisheitslob konzipierten Ruhestätte der Weisheit auf dem Zion bzw. in der Mose-Tora gelesen. Doch sollte man angemessener bei Sir 24 von einer »bifokalen« Lösung sprechen: Einerseits findet die Weisheit in Zion einen Ort (V.10) und bezeichnet Jerusalem als Ort ihrer Macht (V.11). Andererseits betonen der präexistente Status der Weisheit (V.9), ihre Gewalt über Völker und Nationen (V.6) und schließlich ihre Verfügungsgewalt über Himmel und Unterwelt (V.5) den kosmologischen Rahmen, in dem sich die Weisheit bewegt. Ergo: In Sir 24 entwickelt sich eine Weisheitsaretalogie von Schöpfung und Kosmos hin zur Geschichte.[45]

In sprachlicher Hinsicht ist nun vor allem Sir 24,8 interessant. Hier spricht der »Schöpfer«: »In Jakob schlage dein Zelt auf, und in Israel sei dein Erbteil!« (griechisch ἐν Ιακωβ κατασκήνωσον καὶ ἐν Ισραηλ κατακληρονομήθητι). »Erben« oder »ein Erbteil haben« ist hier mit einem Verb ausgedrückt, dessen Nominalbildung κληρονομία (»Erbteil«) lautet[46] – an anderer Stelle steht griechisch μερίς für hebräisch חֵלֶק (»Anteil«; vgl. Sir 14,9; 44,23; 45,22). Die besondere Gotteskonstellation wird dann deutlich, wenn man beachtet, dass der »Schöpfer« und der »Höchste« bzw. der »Herr«, der dem hebräischen Tetragramm entspricht, identisch sind und sich auf das Wortfeld von »Anteil« bzw. »Erbe / Erbteil« beziehen. Das Sirachbuch arbeitet an unterschiedlichen Stellen mit dieser Konstellation. Alle Passagen haben gemeinsam, dass sie

neia), Minneapolis (MN) 2012, 138-139, wobei letztere äthHen 42,1-2 als einen Gegenentwurf zur »Einwohnung« der Weisheit in der mosaischen Tora deuten.

45 Vgl. Marböck, Weisheit im Wandel, 63; Georg Sauer, Jesus Sirach / Ben Sira (ATD.A 1), Göttingen 2000, 182.

46 In V.8 entspricht das Verb κατακληρονομέω (vgl. noch Sir 4,16; 15,6; 36,10; 44,21; 46,1) in seiner Aorist Passiv-Form wahrscheinlich dem Hitpa'el von נחל: vgl. Benjamin G. Wright, No Small Difference. Sirach's Relationship to Its Hebrew Parent Text (SBL.SCS 26), Atlanta (GA) 1989, 239.

die Vorstellung von »Jakob« bzw. »Israel« als »Gottes Erbteil« befördern. Eine Vorstellung, die letztlich in Dtn 32,8-9, also in der Tora, ihren Ursprung hat.

Unter den betroffenen Texten im Sirachbuch ist zunächst ein Abschnitt aus dem sogenannten »Väterlob« (Sir 44,1-50,29) in Augenschein zu nehmen. In Sir 44,19-23 geht es um die Taten und Verdienste der Erzväter Abraham und Isaak. Die Überlieferung ist unter den hebräischen Handschriften (Ms. B) bezeugt, und die V.19-21 lauten:[47]

19 אברהם אב המון גוים
לא נתן בכבודו מום:
Abraham (war) der Vater einer Vielzahl von Völkern (vgl. Gen 17,5),
er setzte keinen Makel wider seine Ehre.
20 אשר שמר מצות עליון
Er, der die Gebote des Höchsten bewahrte / einhielt.
[...]
21 [...] לברך בזרעו גוים:
Um durch seine Nachkommenschaft Völker zu segnen,
להנחילם [.]ים ועד ים
um sie zu Erben zu machen von Meer zu Meer,
ומנהר ועד אפסי ארץ:
und vom Strom bis an die Enden der Erden.

In diesem Text ist das Gotteskonzept, das wiederum vom »Höchsten« spricht, klar auf den Bundesgott bezogen. Die Schöpfungs- oder kosmische Perspektive ist zugunsten der geschichtlichen oder »Israel«-Perspektive aufgegeben. Dennoch bleibt über die analysierte Begrifflichkeit ein deutlicher Bezug zu Dtn 32,8-9 erkennbar: Während aber in Dtn 32 der »Höchste« die Völker zu Erben macht und die Menschheit aufgeteilt wird, lässt eben jener »Höchste« in Sir 44 *»Israel«* erben und unterteilt es nach seinen Stämmen.[48] Die universalistische Dimension der Gottesvorstellung fehlt also auch im direkten Vergleich mit Dtn 32,8-9.

Die gegenüber der »bifokalen« Gottes- bzw. Weisheitskonzeption aus Sir 24 abweichende Konzentration auf Geschichtliches findet ihre Bestätigung dann auch im Gesamtcharakter des »Väterlobes«, das strikt in der »Israel«-Perspek-

[47] Text: Pancratius C. Beentjes, The Book of Ben Sira in Hebrew. A Text Edition of All Extant Hebrew Manuscripts and a Synopsis of All Parallel Hebrew Ben Sira Texts, Leiden u.a. 1997, 78. Zur Übersetzung vgl. auch Hayward, El Elyon and the Divine Names in Ben Sira, 187.

[48] So die Deutung bei Hayward, El Elyon and the Divine Names in Ben Sira, 187.

tive verfasst wurde. Allerdings bricht im Einleitungsabschnitt eben zu jenem »Väterlob« eben doch, wenn auch nur in Anspielungen, die kosmisch-universalistische Dimension durch, da nach der eigentlichen Überschrift (Sir 44,1), die das Lob der Väter in ihren Generationen ankündigt, zunächst Gottes »Anteil« gepriesen wird (V.2: Ms. B, Masada):[49]

רב כבוד חלק עליון
וגדלו מימות עולם:
Groß an Ehre / Ruhm (ist) der Anteil des Höchsten,
und seine Größe aus ewigen Zeiten.

In diesem Text ist der kosmisch-universalistische Bezug offensichtlich, denn nicht nur der Ausdruck »Anteil des Höchsten« spielt unmittelbar auf den »Anteil JHWHs« aus Dtn 32,8-9 an, auch die im zweiten Versteil evozierte Gottesidee eines »Gottes von Ewigkeit« hat mehr als nur »Israel« im Blick.[50]

Zieht man ein erstes Fazit, dann hat sich gezeigt, dass das Sirachbuch die in der terminologischen Kombination aus »Höchster«, JHWH, »Anteil« und »Erbteil« konstruierte Gotteskonzeption dazu nutzt, seine weisheitliche Theologie in die Entwicklung oder »Übertragung« von einer kosmischen in eine »Israel«-Perspektive einzuschreiben. Im Loblied der Weisheit auf sich selbst (Sir 24) und im Eingangsparagraphen des »Väterlobes« (Sir 44) ist jene Entwicklung bzw. Übertragung vor allem auf Dtn 32,8-9 bezogen.

Letztere Verknüpfung belegt noch ein weiterer Text aus dem Sirachbuch, Kap. 17. Auch dieses Kapitel setzt mit einer kosmischen Perspektive (V.1-10) ein und beschreibt die Menschenschöpfung, während die nachfolgenden Sprüche (V.11-14) die »Israel«-spezifischen Themen »Gebot« und »Bund« aufgreifen. In Sir 17,17 heißt es dann:

ἑκάστῳ ἔθνει κατέστησεν ἡγούμενον
καὶ μερὶς κυρίου Ισραηλ ἐστίν
Über jedes Volk setzte er einen Herrschenden,
aber der Anteil des Herrn ist Israel.

---

49 Text: Beentjes, The Book of Ben Sira in Hebrew, 77.120.174. Morphologisch könnte חלק als Verb (3. Pers. Sing., Afformativkonjugation) und als das entsprechende Nomen aufgefasst werden. Die griech. Überlieferungen bieten eine Verbform (Aorist von κτίζω). Unter Berücksichtigung des Parallelismus membrorum als Konstruktion von Nominalsätzen macht jedoch das Nomen mehr Sinn: vgl. die Textanm. bei Patrick W. Skehan / Alexander A. di Lella, The Wisdom of Ben Sira. A New Translation with Notes, New York 1987, 498.

50 Vgl. dazu Marböck, Weisheit im Wandel, 70.

Auch wenn zu diesem Text keine hebräischen Zeugen vorliegen, ist die bekannte Begriffskombination aus JHWH und hebräisch חֵלֶק wahrscheinlich. Damit ist das hier analysierte Wortfeld gegeben, das nun, rückschauend auf die voranstehenden Abschnitte, wiederum ein kosmisches – mit Bezug auf die Nationen bzw. Schöpfung und V.1-10 – mit einem »israelitischen« Weisheits- und Gotteskonzept[51] – mit Bezug auf »Israel« als Anteil und V.11-14 – verbindet. Man könnte von einem »generellen« und »speziellen Weisheitskonzept« sprechen.[52] Liest man Sir 17 noch einmal im Kontext, dann beginnt die Komposition mit der kosmischen Aufteilung der Welt, fährt mit Zuweisungen von Herrschern (i. e. Engeln, göttlichen Gestalten oder politischen Herrschern)[53] über jede Nation fort und hebt dieses universalistische Konzept quasi auf, wenn Israel selbst zum »Anteil JHWHs« erklärt wird. Insgesamt ist deutlich, dass auch in Sir 17 die Konstellation von »Israel als Anteil JHWHs« im Zusammenhang eines kosmischen, universalistischen Gotteskonzepts thematisiert wird.

Nach Analyse einiger wichtiger Belege im Sirachbuch zur »bifokalen« Verwendung der »monotheistischen« Idee bzw. der Rede von dem einen Gott sei abschließend noch einmal auf das hymnische Selbstlob der personifizierten Weisheit in Sir 24 zurückgekommen. Um das in diesem Text verwendete Muster eines »inklusiven Monotheismus« näher zu betrachten, soll vorab auf den bereits häufig genannten Referenztext in Dtn 32,8-9 eingegangen werden. Die masoretische Überlieferung liest:

8 בְּהַנְחֵל עֶלְיוֹן גּוֹיִם
בְּהַפְרִידוֹ בְּנֵי אָדָם
יַצֵּב גְּבֻלֹת עַמִּים
לְמִסְפַּר בְּנֵי יִשְׂרָאֵל׃
Als der Höchste Völkerschaften als Erbbesitz verteilte,
bei seinem Trennen von einzelnen Menschen,

---

51 Zu beachten ist außerdem die textliche Erweiterung nach der längeren griech. Überlieferung zu Sir 17,17 am Versbeginn, die ausdrücklich auf Dtn 32,8a Bezug nimmt: »For the dividing up of the nations of all the world« (nach: Skehan / di Lella, The Wisdom of Ben Sira, 280 Anm. 17a).

52 So zuletzt Greg Schmidt Goering, Wisdom's Root Revealed. Ben Sira and the Election of Israel, Leiden / Boston 2009, 96-102, der allerdings die Stichworte »Erbe« und »Anteil« ganz für die »spezielle« bzw. »israelitische« Weisheitskonzeption verrechnet.

53 Vgl. Skehan / di Lella, The Wisdom of Ben Sira, 283. Schmidt Goering, Wisdom's Root Revealed, 233-235.239, charakterisiert die Rolle JHWHs als die eines Universalherrschers unter den Nationen.

da legte er Gebiete von Völkern fest
nach der Zahl der Israeliten.
9 כִּי חֵלֶק יְהוָה עַמּוֹ
יַעֲקֹב חֶבֶל נַחֲלָתוֹ׃
Ja[54], Anteil JHWHs (ist) sein Volk,
Jakob (ist) das zugemessene Grundstück seines Erbes.

Einmal unabhängig von der Septuaginta, die differierende Lesarten zu diesem Text bietet, muss die Handschriftenüberlieferung vom Toten Meer zu Dtn 32,8-9 beachtet werden. Insgesamt drei Abschriften schlagen zu Buche: nämlich 4QpaleoDeut^{r} (Fragment 35), 4QDeut^{j} (Kol. XII, Z. 14) und 4QDeut^{q} (Fragment 1).[55] Während zwei der Handschriften in ihren Textresten die masoretische Textüberlieferung zu Dtn 32,8-9 bestätigen, weicht 4QDeut^{j} signifikant ab. Denn, wie in einigen Handschriften der Septuaginta, liest diese Textkopie gegenüber dem Masoretentext zu V.8: »Da legte er Gebiete von Völkern fest nach der Zahl der Göttersöhne« (בני אלהים bzw. υἱῶν θεοῦ: Mss. 848 u. 106c).[56] Die Lesart »nach der Zahl der Göttersöhne« gilt gemeinhin als ältere, die dann der Masoretentext ideologisch korrigiert habe. Fraglich ist allerdings, ob diese Ideologiekritik in der Lesung »Göttersöhne« wirklich eine polytheistische Gotteskonzeption eliminiert hat: Einige Interpreten der Textstelle meinen, dass der Höchste (V.8) ursprünglich als Oberster im Götterpantheon verehrt wurde, der in Dtn 32,8-9 (nach 4QDeut^{j}, LXX*) dem Gott JHWH angeordnet habe, »Jakob« – bzw. »Israel« – als seinen Anteil und sein Erbteil zu nehmen.[57] Andere Exegeten halten auch den Verweis auf die »Göttersöhne« für »monotheistisch«, jedenfalls als nicht dem israelitischen Monotheismus

---

54 Für ein deiktisch-assertorisches, nicht kausales, Verständnis der Partikel vgl. Carmel McCarthy, אלה הדברים / Deuteronomy (Biblia Hebraica quinta editione cum apparatu critico novis curis elaborato, Bd. 5), Stuttgart 2007, 141.

55 Die Mss. datieren aus der ersten Hälfte des 1. Jahrhunderts v. Chr., aus spät-herodianischer Zeit und aus der Zeitenwende: vgl. zu Datierung und Text Patrick W. Skehan u.a., 4QpaleoDeuteronomy^{r}, in: ders. u.a., Qumran Cave 4, IV. Paleo-Hebrew and Greek Biblical Manuscripts (DJD IX), Oxford 1992, 131-152, hier 132.146 u. Tfl. XXXVI; Julie Ann Duncan, 4QDeut^{j}, in: Eugene Ulrich u.a., Qumran Cave 4, IX. Deuteronomy, Joshua, Judges, Kings (DJD XIV), Oxford 1995, 75-91, hier 77.90 u. Tfl. XXIII; Patrick W. Skehan / Eugene Ulrich, 4QDeut^{q}, in: Eugene Ulrich u.a., Qumran Cave 4, IX. Deuteronomy, Joshua, Judges, Kings (DJD XIV), Oxford 1995, 137-142, hier 138-139 u. Tfl. XXXI.

56 Zur Überlieferung und Bezeugung vgl. Paul Sanders, The Provenance of Deuteronomy 32, Leiden u.a. 1996, 154-160; Smith, God in Translation, 140.196.

57 Vgl. etwa Manfred Weippert, Synkretismus und Monotheismus. Religionsinterne Konfliktbewältigung im alten Israel (1990), in: ders., Jahwe und die anderen Götter. Studien

widersprechend, etwa weil die »Göttersöhne« von Beginn an als Engelwesen gedeutet werden konnten.[58]

Betrachtet man den Kontext von Dtn 32, dem sogenannten »Moselied«, dann findet man in der Tat neben eindeutig monotheistischen Passagen (V.12.39) den ebenfalls monotheistischen Begriff »Nicht-Gott« neben dem alleinigen Gott Israels (V.17.21). Andererseits musste die dem Gott JHWH – wenn vielleicht auch nur scheinbar – übergeordnete Position des »Höchsten« nach der älteren Lesart in V.8-9 bei einigen antiken Lesern und Hörern Zweifel an der »Orthodoxie« des Textes geweckt haben. Anders hätte die »Zensur« der späteren Überlieferungen, wie des Masoretentextes, keinen Sinn gemacht.[59] Wann diese »Zensur« gegriffen hat, ist schwer zu beantworten. Sowohl die Hasmonäerzeit, seit der Mitte des 2. Jahrhunderts v. Chr., als auch das 1. Jahrhundert n. Chr. werden erwogen.[60] Chronologisch wären wir damit in der Zeit der Abfassung und Überlieferung des Sirachbuches angelangt. Damit passt in zeitlicher wie konzeptioneller Hinsicht die Gottesidee einer Konstellation von »Höchstem« und JHWH, wobei letzterer in universalistisch-kosmologischer Funktion agiert, bestens zusammen.

Wenn man also Sir 24 mit Dtn 32,8-9 vergleicht, dann bieten beide Texte monotheistische Aussagen, die durch die analysierten Beziehungen zwischen dem »Höchsten« und JHWH eine große Offenheit für die umgebenden Religionen und ihre bestenfalls »inklusiven Monotheismen«, zumeist Polytheismen, garantieren. Im Zuge dieser »Übertragungen« rezipiert Sir 24 Vorstellungen aus Dtn 32,8-9. Zum einen: Sir 24 und Dtn 32 sind beide ausgewiesen mo-

---

zur Religionsgeschichte des antiken Israel in ihrem syrisch-palästinischen Kontext, Tübingen 1997, 1-24, hier 4-6.

[58] Vgl. Smith, God in Translation, 141-143.210-212; Konrad Schmid, Traditionsgeschichtliche oder literarische Aufnahmen vorgegebener Stoffe? Dtn 32,8f und Ps 82 als methodische Testfälle für die literarische Rekonstruierbarkeit von Resten »hebräischen Heidentums« im Alten Testament (2006), in: ders., Schriftgelehrte Traditionsliteratur. Fallstudien zur innerbiblischen Schriftauslegung im Alten Testament, Tübingen 2011, 125-141, hier 127-133. James Kugel, Traditions of the Bible. A Guide to the Bible As It Was at the Start of the Common Era, Cambridge (MA) / London 1998, 663-664.701-703, plädiert offensichtlich auch für ein monotheistisches Verständnis des älteren Textstratums in Dtn 32,8-9. Er diskutiert den Text unter der Überschrift: »Singled out from the Start«, womit gemeint ist, dass Israel von JHWH von der Schöpfung an erwählt war. Außerdem betont Kugel (664): »This seemed to mean that God had decided to take personal charge over Israel, whereas the fortunes of other peoples were given over to heavenly subordinates, angels (the ›sons of God‹) or other powers[.]«.

[59] Smith, God in Translation, 211, spricht in diesem Zusammenhang von »censorship«.

[60] Vgl. dazu McCarthy, Deuteronomy, 140-141.

notheistisch in ihren Aussagen über Gott. Er gilt als »Schöpfer von allem« (Sir 24,8), als »Herr, Allmächtiger, abgesehen von dem es keinen Retter gibt« (Sir 24,24)[61], als »Gott, der allein anleitet« (Dtn 32,12) und der keinen Gott neben sich hat (Dtn 32,39). Zum anderen: Sir 24 und Dtn 32 greifen zurück auf eine Gotteskonstellation, die in der Umwelt Israels und des antiken Judentums sehr verbreitet war. Eine Konstellation, die den »Höchsten« als Hochgott über andere (lokale) Gottheiten stellt, die ihm dienen. Dass diese Form des »inklusiven Monotheismus« sehr geläufig war und über eine große Permanenz verfügt, wurde bereits erörtert (s. o., Abschnitt 3.).

Wie die spätere Zensur der Masoreten zu Dtn 32,8-9 zeigt, konnte die Konstellation von »Höchstem« und JHWH durchaus als ein Subordinationsverhältnis verstanden werden. Demnach übereignete der »Höchste« als mächtigster und kosmisch ausgerichteter Gott, »Jakob« an JHWH als sein »Erbteil« und »Israel«, ebenfalls an JHWH, als seinen »Anteil«. Überträgt man nochmals diese Konstellation auf die Selbstglorifizierung der Weisheit in Sir 24, dann wird deutlich, dass in dieser »Übertragung« JHWH durch die personifizierte Weisheit ersetzt wurde. In Sir 24,3 heißt es: »Aus dem Mund des Höchsten ging ich [i. e. die Weisheit] hervor« (griechisch *ἐγὼ ἀπὸ στόματος ὑψίστου ἐξῆλθον*). Darauf begibt sich die Weisheit auf eine »kosmische Reise« (V.3b-6), und es übereignet der »Höchste«, als kosmischer Schöpfergott, »Jakob«, als »Erbteil«, an die Weisheit (V.7-8). In Sir 24,12 kommt der Weisheitshymnus dann auf die angesprochene Konstellation nochmals zurück:

> *καὶ ἐρρίζωσα ἐν λαῷ δεδοξασμένῳ*
> *ἐν μερίδι κυρίου κληρονομίας αὐτοῦ*
> Ich habe mit der Rute geschlagen unter dem verherrlichten Volk,
> im Anteil des Herrn ist mein Erbe / Erbteil.

Insgesamt erweist sich der Monotheismus des Sirachbuches als janusköpfig oder »bifokal«: Einerseits offenbart er eine kosmische Dimension und betont die Schöpfungsfunktion Gottes.[62] Andererseits übernimmt die Weisheit eine zentrale Rolle in der »Geschichte Israels«. Beide Dimensionen, die kosmische

---

[61] Vgl. zu diesem Vers, der nur in der erweiterten griech. Fassung des Sirachbuches überliefert ist: Skehan / di Lella, The Wisdom of Ben Sira, 329; Kearns, The Expanded Text of Ecclesiasticus, 215.

[62] Es zeigt der längere und offenbar ergänzte Text immer wieder Verstärkungen dieser kosmischen Tendenz, etwa im Zusatz Sir 24,9: et usque ad futurum saeculum non desinam, der zudem einen »eschatologischen« Unterton einträgt: vgl. dazu Kearns, The Expanded Text of Ecclesiasticus, 170-173.

wie die geschichtliche, sind eng aufeinander bezogen und verweisen auf die analysierte terminologische Konstellation von »Höchstem« und JHWH, die über die Motivkonstellation der Termini »Anteil« und »Erbe / Erbteil« vermittelt wird. In diesen Konstellationen, und dem Bezug des Sirachbuches auf Dtn 32,8-9, tut sich dann auch ein »inklusiver Monotheismus« kund. Nur dass beim Siraciden der »Höchste« bereits mit JHWH identifiziert erscheint und der in Dtn 32 noch untergeordnete JHWH im Sirachbuch durch die personifizierte Weisheit ersetzt wurde.[63] Innerhalb der janusköpfigen oder »bifokalen« Gottes- bzw. Weisheitskonstellationen im Sirachbuch wird der Weisheit gottgleicher Status zugewiesen. Die auf der kosmischen Seite jener Konstellationen deutliche Zuordnung von »Höchstem«, der mit JHWH identifiziert ist, zur personifizierten Weisheit belegt also, in Anlehnung an die ältere Lesart in Dtn 32,8-9, einen »inklusiven Monotheismus«.

5. Schluss

Die voranstehenden Erörterungen haben sich dem Bekenntnis zu dem einen Gott im antiken Judentum angenähert, indem sie als Ausgangspunkt eine im Vorderen Orient verbreitete Gotteskonzeption, den »inklusiven Monotheismus«, gewählt haben. Darunter versteht man die additive Vereinigung aller Götter bzw. Gotteseigenschaften unter einem höchsten Gott. Zunächst konnte gezeigt werden, dass der »inklusive Monotheismus« in sehr unterschiedlichen Kulturen und Religionen der Antike wenigsten vom 12. Jahrhundert v. Chr. bis in die hellenistisch-römische Zeit hinein belegt werden kann, ergo über eine recht hohe Permanenz verfügt.

Für das antike Judentum wurde als Anknüpfungspunkt die Idee der »personifizierten Weisheit« gewählt, die ganz grundsätzlich einer religiösen Struktur inhärent ist und die nach Georges Dumézil ein religiös-anthropologisches Grundaxiom bezeichnet. Die weitere Darlegung fokussierte dann auf das Sirachbuch und sein Weisheitskonzept. Dabei erwies sich ein Text aus dem »Moselied« in Dtn 32 als Hauptreferenz. In Dtn 32,8-9 konnte eine ältere Textüberlieferung herausgearbeitet werden, die im Sinne des »inklusiven Monotheismus« den israelitischen Gott JHWH dem »Höchsten« unterordnet. Zwar wird man aufgrund des Kontextes in Dtn 32 auch schon diese ältere

[63] Vgl. dazu auch Roland E. Murphy, The Personification of Wisdom, in: John Day u.a. (Hg.), Wisdom in Ancient Israel. Essays in Honour of John A. Emerton, Cambridge 1995, 222-233, hier 226-227.231.

Lesung als »monotheistisch« bezeichnen können, doch kam es just in der Zeit, da auch das Sirachbuch entstand, zu einer »orthodoxen Zensur« in diesem Text. Denn der Masoretentext änderte die Überlieferung, so dass JHWH und der »Höchste« nunmehr identisch waren.

Das Sirachbuch hat, vor allem in Sir 24, offensichtlich beide »Monotheismen« rezipiert. Auffällig dabei ist, dass der Siracide dort, wo der »Höchste« als kosmischer Weltengott auftritt, eine Identifizierung mit JHWH bereits voraussetzt, also im Sinne der »Zensur« zu Dtn 32,8-9 formuliert. Andererseits lässt die kosmische Seite der siracidischen Gottes- bzw. Weisheitskonzeption aber auch Anspielungen auf den »inklusiven Monotheismus« weiterhin erkennen, nämlich durch die Einführung der personifizierten Weisheit. Zwar ist der »Höchste« mit JHWH identifiziert, doch nur um den Preis der Hinzunahme einer weiteren gottgleichen Gestalt, mit der weisheitliche Theologumena eingeführt werden. Mit anderen Worten ersetzt im Sirachbuch die unter den »Höchsten« subsumierte Weisheit den Israelgott JHWH, der nach Dtn 32,8-9 in der älteren Textüberlieferung noch seinerseits dem »Höchsten« untergeordnet war. Für die komplexe Verknüpfung der Sirachtexte mit dem Deuteronomiumrahmen ist außerdem die terminologische »Schnittstelle« der Begriffe »Anteil« und »Erbe / Erbteil« zu beachten.

Mit der »Übertragung« (*translation*) der Weisheit in einen »inklusiven Monotheismus« im antiken Judentum bleibt auch die späte jüdische Überlieferung offen für andersreligiöse Gotteskonzepte. Weder darf man also davon ausgehen, dass *der* Monotheismus im antiken Judentum selbstverständlich und gefestigt erscheint, noch geben die analysierten Traditionslinien zum »inklusiven Monotheismus« Anlass dazu, im »Monotheismus« allgemein ein Instrument der Unterdrückung und Intoleranz zu erblicken, wie es Jan Assmann behauptet hat.[64]

---

[64] Vgl. dazu Jan Assmann, Moses der Ägypter. Entzifferung einer Gedächtnisspur, München / Wien 1998, und dazu die Kritik bei Bernd Janowski, Ein Gott, der straft und tötet? Zwölf Fragen zum Gottesbild des Alten Testaments, Neukirchen-Vluyn 2013, 89-116.

»Sorgt euch nicht, was ihr sagen sollt ...«

Bekenntnisbildung im frühen Christentum

Christfried Böttrich

Mit dem Jubiläum des »Heidelberger Katechismus« tritt ein literarisches Genre in den Blick, das in der reformatorischen Theologie zu seiner größten Blüte gelangt.[1] In kurzer Zeit entstehen zahlreiche Katechismen, die in leicht fasslicher Weise die Hauptstücke des Glaubens entweder in thematischen Blöcken oder in Frage- und Antwortform zusammenstellen. Dieses populäre Genre, für das vor allem die beiden Katechismen Luthers (1529) und der Heidelberger Katechismus (1563) prägend werden,[2] macht fortan Karriere. Es wird im Tridentinum auch auf katholischer Seite erneut aufgenommen und findet sich etwa einhundert Jahre später bereits im russisch-orthodoxen Bereich wieder. Bei aller Vielfalt der formalen und inhaltlichen Varianten bleibt dabei stets jene grundlegende Intention erhalten, die Luther 1529 in seiner Vorrede zum Großen Katechismus als »der ganzen heiligen Schrift kurzer Auszug und Abschrift«[3] charakterisiert.

Damit stellt sich die Frage nach den biblischen Impulsen für dieses Genre.[4] Lässt sich die bewusst bibelorientierte Anlage der reformatorischen Katechismen vielleicht schon auf frühchristliche Modelle zurückführen? Um die Wende zum 20. Jahrhundert hat man diese Fragen sehr offensiv gestellt und sehr optimistisch beantwortet. Am weitesten ist dabei Alfred Seeberg, Neutestamentler in Dorpat, Rostock und Kiel, gegangen. 1903 veröffentlicht er in Leipzig eine Untersuchung mit dem suggestiven Titel »Der Katechismus

---

1 Franz-Peter Tebartz-van Elst / Ehrenfried Schulz / Peter Hauptmann / Hans-Jürgen Fraas, Art. Katechismus, in: RGG[4] 4 (2001), 861-866.

2 Vgl. Matthias Freudenberg, Der Heidelberger Katechismus und die Eigenart reformierter Katechismen, in: Martin Heimbucher / Christoph Schneider-Harpprecht / Aleida Siller (Hg.), Zugänge zum Heidelberger Katechismus, Neukirchen-Vluyn 2012, 43-50.

3 Die Bekenntnisschriften der evangelisch-lutherischen Kirche 2, Berlin 1930, 552.

4 Als eine kritische Stimme vgl. z.B. Frank Crüsemann, Theologische Engführung und biblische Weite. Ein Beitrag zum Bibelgebrauch des Heidelberger Katechismus, in: EvTh 72 (2012), 419-431.

der Urchristenheit«, in der er den Beweis zu führen unternimmt, »daß bald nach Christi Tod ein aus Herrenworten gebildeter Katechismus entstanden ist. Der Inhalt desselben wurde im apostolischen Zeitalter von den Missionaren gepredigt und dann denen, die sich der christlichen Taufe unterziehen wollten, gelehrt.«[5] Was der Lutheraner Seeberg hier mit großem Scharfsinn aus verschiedenen Textzusammenhängen herauszudestillieren versucht, ist indessen nichts anderes als ein Konstrukt, das sich an den Vorgaben der protestantischen Katechismustradition orientiert. Zu Recht ist die Exegese schon bald wieder von dieser Vorstellung eines festen, bis in einzelne Formulierungen hinein fixierten Lehrbestandes abgerückt.

An einem Punkt hat man jedoch weiter gearbeitet. Er betrifft die sogenannte »Glaubensformel«, die bei Seeberg gemeinsam mit der ethischen Unterweisung als eine der beiden Säulen jenes fiktiven Katechismus fungiert. Zu dieser Zeit, um die Jahrhundertwende, erlebt die sogenannte »Symbolforschung« gerade ihre Hochblüte.[6] Karl Holl, Adolf von Harnack, Hans Lietzmann, Paul Feine oder auch der Greifswalder Johannes Haußleiter[7] sind der Urform des Apostolischen Glaubensbekenntnisses auf der Spur und pflügen dazu den Boden des Neuen Testamentes um. Mit neu erwachender formgeschichtlicher Sensibilität spüren sie liturgisches Gut auf, aus dem sich das Bekenntnis der römischen Gemeinde gespeist haben könnte. Vom Interesse an einem Katechismus im Ganzen rückt die Forschung nun zunehmend ab und konzentriert sich vor allem auf das Glaubensbekenntnis der frühen Christenheit.

Dafür gibt es gute Gründe. Besonders in den Paulusbriefen entdeckt man eine Reihe prägnanter, in auffälliger Symmetrie konstruierter Sätze, die leicht als Bekenntnisformeln zu identifizieren sind. Hinzu kommen einige hymnische Passagen, die eine einprägsame Verdichtung christologischer Konzepte bieten. Hier sucht und findet man den Wurzelboden der »Glaubensformel« und aller späteren Bekenntnisformulierungen, den man nun zu erforschen und aufzuarbeiten beginnt.[8]

---

5 Alfred Seeberg, Der Katechismus der Urchristenheit, Leipzig 1903, III.

6 Vgl. ausführlich John Norman Davidson Kelly, Altchristliche Glaubensbekenntnisse. Geschichte und Theologie, Göttingen [2]1993.

7 Johannes Haußleiter, Trinitarischer Glaube und Christusbekenntnis in der alten Kirche. Neue Untersuchungen zur Geschichte des Apostolischen Glaubensbekenntnisses, Gütersloh 1920.

8 Vgl. grundlegend Hans von Campenhausen, Das Bekenntnis im Urchristentum, in: ZNW 63 (1972), 210-253; Ferdinand Hahn, Theologie des Neuen Testaments 1, Tübingen 2002, 128-140. Zur angelsächsischen Forschung vgl. Richard Patrick Crosland Hanson,

Diese Forschungen der älteren Formgeschichte (in der ersten Hälfte des 20. Jhs.) stehen vor allem im Bann von drei Fragen. Zum ersten fixiert man sich auf die Frage der Priorität von Formel oder Erzählung: Gehen die Bekenntnisformeln als Zusammenfassungen oder Abbreviaturen aus dem narrativen Zusammenhang der Predigt hervor – oder sind sie umgekehrt die Keimzelle, aus der heraus die Verkündung erst entsteht? Zum zweiten sucht man nach einem Entwicklungsschema, bei dem aus ursprünglich eingliedrigen Formeln zweigliedrige und schließlich voll entfaltete triadische oder trinitarische Formeln entstanden wären. Zum dritten untersucht man geprägte Formeln und hymnische Passagen als Relikte aus vorausliegenden liturgischen Zusammenhängen, die gleichsam zitatweise in die neutestamentlichen Texte eingefügt worden seien. Diese Fragen mussten zunehmend in eine Sackgasse führen. Wie bei der Henne und dem Ei lässt sich auch für die Beziehung zwischen Formel und Erzählung keine Priorität festlegen; beide sind wechselseitig aufeinander bezogen und bedingen einander.[9] Formeln mit einer unterschiedlichen Anzahl von Gliedern sind von Anfang an nachweisbar und stehen auch noch bis in das 2. Jahrhundert hinein unabhängig nebeneinander. Der Annahme liturgischer Versatzstücke begegnet man heute mit größter Skepsis – belehrt durch die breit belegbare Praxis rhetorischer Stilwechsel in der antiken Literatur.[10]

Ich möchte deshalb in meinem Beitrag einen anderen Zugang wählen. Weniger die fixierten Formeln oder gar die Umrisse eines Katechismusbestandes sind für die Bekenntnisbildung in der frühen Christenheit von Interesse, sondern vielmehr jene Kommunikationsprozesse, als deren Teil Bekenntnisaussagen erscheinen. Den Rahmen bildet die Kommunikation des christlichen Glaubens. Nicht jede Situation, in der sich christlicher Glaube exponiert, ist dabei schon als Bekenntnissituation zu beurteilen, wenngleich die Übergänge etwa zu Situationen der Verkündigung oder des Gebetes fließend sind. Mit allen anderen Formen menschlicher Kommunikation teilen Bekenntnisse die Eigenart, dass sie auf verbaler wie auch auf nonverbaler Ebene erfolgen kön-

---

Tradition in the Early Church, London 1962, 52-129 (= 2. The Creed, 3. The Rule of Faith); Vernon H. Neufeld, The Earliest Christian Confessions, Leiden 1963.

9 In jüngerer Zeit vgl. dazu Martin Hengel, Bekennen und Bekenntnis, in: ders., Kleine Schriften VII, hg. von Claus-Jürgen Thornton, Tübingen 2010, 313-347, der wieder nachdrücklich für die Priorität der »Geschichte« plädiert hat, aus der Glaube erwächst. Die Korrespondenz zwischen Geschichte und Formel schlägt sich etwa da nieder, wo in Bekenntnistexten der Weg Jesu durch Erniedrigung und Erhöhung nachgezeichnet wird.

10 Vgl. z.B. Samuel Vollenweider, Hymnus, Enkomion oder Psalm? Schattengefechte in der neutestamentlichen Wissenschaft, in: NTS 56 (2010), 208-231.

nen. Sie lassen sich unter einem Inhalts- und einem Beziehungsaspekt begreifen und folgen bestimmbaren Mustern.

Um diese Konstellationen in den Texten des Neuen Testamentes aufzufinden, bedarf es zunächst eines Blickes auf die favorisierte Terminologie. Sodann ist es notwendig, die theologischen Koordinaten des Bekenntnisbegriffes näher zu bestimmen. In einem dritten Schritt möchte ich verschiedene Bekenntnissituationen in der frühen Christenheit beschreiben. Erst dann scheint es auch sinnvoll zu sein, nach konkreten Inhalten und Textformen zu fragen.

1. TERMINOLOGIE

Wenn man zunächst ganz pragmatisch nach griechischen Äquivalenten für den deutschen Sprachgebrauch von »bekennen, Bekenntnis« sucht, dann bleibt das Begriffsspektrum relativ klein: Es betrifft die Verben »ὁμολογέω (ἐξομολογέω, ἀνθομολογέομαι) / bekennen« und »μαρτυρέω / bezeugen« mit dem zugehörigen Antonym »ἀρνέομαι (ἀπαρνέομαι) / verleugnen«. Davon abgeleitet sind Nomina wie »ὁμολογία / Bekenntnis« und »ὁμολογήτης / Bekenner« bzw. »μαρτυρία / Zeugnis« und »μάρτυς / Zeuge«.

Umso differenzierter erscheint indessen das Bedeutungsspektrum, das vor allem der Hauptbegriff ὁμολογέω entfaltet.[11] Schon im profangriechischen Sprachgebrauch weist ὁμολογέω eine beachtliche semantische Vielschichtigkeit auf: übereinstimmen, zustimmen oder einwilligen, zugestehen, zugeben oder eingestehen, gestehen oder bekennen, anerkennen oder bejahen, öffentlich erklären oder behaupten, zusagen oder versprechen, vereinbaren, sich verpflichten, einen Vertrag schließen. Diese Nuancen dürfen nicht verwischt werden und sind an jeder einzelnen Stelle sorgfältig aus dem Kontext zu erheben.[12] Grundlegend handelt es sich um eine sprachliche Äußerung, die zu-

---

[11] Otto Michel, Art. ὁμολογέω κτλ., in: ThWNT 5 (1954), 199-220; Otfried Hofius, Art. ὁμολογέω / ὁμολογία, in: EWNT 2 (²1992), 1255-1263; ders., Art. ἐξομολογέω, in: EWNT 2 (²1992), 20-23; dazu Günther Bornkamm, Homologia. Zur Geschichte eines politischen Begriffs, in: ders., Geschichte und Glaube. Gesammelte Aufsätze 3/1, München 1968, 140-156.

[12] Vgl. dazu die Mahnung von James Barr, The Semantics of Biblical Language, London 1961, die primär erhobene, kontextgebundene Bedeutungsvielfalt eines Wortes nicht sekundär wieder auf jedes einzelne Vorkommen zu übertragen (»Totalitätstransfer«).

stimmend auf eine Sache oder eine Person bezogen ist.[13] Im Sprachgebrauch der Septuaginta und des Neuen Testaments lässt sich gelegentlich auch das Vorbild des hebräischen ידה erkennen, wenn das Verb etwa mit Blick auf Gott in der Bedeutung von »preisen, loben« verwendet wird, was vorzugsweise für die Komposita ἐξομολογέω und ἀνθομολογέομαι gilt.[14] Ansonsten erweist sich auch hier die Grundbedeutung »Loyalität erweisen« durchaus als zutreffend.[15] Den wichtigsten Hinweis liefert indessen die Etymologie von ὁμολογέω selbst: Das Verb bedeutet nichts anderes als »dasselbe sagen«. Jeder Sprechakt, der damit bezeichnet wird, zielt demnach grundsätzlich auf Konsens.[16] Darin liegt bei aller Vielfalt der gemeinsame semantische Nenner. Dieser Konsens betrifft die Übereinstimmung hinsichtlich einer Sache oder hinsichtlich der Loyalität bzw. Zugehörigkeit zu einer Person und wird öffentlich geäußert. Die Öffentlichkeit kann dabei eine vertraute, eine indifferente oder auch eine feindliche sein. Auf jeden Fall aber geht es um die Vergewisserung, Bekundung oder Verteidigung einer bestimmten Form von religiöser Identität.

Davon unterscheidet sich der mit *μαρτυρέω* bezeichnete Sprechakt insofern, als er zunächst nur die öffentliche Bestätigung oder Beglaubigung eines bestimmten Sachverhaltes aufgrund eigener Erfahrung meint.[17] Hier klingt vor allem ein juridisches Moment an, das auf die Zuverlässigkeit einer Aussage abzielt. Mit dieser Aussage muss der Zeuge nicht notwendig identisch sein. Auch einem Kontrahenten kann man gelegentlich ein »gutes Zeugnis« ausstellen, auch wenn das nur zähneknirschend geschieht. Dass der Zeuge indessen mit seinem Leben für das einsteht, was er bekundet, ist eine Sonderbedeutung des Wortes, die zudem erst sehr spät Dominanz erlangt. In diesem Falle ist die Überlagerung der Bedeutungsgehalte von »bezeugen« und »bekennen« besonders eng. Die makkabäischen Märtyrer in 2Makk 6-7 oder

---

13 Besonders auffällig ist der Semitismus in Mt 10,32 / Lk 12,8 mit der Wendung ὁμολογεῖν ἐν für »sich zu jemandem bekennen«.

14 Insgesamt bleibt diese Bedeutung marginal: ὁμολογέω - Hebr 13,15; ἐξομολογέω - Lk 10,21 / Mt 11,25; ἀνθομολογέομαι - 1Tim 3,16. Vgl. auch Günther Bornkamm, Lobpreis, Bekenntnis und Opfer. Eine alttestamentliche Studie, in: ders., Geschichte und Glaube. Gesammelte Aufsätze 3/1, München 1968, 122-139.

15 Vgl. dazu den Beitrag von Andreas Ruwe in diesem Band.

16 Dieser Sinn unterliegt auch dem abgeleiteten Adverb ὁμολογουμένως (1Tim 3,16), das am ehesten mit »anerkanntermaßen« zu übersetzen ist.

17 Hermann Strathmann, Art. *μάρτυς κτλ.*, in: ThWNT 4 (1942), 477-520; Johannes Beutler, Art. *μαρτυρέω / διαμαρτύρομαι / μαρτύρομαι*, in: EWNT 2 ([2]1992), 958-964; ders., Art. *μαρτυρία*, in: EWNT 2 ([2]1992), 964-968; ders., Art. *μαρτύριον / μαρτύρομαι / μάρτυς*, in: EWNT 2 ([2]1992), 968-973.

der Märtyrer Stephanus in Act 7 etwa werden zu Prototypen dafür, dass die Bezeugung der eigenen religiösen Identität bzw. die Bekundung von Loyalität existentielle Bedeutung hat. Ein ausschließliches Verständnis des *μάρτυς* als eines »Blutzeugen« lässt sich jedoch erst vom 2. Jahrhundert nach Christi an sicher nachweisen.

Das Antonym »*ἀρνέομαι* / (ver-)leugnen«[18] ist in einer Reihe von Belegen auf unmittelbare Weise mit dem Verb »*ὁμολογέω* / bekennen« verbunden.[19] Es bezeichnet den Sprechakt der Ablehnung, Versagung oder Verwerfung und ist grundsätzlich wertneutral, da es seine Bedeutung ausschließlich aus der Opposition zu etwas Anderem, Vorgegebenem bezieht. Auch für das Leugnen bedarf es notwendigerweise der Öffentlichkeit. Mit Blick auf die religiöse Dimension von *ὁμολογέω* aber steht das Verb *ἀρνέομαι* vor allem für die Bestreitung eines Konsenses oder für die Aufkündigung von Loyalität. Es beschreibt nicht die Stiftung, sondern die Preisgabe von Identität, die in Form der »Selbstverleugnung« auch die eigene Person einschließen kann.[20] Bekennen und verleugnen erscheinen damit als zwei Seiten einer Medaille und machen deutlich, dass dieser Kommunikationsprozess ganz maßgeblich von der Wahl verschiedener Optionen lebt.

Unterschiedliche Optionen sind auch im Blick auf das Aussprechen oder Verschweigen von Schuld gegeben. Das »Sündenbekenntnis«, vorzugsweise durch das Kompositum *ἐξομολογέω* zum Ausdruck gebracht,[21] zielt vor allem auf die Offenlegung von Verborgenem. Dabei steht weniger der Informationsgehalt des Bekenntnisses im Mittelpunkt als der Sprechakt selbst, mit dem der Bekenner seinen Dissens gegenüber Gott und seinen Mitmenschen öffentlich macht, dazu steht und auf diese Weise wieder seinen Wunsch nach Konsens, Übereinstimmung oder Loyalität bekundet. Die Grundstruktur des Sündenbekenntnisses ist demnach dieselbe wie in allen anderen Bekenntnissituationen auch; die Besonderheit liegt allein im Inhalt dessen, was im Sündenbekenntnis zur Sprache gebracht wird.

---

18 Heinrich Schlier, Art. *ἀρνέομαι*, in: ThWNT 1 (1933), 468-471; Wolfgang Schenk, Art. *ἀρνέομαι* / *ἀπαρνέομαι*, in: EWNT 1 (^{2}1992), 368-374.

19 Mt 10,33 / Lk 12,9; Joh 1,20; Tit 1,16; 1Joh 2,22-23.

20 Vgl. die Logien von der Kreuzesnachfolge Mk 8,34 / Mt 16,24 / Lk 9,23.

21 Mit *ὁμολογέω* – 1Joh 2,22-23; mit *ἐξομολογέω* – Mk 1,5 / Mt 3,6; Act 19,18; Jak 5,16.

2. GLAUBEN UND BEKENNEN

Das Verb ὁμολογέω sowie das damit verbundene Wortfeld ist im Neuen Testament in ein festes Beziehungsgefüge eingebunden. Die wichtigste Relation lässt sich dabei zwischen den beiden Phänomenen »Bekennen« und »Glauben« feststellen – nämlich dort, wo beide vorzugsweise als ein Sprachgeschehen verstanden werden.

Paulus reflektiert diese Beziehung in verschiedenen Zusammenhängen. Dabei stellt sich zunächst die Frage, welche Rolle der Begriff des Glaubens für die christlichen Gemeinden der Anfangszeit spielt. Von jeher ist es aufgefallen, dass die Rede von der πίστις als eine Art Markenzeichen der jungen Christenheit erscheint.[22] Nicht nur quantitativ lässt sich eine geradezu explosionsartige Zunahme der Rede vom »Glauben« verzeichnen. Auch sachlich gewinnt der Begriff den Charakter, herausragendes Indiz für das christliche Selbstverständnis zu sein. Das bedeutet natürlich nicht, dass er keine Vorgeschichte in der alttestamentlich-jüdischen Theologie hätte.[23] Doch in der christlichen Gemeinde wird nun das Gottesverhältnis des Menschen in einer solchen Ausschließlichkeit mit dem Begriff des Glaubens zum Ausdruck gebracht, dass hier so etwas wie die Mitte oder der Ansatz christlicher Theologie überhaupt sichtbar wird.[24] Diese Funktion kann der Glaubensbegriff freilich nur deshalb übernehmen, weil er eine Fülle von ganz verschiedenen Aspekten in sich vereint. Diese Polyvalenz macht ihn geeignet, das Gottesverhältnis des Menschen auf vielfältige Weise zu beschreiben: im Sinne des individuellen Lebensvollzugs, als gemeinschaftsstiftenden Impuls, als eschatologisches Phänomen, als Herausforderung von Vernunft, Wille oder Gefühl, als Ausdruck von Vertrauen oder Liebe.[25] Allen diesen Aspekten des Glaubensbegriffes aber ist gemeinsam, dass die damit beschriebene Gottesbeziehung nicht im Verborgenen bleibt, sondern hörbar und sichtbar wird. Die Glaubenden

---

22 Vgl. noch immer grundlegend Adolf Schlatter, Der Glaube im Neuen Testament, Stuttgart [4]1927.

23 Martin Buber, Zwei Glaubensweisen, Darmstadt [2]1994, hat gerade an den Glaubensbegriffen (emuna und pistis) die Eigenheiten von jüdischer und christlicher Theologie darzustellen versucht.

24 Vgl. dazu Hans Weder, Die Entdeckung des Glaubens im Neuen Testament, in: ders., Einblicke ins Evangelium. Exegetische Beiträge zur neutestamentlichen Hermeneutik, Göttingen 1992, 137-150.

25 Vgl. dazu umfassend Benjamin Schließer, Was ist Glaube? Paulinische Perspektiven, Zürich 2011.

exponieren sich und machen ihre Gottesbeziehung öffentlich. Glaube drängt darauf, kommuniziert zu werden.

Paulus formuliert diese Eigenart des christlichen Glaubens in 2Kor 4,13 auf geradezu klassische Weise. Nachdem er den Korinthern seine gegenwärtige Bedrängnis geschildert hat, schließt er sich mit ihnen zusammen: »Wir haben aber ein und denselben Geist des Glaubens (πνεῦμα τῆς πίστεως), gemäß dem, was geschrieben steht: ›Ich habe geglaubt, deshalb habe ich geredet (Ps 116,10).‹ So glauben auch wir, und darum reden wir.« Bewusst spricht er vom πνεῦμα τῆς πίστεως,[26] um dem Missverständnis vorzubeugen, die hier beschworene Gemeinschaft beruhe lediglich auf gemeinsamen Überzeugungen. Es ist Gottes Geist, der Paulus und seine Gemeinde sowie alle Glaubenden an allen Orten zusammenschließt. Ihr Glaube verdankt sich einer Gabe und hat seinen Ursprung außerhalb ihrer selbst.[27] Genau deshalb aber vermag er auch nicht, bei sich selbst zu bleiben. Er verlangt danach, zur Sprache gebracht zu werden.[28] Diese sprachliche Äußerung des Glaubens, für die sich Paulus dezidiert auf die Schrift bezieht, kann verschiedene Formen haben: im Wort der Verkündigung, in der gegenseitigen Stärkung und Ermahnung, im Gebet, in der liturgischen Gemeinschaft – und eben in der Bekundung der eigenen christlichen Identität.

Damit findet nun auch die Kommunikationsform des Bekennens ihren maßgeblichen Haftpunkt. Paulus hat diesen Haftpunkt gerade dort thematisiert, wo er mit dem Konfliktpotential christlicher Identität ringt. In Röm 9-11 unternimmt er eine Art Nagelprobe auf seine Rechtfertigungstheologie, die ganz wesentlich von der Formel des »Glaubens an Christus« bestimmt ist.[29] Herausgefordert ist diese Formel vor allem durch jene jüdischen Glaubensgenossen, die Jesus von Nazaret nicht als Messias bekennen und denen dennoch die Heilszusagen Gottes unkündbar gelten. Diese Situation stellt für Paulus ein Paradoxon dar, dem er zunächst nur seine eigene, identitätsstiftende Er-

---

[26] Erich Gräßer, Der zweite Brief an die Korinther, ÖTK 8/1, Gütersloh / Würzburg 2002, 171, interpretiert die Wendung als genitivus objectivus.

[27] Das betont auch der Heidelberger Katechismus (Frage 65): »Wenn nun allein der Glaube uns Anteil an Christus und allen seinen Wohltaten gibt, woher kommt solcher Glaube? Der Heilige Geist wirkt den Glauben in unseren Herzen (Eph 2,8-9 / Joh 3,5) durch die Predigt des heiligen Evangeliums und bestätigt ihn durch den Gebrauch der heiligen Sakramente (Mt 28,19-20 / 1Petr 1,22-23).«

[28] Natürlich weiß Paulus, dass Glaube z.B. auch durch die Agape wirksam werden kann (Gal 5,6), damit also ebenso nonverbal zum Ausdruck kommt.

[29] Vgl. dazu vor allem Nikolaus Walter, Zur Interpretation von Römer 9-11, in: ZThK 81 (1984), 172-195.

fahrung entgegenhalten kann. In Röm 10,9 formuliert er programmatisch: »Denn wenn du bekennst (ὁμολογήσῃς) mit deinem Mund: ›Kyrios ist Jesus!‹ und wenn du glaubst (πιστεύσῃς) in deinem Herzen: ›Gott hat ihn auferweckt von den Toten!‹, dann wirst du gerettet werden.« Daran schließt er sofort eine Begründung an, die nun auch die sachliche Reihenfolge zurecht rückt (Röm 10,10): »Denn mit dem Herzen glaubt man zur Gerechtigkeit, mit dem Mund aber bekennt man zur Rettung.« Der Glaube, der hier im Herzen als dem Sitz von Verstand und Rationalität verortet wird, macht sich an der entscheidenden Heilstat Gottes, der Auferweckung Jesu, fest. Er kann sich dabei aber nicht wie mit einer ganz privaten Einsicht begnügen. Vielmehr verlangt dieser Glaube danach, öffentlich gemacht zu werden. Das geschieht – z. B. – im Bekenntnis zu Jesus von Nazaret als dem »Kyrios«. Der Titel signalisiert ein ganz spezifisches Verständnis der Person Jesu, das aus dem Glauben an seine Auferstehung resultiert. Das Bekenntnis zum »κύριος Ἰησοῦς« bringt somit den grundlegenden Glauben an die Auferstehung in einer Weise zur Sprache, die das Besondere, das Unterscheidbare, das Neue des christlichen Glaubens hörbar macht. Damit aber macht sie dieses Neue auch angreifbar. Es gehört somit von Anfang an zum Wesen des Bekennens hinzu, gleichsam Flagge zu zeigen, sich klar zu positionieren, sich identifizierbar zu machen. Vor allem aber ist diese Positionierung Teil dessen, was zur »Rettung« des Menschen gehört. Glaube, der unbekannt im Verborgenen bliebe, wäre nicht Glaube. Was für die Wirksamkeit des Glaubens durch die Agape gilt,[30] gilt auch für seine Öffentlichkeit im Bekenntnis.[31]

In dem Textzusammenhang von Röm 10 spielt der Geist Gottes scheinbar keine Rolle; zumindest tut er das nicht expressis verbis. Immerhin betont Paulus in dem nachfolgenden Kettenschluss (Röm 10,14-15), dass der Glaube aus dem Wort der Verkündigung erwächst und sich demnach nicht eigener Kombinatorik verdankt.[32] Deutlicher wird er an einer anderen Stelle. In 1Kor 12,3 stellt er geradezu apodiktisch fest: »Niemand kann sagen: ›Kyrios ist Jesus!‹ außer durch den heiligen Geist.« Es handelt sich dabei ganz klar um

---

[30] Vgl. Gal 5,6 – das entspricht der Formel vom »toten« und »lebendigen Glauben« in Jak 2,14-26.

[31] Joh 12,42 referiert den Fall, dass selbst viele von »den Oberen« an Jesus glaubten, dies jedoch aus Furcht vor dem Synagogenausschluss nicht bekannten. Eine Bewertung erfolgt in diesem Zusammenhang nicht; der zunächst noch verborgene Glaube der Oberen wird hier wohl eher positiv als erster Schritt gesehen.

[32] Vgl. Otfried Hofius, »Fides ex auditu«. Verkündigung und Glaube nach Römer 10,4-17, in: Johannes von Lüpke / Edgar Thaidigsmann (Hg.), Denkraum Katechismus. FS Oswald Bayer, Tübingen 2009, 71-86.

das gleiche Bekenntnis wie in Röm 10,9. Doch nun führt Paulus diese spezifische Zuspitzung des Glaubens an die Auferstehung Jesu auf die Wirksamkeit des Geistes Gottes im Glaubenden zurück.[33] Weil der Glaube primär als Gabe Gottes verstanden ist, verbunden mit der Vorstellung, dass Gottes Geist in den Glaubenden »Wohnung nimmt«, verdankt sich auch das Bekenntnis der Wirksamkeit des Geistes Gottes. Hier liegt meines Erachtens einer der Gründe dafür, dass in der Entwicklung einer schriftlich fixierten Glaubensformel irgendwann auch der Geist notwendigerweise thematisiert werden musste.[34]

Als eine besondere Ausdrucksform des Glaubens ist das Bekenntnis also unlösbar mit dem verbunden, was den Kern christlicher Identität ausmacht. Es hat den Konsens aller Glaubenden zur Voraussetzung, der durch die Wirksamkeit des Geistes Gottes garantiert wird. Dieses Beziehungsgefüge, das sich bei Paulus erkennen lässt, bleibt für die gesamte frühchristliche Theologie bestimmend.

3. Bekenntnissituationen

Der Gebrauch des Verbs ὁμολογέω und seiner Derivate ist ein wichtiges Indiz, jedoch nicht der einzige Indikator für eine Bekenntnissituation. Hier bedarf es einer Definition, die weiter gefasst ist und die vor allem das kommunikative Grundmuster des Bekenntnisaktes zu beschreiben vermag. Mein Vorschlag – bezogen auf die frühe Christenheit – lautet: Eine Bekenntnissituation ist dort gegeben, wo sich christlicher Glaube öffentlich äußert mit der Absicht, eindeutig identifizierbar zu sein; diese Absicht setzt sowohl die Zuordnung zur als auch den Konsens mit der eigenen Glaubensgemeinschaft voraus. In diesem Sinne lassen sich zwei grundlegende Arten von Bekenntnissituationen unterscheiden: Zum einen gibt es Situationen, in denen die Selbstvergewisserung im Zentrum steht – hier geht es um eine interne Bestätigung und Festigung der Gemeinschaft. Zum anderen gibt es Situationen, in denen die Selbstdarstellung den Ton trägt – hier geht es um eine externe Bekundung der eigenen religiösen Identität gegenüber einem andersgläubigen Adressa-

[33] Vgl. dazu Friedrich Wilhelm Horn, Das Angeld des Geistes. Studien zur paulinischen Pneumatologie, Göttingen 1992.

[34] Als Anwalt und Stichwortgeber tritt der Geist vor allem in Verfolgungssituationen in Erscheinung, in denen das Bekenntnis gegenüber einem feindlichen Gegenüber eingefordert wird – vgl. Lk 12,11-12 / Mt 10,19-20.

tenkreis. Im folgenden möchte ich für beide Situationen einige ausgewählte Texte exemplarisch in den Blick nehmen.

3.1. SITUATIONEN DER SELBSTVERGEWISSERUNG

Die Spannweite von Bekenntnissituationen, in denen es um die Selbstvergewisserung des Glaubens geht, ist groß: Sie reicht von der theologischen Reflexion über die gemeindeinterne Paränese, die liturgische Praxis und den Vollzug der Taufe bis hin zum gegenseitigen Offenlegen von Schuld als einer Sonderform des Bekennens.

3.1.1. Glaubenserkenntnis

Jener Schlüsseltext zur Beziehung zwischen Glauben und Bekennen in Röm 10,9 steht bei Paulus in einem argumentativen Kontext. Sicher liegt es nahe, darin eine Anspielung an bekannte, auch in anderen Zusammenhängen gebrauchte Formeln zu vermuten. Solche knappen, prägnanten Sätze aber dienen zunächst erst einmal der Bewältigung theologischer Grundfragen. Sie haben ihren angestammten Ort in der theologischen Reflexion selbst, die das Wesen der eigenen Glaubenshaltung möglichst präzise herauszuarbeiten versucht. Genau das tut Paulus in Röm 10, wenn er das Bekenntnis als die Kehrseite dessen, was der Glaube denkt bzw. im Herzen erkennt, beschreibt. Sein Schriftbeleg ist dabei Dtn 30,14: »Nahe ist dir das Wort in deinem Mund und in deinem Herzen« (Röm 10,8), woraus er nun den Glauben an den Kyrios als das zentrale Heilsereignis ableitet. Rettung geschieht durch Glaubenserkenntnis, die sich identifizierbar äußert.

Derselbe Sachverhalt gilt für die vielen formelhaften, dichten Sätze, die Tod und Auferstehung Jesu als das zentrale Heilsereignis auf den Punkt zu bringen versuchen:[35] Sie begegnen ausschließlich im Kontext theologischer Erörterungen und sind hier zunächst dem Anliegen verpflichtet, den christlichen Glauben unmissverständlich klar zu beschreiben. Ob solche »bekenntnishaften« Formeln je isoliert existieren konnten, bleibt eine berechtigte Frage. Ihre wichtigste Funktion erweisen sie jedenfalls in argumentativen Zusammenhängen. Die theologische Arbeit der frühen Christenheit ist demnach kein distanziertes Gedankenspiel, sondern von Anfang an ein Prozess der Positionierung, der zwischen verschiedenen Optionen zu entscheiden hat.

Verschiedene Optionen sind bereits in der theologischen Selbstverständigung der frühen Christenheit gegeben, die sich dabei ganz unterschiedlicher

---

[35] Das betrifft die sogenannte Dahingabeformel (Röm 4,25; 8,32) und die Auferwekkungsformel (1Thess 1,10; 1Kor 6,14; 15,15; Röm 4,25; 10,9).

Traditionen ihres jüdischen Erbes bedient. Das wird etwa an jener Kontroverse sichtbar, die schon seit langem zwischen Sadduzäern und Pharisäern über die Frage einer allgemeinen Auferstehungshoffnung geführt wurde. Hier konnte man ganz unterschiedlicher Meinung sein. Für die frühen Christen aber gewann diese Frage durch die Verkündigung von der Auferstehung Jesu eine ganz neue, elementare Bedeutung. Dass man dennoch aus der Auferstehung Jesu nicht die allgemeine Auferstehung aller schlussfolgern musste, zeigt die Debatte, die Paulus mit den Korinthern auszufechten hat. In 1Kor 15 argumentiert er auf der Basis logischer Denkschemata, dass beides – die Auferstehung Jesu und die Hoffnung auf eine Auferstehung aller Menschen – unmittelbar zusammenhängen. Der archimedische Punkt für diese Argumentation ist dabei jene Formel in 1Kor 15,3-8, die man gern als Musterbeispiel einer Bekenntnisformel überhaupt betrachtet. In der Tat beruft sich Paulus hier auch ausdrücklich auf den Konsens, der hinsichtlich dieser Formel zwischen ihm, der korinthischen und allen christlichen Gemeinden an allen Orten besteht. Im vorliegenden Zusammenhang aber wird dieser Konsens für ihn zum entscheidenden Ansatzpunkt für die tiefgründigste theologische Erörterung der Frage nach der christlichen Auferstehungshoffnung im Neuen Testament überhaupt.

Glaubenserkenntnis, die sich positionieren muss, wird schon früh mit der Wirksamkeit des Geistes Gottes in Verbindung gebracht. Paulus weiß, dass es sehr wohl unterschiedliche »Geister« gibt (1Kor 2,12; 2Kor 11,4) und rechnet deshalb die »Unterscheidung der Geister« zu den Charismen (1Kor 12,10). Nicht jede Glaubensäußerung, selbst unter dem Siegel des Geistes Gottes vorgetragen, steht im Konsens. Deshalb bedarf es hier einer »geistgeleiteten« Beurteilung. Für einen solchen innerchristlichen Klärungsprozess liefern vor allem die Johannesbriefe ein eindrückliches Beispiel. In ihrem Gemeindebereich gibt es Gruppen, die in der Christologie eine abweichende Auffassung vertreten.[36] Die Briefe halten ihnen deshalb vor, zu »leugnen«, was die anderen »bekennen«, und stempeln sie somit zu Dissidenten, die sich selbst von der christlichen Gemeinde trennen. Dass man dabei um Kernfragen streitet, wird an der Schärfe der Polemik sichtbar, die den Dissidenten das Etikett

---

[36] Nach 1Joh 2,22-23 leugnen sie, »dass Jesus der Christus ist« bzw. leugnen »den Vater und den Sohn«; nach 1Joh 4,2-3 / 2Joh 7 leugnen sie, »dass Jesus im Fleisch (ἐν σαρκί) gekommen ist«; nach 1Joh 4,15 geht es um die Gottessohnschaft Jesu. Im Hintergrund steht die Kontroverse um eine offensichtlich doketische Christologie im Umfeld der Gemeinden.

von »Antichristen« anhängt.[37] Unterschiedliche Positionen, die ein klares Bekenntnis erfordern, liegen indessen nicht nur auf der Ebene theologischer Diskurse. Sie können vielmehr auch nonverbal auf der Ebene des täglichen Verhaltens angesiedelt sein. So hält Tit 1,16 etwa seinen Gegnern vor: »Sie bekennen, Gott zu kennen (θεὸν ὁμολογοῦσιν εἰδέναι), aber mit ihren Taten verleugnen (τοῖς δὲ ἔργοις ἀρνοῦνται) sie ihn, so dass sie ein Greul sind, und Ungehorsame, und zu jedem guten Werk Untaugliche.« Aus diesen Diskursen erwächst schließlich die Unterscheidung zwischen »gesunder und kranker« bzw. »richtiger und falscher Lehre«,[38] an der sich die Theologie der Väterzeit später mit ihrer Unterscheidung zwischen Orthodoxie und Heterodoxie anschließt. Weil auch die jeweils andere Gruppe ihre Überzeugung im Konsens formuliert und somit zum Gegenstand des Bekennens macht, kommt es in der Folge allmählich zu einer zunehmend differenzierteren »Konfessionalisierung« der Christenheit.

Zwei Textgruppen verdienen in diesem Zusammenhang noch Beachtung. Zum einen betrifft dies eine Reihe von Sätzen, deren Struktur man mit dem Begriff des »Revelationsschemas« zu erfassen versucht hat. In ihnen wird das Heilsereignis von Tod und Auferstehung Jesu als ein »Geheimnis« bezeichnet, das bei Gott schon von Urzeiten an beschlossen war, jetzt aber erst offenbar geworden ist.[39] In 1Tim 3,16 wird dieses Geheimnis als »anerkanntermaßen groß / ὁμολογουμένως μέγα« eingeführt und im Duktus hymnischer Sprache als ein kurzer Abriss des Christusereignisses entfaltet. Das, was »anerkanntermaßen groß« – also in der Christenheit konsensfähig – ist, hat Orientierungsfunktion in einer Zeit des Umbruchs, die es theologisch zu reflektieren gilt. Zum anderen tritt hier der Hebräerbrief in den Blick, der in Hebr 3,1 Jesus als den »Gesandten und Hohenpriester unseres Bekenntnisses (τῆς ὁμολογίας ἡμῶν)« bezeichnet.[40] Das absolut gebrauchte Nomen ὁμολογία (Hebr 3,1 / 4,14) wird dann in Hebr 10,23 noch einmal als »das Bekenntnis der Hoffnung (ἡ ὁμολογία τῆς ἐλπίδος)« präzisiert – also als eine Größe, die nicht

---

37 1Joh 2,22 und 2Joh 7 bezeichnen jeden, der die volle Gottheit und Menschheit Jesu nicht bekennt, in frontaler Weise als Antichrist; 1Joh 2,18 nennt die Dissidenten insgesamt »Antichristusse«; 1Joh 4,3 spricht vom »Geist des Antichrist«.

38 2Petr 2,1: »[...] falsche Lehrer, die verderbliche Irrlehren einführen und den Herrn / Herrscher verleugnen (δεσπότην ἀρνούμενοι), der sie freigekauft hat«; zur »heilsamen Lehre« vgl. 1Tim 1,10; 4,6; 2Tim 4,3; Tit 1,9; 2,1.7.

39 1Kor 2,7-9; Röm 16,25-26; Kol 1,25-27; Eph 3,4-5.8-11; 1Tim 3,16; 2Tim 1,9-11; Tit 1,1-3; 1Petr 1,20.

40 Vgl. Günther Bornkamm, Das Bekenntnis im Hebräerbrief, in: ders., Studien zu Antike und Urchristentum. Gesammelte Aufsätze 2, München [3]1970, 188-203.

Vergangenes festschreibt, sondern Künftiges anvisiert. Das »Bekenntnis« erscheint hier als eine Art Selbstvergewisserung des Glaubens, die für die Gestaltung des christlichen Lebens als Zielpunkt fungiert. In diesem Sinne haben auch die Vorbilder im Glauben, die jener Paradigmenkatalog in Hebr 11 aufzählt, »bekannt (ὁμολογήσαντες), dass sie Gäste und Fremde auf Erden sind (Hebr 11,13).«

Theologische Arbeit, die um die Formulierung des christlichen Glaubens ringt, ist und bleibt die Mutter aller Bekenntnissituationen. Sie kann, wenn sie verständlich sein will, der prägnanten, formalhaften Sätze gar nicht entbehren. Glaubenserkenntnis und Bekenntnis stehen zueinander in einer unlösbaren Wechselbeziehung.

3.1.2. Paränese

Von Anfang an spielen Bekenntnisaussagen in der christlichen Unterweisung eine wichtige Rolle. Im Neuen Testament lässt sich dieser Sachverhalt vor allem an den paränetischen Passagen der Briefliteratur erkennen. Nicht allein in den »theologischen« Erörterungen, sondern auch in den Ermahnungen, Ermutigungen und kritischen Einwänden haben Bekenntnisaussagen einen festen Platz.

Besonders aussagekräftig ist hier der Textzusammenhang von 1Kor 15. In der Gemeinde von Korinth gibt es »einige«, die ihre Schwierigkeiten mit dem Glauben an eine allgemeine Auferstehung der Toten haben.[41] Das Problem ist nicht neu, wie schon der alte Streit zwischen Sadduzäern und Pharisäern zeigt.[42] In Korinth scheint es sich indessen auf die Frage einer wie auch immer gearteten Leiblichkeit in der Auferstehung zuzuspitzen. Paulus reagiert darauf mit einer ausführlichen, sorgfältig konzipierten Antwort. Sein Ausgangspunkt aber ist dabei ein dreifacher Konsens, den er mit jener geradezu »klassischen« Bekenntnisformel in 1Kor 15,3-8 untermauert: Dass Christus gemäß den Schriften gestorben und auferstanden ist, das hatten a) die Korinther seinerzeit schon zustimmend aufgenommen, das entspricht b) urchristlicher Überlieferung, die auch Paulus selbst nur weitergibt, und das stimmt c) mit dem apostolischen Zeugnis insgesamt überein. Darüber gibt es keine Diskussion. Das Bekenntnis, wie es in der Formel von 1Kor 15,3-8 vorliegt, ist der sichere Grund, auf dem Pauls nun seine Argumentation aufbaut. Von

---

41 Vgl. Christfried Böttrich, Die Auferstehung der Toten, in: Friedrich Wilhelm Horn (Hg.), Paulus Handbuch, Tübingen 2013, 461-471.

42 Vgl. Act 23,6-8; dazu die Sadduzäeranfrage (Mk 12,18-27 / Mt 22,23-33 / Lk 20,27-40).

diesem unstrittigen Konsens aus versucht er, die Leugner einer leiblichen, ganzheitlichen Auferstehungshoffnung in Korinth zurückzugewinnen. Das Bekenntnis ist die maßgebliche Bezugsgröße, an der sich alle konkreten Sachfragen messen lassen müssen.

Nicht weniger kontrovers stellt sich in Korinth die Frage dar, ob Christen Fleisch essen dürfen, das in kultischen Zusammenhängen geschlachtet worden ist.[43] Auch hier greift Paulus in 1Kor 8,4 auf eine Bekenntnisaussage zurück, die als Messlatte für alle weiteren Klärungen dient: »Es gibt keinen Götzen in der Welt. Und: Es gibt keinen Gott außer dem einen.« Der zweite Teil zitiert Dtn 6,4 und nimmt damit die jüdische Bekenntnistradition auf; der erste Teil präludiert diesem Bekenntnis mit dem Begriff der εἴδωλα, also jener Gottheiten, deren Kulte in Korinth zur Verunsicherung einiger Christen beitragen. An der Einzigkeit Gottes hat sich alles auszurichten. Hier nimmt die Paränese ihren Ausgangspunkt.

Ob der Christushymnus in Phil 2,6-11 Bekenntnischarakter hat, ist umstritten. Immerhin wird hier mit Erniedrigung und Erhöhung ein profiliertes christologisches Konzept entworfen, das in einem Bekenntnis der gesamten Schöpfung zum Kyrios gipfelt. Interesse verdient vor allem der Kontext: In Phil 2,1-4 richtet Paulus zunächst einen eindringlichen Appell an die Gemeinde, einmütig zu sein: »[...] Tut nichts aus Streit oder Prahlerei, sondern durch Demut achte einer den anderen höher als sich selbst, nicht so, dass jeder auf das Seine bedacht ist, sondern auf das des anderen.« Dann leitet er zu der folgenden, in hymnischer Sprache formulierten Passage über mit den Worten: »Seid untereinander aus auf das (τοῦτο φρονεῖτε), was auch in Christus Jesus ist [...].« Enger lässt sich die Verbindung zwischen dem Kernbestand christlichen Glaubens und konkreter Gemeindeparänese kaum herstellen. Ganz analog verfährt 1Petr 3,17-22. Hier wird die Ermahnung, dass es besser sei, für gute Taten zu leiden als für böse, mit einem breit entfalteten, bekenntnisartigen Passus begründet: »Denn auch Christus hat einmal für die Sünden gelitten, ein Gerechter für Ungerechte, damit er euch zu Gott führe, getötet zwar im Fleisch, lebendig gemacht jedoch im Geist.« – woran sich dann auch noch eine Predigt vor den »Geistern im Gefängnis« anschließt.[44] Hier wird das im Bekenntnis formulierte Leiden Christi z. B. für das eigene Leiden. 2Tim 4,1 leitet die Ermahnung an den fiktiven Gemeindeleiter mit einer Wendung

---

43 Siehe unten Abschnitt 4.

44 Damit sind die gefallenen Engel aus Gen 6,1-4 bzw. 1Hen 1-36 gemeint, deren Strafe schon in der jüdischen Überlieferung zum drastischen Beispiel für das Gericht an den Gottlosen wird.

ein, die den *status confessionis* aufruft: »Ich beschwöre dich vor Gott und vor Christus Jesus, der richten wird Lebende und Tote, und angesichts seines Erscheinens und seiner Königsherrschaft: Verkündige das Wort [...]«; die Inhalte, die hier beschworen werden, finden sich auch in anderen formelhaften Bekenntnisaussagen. Solche Beispiele lassen sich fortsetzen.

Gerade die Paränese ist auf knappe, bekenntnisartige Aussagen angewiesen. Sie muss konkret und eindeutig formulieren und braucht dafür Begründungen, die unstrittig sind. Nichts eignet sich in dieser Situation besser als ein kurzer Bekenntnistext, der den grundlegenden Konsens beschreibt und der als Bezugspunkt in wechselnden Fragen der christlichen Alltagsgestaltung zu fungieren vermag.

3.1.3. Liturgie

Mit großer Wahrscheinlichkeit hatten Bekenntnisformulierungen auch von Anfang an einen Platz im Gottesdienst. Denn wenn die Gemeinde vor allem deshalb zusammenkam, um sich gegenseitig »aufzubauen«,[45] sich zu stärken und ihres Glaubens zu vergewissern, dann konnte dabei die Ausprägung formelhafter, immer wiederkehrender Formulierungen und Sätze kaum ausbleiben. Für die Feier des Herrenmahls ist eine solche Formelsprache anhand der »Einsetzungsworte« sicher nachzuweisen.[46] Für den Teil der Wortverkündigung lässt sie sich deshalb auch ganz analog vermuten. Im liturgischen Geschehen haben »Psalmen, Hymnen und Oden« einen festen Platz[47] – also poetische Texte, die im gehobenen Sprechton vorgetragen werden. Dabei dürfte es sich im Unterschied zu spontanen und ekstatischen Äußerungen vor allem um fixierte Wortlaute gehandelt haben. Es liegt nahe, in solchen liturgischen Texten auch geprägte Bekenntnisaussagen zu vermuten. Dafür spricht bereits die Terminologie: Die Übergänge zwischen *ὁμολογέω*, *ἐξομολογέω* und *ἀνθομολογέομαι* sind fließend, wobei vor allem die beiden Komposita vorzugsweise für den Lobpreis Gottes stehen.[48]

---

45 Dafür bevorzugt Paulus das Wortfeld *οἰκοδομέω* / *οἰκοδομή*, was am ehesten unserer heutigen Vorstellung von »Gemeindeaufbau« entspricht.

46 Die Abendmahlsparadosis liegt in zwei liturgisch geformten Überlieferungssträngen vor: Mk 14,22-24 / Mt 26,26-29 auf der einen, Lk 22,19-20 / 1Kor 11,23-26 auf der anderen Seite.

47 Von Psalmen im Kontext ekstatischer Verkündigungsformen spricht Paulus in 1Kor 14,15.26; »Psalmen, Hymnen und Oden« nennen im Zusammenhang Kol 3,16 und Eph 5,19.

48 Siehe oben Abschnitt 1.

Bei solchen Vermutungen muss es jedoch bleiben. Leider findet sich im Neuen Testament kein einziger Bekenntnistext, der sicher und ohne jeden Zweifel einer gottesdienstlichen Situation zugeordnet werden könnte. Diese Einsicht ist noch relativ jung. Nachdem die ältere Formgeschichte seinerzeit hinter nahezu jeder Doxologie, jeder hymnischen Passage oder jedem Halleluja ein Relikt des frühchristlichen Gottesdienstes zu entdecken meinte und so einen ganzen Bausatz an liturgischen Einzelstücken zusammentrug,[49] schwingt heute das Pendel wieder in die andere Richtung.[50] Wir müssen zugestehen, dass wir über die Gestalt des frühchristlichen Gottesdienstes so gut wie gar nichts wissen.[51] Hymnische Passagen sind in erster Linie aus ihrem literarischen Kontext heraus zu erklären; sie verdanken sich eher dem wohlbekannten Phänomen des Stilwechsels als einem hypothetisch rekonstruierten Reservoir liturgischer Versatzstücke. Doxologien oder Rufe wie »Amen« und »Maranatha« sind an ihren jeweiligen Belegstellen Teil argumentativer Zusammenhänge.[52] Das gilt auch für alle Bekenntnisaussagen – seien sie nun formelhafter oder hymnischer Art.

Inwiefern kann man dann überhaupt noch die liturgische Praxis als eine Bekenntnissituation reklamieren? Hier führt m. E. allein die Frage nach den Anfängen der Christologie weiter. Versuche, die Person Jesu von Nazaret zu deuten, setzen schon vor Ostern ein. Durch die Erfahrung von Karfreitag und Ostern werden diese Versuche jedoch vor eine völlig neue Herausforderung gestellt. Jetzt gilt es, die alten messianische Hoffnungen mit Leiden und Sterben, den entehrenden Tod mit Auferweckung und Erhöhung, die tiefste Erniedrigung mit der höchsten Machtfülle zusammenzudenken. Das geschieht auf unterschiedlichen Ebenen, zu denen auch die liturgische Anbetung gehört.[53] Wenn der Auferstandene und Erhöhte im Gottesdienst gepriesen und

---

49 Vgl. vor allem Gottfried Schille, Frühchristliche Hymnen, Berlin 1965; kritisch votiert bereits Martin Rese, Formeln und Lieder im Neuen Testament. Einige notwendige Anmerkungen, in: VF 15/2 (1970), 75-95.

50 Vgl. vor allem Ralph Brucker, ›Christushymnen‹ oder ›epideiktische Passagen‹? Studien zum Stilwechsel im Neuen Testament und seiner Umwelt, Göttingen 1997.

51 Eine Bestandsaufnahme vor allem der bei Paulus zu findenden Indizien vgl. bei Peter Wick, Die urchristlichen Gottesdienste, Stuttgart 2002, 193-223.

52 Cajus Fabricius, Urbekenntnisse der Christenheit, in: Wilhelm Koepp (Hg.), Zur Theorie des Christentums. FS Reinhold Seeberg I, Leipzig 1929, 21-41, möchte »Abba« und »Maranatha« als Bekenntnisaussagen bestimmen. Ohne Kenntnis der jeweiligen gottesdienstlichen Kontexte lässt sich dazu jedoch nichts Sicheres sagen.

53 Diesen Aspekt der »christian devotion« betont vor allem Larry Hurtado und macht ihn zum Ansatzpunkt seiner Christologie; vgl. Larry Hurtado, One God, One Lord. Early

angebetet wird,[54] bedarf man dazu eines Namens. Jeder mögliche Name oder Hoheitstitel aber impliziert zwangsläufig ein ganzes christologisches Konzept. Christologie erwächst somit aus der liturgischen Anbetung, die in einer ständigen Wechselbeziehung zur theologischen Reflexion steht. Sie ist nicht nur das Produkt des Schreibtischs, sondern auch die Frucht der Gebetspraxis. Beides ist ganz eng miteinander verquickt. Insofern kommt man an dem liturgischen Leben der frühen Christinnen und Christen als einer Bekenntnissituation nicht vorbei. Wenn es dabei fixierte Texte gab, die den Konsens im Glauben in prägnanter Klarheit oder hymnischer Dichte formulierten, dann stelle ich sie mir so wie den Christushymnus in Phil 2,6-11 vor – einen Text, dessen Struktur sich sofort erschließt,[55] der einem einprägsamen Schema folgt, der das Ganze des Christusereignisses zu umreißen versucht, der schließlich das Bekenntnis aller Geschöpfe zum Kyrios Jesus aufnimmt. Und auch wenn Paulus hier nicht einfach zitiert, sondern wohl selbst einen seiner gelungensten Texte entwirft, könnte er sich dabei durchaus an die eine oder andere liturgische Formulierung erinnert haben.

Bei aller berechtigten Vorsicht behält der Gottesdienst somit seine Bedeutung unter den Bekenntnissituationen in der frühen Christenheit bei. Diese Frage entscheidet sich nicht an der Möglichkeit, präzise isolierbare Überlieferungsstücke rekonstruieren zu können, sondern an der Logik und Ausrichtung des gesamten liturgischen Geschehens. Das genügt. Wenn in den Liturgieformularen späterer Jahrhunderte Bekenntnistexte auftauchen, dann sind sie nicht Ausdruck von Innovation, sondern viel eher Beleg einer schon lange geübten Praxis.

3.1.4. Taufe

Mit der Taufe als einem liturgischen Akt verhält es sich ähnlich wie mit den gottesdienstlichen Vollzügen im Ganzen. Obwohl sie ganz offensichtlich von Anfang an überall und unangefochten praktiziert wurde, ist über ihre Gestaltung im Detail nur wenig bekannt. Aus den verschiedenen Taufepisoden der Apostelgeschichte sowie aus der tauftheologischen Reflexion des Paulus in

---

Christian Devotion and Ancient Jewish Monotheism, Philadelphia 1988; ders., Lord Jesus Christ. Devotion to Jesus in Earliest Christianity, Grand Rapids 2003.

[54] Zur Frage der Anbetung Jesu vgl. Gerhard Lohfink, Gab es im Gottesdienst der neutestamentlichen Gemeinden eine Anbetung Christi?, in: BZ 18 (1974), 161-179; Nachdruck in: ders., Studien zum Neuen Testament, Stuttgart 1989, 245-265.

[55] Das gilt trotz der unterschiedlichen Gliederungsversuche in der Kommentarliteratur: Als klar und einfach erweist sich vor allem das Schema von Abstieg und Aufstieg, Erniedrigung und Erhöhung.

Röm 6,3-8 lassen sich zwar einige stereotype Elemente erkennen[56] – aber gerade ein Taufbekenntnis ist dabei nicht zu entdecken. Dennoch hat die ältere Formgeschichte auch in diesem Fall die Taufe als Ursituation der Bekenntnisbildung postuliert und hat ihr als dem maßgeblichen »Sitz im Leben« nahezu jede neutestamentliche Bekenntnisformel zugeordnet.

Erst vom 3. Jahrhundert an wird die Quellenlage im Blick auf das Taufgeschehen ergiebiger.[57] Nachdem die Taufe anfangs »auf den / in dem Namen Jesu« vollzogen wurde,[58] erfolgt sie nun »auf den Namen des Vaters, des Sohnes und des heiligen Geistes« und bedient sich dabei einer trinitarischen Formel, wie sie bereits in Mt 28,20 und Did 7,1 auftaucht. Insofern bedarf der Täufling auch eines klaren Bildes davon, was es mit Vater, Sohn und Geist auf sich hat. Dieser Sachverhalt spiegelt sich in den frühesten Taufbekenntnissen wider, die sich literarisch nachweisen lassen. Sie haben eine dialogische bzw. interrogatorische Form. Der Täufer legt, in Korrespondenz zu dem dreimaligen Untertauchen in oder Übergießen mit Wasser dem Täufling die Frage »Glaubst du an [...]« vor, worauf der Täufling jedesmal mit »Ich glaube!« antwortet.[59] Die drei Fragen betreffen in äußerster Konzentration die Identität von Vater, Sohn und Geist. Die drei Antworten aber haben den Charakter einer schlichten Zustimmung. Der Bekenntnisakt des Täuflings besteht also darin, sich mit seinem »Ich glaube!« dem Konsens der christlichen Gemeinde, in die er hineingetauft wird, anzuschließen. Diese interrogatorische Form, die mit der dreimaligen Taufhandlung Hand in Hand geht, erweist sich leicht als die ursprüngliche.[60] Die späteren deklaratorischen Bekenntnisse orientieren sich grundsätzlich an einer solchen Dreiteiligkeit und bauen die Aussagen zu Vater, Sohn und Geist lediglich weiter aus. Dennoch werden beide Formen noch längere Zeit parallel benutzt, so dass man auch weiterhin mit vielfachen wechselseitigen Beeinflussungen rechnen muss.

---

56 Vgl. Friedrich Avemarie, Die Tauferzählungen der Apostelgeschichte. Theologie und Geschichte, Tübingen 2002.

57 Reinhart Staats, Das Taufbekenntnis in der frühen Kirche, in: David Hellholm u.a. (Hg.), Ablution, Initiation, and Baptism. Late Antiquity, Early Judaism, and Early Christianity 2, BZNW 176/2, Berlin / Boston 2011, 1553-1583.

58 Vgl. Lars Hartmann »Auf den Namen des Herrn Jesus«. Die Taufe in den neutestamentlichen Schriften, Stuttgart 1992.

59 Die entscheidenden Inhalte formuliert der Täufer als Repräsentant der gesamten Gemeinde oder Kirche, der Täufling indessen ordnet sich dieser Größe mit seiner persönlichen Bestätigung zu.

60 Staats, Taufbekenntnis, 1561.

Das Schema der Tauffragen, wie sie vom 3. Jahrhundert an nachweislich verwendet werden, muss jedoch älter sein. Was Paulus in Röm 6,3-8 über die Taufe schreibt, setzt bei seinen Adressaten ein klares Verständnis von »Christuszugehörigkeit« voraus. Das »Sein in / mit Christus« hat seinen Ursprung in Tod und Auferweckung Jesu, woran die Getauften Anteil erhalten. Solches Wissen aber ist für den Vollzug des Taufaktes unerlässlich. Auch wenn die Taufe allein »auf den Namen Jesu / im Namen Jesu« erfolgt, muss geklärt werden, was dieser Name Jesu ist bzw. worin genau die Identität Jesu besteht. Dass dies zunächst ebenfalls in Form von Frage und Antwort festgestellt wurde, legt etwa schon Röm 10,9 nahe. Die Anrede in der 2. Person Singular verdankt sich zwar hauptsächlich dem rhetorischen Stil von Röm 9-11, scheint aber nicht ganz zufällig auch die persönliche Frage- und Antwortsituation des Taufaktes zu assoziieren. Paulus könnte zu dieser Formulierung gut durch eine Tauffrage wie: »Glaubst du, dass Jesus der Kyrios ist und dass Gott ihn von den Toten auferweckt hat?«, auf die der Täufling dann mit »Ich glaube!« antwortete, veranlasst worden sein. Irgendeine Form der Zustimmung wird man jedenfalls schon von Anfang an annehmen müssen. Das macht auch die Taufepisode in Act 8,26-40 deutlich. Der Minister aus Äthiopien liest in Jes 54; Philippus legt ihm die Stelle christologisch aus und erteilt ihm auf diese Weise die nötige, wenngleich äußerst knappe Taufunterweisung;[61] darauf hin äußert der Täufling sein Taufbegehren und wird im nächsten fließenden Wasser, das am Weg liegt, getauft. Schon früh haben die Tradenten des Textes hier ein Ungenügen empfunden und sekundär noch ein ordentliches Taufbekenntnis nachgetragen: »Philippus aber sprach zu ihm: Wenn du von ganzem Herzen glaubst, dann ist es möglich. Er aber antwortete und sprach: Ich glaube, dass Jesus Christus der Sohn Gottes ist (Act 8,37 Codex E).«[62] Das Bekenntnis lehnt sich wie Röm 10,9 an die interrogatorische Form an und ist, eine archaische Situation imitierend, ausschließlich christologisch zugespitzt. So etwa wird man sich demnach das Taufbekenntnis der Anfangszeit vorstellen können.

Dass ein Bekenntnis zu den konstitutiven Bestandteilen des Taufgeschehens gehörte, deutet sich auch in den Pastoralbriefen an. In 1Tim 6,12 fordert der Autor den Adressaten Timotheus in einer Reihe von Ermahnungen zur

---

[61] Staats, Taufbekenntnis, 1565, bezeichnet den Taufunterricht überhaupt als die »Brunnenstube« der kirchlichen Bekenntnisbildung und somit auch der daraus erwachsenden Dogmatik.

[62] Die Majuskel E08 entstammt dem 6. Jahrhundert; sechs Minuskeln (10.-14. Jahrhundert), die ebenfalls dem »westlichen Text« angehören, schließen sich an; immerhin ist das Bekenntnis durch Irenäus (Haer III 12,8) schon für das 2. Jahrhundert bezeugt. Einige Handschriften fügen auch noch den Geistempfang hinzu.

Bewährung seines Glaubens auf: »Kämpfe den guten Kampf des Glaubens! Ergreife das ewige Leben, zu dem du berufen bist und für das du bekannt hast das gute Bekenntnis (ὡμολόγησας τὴν καλὴν ὁμολογίαν) vor vielen Zeugen!« Namentlich die »vielen Zeugen« lassen hier zuerst an die Taufe in der Öffentlichkeit einer Gemeinde denken – es sei denn, dass mit dem Stichwort der Berufung auf die Ordination in das gemeindeleitende Amt angespielt wäre. Die Berufung »zum ewigen Leben« nimmt freilich sehr viel deutlicher das Christsein im Ganzen in den Blick als die Beauftragung mit einer besonderen Aufgabe. Der folgende Satz parallelisiert dann das »gute Bekenntnis« des Timotheus auf überraschende Weise noch einmal mit einem prominenten Vorbild: »Ich gebiete dir vor Gott, der alle Dinge lebendig macht, und vor Christus Jesus, der unter Pontius Pilatus bezeugt hat (μαρτυρήσαντος) das gute Bekenntnis (τὴν καλὴν ὁμολογίαν) [...]«! Auch wenn hier zwei ganz verschiedene Situationen vorliegen (im Falle Jesu Christi ein externes Bekenntnis gegenüber einer feindlichen Anklage, im Falle des Timotheus ein internes Bekenntnis im Binnenraum der Gemeinde), ist doch der Inhalt vergleichbar. So wie Jesus Christus nach den Passionsberichten vor Pilatus seine Identität bekennt und dazu steht, hat das auch Timotheus mit seinem »guten Bekenntnis vor vielen Zeugen« getan: Er hat die Identität Jesu Christi öffentlich und im Konsens mit der christlichen Gemeinde bekundet. Genau darum geht es im Taufbekenntnis. Hier hat die christologische Akzentuierung der frühen Bekenntnisbildung ihren entscheidenden Haftpunkt.

3.1.5. Sonderform Schuldbekenntnis

Das Schuldbekenntnis stellt insofern eine Sonderform gemeindeinterner Bekenntnisbildung dar, als hier der Inhalt ein besonderer ist. In erster Linie geht es dabei um die Offenlegung einer Verfehlung gegenüber Gott oder gegenüber der Gemeinschaft. Die neutestamentlichen Texte gebrauchen dafür vorzugsweise das Kompositum ἐξομολογέω und deuten damit schon an, dass Schuld nur dann vergeben oder überwunden werden kann, wenn sie zuvor öffentlich gemacht wird.[63] Der Sprechakt des Schuldbekenntnisses ist dabei dem des Glaubensbekenntnisses vergleichbar: Im Schuldbekenntnis steht der Bekenner zu seiner Verfehlung, so wie er im Glaubensbekenntnis zu seinem Glauben steht. Er übernimmt Verantwortung und schafft auf diese Weise die Voraussetzung dafür, die gestörte Gemeinschaft wieder herzustellen.

---

[63] Vgl. dazu Bernhard Poschmann, Paenitentia secunda. Die kirchliche Buße im ältesten Christentum bis Cyprian und Origenes, Theoph. 1, Bonn 1940.

Grundsätzlich lassen sich zwei Arten von Schuldbekenntnissen unterscheiden. Die erste ist mit der Konversion oder mit dem Beginn christlicher Existenz verbunden und hat demnach ihren Ort im Geschehen der Taufe. Bereits die Johannestaufe wird ausdrücklich als eine »Taufe der Umkehr zur Vergebung der Sünden« eingeführt (Mk 1,4 / Lk 3,3); von den Scharen, die zu Johannes kommen, heißt es dann entsprechend (Mk 1,5 / Mt 3,6): »[...] und sie ließen sich taufen von ihm im Jordan und bekannten ihre Sünden (ἐξομολογούμενοι τὰς ἁμαρτίας αὐτῶν)«.[64] Trotz des Plurals erscheint »Sünde« in diesem Kontext vor allem als Ausdruck von Gottesferne überhaupt bzw. Summe des ganzen bisherigen Lebens. Diesen Aspekt übernimmt auch die christliche Taufe.[65] So bekennen etwa nach Act 19,18 diejenigen, die sich in Ephesus von der paulinischen Predigt gewinnen lassen, »was sie getan hatten« und verbrennen ihre »Zauberbücher«. Von anderer Art ist das Schuldbekenntnis im Kontext christlicher Ethik. Auch nach der Taufe kommt es zu Verfehlungen, die bereinigt werden müssen. Auf diese Situation zielt etwa ein Text wie 1Joh 1,9: »Wenn wir aber unsere Sünden bekennen (ὁμολογῶμεν τὰς ἁμαρτίας ἡμῶν), so ist er treu und gerecht (πιστός ἐστιν καὶ δίκαιος), dass er uns die Sünden erlässt und uns reinigt von aller Ungerechtigkeit (ἀπὸ πάσης ἀδικίας).« Jak 5,16 verbindet diese Situation mit dem Krankheitsfall und fordert die Adressaten auf: »Bekennt (ἐξομολογεῖθε) nun einander die Sünden und betet füreinander, damit ihr gesund werdet.« In diesen Zusammenhang gehören ebenso die vielfältigen Ermahnungen bei Matthäus, die mit der Versöhnung unter »Brüdern« auf die Klärung innergemeindlicher Konflikte abzielen.[66]

Entscheidend ist, dass auch das Schuldbekenntnis der Stärkung und Selbstvergewisserung der christlichen Gemeinde dient. Die Bedrohung liegt

---

[64] Bei Johannes dem Täufer sind Umkehr und Sündenvergebung jedoch ausschließlich auf das Gericht und nicht auf eine neue religiöse Identität ausgerichtet, auch wenn es in der Folge offensichtlich zur Entstehung eines Täuferkreises kommt.

[65] Auf grundsätzliche Weise beschreibt Pauls in Röm 6,3-8 die Taufe als »Mitsterben« und »Mitauferstehen« mit Christus: Der Wasserritus symbolisiert Tod und Errettung, wodurch das bisherige Leben beendet wird und der Täufling in die »Neuheit des Lebens« eintritt.

[66] Zentral betrifft das die »Gemeindeordnung« Mt 18 – speziell in ihrem Passus über den Umgang mit der Verfehlung eines Bruders (Mt 18,15-17), der Frage nach den Grenzen der Vergebungsbereitschaft (Mt 18,21-22) und der anschließenden Parabel vom gnadenlosen Schuldner (Mt 18,23-35); dazu die Mahnung zur Aussöhnung mit dem »Bruder« (Mt 5,22-24); die sechste Vaterunser-Bitte (Mt 6,12) und die Vollmacht zu binden und zu lösen (Mt 16,19 / 18,18).

hierbei sowohl auf der Ebene der »Dogmatik« als auch der »Ethik«. Es sind grundsätzliche oder konkrete Verhaltensweisen, die von dem Konsens der Gemeinschaft trennen und die deshalb vor der Gemeinschaft benannt werden müssen. Auch für das Schuldbekenntnis bilden sich deshalb im Verlauf der Zeit feste Formeln und Rituale aus – in der Taufe etwa die *abrenuntiatio diaboli* oder in der gottesdienstlichen Liturgie die öffentliche Beichte.[67] Allein die private Beichte verlässt diesen Rahmen und ordnet sich mehr dem Bereich seelsorgerlicher Tätigkeit ein.

3.2. SITUATIONEN DER SELBSTDARSTELLUNG

Bekenntnissituationen, in denn es um die Selbstdarstellung des Glaubens nach außen geht, sind so vielfältig wie die denkbaren Adressaten. Hier gerät das Bekenntnis vor allem in das weite Spannungsfeld von Zustimmung und Ablehnung bzw. Werbung und Konfrontation.

3.2.1. Verkündigung

Die grundlegende Kommunikationsform des christlichen Glaubens ist die der Verkündigung. Glaube drängt darauf, geteilt und mitgeteilt zu werden. Die frühe Christenheit hat sich dabei vor allem auf Jesus Christus selbst berufen, der als galiläischer Wanderprediger seine Schüler in die Verkündigung der Gottesherrschaft einbezieht[68] und der als Auferstandener diesen Auftrag noch einmal erneuert.[69] Das ist der Grund, warum sich die Christenheit von Anfang an als eine missionarische Gemeinschaft verstanden hat.[70] Paulus bringt dieses Profil im Blick auf seine eigenen missionarischen Anfänge pointiert zum Ausdruck. Als die Gemeinden in Judäa von seiner Lebenswende hören, kommentieren sie diese Neuigkeit mit den Worten: »Der uns einst ver-

---

67 Vgl. dazu ausführlich Thomas Böttrich, Schuld bekennen – Versöhnung feiern. Die Beichte im lutherischen Gottesdienst, Göttingen 2008, 26-143.

68 Vgl. z.B. die Auftragsworte an die Erstberufenen (Mk 1,17 / Mt 4,19; Lk 5,10), an weitere Nachfolgewillige (Lk 9,60.62) oder im Rahmen der Erzählung von der Aussendung der 12 (Mk 6,7-13 / Mt 10,5-15 / Lk 9,1-6) sowie der 70 bzw. 72 (Lk 10,1-12).

69 Vgl. Mt 28,16-20; Lk 24,47-8 und Act 1,8; dazu auch im sekundären Markusschluss Mk 16,15-20.

70 Christfried Böttrich, Kirche als Minderheit mit Mission. Neutestamentliche Perspektiven zum Thema, in: Michael Herbst / Jörg Ohlemacher / Johannes Zimmermann (Hg.), Missionarische Perspektiven für eine Kirche der Zukunft, Neukirchen-Vluyn 2005, 47-68.

folgte, verkündigt jetzt den Glauben (νῦν εὐαγγελίζεται τὴν πίστιν), den er einst vernichten wollte (Gal 1,23).«[71]

»Der Glaube« wird also verkündigt, wofür alle sprachlichen Möglichkeit und rhetorischen Mittel zur Verfügung stehen. Dazu gehört auch das Bekenntnis. Denn natürlich muss der Verkündiger Position beziehen und identifizierbar sein. Wieder ist es Paulus, der hier Klarheit schafft. Schon das favorisierte Verb für diesen Verkündigungsvorgang – εὐαγγελίζομαι – signalisiert den Kern der Botschaft: Es handelt sich um das Heilsereignis von Tod und Auferstehung Jesu.[72] Dazu bedarf es in der gemeindegründenden Predigt zunächst der Form der Erzählung. Ganz sicher kann man davon ausgehen, dass Paulus ausführlich von den Passions- und Osterereignissen berichtet hat, auch wenn sich in seinen Briefen davon nur wenige Spuren finden.[73] Anders könnten etwa die Korinther weder seine Kreuzestheologie noch seine Ausführungen zur Auferstehungshoffnung überhaupt begreifen. Durch die Gemeindetraditionen in Damaskus und Antiochia sowie durch Petrus wird auch Paulus ausreichende Kenntnisse von weiteren Jesusüberlieferungen besessen haben.[74] Nicht weniger waren ihm freilich die Bekenntnistraditionen der frühen Christenheit vertraut, mit denen er bereits während seiner anfänglichen Verfolgertätigkeit Bekanntschaft geschlossen haben dürfte. Auch sie sind als komprimierte Zusammenfassungen des Evangeliums für die Verkündigung unerlässlich. In 2Kor 4,5 formuliert Paulus in einem apologetischen Kontext: »Denn wir verkündigen nicht uns selbst, sondern Jesus Christus als den Kyrios.« Damit ist die Eigenart des paulinischen Evangeliums auf das Kürzeste in Gestalt einer Bekenntnisaussage benannt.[75] Nach 1Kor 2,1 beansprucht

---

[71] Diese unverzüglich einsetzende Verkündigungstätigkeit berichtet übereinstimmend mit Gal 1,15-17 auch Act 20. Grund ist für Paulus die Berufung zur Evangeliumsverkündigung »von Mutterleib an« (Gal 1,15-16).

[72] Vgl. Ekkehard W. Stegemann, Evangelium. Wird εὐαγγέλιον bei Paulus als nomen actionis verwendet?, in: Fragmentarisches Wörterbuch. Beiträge zur biblischen Exegese und christlichen Theologie. FS Horst Balz, Stuttgart 2007, 124-135.

[73] Zur Frage der Jesusüberlieferung bei Paulus vgl. das Material und die Diskussion ausführlich bei Rainer Riesner, Paulus und die Jesus-Überlieferung, in: Jostein Ådna u.a. (Hg.), Evangelium – Schriftauslegung – Kirche. FS Peter Stuhlmacher, Göttingen 1997, 347-365.

[74] In Damaskus wird er getauft und dabei sicher mit dem Taufbekenntnis der Gemeinde bekannt gemacht (Act 9,17-19); mit Petrus verbringt er ein 15tägiges Privatissimum (Gal 1,18); danach wird Antiochia seine Heimatgemeinde (Act 11,25-30; 13,1-3).

[75] Darin klingt die Akklamationsformel »Κύριος Ἰησοῦς (Χριστός) / Kyrios ist Jesus (Christus)« an (Röm 10,9; 1Kor 12,3; Phil 2,11); eine alte »Christen«-Bezeichnung lautet:

Paulus, er habe seinerzeit bei den Korinthern nichts anderes wissen wollen als »allein Jesus Christus, den Gekreuzigten«; auch in Gal 3,1 beschwört er die Erinnerung herauf, dass er doch den Gemeinden »Jesus Christus als den Gekreuzigten« geradezu vor Augen gemalt habe.[76] Lukas nimmt diese bekenntnisartige Prägnanz der paulinischen Verkündigung auf und bescheinigt dem Apostel, er habe unmittelbar nach seiner Lebenswende in der Synagoge zu beweisen unternommen, »[...] dass Jesus der Christus / Messias sei (Act 9,22)«; genau das tut er dann auch in Korinth (Act 18,5); die Verkündigungstätigkeit des Apollos in Achaja beschreibt Lukas schließlich noch einmal mit derselben Wendung (Act 18,28). In 1Kor 15,12 wird der Satz »Christus ist von den Toten auferweckt worden«, der als klassische Bekenntnisformel gilt,[77] mit der folgenden Wendung eingeleitet: »Wenn aber verkündigt wird (κηρύσσεται): [...]«; das Bekenntnis ist also für Paulus fester Bestandteil der christlichen Verkündigung.

Im Kontext der Verkündigung hat das Bekenntnis die Funktion, zuzuspitzen und sicher auch zu unterscheiden. Es erscheint als eine Art Reduktion auf wenige Kernaussagen. Dabei gibt es einen gewissen Spielraum, der sich etwa in der Wahl verschiedener christologischer Titel (Kyrios, Gekreuzigter, Christus, Gottessohn usw.) erkennen lässt. Er bleibt indessen eng umgrenzt und garantiert gerade durch eine solche Eindeutigkeit den Erfolg der apostolischen Predigt.

3.2.2. *Verteidigung*

Glaube, der sich exponiert, muss mit Konfrontationen rechnen. Diese Erfahrung macht nicht erst die junge Christenheit. Schon das frühe Judentum sieht sich während der syrischen Religionskrise mit einer existentiellen Bedrohung seiner religiösen Identität konfrontiert. 2Makk 6-7 erzählt, wie der greise Schriftgelehrte Eleazar und eine Mutter mit ihren sieben Söhnen zu

---

»diejenigen, die den Namen des Kyrios anrufen« (nach Joel 3,5) vgl. 1Kor 1,2; 2Tim 2,22; Act 9,14.21; 22,16.

76 Damit wird ganz bewusst jene Neuformulierung der Messiaserwartung unterstrichen, die nicht politische Herrschaft, sondern das Leiden als das entscheidende Charakteristikum betont – vgl. auch den Diskurs um die Deutung des Christus / Messias Titels in Mk 8,27-33parr.

77 Formgeschichtlich wird der Satz »ὁ θεὸς ἤγειρεν Ἰησοῦν ἐκ νεκρῶν / Gott hat Jesus auferweckt von den Toten« in seiner aktiven Fassung (Röm 10,9; 1Thess 1,10) als Auferweckungsformel bezeichnet.

Tode gefoltert werden.[78] Gegenstand des Konfliktes ist dabei die Tora, deren Befolgung per Edikt verboten und unter Strafe gestellt wird. Dem widersetzen sich die Bekenner, indem sie unverbrüchlich an den »väterlichen Gesetzen« festhalten. Zur Eskalation kommt es angesichts der Forderung, nach Art eines symbolischen Aktes im Angesicht des königlichen Gesandten Schweinefleisch zu essen. Für die Frommen gibt es an diesem Punkt nur noch die Alternative zwischen Bekennen oder Verleugnen. Ihr Bekenntnis hat die Form einer Treuebekundung gegenüber der Tora. Für deren Vorschriften stehen sie ein, ihr gegenüber bewahren sie Loyalität – notfalls unter Preisgabe des eigenen Lebens.[79]

Unweigerlich gerät auch die junge Christenheit in solche Konfliktsituationen, die sich vom 2.-4. Jahrhundert dann zu einer ganz eigenen Märtyrergeschichte steigern.[80] Sie scheinen ihren Weg jedoch schon von Anfang an zu begleiten. Gegenstand des Konfliktes wird dabei im wesentlichen die Zugehörigkeit zu Jesus Christus, die von wechselnden Kontrahenten als lächerlich, schädlich oder regelrecht subversiv beurteilt wird. Hier gilt es für die Bekenner, an ihrer Christuszugehörigkeit öffentlich festzuhalten. Die Alternativen lauten auf fluchen statt bekennen (1Kor 12,3), leugnen (Apk 2,13; 3,8) oder auf eine Gegenformel wie in MartPolyk 8,2: »Was schadet es denn, zu sagen: ›Kyrios ist der Kaiser‹?«[81] Für die christlichen Gemeinden der Anfangszeit kommt es dabei zu ganz verschiedenen Konfliktsituationen: Zunächst müssen sie sich gegenüber ihren jüdischen Glaubensbrüdern verteidigen, die ihnen durch das Synedrion oder den Synagogenverband entgegentreten und dabei das ganze Arsenal ihrer Disziplinarmaßnahmen von der Auspeitschung bis zum Synagogenausschluss in Anwendung bringen.[82] Im Zuge der Mission

---

[78] Vgl. vor allem den jüngsten Kommentar von Daniel R. Schwartz, 2 Maccabees, CEJL, Berlin / New York 2008.

[79] Vgl. Jan Willem van Henten, Die Entstehung der jüdischen Martyrologie, Leiden 1989.

[80] Jan Willem van Henten, The martyrs as heroes of the Christian people. Some remarks on the continuity between Jewish and Christian martyrology, with pagan analogies, in: Mathijs Lamberigts / Peter van Deun (Hg.), Martyrium in multidisciplinary perspective. FS Louis Reekmans, Leuven 1995, 303-322.

[81] Ein solches Bekenntnis impliziert vom Beginn des 2. Jahrhunderts an dann auch als bevorzugten symbolischen Akt das Opfer für den Kaiser; vgl. Plinius, Briefe X 96 – diejenigen, die ihr Christsein leugnen, bezeugen dem Bild des Kaisers und den Götterstatuen ihre Verehrung und fluchen Christus.

[82] Diese Disziplinarmaßnahmen stehen auch hinter den Aktionen des Paulus in Act 9,1-2; zu den »Vierzig weniger Einen« vgl. 2Kor 11,24; zur Steinigung 2Kor 11,25; Lk

gesellt sich dann schon bald die Verantwortung gegenüber politischen Behörden griechischer und römischer Poleis hinzu.[83] Lk 12,11-12 nimmt genau diese Situation in den Blick, wenn es heißt: »Wenn sie euch aber vorführen werden vor Synagogen und Behörden und Herrscher, dann sorgt euch nicht, wie oder womit ihr euch verteidigen oder was ihr sagen sollt, denn der heilige Geist wird euch in dieser Stunde lehren, was zu sagen nötig ist.« Die Christuszugehörigkeit stößt auf Ablehnung und wird herausgefordert. Sie öffentlich zu bekennen, zieht Repressalien bis hin zur Todesbedrohung nach sich.

Der ganze Abschnitt von Lk 12,1-12 hat für diese besondere Bekenntnissituation Schlüsselcharakter.[84] Er setzt in Lk 12,1 mit einer Warnung vor Heuchelei ein, die ihrer ursprünglichen Bedeutung nach zunächst die Verstellung des Schauspielers meint. Schauspieler geben vor, etwas anderes zu sein, als sie tatsächlich sind. Die Christen indessen sollen ihre Christuszugehörigkeit nicht verbergen, sondern offen dazu stehen.[85] 12,2-3 führt diesen Gedanken weiter aus: Es entspricht einer alten Erfahrung, dass ja ohnehin nichts verborgen bleiben kann; alles kommt letzten Endes doch ans Licht. Deshalb folgt nun in 12,4-5 eine Ermutigung, die weit über das Ende des Lebens hinausblickt: Nicht das zeitliche Geschick, sondern die Zukunft bei Gott ist es, die Gewicht hat. Hier klingt die feste Überzeugung der makkabäischen Märtyrer nach, dass Gott die Bekenner zu einem neuen Leben erwecken wird.[86] Diese Fürsorge Gottes lässt sich nach 12,6-7 am Beispiel der Spatzen illustrieren: So gering sie auch sein mögen, Gott vergisst sie nicht. Um wie viel mehr aber gilt das dann für die hier adressierte Gemeinde! Damit ist nun der zentrale Passus 12,8-10 ausreichend vorbereitet. In der exegetischen Literatur hat man ihn vor allem immer wieder mit Blick auf die Figur des Menschensohns

---

4,29; Act 7,59-60; 14,19; Joh 8,5; zum Synagogenausschluss Joh 9,22; 12,42; 16,2; möglicherweise gehörten dazu auch Fluchformeln wie in 1Kor 16,22; Gal 1,8.9; Röm 9,3.

[83] Vgl. in Act etwa die Konflikte in 16,22-40 (Philippi); 18,12-17 (Korinth); 19,23-40 (Ephesus); schließlich die Verhaftung des Paulus in Jerusalem und seine Überstellung nach Rom Act 21-28.

[84] Vgl. Günther Bornkamm, Das Wort Jesu vom Bekennen, in: ders., Geschichte und Glaube. Gesammelte Aufsätze 3/1, München 1968, 25-36.

[85] Michael Wolter, Das Lukasevangelium, HNT 5, Tübingen 2008, 442, verweist auf 2Makk 6,21-25 und den greisen Eleazar, der den wohlmeinenden Vorschlag einer Verstellung eben genau unter dem Stichwort der Heuchelei zurückweist.

[86] Sie wird in 2Makk 7,28 mit dem Gedanken der creatio ex nihilo begründet. Gerade in dieser Situation findet die Auferstehungshoffnung überhaupt zum ersten Mal ihren vollen und unmissverständlichen Ausdruck, wie das Dan 12,1-3 mit Bezug gerade auf die makkabäischen Märtyrer erkennen lässt.

diskutiert: Jesus und der Menschensohn scheinen einerseits unterschieden, andererseits aber durch den Gleichklang von bekennen und verleugnen ganz eng aufeinander bezogen zu sein.[87] Wie auch immer man in dieser Frage entscheidet – das Bekenntnis zu Jesus wird hier in den Horizont einer göttlichen Bestätigung gerückt. Das irdische Forum (vor den Menschen) und das himmlische Forum (vor den Engeln Gottes) stehen zueinander in Beziehung. Der Akt des Bekennens erweist sich dabei als eine wechselseitige Loyalitätserklärung: Wer hier offen zu seiner Christuszugehörigkeit steht, zu dem steht auch der Menschensohn in der Situation des endzeitlichen Gerichtes und bewahrt ihn vor dem, »der die Macht hat, in die Hölle zu werfen.« Das ist eine erneute Ermutigung, die jedes irdische Bedrohungsszenario von vornherein relativiert: Synagogen,[88] Behörden oder Herrscher haben nicht das letzte Wort. Gott, der für die Bekenner weit zuverlässiger sorgt als für die Spatzen, wird sie nicht vergessen.[89] Rätselhaft erscheint in diesem Zusammenhang allein der Zusatz, dass ein Wort gegen den Menschensohn vergeben werde, eine Lästerung gegen den heiligen Geist jedoch nicht. Die einzig plausible Erklärung liegt meines Erachtens darin begründet, dass die Äußerung des Glaubens im Wort der Verkündigung wie im Wort des Bekenntnisses generell auf die Wirksamkeit des Geistes Gottes zurückgeführt wird.[90] Das angemessene Bekenntnis kommt nur durch den Geist zur Sprache. Genau deshalb kann sich der Bekenner in der Stunde schwerster Bedrohung ja auch darauf verlassen, dass der Geist ihm die nötigen Worte eingibt. Wer sich indessen von diesem Geist distanziert, verliert gleichsam den entscheidenden Anwalt und liefert sich damit nicht nur denjenigen aus, die den Leib töten können,

---

[87] Vgl. z.B. Volker Hampel, Menschensohn und historischer Jesus. Ein Rätselwort als Schlüssel zum messianischen Selbstverständnis Jesu, Neukirchen-Vluyn 1990; Maurice Casey, The solution to the ›Son of man‹ problem, London / New York 2007.

[88] Die Wendung ἐπὶ τὰς συναγωγάς (Lk 12,11) kann auch allgemein auf »Versammlungen« als Instanzen öffentlicher Verantwortung zielen; im vorliegenden Zusammenhang aber scheint damit die Synagogengemeinde als jüdisches Pendant zu den staatlichen Behörden gemeint zu sein.

[89] Darauf nehmen auch zwei weitere Passagen Bezug: 2Tim 2,12-13 – »Dulden wir, so werden wir mitherrschen. Verleugnen wir, so wird er uns auch verleugnen. / Glauben wir nicht, so bleibt er doch treu, denn er kann sich selbst nicht verleugnen«; dazu Apk 3,5 (Sendschreiben nach Sardes) – »Wer überwindet, wird so mit weißen Gewändern bekleidet werden, und seinen Namen werde ich nicht auslöschen aus dem Buch des Lebens, und ich werde seinen Namen bekennen (ὁμολογήσω) vor meinem Vater und vor seinen Engeln.«

[90] Vgl. dazu oben Abschnitt 2.

sondern vor allem dem, der in die Hölle zu werfen vermag. Die Rolle des Geistes kann demnach gar nicht hoch genug eingeschätzt werden. Nicht nur die trinitarische Taufformel (Mt 28,19 / Did 7,1) - auch die Beistandsfunktion des Geistes in einer konfrontativen Bekenntnissituation hat zur festen Verankerung des Geistes Gottes in den später ausformulierten deklaratorischen, dreigliedrigen Glaubensbekenntnissen beigetragen.

Die Evangelien und die Apostelgeschichte liefern einige weitere Beispiele dafür, wie das Bekenntnis der Christuszugehörigkeit in einer Bedrohungssituation verteidigt oder verleugnet werden kann - bzw. welche Konsequenzen es nach sich zieht. Im Kontext eines innerjüdischen Familienkonfliktes verbleiben die Hinweise auf den Synagogenausschluss in Joh 9,22 und Joh 12,42. Im ersten Falle ist das Bekenntnis zu Jesus als dem Christus als hinreichender Grund für den Aposynagogos schon von vornherein beschlossene Sache; im zweiten Falle wird einigen von »den Oberen« zwar der Glaube an Christus attestiert, aus Furcht vor dem Ausschluss wagen sie jedoch nicht, diesen Glauben offen zu bekennen. Die eindrücklichste und dramatischste Erzählung liefert dann im Rahmen der Passionsgeschichte die Episode von der Verleugnung des Petrus.[91] Dass sie kaum erfunden sein wird, sondern Erinnerungen bewahrt, die nicht zu unterdrücken waren, liegt auf der Hand. Ebenso offenkundig ist es, dass die Evangelien diese Erinnerungen genutzt haben, um ein wichtiges paränetisches Anliegen vorzutragen: Auch solche, die zum engsten Anhängerkreis gehören, können scheitern.[92] Sogar ein Petrus konnte in der Stunde der Bedrohung seine im vorhinein vollmundig geäußerte Treue wieder verleugnen. Aber es gibt eine Möglichkeit der Umkehr, die hier in den Tränen des Petrus ihren emotionalen Ausdruck findet. Über diesen innerjüdischen Kontext führt die Apostelgeschichte hinaus. In Act 24 muss sich Paulus vor dem römischen Prokurator Felix in Cäsarea maritima verteidigen. Er befindet sich in Haft und wird von seinen Jerusalemer Kontrahenten verklagt. Bezeichnender Weise eröffnet er den positiven Teil seiner Apologie mit einem Bekenntnis: »Das aber bekenne ich dir (ὁμολογῶ δὲ τοῦτό σοι): Nach dem Weg, den sie eine Schule nennen, diene ich dem Gott der Väter so [...]« (Act 24,14) - was folgt, ist dann eine Loyalitätserklärung gegenüber der Tora und den Propheten, vor allem aber eine Berufung auf die Auferste-

---

91 Mk 14,26-31.54.66-72 / Mt 26,30-35.58.69-75 / Lk 22,31-34.54-62 / Joh 13,36-38; 18,15-18.25-27.

92 Christfried Böttrich, Petrus. Fischer, Fels und Funktionär, Leipzig 2001, 123-131.

hungshoffnung.[93] Dieses Bekenntnis scheint sehr viel mehr darauf abzuzielen, die Ankläger des Paulus zu widerlegen, als seine Christuszugehörigkeit bzw. gar zentrale Inhalte des christlichen Glaubens darzulegen.

Schon früh hat man offensichtlich das Verhör Jesu durch Pontius Pilatus[94] als eine Art Modellbild für das Bekenntnis in einer Verteidigungssituation verstanden. In der Erzählung selbst fällt der Begriff zwar nicht, aber die Sache ist eindeutig gegeben: Der Delinquent steht zu dem, was man ihm vorwirft – sei es durch Schweigen, sei es durch eine kurze Bestätigung. Ausdrücklich heben die Evangelisten das Verhör vor Pilatus dabei von dem Verhör vor dem Synedrion ab, bei dem falsche (also manipulierte) Zeugen ihre Vorwürfe erheben.[95] Pilatus fragt, ob Jesus der König der Juden sei. Diese Frage ist aus der Perspektive des römischen Prokurators formuliert, zielt jedoch auf die Messiaserwartung ab. Die Leser wissen spätestens seit dem Messiasbekenntnis des Petrus,[96] dass die Identität Jesu damit zutreffend bezeichnet ist.[97] Erneut lässt Jesus die an ihn herangetragene Kennzeichnung in der Schwebe.[98] Er könnte die Frage immerhin auch strikt zurückweisen – also »leugnen« – und damit vielleicht sein Leben retten. Dass er dies nicht tut, verleiht dieser Szene Vorbildfunktion. In diesem Sinne nimmt 1Tim 6,13 ausdrücklich auf »das gute Bekenntnis«, das Christus Jesus »unter Pontius Pilatus bezeugt hat (μαρτυρήσαντος)«, Bezug.[99] Von da aus hat es Pilatus dann bis in das apostolische Glaubensbekenntnis geschafft.[100]

---

93 Gerade diese Loyalität wird Paulus ja von seinen Anklägern abgesprochen – vgl. die Vorwürfe in Act 21,21. Ganz bewusst versucht Paulus deshalb auch mit dem in Act 21,24 berichteten Ritual, seine Toratreue unter Beweis zu stellen.

94 Verhör vor Pilatus: Mk 15,2-5 / Mt 27,11-14 / Lk 23,2-5; Joh 18,29-38.

95 Verhör vor dem Synedrion: Mk 14,53-65 / Mt 26,57-68 / Lk 22,66,71.

96 Mk 8,27-33 / Mt 16,13-23 / Lk 9,18-22.

97 Das ist sie jedoch nur durch den an das Petrusbekenntnis anschließenden Disput über den Leidensweg, in dem die politisch konnotierte Messiaserwartung schroff zurückgewiesen wird.

98 In Mk 15,2 / Mt 27,11 / Lk 23,3 antwortet Jesus mit »Du sagst es!«, was indessen auch als Gegenfrage verstanden werden könnte – »Sagst du das?« So versteht Joh 18,34 die Entgegnung Jesu: »Sagst du das von dir selbst, oder haben dir das andere über mich gesagt?«

99 In Act 3,13 erinnert der lkn. Petrus ebenfalls an diese Szene, jedoch mit Blick auf die Gegenseite: »Der Gott Abrahams und Isaaks und Jakobs, der Gott unserer Väter, hat seinen Knecht Jesus verherrlicht, den ihr überantwortet und verleugnet habt vor Pilatus, als der ihn loslassen wollte.«

100 Bernd Jørg Diebner, »Pontius Pilatus« in der postkanonischen Literatur. Ein Beitrag zur Funktion und Rezeption der seit 2000 Jahren meisterwähnten Figur der Geschich-

Hier drängt sich eine Frage auf, die freilich erst im 3. Jahrhundert virulent wird: Was genau bekennen Christen eigentlich, wenn sie ihres Glaubens wegen zur Verantwortung gezogen werden? So wie die Abendmahlsworte steht auch das Taufbekenntnis in dieser Zeit unter Arkandisziplin.[101] Außenstehenden wird es jedenfalls nicht übermittelt. Vielmehr gilt es als eine Art Parole oder Erkennungszeichen derer, die als getaufte Mitglieder schon zur christlichen Gemeinde gehören. Vermutlich geht das Bekennen in den ersten Verfolgungssituationen nicht über die Bezeugung der Tatsache hinaus, zur christlichen Gemeinde bzw. eben zu Christus zu gehören, also Christ oder Christin zu sein.[102] Was das im Einzelnen heißt, bleibt dabei ohne Belang.

3.2.3. Christliche Lebensführung

Dort, wo die christliche Gemeinde in das Blickfeld ihrer nichtchristlichen Umwelt gerät, spielen auch Formen der nonverbalen Kommunikation eine wichtige Rolle. Das betrifft vor allem solche Verhaltensweisen, die als Identitätsmerkmale gelten und einen wahrnehmbaren Unterschied gegenüber der hellenistischen Gesellschaft markieren. Sie haben im frühen Judentum schon eine längere Tradition und werden spätestens seit der Makkabäerzeit als Ausdruck der Treue zu den »väterlichen Überlieferungen« bewusst praktiziert. Bekenntnischarakter haben hier vor allem die Sabbatobservanz und die Speisegesetzgebung.[103] Auch die christliche Gemeinde prägt solche Identitätsmerkmale aus, bleibt darin aber sehr viel weniger eindeutig. Aus dem Christusgeschehen, wie es in Phil 2 durch die Figur der Selbsterniedrigung beschrieben wird, leitet Paulus eine Lebenshaltung ab, die in der freiwilligen Rücknahme der eigenen Person besteht: »durch Demut achte einer den anderen höher als sich selbst, nicht so, dass jeder auf das Seine bedacht ist, sondern auf das des anderen (Phil 2,3-4).« Ganz analog formulieren es die synoptischen Worte von der Kreuzesnachfolge, in denen christliche Identität als »Selbstverleugnung« beschrieben wird (Mk 8,34-38 / Mt 16,24-27 / Lk 9,23-26). Im Einzelnen realisiert sie sich im Rechtsverzicht, in der Rücksicht

te, in: Hermann Lichtenberger / Gerbern S. Oegema (Hg.), Jüdische Schriften in ihrem antik-jüdischen und urchristlichen Kontext, JSHRZ.St 1, Gütersloh 2002, 429-448.

101 Kelly, Glaubensbekenntnisse, 52; Staats, Taufbekenntnis, 1555.

102 Vgl. Plinius, Briefe X 96: Wer leugnet, ein »Christianus« zu sein, wird freigesprochen; der Name allein genügt vollständig zur Kennzeichnung dieses »verderblichen Aberglaubens«.

103 Deshalb setzt man den makkabäischen Märtyrern eben auch Schweinefleisch (2Makk 6,18-22) vor oder greift ihre Kämpfer am Sabbat an (1Makk 2,29-41), wohl wissend, dass sie sich dann nicht verteidigen werden.

auf die »Schwachen«, in Gewaltverzicht und Feindesliebe, im Besitzverzicht zugunsten der Bedürftigen, im Verständnis von Leitungsverantwortung als Dienst und vielem anderen mehr.[104] Letztlich ist es das Liebesgebot, das sich hier als gemeinsamer Nenner erweist.[105] Obwohl die genannten Beispiele wenig markant sind, scheinen sie aber doch tatsächlich wahrgenommen worden zu sein. Lukas bescheinigt der Jerusalemer Gemeinde im Rückblick sicher nicht ohne Grund einen hohen Kredit »im Volk« (Act 2,27; 5,11.13), und noch im 2. Jahrhundert hebt der Satiriker Lukian genau diesen Punkt hervor als das, was an dieser merkwürdigen Gemeinschaft besonders auffällt.[106]

Nur selten wird der Bekenntnischarakter von Alltagsverhalten auch begrifflich fixiert. Paulus liefert dafür im Zusammenhang seiner Kollektensammlung ein bemerkenswertes Beispiel: Die Gemeinde in Jerusalem wird als Empfängerin des Geldes Gott verherrlichen »für den Gehorsam eures Bekenntnisses (ἐπὶ τῇ ὑποταγῇ τῆς ὁμολογίας ὑμῶν) zu dem Evangelium Christi in Aufrichtigkeit der Gemeinschaft zu ihnen und zu allen [...] (2Kor 9,13).«[107] Hier geht es nicht nur um einen strategisch motivierten Finanzausgleich. Vielmehr ist die Opferbereitschaft der Gemeinden in Achaja, die auf die Festigung der fragilen Gemeinschaft zwischen Jerusalem und dem paulinischen Gemeindekreis abzielt, Ausdruck ihres Bekenntnisses! Wiederum liegt diese Sichtweise in der Perspektive von Selbstrücknahme zugunsten anderer. Negativ wird der Sachverhalt in den Pastoralbriefen formuliert. Nach Tit 1,16 verleugnen die Irrlehrer Gott nicht allein mit Ihren Lehren, sondern auch mit ihren Taten. Tit 2,12 konstatiert, dass uns die rettende Gnade Gottes erzieht, »damit wir alle Gottlosigkeit und weltliche Begierde verleugnen (ἀρνησάμενοι) und besonnen, gerecht und fromm in dieser gegenwärtigen Weltzeit leben.« Worin konkret Besonnenheit, Gerechtigkeit und Frömmigkeit bestehen, bleibt offen. Hier geht es nur noch ganz allgemein um die Vorstellung einer »christli-

---

104 Zum Rechtsverzicht vgl. 1Kor 6,7; Röm 12,17-21; zur Rücksichtnahme auf »Schwache«: 1Kor 8 / 10; Röm 14-15; zu Gewaltverzicht und Feindesliebe: Mt 5,38-48; Lk 6,27-38; Röm 12,14.19-20; zum Besitzverzicht: Lk 3,10-14 (Standespredigt des Täufers); Mk 10,17-31 / Mt 19,16-30 / Lk 18,18-30 (reicher Jüngling); Act 2,44-45 / 4,32-37 (Teilen im Bedarfsfall); zu Leitung als Dienst: Mk 10,35-45 / Mt 20,20-28 / Lk 22,24-27.

105 Vgl. z.B. Gal 5,13-15 / Röm 13,8-10; 1Kor 13; das Streitgespräch über das »Doppelgebot« Mk 12,28-31 / Mt 22,34-40 / Lk 10,25-28; 1Joh 4,7-21.

106 Lukian, Peregrinus 11-16; vgl. dazu Peter Pilhofer, Das Bild der christlichen Gemeinden in Lukians Peregrinos, in: Lukian, Der Tod des Peregrinos, hg. von Peter Pilhofer u.a., Darmstadt 2005, 97-110.

107 Vgl. zur Theologie der Kollekte vor allem Hans Dieter Betz, 2. Korinther 8 und 9. Ein Kommentar zu zwei Verwaltungsbriefen des Apostels Paulus, Gütersloh 1993.

chen Lebensführung«, deren Profil bei den jeweiligen Adressaten stillschweigend vorausgesetzt wird.

Diese Unbestimmtheit birgt auch Gefahren in sich. Manche Formen der Selbstrücknahme sind weniger am Liebesgebot als an den Normen und Konventionen der hellenistischen Gesellschaft orientiert. Frauen etwa, die in den paulinischen Gemeinden aus guten theologischen Gründen (Gal 3,26-28) aktiv an der Verkündigung beteiligt sind, sollen sich nach 1Tim 2,9-10 wieder dem Rollenbild häuslicher Unterordnung fügen.[108] Sie sollen für die Außenwahrnehmung der christlichen Gemeinde keine Angriffsflächen bieten und statt dessen die positiv verstandenen Wertmaßstäbe der Umwelt nach Möglichkeit noch übertreffen. Das mag mit der Schlichtheit in Sachen Kleidung und Haartracht noch sein Bewenden haben; die völlige Rücknahme aus der Gemeindeöffentlichkeit jedoch, für die nun das Vorbild der Sara (gegen den Text der Genesis) in Anspruch genommen wird,[109] erweist sich für dieses Anliegen auf die Dauer jedoch als ein ziemlich hoher Preis. Hat z. B. eine Witwe, die sich nicht für die Versorgung der Ihren einsetzt, wirklich auch gleich »den Glauben verleugnet und ist schlimmer als eine Ungläubige« (1Tim 5,8)? Hier verführt die Offenheit dessen, was christliche Lebensführung in einer bestimmten Zeit und in einem bestimmtem kulturellen Kontext heißen kann, zu ganz unzulässigen und zum Teil auch verhängnisvollen Verallgemeinerungen.

4. BEKENNTNISINHALTE

In den Anfängen der frühchristlichen Bekenntnisbildung gibt es nur einen Inhalt, der benannt werden muss: Jesus Christus.[110] Diese christologische Fokussierung steht für das besondere Profil derer, die sich als Brüder, Schüler,

---

[108] Diesen Ton nimmt auch 1Kor 14,33-36 auf; der Passus ist am ehesten als eine Interpolation zu verstehen.

[109] Zu Haartracht und Kleidung vgl. 1Kor 11,1-16; 1Tim 2,9-10; 1Petr 3,1-6. Nichts dergleichen wird im Buch Genesis von der Sara berichtet; die Allerweltsanrede »mein Herr« aus Gen 18,12 (dort zumal mit einem eher despektierlichen Unterton) ist in 1Petr 3,6 als Beweis für Saras Unterordnung jedenfalls deutlich überstrapaziert.

[110] So auch Campenhausen, Bekenntnis, 211: »Das christliche Bekenntnis ist ursprünglich keine Aufzählung der dem Glauben wesentlichen Überlieferungsstücke [...] sondern die ebenso kurze wie unmissverständliche Bezeichnung des einen göttlichen Gegenübers, dessen Bejahung den einzelnen Christen zum Christen macht und von jedem Nichtchristen unterscheidet, also der Person Jesu.«

Nachfolger Jesu von Nazaret, des Auferstandenen und Erhöhten, bezeichnen. Dass sie sich schon bald »Χριστιανοί / Christianer«, also »Christusanhänger« nennen (Act 11,26),[111] bringt ihr Selbstverständnis auf besonders plausible Weise zum Ausdruck. Nur dieser eine Sachverhalt bedarf der Kennzeichnung, denn allein dadurch unterscheiden sie sich von ihren jüdischen Glaubensgeschwistern.[112]

Jesus Christus kommt als ursprünglicher Inhalt des Bekenntnisses auf zweifache Weise zum Ausdruck. Zum einen geht es dabei um die schlichte Loyalitätsbekundung, die öffentliche Erklärung der Zugehörigkeit. Sie manifestiert sich etwa in der Nachfolge als dem radikalen Anschluss an die Person; mit seiner Zugehörigkeit zu Jesus sieht sich Petrus in der Passionsgeschichte konfrontiert; nach Ostern wird das »Sein in / mit Christus« entscheidend durch die Taufe konstituiert; während der späteren Verfolgungen stellt diese Zugehörigkeit die entscheidende Herausforderung dar; in der Bezeichnung als »Christianer / Christen« hat dieses Bekenntnis der Zugehörigkeit schließlich seine kürzeste Formel gefunden. Zum anderen geht es jedoch auch um die Identität Jesu, die sich nicht im Typos eines galiläischen Wanderpredigers erschöpft. Hier wird Jesus nun durch eine Reihe von Hoheitstiteln näher charakterisiert, in denen verschiedene christologische Konzepte komprimiert enthalten sind. Die wichtigsten Titel, die das Bekenntnis präzisieren und profilieren, sind der Christus / Messias, der Kyrios und der Sohn Gottes.[113] Damit wird ein Feld abgesteckt, auf dem sich das Verständnis Jesu von Nazaret als des Gekreuzigten, Auferstandenen und Erhöhten bewegt. Auf diesem

---

[111] Vgl. dazu Erik Peterson, Christianus, in: ders., Frühkirche, Judentum und Gnosis. Studien und Untersuchungen, Rom / Freiburg / Wien 1959, 64-87; zur jüngeren Diskussion Martin Karrer, Der Gesalbte. Die Grundlagen des Christustitels, Göttingen 1991, 70-88. Vermutlich wird den Christusgläubigen der Titel zunächst von außen beigelegt; da er indessen dem Verständnis von christlicher Existenz als einem »Sein in / mit Christus«, also kurz der in der Taufe begründeten Christuszugehörigkeit, unmittelbar entspricht, musste die Aneignung dieser Bezeichnung leicht fallen. Auf diese Weise avancierte »Christ« schließlich zu einem Bekenntnisbegriff. Genau so wird er auch im Heidelberger Katechismus (Frage 32) verstanden.

[112] Mit diesem Bekenntnis der Christuszugehörigkeit setzt der Heidelberger Katechismus (Frage 1) bereits ein: »Was ist dein einziger Trost im Leben und im Sterben? Dass ich mit Leib und Seele im Leben und im Sterben nicht mir, sondern meinem getreuen Heiland Jesus Christus gehöre.«

[113] Immer noch grundlegend ist Werner Kramer, Christos Kyrios Gottessohn. Untersuchungen zu Gebrauch und Bedeutung der christologischen Bezeichnungen bei Paulus und den vorpaulinischen Gemeinden, Zürich 1963 (= Berlin 1969).

Feld lassen sich auch noch andere christologische Konzepte verorten, die sich wechselseitig interpretieren. Der Christus / Messias ist nicht der politische Herrscher, sondern der Gekreuzigte, der in der Erhöhung mit dem Kyriosnamen ausgezeichnet in die Machtfülle Gottes eintritt. Der Sohn ist nicht der gleich dem König als Repräsentant Gottes Proklamierte, sondern der, dessen Ursprung schon bei Gott liegt. Dem korrespondieren die Schemata der Sendung, der Präexistenz, der Erniedrigung und Erhöhung oder der Epiphanie. Aber der Raum ist begrenzt. Was fortan im christlichen Konsens stehen soll, muss sich diesem begrenzten Feld zuordnen.

Solche titularen Bekenntnisaussagen sind letztlich nichts anderes als verschiedene Facetten dessen, was die frühe Christenheit in Tod und Auferstehung Jesu als Heilsereignis versteht. Die narrative Form dieses »Christusereignisses« hat sich in den Evangelien niedergeschlagen. Zugleich wird sie auch von formelhaften Kurzfassungen begleitet, die sich vor allem in der Briefliteratur finden. Es ist wenig sinnvoll, hier eine Art »Urformel« rekonstruieren zu wollen, aus der sich dann alle vorliegenden Formeln stimmig ableiten ließen. Die meisten Beispiele, die sich erhalten haben, sind von ihren jeweiligen literarischen Kontexten bestimmt und sperren sich dagegen, hypothetisch konstruierten Idealtypen zugeordnet zu werden. Was sich jedoch mit großer Sicherheit ermitteln lässt, ist ihr inhaltliches Spektrum: Im Mittelpunkt stehen die Dahingabe bzw. der Tod Jesu sowie seine Auferweckung und Erhöhung. Das ist der Zweitakt aller Bekenntnisformeln, in dem sich das Herzstück des christlichen Glaubens abbildet. In besonderer Klarheit – und glücklicherweise auch einmal in großer formaler Geschlossenheit – kommt diese Struktur in 1Kor 15,3-8 zum Ausdruck. Entscheidend sind die beiden Glieder: »er ist gestorben« und »er ist auferstanden« – beides »gemäß den Schriften«; dass er auch begraben worden ist, bestätigt lediglich sein Sterben;[114] dass er auch erschienen ist, bestätigt lediglich seine Auferstehung. Mehr ist im Grunde nicht zu sagen. Alles andere sind Modifikationen oder Präzisierungen. Wenn man in der formgeschichtlichen Diskussion dann auch eine Sterbeformel, eine Dahingabeformel oder eine Auferweckungsformel identifiziert hat, dann sind damit lediglich einzelne Aspekte dieser Grundstruktur beschrieben.[115] Sie

---

114 Das betont auch der Heidelberger Katechismus (Frage 41).

115 Gewöhnlich werden hier Bekenntnisformeln so klassifiziert, dass man die Pistisformel (eingeleitet mit πιστεύμεν ὅτι) von der Homologie (eingeleitet mit ἐξ-ὁμολογοῦμεν ὅτι) unterscheidet. Zur Pistisformel gehören die Auferweckungs-, Sterbe- und Dahingabeformel; zur Homologie gehören die Akklamtionsformel (»Kyrios ist Jesus!«) und die Identifikationsformel (»Jesus ist Christus / Sohn Gottes!«). Vgl. dazu vor allem Philipp Vielhauer, Geschichte der urchristlichen Literatur, Berlin 1978, 14-28; anders Klaus

entspricht auch dem Schema von der Erniedrigung und Erhöhung oder vom Abstieg und Aufstieg, von Menschheit und Gottheit. Das bedeutet, dass die Elemente einer »hohen Christologie« schon von Anfang an fester Bestandteil der Bekenntnisbildung sind und nicht erst späterer griechisch-hellenistischer Einflüsse bedürfen.[116]

Zwischen einer solchen äußersten Reduktion des Heilsereignisses auf den Zweitakt von Tod und Auferstehung und den ausgeführten Erzählungen der Evangelien stehen weitere bekenntnisartige Texte, die – meist in hymnischer Sprache – das Heilsgeschehen in einer Art mythischen Vita oder einem mehrgliedrigen Summarium entfalten.[117] Dass sie nicht weniger als die kurzen, formelhaften Sätze Bekenntnisqualität im Sinne einer theologischen Selbstvergewisserung haben, liegt auf der Hand. Einige wenige Beispiele können hier genügen. In Röm 8,34 erweitert Paulus den Zweitakt um die Erhöhung und die Fürbitterfunktion des Auferstanden: »Jesus Christus (ist für uns da), der gestorben ist, mehr noch aber auferweckt ist, der sich auch zur Rechten des Vaters befindet, der auch für uns eintritt.« Der »Christushymnus« in Phil 2,6-11 erzählt die Kenosis des Präexistenten, seine Menschwerdung, sein Leiden und Sterben, seine Erhöhung, seine Verehrung durch alle Geschöpfe und schließlich seine Auszeichnung mit dem Kyriosnamen. In 1Tim 2,5-6 wird die schon in Röm 8,34 benannte Mittlerfunktion Christi betont und soteriologisch begründet: »Denn einer ist Gott, und einer ist Mittler zwischen Gott und Menschen, der Mensch Jesus Christus, / der sich zum Lösegeld (ἀντίλυτρον) für alle gab. Das ist das Zeugnis (μαρτύριον) zur rechten Zeit.« Eine Geschichte, die gleichsam zwischen Himmel und Erde spielt und die als »anerkanntermaßen groß / ὁμολογουμένως μέγα« eingeführt wird, erzählt der »Christushymnus« in 1Tim 3,16: »[...] der offenbart wurde im Fleisch, gerecht erwiesen im Geist, erschienen den Engeln, verkündigt unter den Völkern, geglaubt in der Welt, aufgenommen in die Herrlichkeit.«[118] Auch 1Petr 3,18-20 wäre hier zu nennen, wo Leiden, Tod und neues Leben auch noch um die Predigt Jesu ge-

---

Berger, Formgeschichte des Neuen Testaments, Heidelberg 1984, der diese Systematik wieder auflöst.

116 Vgl. dazu Martin Hengel, Der Sohn Gottes. Die Entstehung der Christologie und die jüdisch-hellenistische Religionsgeschichte, Tübingen 1975, ^{2}1977.

117 Vgl. umfassend Reinhard Deichgräber, Gotteshymnus und Christushymnus in der frühen Christenheit. Untersuchungen zu Form, Sprache und Stil der frühchristlichen Hymnen, Göttingen 1967; Klaus Wengst, Christologische Formeln und Lieder des Urchristentums, Gütersloh 1972.

118 Werner Stenger, Der Christushymnus 1 Tim 3,16. Eine strukturanalytische Untersuchung, Frankfurt 1977; Jürgen Roloff, Der erste Brief an Timotheus, EKK XV, Zürich

genüber »den Geistern im Gefängnis« erweitert wird.[119] In dieser Textgruppe finden sich schon verschiedene Anschlussstellen, die dann von den späteren deklaratorischen Glaubensbekenntnissen aufgenommen und ausgestaltet werden.

Der zentrale Bekenntnisinhalt – Jesus Christus – ist von vornherein auf Gott hin orientiert, ohne dass dies besonders hervorgehoben würde. Denn das Bekenntnis zu dem einen Gott Israels, dem Schöpfer des Himmels und der Erde, stellt die unhinterfragte Voraussetzung für alle Christusgläubigen der Anfangszeit dar. Gelegentlich klingt dieser Zusammenhang an, ohne jedoch eigens reflektiert zu werden. Die Auferweckung Jesu gilt fraglos als das Werk des Gottes Abrahams, Isaaks und Jakobs. Davon ist die Rede von Gott im Neuen Testament fortan ganz nachdrücklich geprägt.[120] Die »Auferweckungsformel« etwa kann sogar die Gestalt einer partizipialen Gottesprädikation annehmen: Gott ist derjenige, »ὁ ἐγείρας Ἰησοῦν ἐκ νεκρῶν / der Jesus auferweckt hat von den Toten«.[121] Analog zur »Herausführungsformel« im Alten Testament, die ebenfalls als partizipiale Gottesprädikation erscheint, wird damit genau das bezeichnet, was als Gottes entscheidendes Handeln gilt.[122] Der »Christushymnus« in Phil 2,6-11 lässt die Geschichte, die er erzählt, bei der Gottgleichheit des Präexistenten beginnen und mündet in die Bestätigung ein, dass das Bekenntnis »Kyrios ist Jesus Christus!« zur Ehre Gottes des Vaters erklinge.

Dieser Zusammenhang verliert jedoch seine Selbstverständlichkeit in dem Maße, wie die christliche Mission die Grenzen des Judentums überschrei-

/ Neukirchen-Vluyn 1988, 190-197, ermittelt eine Struktur, in der jede der sechs Zeilen dem himmlischen oder irdischen Bereich zugeordnet erscheint (192-193).

119 Diesen Passus hat man gelegentlich als biblischen Haftpunkt für den descensus ad inferos im späteren Apostolikum verstehen wollen. Er zielt indessen auf die gefallenen Engel aus Gen 6,1-4 bzw. 1Hen 1-36 ab und hat seine Funktion allein im Kontext der Gerichtparänese. Der Descensus klingt weder in 1Petr 3,18-22 noch in Eph 4,7-10 oder Mt 12,39-41 / Lk 11,29-31 (Jona-Zeichen) an; er findet sich allein in der apokryphen Evangelientradition in EvNikod 17-27 und EvPetr 41-42.

120 Christiane Zimmermann, Die Namen des Vaters. Studien zu ausgewählten neutestamentlichen Gottesbezeichnungen vor ihrem frühjüdischen und paganen Sprachhorizont, Leiden / Boston 2007.

121 Die Auferweckungsformel steht als Aussagesatz in 1Thess 1,10; 1Kor 6,14; 15,15; Röm 4,25; 10,9; als partizipiale Prädikation in Röm 4,24; 8,11; 2Kor 4,14; Gal 1,1; Eph 1,20; Kol 2,12; 1Petr 1,21; Hebr 13,20.

122 Zur »Herausführungsformel« vgl. z.B. Ex 3,3.9 u.ö. (»JHWH hat uns mit starker Hand herausgeführt aus Ägypten«); ihre partizipiale Form findet sich etwa in Num 23,22; 24,8. In Hebr 13,20 klingt sie auch terminologisch nach: »der heraufgeführt hat (ὁ ἀναγαγών) von den Toten den Hirten der Schafe«.

tet und in die Weiten der hellenistisch-römischen Welt vordringt. Schon den Thessalonichern bescheinigt Paulus gleich zu Beginn seines Briefes, dass sie sich unter der gemeindegründenden Predigt seinerzeit »von den Götzen zu Gott bekehrt haben, um dem lebendigen und wahren Gott zu dienen (1Thess 1,9).« Hier kann das Bekenntnis zu dem einen Gott nicht mehr einfach vorausgesetzt werden. Gott selbst muss nun im Bekenntnis einer wachsenden Christenheit ausdrücklich zur Sprache gebracht werden. In diesen Zusammenhängen hat die »εἷς θεός Formel« ihren festen Platz, die sowohl in der Briefliteratur als auch in der Jesusüberlieferung begegnet.[123] Eine sorgfältig konzipierte Zuordnung des Kyrios Jesus zu dem einen Gott unternimmt Paulus in 1Kor 8,4-6. Die Gemeinde in Korinth lebt in einer griechischen Polis, die voller Tempel, Altäre, Kultbilder, heiliger Haine oder Quellen ist. Auf dieser polytheistischen Szene stellen die Christusgläubigen eine verschwindende Minderheit dar. Das führt zu verschiedenen Problemen. Eines betrifft das sogenannte »Götzenopferfleisch«. Denn nahezu alles Fleisch, das man erwerben kann oder zu dessen Verzehr man bei gesellschaftlichen Kontakten eingeladen wird, ist in paganen kultischen Zusammenhängen geschlachtet. Dürfen Christinnen und Christen davon essen?[124] Paulus plädiert für Entwarnung und argumentiert dabei auf eine sehr grundsätzliche Weise: »Es gibt keinen Götzen in der Welt. Und: Es gibt keinen Gott außer dem einen (Dtn 6,4).« Den »Götzen«, die doch so bildmächtig die Alltagswirklichkeit der Gemeinde in Korinth bestimmen, wird rundheraus die Existenz bestritten; in 1Kor 10,20-21 sind sie mit »Dämonen« gleichgesetzt. Jedenfalls haben sie keine Macht über das, was Gott zur Nahrung für den Menschen geschaffen hat. Fleisch ist Fleisch, nicht mehr. Damit hat es aber noch nicht einfach sein Bewenden, denn Paulus muss zugestehen, dass es durchaus viele »so genannte Götter und Kyrioi« gibt.[125] Von ihren Kulten ist ja die Stadt voll. Deshalb schließt er mit einer Bekenntnisaussage, die den einen Gott nun mit dem Kyrios Jesus verbindet und die vor allem Orientierungsfunktion hat: »[...] so haben wir

---

123 Vgl. Erik Peterson, ΕΙΣ ΘΕΟΣ. Epigraphische, formgeschichtliche und religionsgeschichtliche Untersuchungen, Göttingen 1926; Gerhard Delling, ΜΟΝΟΣ ΘΕΟΣ, in: ders., Studien zum Neuen Testament und zum hellenistischen Judentum. Gesammelte Aufsätze, Berlin 1970, 391-400; Erich Grässer, »Ein einziger ist Gott« (Röm 3,30), in: ders., Der alte Bund im Neuen. Exegetische Studien zur Israelfrage im Neuen Testament, Tübingen 1985, 231-258.

124 Zum sozialgeschichtlichen Kontext vgl. Dietrich-Alex Koch, »Alles, was ἐν μακέλλῳ verkauft wird, esst ...«, in: ZNW 90 (1999), 194-219.

125 Vgl. Christoph Demke, »Ein Gott und viele Herren«. Die Verkündigung des einen Gottes in den Briefen des Paulus, in: EvTh 36 (1976), 473-484.

doch nur einen Gott, den Vater, aus dem alles ist und wir auf ihn hin, und einen Kyrios Jesus Christus, durch den alles ist und wir durch ihn.« Diese sorgfältig abgestufte Formulierung präsentiert Gott den Vater als Ursprung und Ziel aller Dinge, den Kyrios Jesus Christus aber als Mittler der Schöpfung und der Erlösung. Als Kyrios befindet er sich mit Gott in gleicher Macht und Hoheit; seine Wirksamkeit ist in gleicher Weise auf die Schöpfung und den Menschen ausgerichtet; allein das »ἡμεῖς δι' αὐτοῦ / wir durch ihn« scheint eher auf die Erlösung des Menschen im Sinne seiner »Neuschöpfung«[126] als eben auf die Schöpfungsmittlerschaft in einem grundsätzlichen Sinne bezogen zu sein. Gerade in einem Umfeld wie in Korinth musste die Einzigkeit Gottes ausdrücklich betont werden. Dass Jesus Christus dieser Einzigkeit durch den Kyriostitel zugeordnet wird, stellt noch keine Klärung der Beziehungsfrage dar, sondern präsentiert lediglich das Problem, das die spätere Dogmatik dann erkennt und begrifflich zu lösen versucht.

Ansonsten bleibt eine genauere Zuordnung auf der Ebene der neutestamentlichen Schriften in der Schwebe. Seit jeher hat die Symbolforschung Ausschau gehalten nach triadischen oder gar trinitarischen Formeln, um darin den Wurzelboden für die trinitarische Struktur des altrömischen Glaubensbekenntnisses zu ermitteln. Allerdings liegt hier nur teilweise eine regelrechte Formelsprache vor. Häufig sind Gott Vater und Jesus Christus in binärer Weise zusammengestellt;[127] in einigen größeren Textzusammenhängen werden Gott Vater, Jesus Christus und der Geist Gottes in triadischer Weise aufeinander bezogen.[128] Formelhafte Prägnanz aber haben allein der trinitarisch formulierte Taufauftrag in Mt 28,19 und die triadische Segensformel in 2Kor 13,13. Alle anderen immer wieder zitierten Aussagen sind noch weit davon entfernt, ein festes Beziehungsgefüge vorzustellen. Die stärksten Impulse für den späteren Diskurs um das christologische und trinitarische Dogma bieten vielmehr die in der Gebetssprache auf Christus übertragenen Gottesepithe-

---

[126] Vgl. Röm 6,4 »Neuheit des Lebens«; 2Kor 5,17 / Gal 6,15 »neue Schöpfung«.

[127] Vgl. z.B. das Beauftragen oder Beschwören »vor / bei Gott und Jesus Christus« (1Tim 6,13-14; 2Tim 4,1); alle Formeln, die Gott als Subjekt der Dahingabe und der Auferweckung Jesu nennen (z.B. 1Thess 1,10; Röm 4,25; 8,32; 10,9); die Charis-Formel mit Modifikationen (1Kor 1,3; 2Kor 1,2; Gal 1,3; Phil 1,2; Phlm 3; Röm 1,7; Eph 1,2; 2Thess 1,2; 1Tim 1,2; 2Tim 1,2; Tit 1,4; 2Petr 1,2; 2Joh 1,3); Gott als Vater Jesu Christi in einer Eulogie (Röm 15,6; 2Kor 1,3; 11,31; Eph 1,3; 1Petr 1,3).

[128] Vgl. z.B. (abgesehen von dem sekundären Comma Johanneum 1Joh 5,7-8) 1Kor 2,10-16; 6,13-17; 12,3; 2Kor 3,3; Gal 3,11-14; Röm 1,3-4; 5,1-5; 14,17-18; 15,16.30; Eph 1,3.11-13.17; 2,18-22; 3,3-7.14-17; 4,4-6.30-32; 5,18-20; Kol 1,6-8; 2Thess 2,13-15; Tit 3,4-6; 1Petr 1,2; 4,14; Jud 20-21; Hebr 10,29; Lk 24,49.

ta wie Kyrios, Retter, Wahrhaftiger, Richter, König, Erster und Letzter oder schließlich ganz direkt Gott.[129] Darin liegt eine Provokation, die schon sehr bald wahrgenommen werden musste und die zunehmend nach einer Lösung verlangte.

Andere Inhalte haben in dem Prozess der Bekenntnisbildung zunächst noch keinen Platz. Das betrifft interessanter Weise etwa die Kirche.[130] Das Neue Testament vermag zwar eine ganze Fülle profilierter »Leitbilder« von Kirche zu entwerfen. Sie stehen jedoch nirgends in einem Zusammenhang, der die Terminologie oder die Konstellation einer Bekenntnissituation erkennen ließe. Etwas anders verhält es sich mit Fragen der Ethik. Alfred Seeberg hatte seinerzeit den von ihm (re-)konstruierten »Katechismus der Urchristenheit« gerade bei der Ethik beginnen lassen, für die er das Zwei-Wege-Schema als das maßgebliche Modell zu erkennen meinte.[131] Wenn man die Bekenntnisbildung als Teil von Kommunikationsprozessen versteht, dann gehören in der Tat auch nonverbale Formen der Kommunikation hinzu, die sich auf konkrete, auch nach außen hin sichtbar wahrnehmbare Verhaltensweisen beziehen. Hinter ihnen stehen jeweils Normen und Wertvorstellungen, die auch verbal formuliert werden können. Für die Entwicklung der Glaubensformel haben solche Inhalte jedoch keine Bedeutung gehabt. Allein in der Katechismusfrömmigkeit, wie sie durch die Reformation zu neuer Blüte gelangt, finden auch Fragen der Ethik wieder ihre Heimstätte. In Luthers Katechismen werden sie etwa von den Zehn Geboten oder von der Haustafel aus Kol 3,18-25 repräsentiert. Auch der Heidelberger Katechismus räumt der Ethik in seinem dritten Teil (Fragen 86-129) unter dem Stichwort der Dankbarkeit breiten Raum ein.[132] Damit besetzen die Katechismen ein Themenfeld, das als eines ihrer Proprien gelten kann. Denn Fragen der Ethik bleiben stets auf den

---

129 Christfried Böttrich, »Gott und Retter«. Gottesprädikationen in christologischen Titeln, in: NZSTh 42 (2000), 217-236.

130 Jürgen Roloff, Die Kirche im Neuen Testament, NTD.E 10, Göttingen 1993, 11-12.

131 Seeberg, Katechismus, 1-44. Seeberg setzt hier das aus der frühjüdischen Ethik bekannte Bild von den zwei Wegen (zum Leben und zum Tod) voraus und füllt das von ihm postulierte Schema mit Material, das er den verschiedenen Tugend- und Lasterkatalogen des Neuen Testamentes entnimmt.

132 Eine zentrale Rolle spielen dabei der Dekalog und das Vaterunser. Vgl. zur Grundlegung der Ethik im Heidelberger Katechismus den Beitrag von Henning Theißen in diesem Band.

jeweiligen kulturellen Kontext bezogen und stehen in anderen Begründungszusammenhängen als die Glaubensformel.[133]

5. Bekenntnis und Katechismus

Die Bekenntnisbildung der frühen Christenheit stellt sich noch nicht in den festen Formen eines fixierten Lehrbestandes dar, den man im Hintergrund verschiedener neutestamentlicher Texte schon erkennen könnte. Noch ist »die ganze heilige Schrift«, auf die sich die reformatorischen Katechismen beziehen, erst im Entstehen begriffen. Formulierungen, die das Wesen des Evangeliums von Jesus Christus auf pointierte Weise aussagen, verdanken sich ganz unterschiedlichen Kommunikationssituationen. Um die christliche Identität erkennbar zu kennzeichnen und sich auf einer zunehmend pluralistischeren Szene eindeutig zu positionieren, braucht es neben argumentativen und narrativen Formen der Verkündigung auch die formelhafte oder hymnische Verdichtung. Sie hat überall da ihren Ort, wo sich der Glaube exponiert.

Die grundlegenden Bekenntnissituationen der Anfangszeit kehren – wenngleich unter veränderten Vorzeichen – auch in späteren Epochen der Kirchengeschichte wieder. Das gilt ganz besonders für die Reformationszeit. Im Sinne der Selbstvergewisserung ringen ihre Protagonisten um ein neues Verständnis des christlichen Glaubens, das sie erkennbar und unterscheidbar zu formulieren versuchen. Unterweisung und Bildung sind damit von Anfang an unlösbar verbunden. Der Gottesdienst findet zu eigenen Formen, unter denen vor allem ein neues Liedgut das reformatorische Selbstverständnis transportiert. Die Taufe wird aufgewertet und als Ausgangspunkt lebenslanger Glaubensvergewisserung verstanden. Im Sinne der Selbstdarstellung nach außen ist gerade die Verkündigung des »wahren Evangeliums« Programm. Breiten Raum nimmt die Verteidigung des reformatorischen Bekenntnisses ein, die oft genug zu existentiellen Bedrohungen führt. Auch das Verhalten in Alltagsfrömmigkeit und Ritus prägt eindeutig erkennbare reformatorische Identitätsmerkmale aus.

In ihren Inhalten nehmen die Katechismen der Reformationszeit auf, was die »Schrift«, wie sie sich nun auch zunehmend in der Hand des Volkes

---

[133] Zur jüngsten Diskussion um die Begründungszusammenhänge etwa der paulinischen Ethik vgl. den Sammelband: Friedrich Wilhelm Horn und Ruben Zimmermann (Hg.), Jenseits von Indikativ und Imperativ. Kontexte und Normen neutestamentlicher Ethik I, Tübingen 2009.

befindet, vorgibt. Die Schrift ist das einzig legitime Reservoir, aus dem sie schöpfen. Hier finden sie eine Christozentrik vor, die in die Glaubenstradition Israels eingebettet bleibt.[134] Damit werden die Katechismen der Reformationszeit ihrerseits wieder zu Impulsgebern einer biblischen Theologie im besten Sinne des Wortes, deren Grundlinien sie auf einfache und fassliche Weise skizzieren. Ihren Sinn haben sie bis heute jedoch erst dann erfüllt, wenn sie von neuem dazu beitragen, der Kommunikation des Glaubens Profil und Klarheit zu verleihen.

---

134 Bernd Schröder, Theologie der Frage. Lernen mit Israel und dem Heidelberger Katechismus, in: Martin Heimbucher / Christoph Schneider-Harpprecht / Aleida Siller (Hg.), Zugänge zum Heidelberger Katechismus, Neukirchen-Vluyn 2012, 143-150.

Steckt das Bekenntnis in der Erde? Frömmigkeit und Archäologie

Stefan Fassbinder

Es ist eine interessante Aufgabe, im Rahmen einer Ringvorlesung einer Theologischen Fakultät als Archäologe sprechen zu dürfen. Schließlich gehört die Archäologie – abgesehen von der Christlichen Archäologie (in Greifswald ja leider auch nicht mehr diese) – nicht zum Kanon der theologischen Disziplinen. Was haben Archäologie und Bekenntnis – oder präziser formuliert: archäologische Methoden und die Bekenntnisforschung miteinander zu tun? Mein Beitrag ist methodologisch ausgerichtet. Ich möchte die Möglichkeiten und Grenzen der Archäologie für dieses Themenfeld untersuchen. Es geht also mehr um Potentiale und Defizite, weniger um bestimmte historische Inhalte. Doch da sich methodische Fragen am besten entlang konkreter Beispiele aus dem Bereich der historischen Forschung verifizieren lassen, werde ich mich nicht nur mit heuristischen Problemen theoretisch auseinandersetzen, sondern diese an Themen wie dem Arianismus, der Christianisierung Skandinaviens, der frühneuzeitlichen Marienverehrung und dem Wallfahrtswesen auf ihre Evidenz hin prüfen.

1. Womit beschäftigt sich die Archäologie?

Die Archäologie beschäftigt sich mit den auf uns gekommenen materiellen Überresten vergangener Zeiten. Menschliche Relikte (Bestattungen) oder von Menschen produzierte Objekte und Strukturen stehen dabei im Vordergrund. Natürliche Überreste – z. B. Pflanzensamen – spielen bei der historischen Klima- und Umweltforschung eine wichtige Rolle. Neben den bei archäologischen Untersuchungen aufgefundenen Objekten (Funde) sind die im Boden oder in Gebäuden erhaltenen Spuren menschlicher, seltener natürlicher (z. B. Hochwasser, Feuer) Aktivitäten die zentrale Quellengruppe der archäologischen Wissenschaft (Befunde). Bekanntestes Beispiel sind die Verfärbungen, die längst nicht mehr vorhandene Holzpfosten im Boden hinterlassen und damit die Rekonstruktion von Gebäuden ermöglichen. Zudem haben aus

Befunden geborgene Funde einen deutlich höheren Quellenwert als zusammenhangslos auf uns gekommene Objekte.

Abweichend von einer weit verbreiteten Vorstellung beschäftigt sich die Archäologie nicht nur mit im Boden verborgenen Quellen, sondern bearbeitet mit ähnlichen Methoden auch oberirdisch Erhaltenes – in erster Linie Bauwerke. Während antike Tempel oder die Bauwerke der Maya schon lange von den archäologischen Wissenschaften untersucht werden, wird die Erforschung der oft sehr komplexen Geschichte mitteleuropäischer Profangebäude erst seit rund 30 Jahren mit archäologischen Methoden betrieben. Ähnlich wie im Erdreich geht die Bauarchäologie / historische Bauforschung auch hier Schicht für Schicht vor.

Die Archäologinnen und Archäologen behaupten schon seit vielen Jahren, was die schriftquellenzentrierte Geschichtswissenschaft gerade in einem »material turn« neu entdeckt – dass die Vergangenheit nicht nur in schriftlichen Zeugnissen überliefert ist. Auch den Raum als wirkmächtige Komponente (spatial turn) kennt die Archäologie seit über hundert Jahren.

2. Forschungsgeschichte: Frömmigkeit als Thema der Archäologie

Schon von ihren Anfängen an hat sich die archäologische Forschung mit Kult und Religion beschäftigt. Die altsteinzeitlichen Höhlenmalereien, Stonehenge oder die ägyptischen Pyramiden sind alle aus religiösen Gründen geschaffene Werke. Zwar beschränkt sich die Archäologie hier traditionell oft auf die Baugeschichte, doch sie kann auch anders. So liefert sie z. B. mit der Auswertung der dargebrachten Votivgaben Beiträge zur antiken religiösen Praxis. Für den Bereich der schriftlosen Kulturen kann man den dänischen Archäologen Flemming Kaul anführen. Er hat ein komplexes Bild der religiösen Vorstellungen und Praktiken der Nordischen Bronzezeit entworfen.

Zwei archäologische Disziplinen legen schon mit ihrem Namen eine Beschäftigung mit der christlichen Frömmigkeit nahe: Biblische und Christliche Archäologie. In der Biblischen Archäologie ging es allerdings oft weniger um die Erforschung der Religiosität vergangener Zeiten, als um die Erforschung oder auch Vergewisserung der Religion der Wissenschaftler. Aber natürlich gab und gibt es auch eine wirkliche Forschung zu den Gegenden und Zeiten, die in der Bibel eine Rolle spielen. Die Christliche Archäologie beschäftigt sich mit der Kunst und Kulturgeschichte der Spätantike und der frühbyzantinischen Zeit. Ähnlich der Klassischen Archäologie ist sie meist kunstgeschichtlich, weniger religionshistorisch ausgerichtet.

Ähnliches kann man von der Kirchenarchäologie des Mittelalters berichten. Sie lieferte bisher hauptsächlich Aussagen zur Baugeschichte, zur Kunst- und Architekturgeschichte. Sie beschäftigt sich nur selten mit Fragen zur Liturgie oder der Frömmigkeitspraxis. Typisch ist auch der Umgang der Forschung mit den mittelalterlichen Pilgerzeichen. Man bestimmt sie und beschäftigt sich mit kunstgeschichtlichen Fragen, geht aber selten den eigentlich naheliegenden Schritt, Aussagen zum Wallfahrtswesen zu treffen.[1] Ein Beispiel für ein spannendes Thema der Glaubenspraxis sind z. B. die sogenannten »Traufenkinder«: Ungetauft Verstorbene wurden direkt neben der Kirche bestattet. Man erhoffte sich vom auf die Bestattungen vom Kirchendach herabfließenden und damit geweihten Regenwasser Gutes für das Seelenheil der Kinder. Da Ungetaufte eigentlich nicht auf dem Kirchhof beerdigt werden durften, liefert die Archäologie hier neue Erkenntnis zum Verhältnis von Norm und Praxis.[2]

1996 habe ich eine Arbeit angefertigt, die erstmals archäologische Quellen nutzt, um Aspekte der frühneuzeitlichen Frömmigkeit in Südwestdeutschland zu untersuchen (z. B. Heiligenverehrung, Wallfahrtswesen).[3] Einige Ergebnisse werden im Folgenden noch dargestellt.

Nach der Jahrtausendwende kam endlich der Durchbruch. Es fanden gleich drei große archäologische Tagungen zum 15. und 16. Jahrhundert statt, die sich explizit oder zumindest als Schwerpunkt mit der Religionsgeschichte befassten: 2001 London, 2004 Erlangen und 2007 Tübingen.[4] Die Beiträge beschäftigten sich überwiegend mit dem Wandel, den Gebäude (v. a. Kirchen

---

1 Stefan Fassbinder, Umbrüche und Kontinuität. Das Wallfahrtswesen vor und nach der Reformation im Spiegel der Archäologie, in: Barbara Scholkmann u.a. (Hg.), Zwischen Tradition und Wandel. Archäologie des 15. und 16. Jahrhunderts, Tübingen 2009, 89-101.

2 Hauke Kenzler, Zum Wandel des Totenbrauchtums in Mittelalter und früher Neuzeit, in: Barbara Scholkmann u.a. (Hg.), Zwischen Tradition und Wandel. Archäologie des 15. und 16. Jahrhunderts, Tübingen 2009, 143-151, hier 145.

3 Stefan Fassbinder, Wallfahrt, Andacht und Magie. Religiöse Anhänger und Medaillen. Beiträge zur neuzeitlichen Frömmigkeitsgeschichte Südwestdeutschlands aus archäologischer Sicht, Bonn 2003.

4 David Gaimster / Roberta Gilchrist, The Archaeology of Reformation 1480-1580. Konferenz London 2001, Leeds 2003; Carola Jäggi / Jörn Staecker (Hg.), Archäologie der Reformation. Tagung Erlangen 2004, Berlin 2007; Barbara Scholkmann u.a. (Hg.), Zwischen Tradition und Wandel. Archäologie des 15. und 16. Jahrhunderts, Tübingen 2009.

und Klöster) sowie Grabmale in Folge der Reformation erfuhren. Auffallend sind die vielen Arbeiten zum Kachelwesen; ikonographische Untersuchungen können hier wertvolle Erkenntnisse zur Breitenwirkung reformatorischen Gedankenguts liefern.

Barbara Scholkmann hat auf der Erlanger Tagung grundsätzliche Überlegungen zu einer »Archäologie der Reformation« vorgetragen[5]. Während der Religionswechsel am Übergang vom Früh- zum Hochmittelalter, d. h. die Christianisierung Mittel-, Ost- und Nordeuropas, seit langem ein Thema der Archäologie sei, wäre der zweite große Umbruch, die Reformation, in der Archäologie bisher kaum thematisiert worden. Sie nennt als Forschungsfelder einer Archäologie der Reformation: Neuorganisation und -gestaltung der Kirchenräume, Umgestaltung des Stadtraums (z. B. Abbruch oder Umgestaltung und Neunutzung von Klöstern), Entsakralisierung der Landschaft durch Abriss der Kapellen, Bildstöcke, Wallfahrtsstätten etc., Siedlungsprozesse in Folge religiöser Konflikte (z. B. Wüstfallen ländlicher Klosteranlagen, Neuansiedlung religiöser Flüchtlinge), Entstehung konfessionell geprägter Wirtschaftsräume, Bestattungssitten, Ikonographiewandel in der Sachkultur. Die Stärke der Archäologie beruhe auf ihrer Fähigkeit, Vorgänge zeitlich genauer einordnen zu können, nicht nur die Ergebnisse, sondern auch die Prozesse eines Wandels zu erkennen sowie regionale Differenzierungen vornehmen zu können. Sie fordert dazu auf, nicht nur den Wandel, sondern auch die Beharrung zu untersuchen und Unterschiede zwischen Zentrum und Peripherie, zwischen Stadt und Land in den Blick zu nehmen. »Die Archäologie kann also dem, was dazu [Ausbreitung der Reformation] schriftlich überliefert ist, die Realität der Umsetzung im Raum und auf der Zeitschiene gegenüberstellen.«[6]

2008 gab es in Halle eine große archäologische Ausstellung unter dem Titel »Fundsache Luther«[7]. Insbesondere die Ausgrabungen in Luthers Geburtshaus in Eisleben, in seinem Elternhaus in Mansfeld sowie seinem Wohnhaus in Wittenberg lieferten neue Erkenntnisse. Martin Luther stammte aus einem wohlhabenden Elternhaus, dies zeigen die materiellen Hinterlassenschaften. Abweichend zur gängigen populären Überlieferung – »Mein Vater ist in seiner Jugend ein armer Häuer gewesen, die Mutter hat all ihr Holz auf

---

5 Barbara Scholkmann, Forschungsfragestellungen, Möglichkeiten und Grenzen einer Archäologie der Reformation in Mitteleuropa, in: Carola Jäggi / Jörn Staecker (Hg.), Archäologie der Reformation. Tagung Erlangen 2004, Berlin 2007, 3-25.

6 Scholkmann, Forschungsfragestellungen, 8.

7 Fundsache Luther. Archäologen auf den Spuren des Reformators. Ausstellung Halle 2008/2009, Stuttgart 2008.

dem Rücken getragen«[8] – hatte schon die Familie seines Vaters eine gehobene soziale Stellung.

3. Beispiele archäologischer Forschungen zum Bekenntnis

Kommen wir nun zu den konkreten Beispielen. Die Tatsache, dass die sakrale Welt in zahlreichen Bereichen der materiellen Welt präsent ist und durch sie erfahrbar wird, bietet generell die Grundlage für die Möglichkeit, Kult und Religion in ihrem materiellen Niederschlag zu erfassen.[9] Da sich die Archäologie mit dem materiellen Erbe und seinen hinterlassenen Spuren beschäftigt, hat sie also prinzipiell Zugang zu Fragen nach Religion, Frömmigkeit, vielleicht sogar zum Bekenntnis. Ich denke, dieser Ansatz ist unstrittig. Die Frage lautet aber: Was bringt es? Liefern die Methoden der Archäologie Erkenntnisse, die mit anderen Quellengruppen und deren Auswertung nicht gewonnen werden können? Bekommen wir ein anderes Bild von Teilbereichen der Vergangenheit durch den Einsatz der Archäologie? Diese Fragen müssen vor allem vor dem Hintergrund gestellt werden, dass archäologische Methoden nicht die preiswertesten sind. Ausgrabungen und Materialbearbeitungen – vor allem großer Mengen – sind verhältnismäßig teuer. Der Aufwand muss sich also »rechnen«. Diesen Fragen möchte ich anhand einiger Beispiele nachgehen.

3.1. Auf der Suche nach dem Arianismus

Ich möchte mit einem Beispiel aus der Spätantike beginnen. Es soll um die Frage gehen, ob das Bekenntnis einer Personengruppe zum arianischen Christentum archäologisch nachweisbar ist. Auf dem von Konstantin dem Großen einberufenen Konzil von Nikaia / Nizäa wurde 325 die noch heute gültige Lehre vom Verhältnis zwischen Christus und Gottvater beschlossen (Nizänum). Vorausgegangen war eine Debatte über eben jenes Verhältnis zwischen Gottvater und Sohn, deren einer prominenter Vertreter, der Presbyter Arius, der auf dem Konzil unterlegenen theologischen Richtung seinen

---

8 Renate Dopheide, Luthers Eltern, http://luther-kiel.de/luth-abc/luther-e.shtml (gelesen 27.11.2013).

9 Scholkmann, Forschungsfragestellungen, 12.

Namen verlieh: Arianismus[10]. Im Nizänum wurde festgelegt, dass Christus wesenseins (homousios) mit Gottvater, wahrhaftiger Gott vom wahrhaftigen Gott, gezeugt und nicht geschaffen, unveränderbar und unwandelbar ist. Zudem lehnte man die Lehre von der Präexistenz Gottes vor der Existenz Christi ab. In der antiken Welt des Mittelmeers konnte sich spätestens in den 380er Jahren das Nizänum durchsetzen; Bedeutung gewann der Arianismus jedoch durch den Umstand, dass zahlreiche germanische Stämme das Christentum in einer arianischen Variante annahmen und so seinen Fortbestand bis ins 7. Jahrhundert sicherten. Eine zentrale Rolle spielte dabei die Tätigkeit des gotischen Bischofs Wulfila (um 310-383), der sich der arianischen Richtung angeschlossen hatte; insbesondere seine Bibelübersetzung hatte große Bedeutung (Wulfilabibel). Diese germanischen Konversionen zum Christentum orientierten sich an einem weniger strengen homöischen Arianismus, wie er auf der Synode in Konstantinopel 360 als Befriedungsversuch festgelegt worden war. Die Schüler des Wulfila bauten allerdings die von der Orthodoxie abweichende Lehre weiter aus. Sie betonten die Unterschiede zwischen Gott, seinem Geschöpf Christus und dem Heiligen Geist, geschaffen vom ungeschaffenen Gott durch den gezeugten Christus. Es gab in dieser Lehre eine ganz klare Hierarchie innerhalb der Trinität.

Wann welche Gruppen sich zu dieser homöischen Konfession bekannten, ist allerdings sehr umstritten. Die schriftlichen Quellen fließen hier nur spärlich, sie stammen fast ausschließlich von katholischer Seite, manches bleibt spekulativ. Zusammenfassend kann man sagen, dass außer den Franken alle germanischen Gruppen zeitweise arianische Christen waren. Größere Bedeutung für unsere Frage haben die Ostgoten und später die Langobarden in Italien, die Westgoten in Spanien und die Vandalen in Nordafrika. Man muss beachten, dass es in vielen Fällen ein relativ friedliches Nebeneinander germanisch-arianischer und lateinisch-trinitarischer Gruppen gab.

Wenn die Schriftquellen so unsichere Angaben zur Verbreitung des Arianismus machen, dann lohnt sich doch vielleicht der Versuch, es auf archäologischem Wege nachzuweisen? Man kann die Frage von zwei Richtungen angehen. Entweder sucht man in der spätantiken und frühmittelalterlichen materiellen Kultur Kennzeichen, die sich aus der arianischen Theologie ableiten lassen. Wenn man solche Kennzeichen identifiziert hat, kann man unter-

---

10 Da im Laufe der Auseinandersetzungen »Arianer« als konfessioneller Kampfbegriff gebraucht wurde, ist auch die neutralere Bezeichnung »Homöer« nach dem griechischen Begriff »homoios« (= ähnlich) für die Gegner der nizänischen Trinitätslehre in Verwendung.

suchen, bei welchen Gruppen sie zu welchen Zeiten auftreten, und hat damit Anhänger der arianischen Konfession auf archäologischem Wege bestimmt.

Man könnte natürlich auch anders herum an die Sache herangehen: Man betrachtet die materielle Kultur der Gruppen, von denen man aus den Schriftquellen weiß, dass sie der arianischen Richtung angehörten. Vielleicht findet man Gemeinsamkeiten in der materiellen Kultur, die gleichzeitig bei nichtarianischen Gruppen nicht vorkommen und so als Indikator für Arianismus dienen könnten. Wenn dann diese Kennzeichen bei Gruppen oder in Gegenden auftauchen, zu denen keine Schriftquellen vorliegen, hätte man eine Möglichkeit das Vorkommen des Arianismus nachzuweisen. Nach dem bisherigen Forschungsstand gibt es allerdings solche Merkmale in der materiellen Kultur der betroffenen Gruppen nicht. Zudem ist es meist schwierig, in gemischt bevölkerten Gebieten wie Italien im 6. Jahrhundert oder Spanien unter westgotischer Herrschaft die materiellen Überreste einer bestimmten ethnischen Gruppe zuzuordnen. Deswegen beschränke ich mich auf den ersten Ansatz.

Als Eigenschaften der arianischen Kirchen gelten: Es sind Stammes- oder Reichskirchen, bei denen der Klerus von der weltlichen Macht eingesetzt wird. Es gibt kein Pflichtzölibat der Priester und kein Mönchtum. Die Kirchen haben von der katholischen Kirche abweichende Festkalender und Märtyrerlisten; die Liturgie wird in der Volkssprache gefeiert.[11] Die Kirchenverfassung und das fehlende Zölibat sind archäologisch nicht nachweisbar. Die Nichtexistenz eines organisierten Klosterwesens ist nur als negatives Kennzeichen verwertbar: Wenn ich ein Gebäude ausgrabe, das als Kloster genutzt worden ist, dann wurde es nicht von Arianern genutzt. Das hilft mir aber nicht viel weiter, denn ich will ja den Arianismus und nicht dessen Abwesenheit nachweisen.

Um ein Phänomen archäologisch nachzuweisen, muss es in der materiellen Kultur Spuren hinterlassen. Vielleicht bieten die liturgischen Differenzen eine Möglichkeit. Vor dem Hochgebet der arianischen Messe wurden Namenslisten von Märtyrern, Verstorbenen und Lebenden vorgelesen, die zur Gemeinschaft gehörten. Diese Listen standen auf Diptychen, Wachstafeln aus Holz, Elfenbein, Knochen oder selten Metall. Die Diptychen enthielten nur die Namen von Personen, die mit der sie verlesenden Kirche in Kommunion standen. Die Namen von Häretikern und exkommunizierten Mitgliedern wurden nicht eingefügt oder gestrichen. Da die Arianer eine eigene Märtyrerliste hatten, können solche Diptychen auf sie hinweisen. Das gleiche gilt für den von der katholischen Kirche abweichenden Festkalender und die Liturgie in

---

11 Arnold Angenendt, Das Frühmittelalter, Stuttgart / Berlin / Köln ²1995, 161-162.

den germanischen Sprachen. Wir kennen bisher keine weiteren Unterschiede in der Liturgie, die sich materiell niedergeschlagen haben könnten. Einzig der Fund von Inschriften, die volksprachliche liturgische Texte, den von der katholischen Kirche abweichenden Festkalender oder die spezifisch arianischen Märtyrerlisten enthielten, wären Hinweise auf Arianismus. Solche Funde sind natürlich möglich, blieben aber immer singuläre Ausnahmefunde, so dass sie für einen flächenhaften Nachweis der Zugehörigkeit einer Region zum Arianismus kaum taugen.

Der einfachste Weg des archäologischen Nachweises der arianischen Konfession wären natürlich arianische Kirchenbauten. Wir kennen eine Reihe von Kirchen, von denen aus den Schriftquellen bekannt ist, dass sie von den Arianern erbaut worden sind. In den meisten Fällen haben die Arianer allerdings keine eigenen Kirchen errichtet, sondern die katholischen Gebäude übernommen. Können wir in den von Arianern neu erbauten oder von ihnen umgewidmeten Kirchen Elemente ausmachen, die sich auf andere Bauten übertragen lassen, die wir dann ebenfalls als arianische Kirchen identifizieren könnten? Ich möchte von vorneherein schon die Hoffnungen dämpfen. Wir wissen nämlich, dass Kaiser Theodosius der Große nach der endgültigen Verwerfung des Arianismus auf dem Konzil von Konstantinopel 381 alle arianischen Kirchengebäude der katholischen Kirche übergeben hat. Theologisch oder liturgisch bedingte Umgestaltungen sind uns aber nicht überliefert. Offenbar waren die konfessionellen Unterschiede im Bau nicht vorhanden oder so gering, dass die andere Konfession die Gebäude problemlos nutzen konnte. Ich möchte dennoch einige arianische Kirchen kurz betrachten, bei denen zumindest noch Teile des Baus oder der Ausstattung aus ihrer arianischen Phase erhalten oder uns bekannt sind.

Um 470 erklärte der arianische General Ricimer eine Mitte des 4. Jahrhunderts in Rom errichtete katholische Kirche zur Nationalkirche der (Ost) Goten und ließ sie für den arianischen Ritus umgestalten; heute bekannt unter dem Namen Sant'Agate dei Goti. Unter anderem bekam die Apsis ein Mosaik mit einer Darstellung des lehrenden Christus im Kreis der zwölf Apostel. Wir kennen das im 16. Jahrhundert zerstörte Mosaik und die zugehörige Stifterinschrift Ricimers von einer Zeichnung Francesco Pennas aus dem 15. Jahrhundert.[12] Die Darstellung scheint also nicht so spezifisch arianisch

[12] Biblioteca Apostolica Vaticana; Mariano Armellini, Le chiese di Roma dal secolo IV al XIX, Roma 1891, 209, http://penelope.uchicago.edu/Thayer/I/Gazetteer/Places/Europe/Italy/Lazio/Roma/Rome/churches/_Texts/Armellini/ARMCHI*/2/Monti/3.html (gelesen 27.11.2013).

gewesen zu sein, dass die Katholiken sie bei der Übernahme der Kirche im Jahr 592 entfernen mussten.

Die kurz nach 493 vom ostgotischen König Theoderich dem Großen in Ravenna errichtete Kirche Spirito Santo ist wohl die erste neu gebaute arianische Kirche, geweiht der Auferstehung des Herrn (Hagia Anastasis). 561 übernahmen die Katholiken die Kirche und weihten sie dem hl. Theodor Tiro. In der Mitte der rechten Säulenreihe steht heute auf einem Marmorsockel der ursprüngliche Ambo, dessen Treppe nicht mehr vorhanden ist. Der Ambo aus der Zeit Theoderichs ist mit drei muschelförmigen Ädikulä verziert, auf denen ein Kantharos sowie Weinranken mit hängenden Trauben dargestellt sind. Das sind gängige Darstellungen der Zeit. In der Apsis sind Spuren von Fresken aufgefunden worden, die das Leben des hl. Theodor zum Thema hatten. Es gibt die These, dass die Apsis einst Mosaiken aus arianischer Zeit aufgewiesen haben könnte, die bei der Übernahme des Baus durch die katholische Kirche entfernt worden seien. Wenn dies zuträfe, könnte das ein Hinweis auf arianerspezifische Motive sein, die die Katholiken in ihrer Kirche nicht dulden wollten. Das ist aber nicht mehr zu verifizieren. Zudem kennen wir die entsprechenden Darstellungen nicht.

Zum ursprünglichen Gebäudekomplex der Kirche gehört das sogenannte »Baptisterium der Arianer«; in der zweiten Hälfte des 6. Jahrhunderts von den Katholiken in das Oratorium S. Maria in Cosmedin umgewandelt. Bau und Ausstattung ähneln dem älteren katholischen Baptisterium. Das aus arianischer Zeit stammende Apsismosaik zeigt im Mittelfeld die Taufe Christi. Christus steht zwischen dem Täufer und der Personifikation des Jordans. Im umlaufenden Streifen nähern sich die Apostel, angeführt von Paulus bzw. Petrus, einem Thron, überragt von einem Kreuz als Symbol der Herrschaft Christi. Die Apostel tragen alle in ihren Händen eine edelsteinverzierte Krone, nur Paulus (Schriftrolle) und Petrus (Schlüssel) weichen ab. Wir finden eine gleichartige Darstellung wenige hundert Meter entfernt im katholischen Baptisterium. Das arianische Mosaik ist eine simple Kopie des Hauptmotivs des katholischen Mosaiks mit wenigen, wohl nicht relevanten Abweichungen: Seitenvertauschung des Johannes' und der Personifikation des Jordans; Thron mit Kreuz zwischen den Aposteln anstatt auf einem zweiten äußeren Ring. Es ist ganz offensichtlich, dass wir es hier nicht mit einem konfessionell gebundenen Motiv zu tun haben.

Vergleichbar ist die Situation bei der Kirche San Apollinare Nuovo in Ravenna. Das Gebäude wurde von Theoderich dem Großen als Kirche des arianischen Glaubens errichtet und Christus dem Erlöser geweiht (um 500). Nach der Einnahme der Stadt durch die Byzantiner 540 wurden alle arianischen

Kirchen sukzessive der katholischen Kirche einverleibt; San Apollinare Nuovo wurde zwischen 556 und 565 dem hl. Martin von Tours geweiht. Wir haben hier eine ähnliche Situation wie in den bereits besprochenen Bauten: Es gibt eine Reihe von Mosaiken aus der arianischen Zeit, vor allem Szenen aus dem Leben Jesu, die aber bei der Übernahme durch die Katholiken belassen worden sind, da sie offensichtlich auch in einer katholischen Kirche tragbar waren.

Wie sieht die Situation bei den seit 568 als arianische Gruppe in Italien ansässigen Langobarden aus? Hier haben wir das Problem, dass die konfessionelle Situation nicht immer eindeutig ist. Es gab bei den Langobarden schon vor dem endgültigen Übertritt zum Katholizismus 671 starke katholische Tendenzen bis hin zum Konfessionswechsel. Eine sichere Zuordnung eines Gebäudes zur arianischen Phase der Langobarden ist nicht immer möglich. Vom Baptisterium San Giovanni ad Fontes in Lomello (Provinz Pavia), ein Bau des 5./6. Jahrhunderts, sind neben einem Taufbecken aus dem 7./8. Jahrhundert nur Fassaden- oder Wandreste im aufgehenden Mauerwerk erhalten. Das gleiche gilt für die unter König Authari im ausgehenden 6. Jahrhundert errichtete Basilika Autarena in Fara Geda d'Adda (Provinz Bergamo). Die Kirche Santo Stefano Protomartire in Rogno (Provinz Bergamo) besitzt Fassadenreste, die unter König Rothari (636-652) errichtete Kirche Sant'Eusebio in Pavia eine Krypta aus dem 7. Jahrhundert. Das hilft uns alles nicht wirklich weiter.

Versuchen wir es noch bei den Westgoten in Spanien. Bis heute sind rund 20 Kirchen ergraben, die in die arianische Zeit der iberischen Halbinsel datiert werden. Bis auf Ausnahmen ist die Zuordnung zu den Goten oder zu den katholischen Romanen aber nicht möglich. Die einzige sichere gotische Kirche zur Zeit der Zugehörigkeit der Goten zum Arianismus befindet sich in der 578 unter König Leovigild gegründeten Stadt Reccopolis (Provinz Guadalajara). Es handelt sich um einen in ein Rechteck eingeschriebenen kreuzförmigen Bau mit innen halbrunder, außen rechteckiger Apsis und Querschiff, ergänzt um zwei Seitenschiffe und einen Narthex mit nördlich angebautem Baptisterium.[13] Es gibt die These[14], dass die bauliche Trennung der bei-

---

[13] Grundriss mit abgetrennten Seitenschiffen: Jacques Fontaines, L'art préroman hispanique, La Pierre-qui-Vire 1973, 413; Grundriss mit Durchgang vom Hauptschiff ins südliche Seitenschiff bei: Lauro Olmo Enciso, Arquitectura religiosa y organización litúrgica en época visigoda. La basílica de Recópolis, in: AEAr 61 (1988), 156-178; Gisela Ripoll, Reccopolis, in: RGA 24 (2003), 204-208; Enciso bietet eine Interpretation der liturgischen Funktionen aller Gebäudebereiche an.

[14] Recópolis, http://www.turismo-prerromanico.es/arterural/recopol/recopolficha.htm (gelesen 27.11.2013).

den Seitenschiffe vom Hauptschiff auf einem Spezifikum des arianischen Gottesdienstes beruhe: Chor und Querschiff als Bereich der Kleriker, das Hauptschiff für die Gläubigen, im Nordschiff die Sakristei, der Narthex und das Südschiff der Aufenthaltsbereich der Katechumenen. Wenn diese These stimmt, dann hätten wir damit ein Kennzeichen arianischer Kirchen und damit unseren ersten archäologischen Nachweis für Arianismus. Allerdings erfuhr der Bau um 1200 bedeutende Umbauten, die Aussagen zu einzelnen Bauphasen erschweren. Nach neueren Ausgrabungen wird die Abtrennung der Seitenschiffe vom Hauptschiff ohne direkten Zugang nur noch für das nördliche Seitenschiff gesehen. Die Spur sollte dennoch weiter beachtet werden.

Die übrigen Kirchenbauten in den Herrschaftsgebieten der oben genannten germanisch-arianischen Gruppen sind in keinem Fall den Arianern zuzuordnen. Das bedeutet, dass wir bei den Kirchenbauten beim derzeitigen Forschungsstand mit Ausnahme der unsicheren Deutung des Grundrisses der Kirche in Reccopolis keine Kennzeichen bestimmen konnten, die sicher zu einer Identifikation als arianische Kirche beitragen könnten.

Es gab in der älteren Forschung schon einige Versuche, bestimmte archäologische Funde mit den Arianern in Verbindung zu bringen. In einer ganzen Reihe von christlichen Gräbern des 3.-7. Jahrhunderts finden sich als Beigabe Silberlöffel mit christlichen Inschriften oder Symbolen. Dies wurde von Vladimir Milojčić[15] als arianische Sitte gedeutet. Doch die Beweiskette ist nicht sehr überzeugend. Schaut man sich alleine die Verbreitung der Silberlöffel an, dann kann die These nicht stimmen. Für archäologische Funde aus Thüringen wurden von Walther Schulz und Günther Behm-Blancke[16] arianische Besitzer vermutet. Dies stützt sich aber auf die schriftlich überlieferten politischen Beziehungen der Thüringer zu den arianischen Ostgoten. Es ist also gerade nicht das, was wir wollen – archäologische Belege für den

---

15 Vladimir Milojčić, Zu den spätkaiserzeitlichen und merowingischen Silberlöffeln, in: Bericht der Römisch-Germanischen Kommission 49, 1968 (1970), 111-148; Siehe auch: Horst W. Böhme, Löffelbeigaben in spätrömischen Gräbern nördlich der Alpen, in: Jahrbuch des Römisch-Germanischen Zentralmuseums Mainz 17 (1970), 172-200; Knut Schäferdieck, Gab es eine gotisch-arianische Mission im süddeutschen Raum?, in: ZBLG 45 (1982), 239-257; Josef Engemann, Anmerkungen zu spätantiken Geräten des Alltagslebens mit christlichen Bildern, Symbolen und Inschriften, in: JAC 15 (1972), 154-173.

16 Walther Schulz, Archäologische Zeugnisse frühen Christentums in Deutschland, mit besonderer Berücksichtigung des mittleren Elb-Saale-Gebietes, in: WZ(H).GS 5 (1955/1956), 1057-1066, hier 1058; Günter Behm-Blancke, Gesellschaft und Kunst der Germanen. Die Thüringer und ihre Welt, Dresden 1973, 157.

Arianismus finden – sondern umgekehrt eine Deutung archäologischer Funde mit Hilfe schriftlicher Quellen. Ein auf der Lanze sitzender Vogel ist ein altes langobardisches Symbol. Es gibt die Hypothese, dass die Langobarden diese Darstellung zum auf dem Kreuz sitzenden Heiligen Geist umgedeutet haben.[17] Das ist aber nur eine Idee, zudem ist die konfessionelle Zuordnung nicht gesichert.

Als Resümee kann man festhalten, dass die Archäologie bei der Identifikation arianischer Bevölkerungsgruppen bisher nicht sehr hilfreich ist.

3.2. Kreuz und Thorshammer: Christianisierung Dänemarks und Schwedens

Der Archäologe Jörn Staecker hat sich in seiner Kieler Dissertation von 1995 mit der Christianisierung Dänemarks und Schwedens beschäftigt.[18] Als Quelle für die Interpretation des Christianisierungsprozesses der beiden Länder zwischen dem 9. und 11. Jahrhundert nutzte er die in Schweden und Dänemark aufgefundenen Kreuz- und Kruzifixanhänger. In einem ersten Schritt untersuchte er die 128 christlichen Anhänger von 93 Fundplätzen mit archäologischen Methoden. Dann setzte er die Verbreitung, Fundumstände und chronologische Entwicklung der 98 nichtchristlichen Anhänger mit Thorshammer von 64 Fundstellen dagegen. So entstand ein erstes chronologisch-chorologisches Bild von christlicher Aktion und nichtchristlicher Reaktion. Anschließend zog er die schriftlichen Quellen zur Missionierung Altdänemarks und Schwedens heran und verglich sie mit den Resultaten der archäologischen Untersuchung: Deckt sich der aus den Schriftquellen bekannte Missionsverlauf mit den archäologischen Quellen? Folgte dem Übertritt der Herrscherhäuser auch eine Bekehrung der Bevölkerung?

Folgende Ergebnisse können festgehalten werden: Ausschließlich auf die archäologischen Quellen gestützt machte man sich ein anderes Bild vom Christianisierungsprozess Altdänemarks und Schwedens. Für Altdänemark gilt, dass die Missionen Willibrords um 700 und Ebos von Reims und Ansgars im 9. Jahrhundert im archäologischen Material nicht erkennbar sind. Im verstärkten Auftreten der Thorshämmer in der ersten Hälfte des

---

[17] Otto von Hessen, Una tomba di guerriero longobardo proveniente dalla cappella di S. Germano in Borgo d'Ale, in: Bollettino della Società Piemontese di Archeologia e Belle Arti NS 16-17 (1962/1963), 23-31; Siehe auch: Wilfried Menghin, Die Langobarden. Archäologie und Geschichte, Stuttgart 1985, 148.

[18] Jörn Staecker, Rex regum et dominus dominorum. Die wikingerzeitlichen Kreuz- und Kruzifixanhänger als Ausdruck der Mission in Altdänemark und Schweden, Stockholm 1999.

10. Jahrhunderts spiegelt sich aber dann deutlich der Glaubenskampf in Dänemark wider. Die nichtchristliche Religion reagierte auf die neue Konkurrenz. Das Verschwinden der Thorshämmer gegen Ende des 10. Jahrhunderts bekräftigt dann aus archäologischer Sicht das Ergebnis der jüngeren Geschichtsforschung, dass es unter Sven Gabelbart zum Ausbau der Christianisierung und nicht zu einer Renaissance der nordischen Religion kam. Ebenso bestätigt das konzentrierte Erscheinen der Kreuzanhänger in Altdänemark im 11. Jahrhundert die Erkenntnisse der Schriftquellenforschung zum Ausbau der Kirchenstruktur, die in der Errichtung des Erzbistums unter König Erik I. Ejegod gipfelte.

Auch in Schweden sind die beiden Missionsreisen Ansgars 829 und 854 nach Birka durch die Kreuzanhänger nicht belegbar. Kreuzanhänger begegnen in Schweden erstmals in den Gräbern des zweiten Viertels des 10. Jahrhunderts. Stilistisch weisen sie eher auf einen insularen Einfluss hin. Demnach wäre zu erwägen, ob schon vor dem in den Schriftquellen belegten Besuch des deutschen Bischofs Unni 936 eine von England ausgehende Mission erfolgreich war, von der man nichts in den Schriftquellen erfährt. Im Gegensatz zu den Berichten Adams von Bremen zeigt sich bei den schwedischen Kreuzanhängern kein stilistischer Bezug zum ottonisch-salischen Reich; das bedeutet, dass in ganz Skandinavien der deutsche Einfluss nicht so stark war, wie man ihn anhand der Schriftquellen hätte vermuten können. Dagegen fallen zahlreiche altrussische und byzantinische Objekte in Schweden auf; dies trifft besonders auf Gotland und die alte schwedische Königsstadt Sigtuna zu. Hier zeigt sich ganz offensichtlich eine russisch / byzantinische Mission, die sich so nicht in den Schriftquellen findet.[19] Die Kreuzanhänger belegen dann die Konsolidierung des Christentums im 11. Jahrhundert. Das Auf und Nieder der Mission, wie es Adam von Bremen schildert, erscheint somit eher unrealistisch.

Es ergibt sich also ein ganz anderer Befund als bei der Untersuchung der Verbreitung des Arianismus. Die archäologischen Quellen bestätigen teilweise das aus den Schriftquellen gewonnene Bild von der Missionierung Dänemarks und Schwedens, zum Teil differenzieren sie es. Völlig neu ist vor allem das Aufscheinen einer von Osten kommenden Mission. Die Christianisierung Skandinaviens kann also als Beispiel dafür dienen, dass es sich lohnt, Prozes-

---

[19] Diese Erkenntnis fand in der Geschichtsforschung kaum Eingang; siehe jüngst: Stefan Brink, Die Christianisierung Skandinaviens, in: Christoph Stiegemann / Martin Kroker / Wolfgang Walter (Hg.), CREDO. Christianisierung Europas im Mittelalter. Ausstellung Paderborn 2013, Petersberg 2013, Bd. 1, 250-260.

se des Bekenntniswandels nicht nur anhand der schriftlichen, sondern auch der materiellen Quellen zu untersuchen.

3.3. Demonstratives Bekenntnis: Luthertum in einer württembergischen Stadt

Auf der genannten Tagung in Erlangen 2004 gab es einen Vortrag der Archäologin und Bauforscherin Christina Vossler mit dem Titel: »Bekenntnis an der Wand? Reformationszeitliche Inschriften aus Reutlingen, Untere Gerberstr. 14«.[20] Hier sind wir also direkt bei unserem Thema, sofern man einmal Wand mit Boden gleichsetzen darf.

In einem Haus in der am Fuß der Schwäbischen Alb liegenden Stadt Reutlingen fanden sich bei Restaurierungsmaßnahmen 1996 eine Reihe von Inschriften, angebracht zur Bauzeit des Hauses 1558 oder kurz danach. Mit dem stattlichen Haus in der Unteren Gerberstraße befinden wir uns im Handwerkermilieu; wahrscheinlich war es das Wohnhaus eines Gerbers. Auf zwei Wänden im Flur stieß man auf Bibelzitate und andere christliche Texte. In der freien Reichsstadt sind ab 1521 reformatorische Aktivitäten belegt. 1524 fand in der Reutlinger Stadtpfarrkirche die erste deutsche Messe mit Austeilung der Kommunion in beiderlei Gestalt statt. 1530 trat die Stadt dem Augsburger Bekenntnis bei; 1536 nahm sie die Wittenberger Konkordie an und stellte sich damit ins lutherische Lager. Das Interim 1547/48-1552/53 zwang der Stadt nochmals den katholischen Glauben auf. Bei der Anbringung der Inschriften 1558 war die Konfessionsfrage dann aber eindeutig zugunsten des Luthertums geklärt. Bei den Inschriften handelt es sich überwiegend um nahezu wörtliche Zitate aus der Wittenberger Bibelausgabe von 1545: Psalm 27,14, Psalm 117; Psalm 119; 1. Mose 28,10-15 (Jakobsgeschichte); außerdem eine Auslegung zu Hiob, ein Text / Gebet über Engel in Deutsch und Latein sowie Texte, die fromme, womöglich mündlich überlieferte Leitgedanken - z. B. aus Psalmen - paraphrasieren. Alle Bibelstellen stammen aus dem Alten Testament.

Es waren wohl mehrere Absichten mit der Anbringung der Inschriften verbunden. Ausgangspunkt ist die zentrale Bedeutung des Wortes in der lu-

---

[20] Christina Vossler, Bekenntnis an der Wand? Reformationszeitliche Inschriften aus Reutlingen, Untere Gerberstr. 14, in: Carola Jäggi / Jörn Staecker (Hg.), Archäologie der Reformation. Tagung Erlangen 2004, Berlin 2007, 211-238; Christina Vossler, Hausinschriften als Bekenntnis an der Wand? Zur Bedeutung religiöser Texte in profanen Wohnbauten, in: Barbara Scholkmann u.a. (Hg.), Zwischen Tradition und Wandel. Archäologie des 15. und 16. Jahrhunderts, Tübingen 2009, 113-124.

therischen Theologie. Um das Wort Gottes verstehen zu können, sei es notwendig, es immerzu und immer wieder zu lesen und zu hören (meditatio). Luther selbst riet in seinem Betbüchlein 1522: »Denn ichs nicht fur böse achte, So man solche geschichte [biblische Geschichten] auch ynn Stuben und ynn kamern mit den sprüchen malete, damit man Gottes werck und wort an allen enden ymer fur augen hette.«[21] Neben dem Nutzen für die Bewohner des Hauses konnten die Texte auch Wirkung nach außen für die Verkündigung entfalten. Der inhaltliche Bezug der ausgewählten Textstellen zu reformatorischen Leitgedanken stellt die Inschrift in die für Reutlingen 1558 weitgehend abgeschlossenen konfessionellen Auseinandersetzungen. Die Texte sollten sicherlich auch ein deutliches Bekenntnis zum Luthertum sein. Glaubensstärke und -gewissheit sowie die göttliche Zusage der Verheißung stehen im Mittelpunkt. Dass das demonstrative Bekenntnis des Hausbesitzers der zentrale Anstoß zur Anfertigung der Texte war, lässt sich mit dem Ort der Inschriften deutlich machen. Die Texte befinden sich im Flur, gleich hinter der Haustür. Dies ist der öffentlichste Bereich des Haus. Um sich das Wort Gottes täglich selbst vor die Augen zu halten, hätte man die Texte auch in der Stube oder der Schlafkammer anbringen können.

Gibt es Vergleiche zu der Reutlinger Inschrift? Aus dieser Zeit sind uns nur wenige Inschriften innerhalb der Häuser überliefert, aber viele an den Fassaden. Sie tauchen vermehrt nach 1530 auf und enthalten vor allem biblische Texte. Sie sind ein Ausdruck tiefer Frömmigkeit, der sich schon im Spätmittelalter Bahn brach und dann in den konfessionellen Auseinandersetzungen intensivierte. Zudem erkennen wir auch die zunehmende Ausbreitung des Bildungswesens. Die Textzusammenstellung der Reutlinger Inschriften zeigt im Vergleich zu den zeitgleichen an Hausfassaden angebrachten Texten eine sehr persönliche Auswahl: Sie stellen ein individuelles Bekenntnis zu Gott und zum Luthertum dar und bringen die theologisch neu entdeckte Heilswirkung des göttlichen Wortes ganz unmittelbar zum Ausdruck.

Was hat die Bauforschung uns nun im Hinblick auf unsere Fragestellung gebracht? Da die Bauforschung mit ähnlichen Methoden wie die Archäologie arbeitet – beide legen die verschiedenen Schichten eines Fundplatzes frei, arbeiten die Entwicklung in chronologischer Reihung und Einordnung heraus und untersuchen den Zustand der Realie in den unterschiedlichen Zeithorizonten – darf ich dieses Beispiel für die eingangs aufgeworfene Fragestellung nach dem Sinn archäologischer Untersuchungen im Bereich der Bekenntnisforschung verwenden. Wir haben in der Reutlinger Gerberstraße ein indivi-

---

21 WA 10 II, 458.

duelles Zeugnis eines Bekenntnisses zum Luthertum vor uns, das sehr exakt chronologisch, geographisch und sozial zugeordnet werden kann. Man kann also hier einen Empfänger reformatorischen Gedankenguts identifizieren, bei dem die Botschaft Luthers angekommen ist und der sich demonstrativ dazu bekennt. Mit der Archäologie gelingt uns der Zugriff auf die Rezipienten. Dabei ist von Interesse, dass der Handwerker Bibelstellen ausgewählt hat, die nicht zu denjenigen gehören, die in der Forschung sofort genannt werden, wenn es um Luthers zentrale Bekenntnisaussagen geht. Offensichtlich standen für den Gläubigen andere Aspekte im Vordergrund, um sein persönliches Bekenntnis darzulegen. Natürlich schaffen wir solche Erkenntnisse nicht nur mit archäologischen Methoden und der Auswertung von Realien als Quellen. Aber es fügt einen weiteren Baustein zur Geschichte der Rezeption bestimmter theologischer Lehren und ihrer Umsetzung in ein öffentliches Bekenntnis hinzu – gut verortet, datiert und gesellschaftlich eingeordnet.

3.4. Stand, Wohnort und Geschlecht: Differenzierungen frühneuzeitlicher Frömmigkeitspraxis in Südwestdeutschland

Mit dem nächsten Beispiel möchte ich aufzeigen, dass die Archäologie sogar Erkenntnisse zu Epochen liefern kann, an deren Erforschung sie erst seit wenigen Jahren beteiligt ist. Mit Hilfe der Quelle »religiöse Anhänger und Medaillen aus archäologischen Untersuchungen« konnte unser Wissen um die frühneuzeitliche Frömmigkeit um interessante Facetten erweitert werden. Allerdings gilt das nur für die katholischen Regionen.

Bevor wir uns auf die Ebene historischer Aussagen begeben, möchte ich die Quellengattung vorstellen.[22] Christliche religiöse Anhänger und medaillenartige Objekte sind bereits aus der Antike bekannt. Sie gehören zum großen Feld der kleinformatigen Devotionalien. Wenn auch nicht formal, so doch funktional sind die mittelalterlichen Gitterguss-Pilgerzeichen – zumindest in Teilbereichen – als ein Vorläufer der neuzeitlichen religiösen Anhänger und Medaillen zu sehen. Die Pilgerzeichen sind in den letzten Jahren ins Blickfeld der historischen Forschung gerückt. Wenn auch in den meisten Fällen noch nicht der Schritt von der katalogartigen Beschreibung zur historischen Auswertung gegangen wird. Als Erfinder der neuzeitlichen Medaille überhaupt gilt der Italiener Antonio Pisano. Er bewirkte mit einer 1438 geschaffenen Medaille den Durchbruch der neuen Kunstgattung. Im religiösen Bereich bildeten im 15./16. Jahrhundert einseitig geprägte oder gegossene Medaillen

[22] Fassbinder, Wallfahrt, Andacht und Magie.

sowie brakteatenartige Objekte Übergangsformen auf dem Weg zur barockzeitlichen doppelseitigen, geprägten oder gegossenen religiösen Medaille. In den Schriftquellen erscheinen diese Objekte mit dem lateinischen Begriff »Numisma« oder mit Bezeichnungen auf der Grundlage des Worts »Pfennig«, insbesondere »Ablasspfennig«. Das Bedürfnis der Pilger, spezifische Wallfahrtsandenken mitzunehmen, und der zahlreichen religiösen Bruderschaften, sich eigene Abzeichen zu schaffen, förderte das religiöse Medaillenwesen. Vor allem die Orden verteilten große Stückzahlen religiöser Medaillen und Anhänger in der Katechese, nach dem Gottesdienst oder anlässlich von Taufe, Firmung, Hochzeit etc. Ihren besonderen Wert bekamen die religiösen Anhänger und Medaillen durch eine – im glücklichsten Fall päpstliche – Weihe und / oder eine Anrührung an einem Gnadenbild oder einer Reliquie. Die Blütezeit der religiösen Medaillen und Anhänger war die erste Hälfte des 18. Jahrhunderts, dann gerieten auch sie in die Kritik der Aufklärung. Nach einem gewissen Einbruch um 1800 gab es ab 1850 eine industrielle Massenfertigung religiöser Medaillen in wenigen Firmen für die gesamte katholische Welt. Der damals entwickelte Stil hat sich bis heute kaum geändert. Erst in jüngster Zeit sind neue Formen hinzugetreten (z. B. Buttons), ohne die des 19. Jahrhunderts aber vollständig abzulösen. Noch heute werden religiöse Medaillen produziert, die sich gestalterisch nicht von denen des 19. Jahrhunderts unterscheiden.

Innerhalb der Quellengruppe »religiöse Anhänger und Medaillen« lassen sich verschiedene nach funktionalen und formalen Kriterien definierte Gruppen unterscheiden. Zu den funktional definierten Gruppen gehören vor allem die Wallfahrtsandenken und die Bruderschaftsabzeichen sowie in geringerer Zahl Objekte, die an ein Ereignis erinnern oder als Abzeichen einer Institution dienen.

Die bekannteste Gruppe unter den religiösen Medaillen und Abzeichen sind die in der Tradition der mittelalterlichen Pilgerzeichen stehenden Wallfahrtsandenken. Erste Wallfahrtsmedaillen wurden Ende des 16. Jahrhunderts in Rom und anderen italienischen Orten ausgegeben. Diese Andenken sind vor allem mit den Heilig-Jahr-Pilgern nach Mitteleuropa gelangt. Der Beginn der Produktion doppelseitiger Wallfahrtsmedaillen im deutschen Sprachraum konnte in der ersten Hälfte des 17. Jahrhunderts angesetzt werden. Viel seltener als Wallfahrtsandenken waren offensichtlich Bruderschaftsabzeichen. Sie sind bereits für das Spätmittelalter überliefert. Als neuzeitliche Bruderschaftsabzeichen sind neben Medaillen auch Pergamentbilder, metallene Lämmer, Kordeln, Skapuliere, Kreuze und anderes bekannt. Viele Bruderschaften, auch größere, hatten aber offenbar gar keine spezifischen

Abzeichen; zumindest ist in den Statuten kein Hinweis darauf zu finden und es sind auch keine Objekte überliefert. Kleinere Gruppen unter den religiösen Medaillen und Anhängern bilden Abzeichen von Institutionen (z. B. Jesuitenkollegien) und Objekte, die an ein Ereignis erinnern; ein öffentliches wie z. B. eine Kanonisation, ein Jubiläum oder ein Heiliges Jahr oder ein privates wie z. B. Taufe oder Priesterweihejubiläum. Dagegen wiederum recht häufig waren Heiligenmedaillen und solche mit Christus- und Mariendarstellungen. Diese Objekte waren an keine bestimmten Orte gebunden, sondern sind Zeichen der Verehrung von bestimmten Heiligen bzw. von Christus oder Maria. Das verbreitetste Objekt unter den religiösen Medaillen und Anhängern in der Barockzeit war der bis heute im Devotionalienhandel erhältliche Benediktuspfennig. Er entstand im dritten Viertel des 17. Jahrhunderts in Österreich oder Bayern, erfuhr unter dem Einfluss der Benediktiner eine rasche Verbreitung und erlebte nach Analyse der archäologischen Funde seine Blütezeit ca. 1670-1750. Eine zweite Blütezeit setzte Mitte des 19. Jahrhunderts ein. Die Skala der vornehmlich zu apotropäischen Zwecken eingesetzten, in mehreren hundert Varianten überlieferten Objekte reichte von kunstvollen Edelmetallausgaben bis zu nur Pfennige kostenden Exemplaren, ausgeschnitten aus dünnstem Blech. In all den genannten Gruppen gibt es nicht nur die beidseitig genutzte Medaille, meist ovaler oder runder, seltener achteckiger oder birnenartiger Form. Zu den religiösen Anhängern gehören auch kreuz- und reliquienförmige Objekte. Unter den Kreuzanhängern finden sich neben den primär christologisch konnotierten Objekten auch Sonderkreuze, die z. B. ein wundertätiges Kreuz als Wallfahrtsziel abbilden, als bestimmter Kreuztyp sui generis unheilabwehrend genutzt werden (Caravacakreuz) oder sich auf einen Heiligen beziehen (Ulrichskreuz). Zu nennen sind zum Schluss noch die plastischen Anhänger. Zu ihnen gehören figürliche Objekte (besonders Maria und der hl. Sebastian) und Anhänger, die Reliquien nachbilden (z. B. Sebastianspfeil, Wolfgangsbeil, Nepomukszunge).

Diese Quellengruppe eignet sich sehr gut, um damit Erkenntnisse zur frühneuzeitlichen katholischen Frömmigkeitsgeschichte zu gewinnen. Und sie eignet sich besonders gut, wenn man solche Objekte als Quellen benutzt, die im Rahmen archäologischer Unternehmungen geborgen worden sind. Was macht mich so optimistisch? Die auf den Medaillen und Anhängern angebrachten Darstellungen und Inschriften spiegeln wichtige Bereiche katholischer Frömmigkeit wider. Da die Objekte größtenteils aus Metall sind, erhalten sie sich – im Gegensatz etwa zu den ebenfalls als Quelle zur Massenfrömmigkeit gut nutzbaren Andachtsbildchen – normalerweise im Boden und sind in den meisten Fällen auch noch identifizierbar. Als Massenware[23] stellen sie eine Quelle dar, die sich für quantifizierende Untersuchungen eignet. Wir können im 17./18. Jahrhundert mit einer sehr weiten geographischen und sozialen Verbreitung dieser Objekte rechnen. Ihre damalige Häufigkeit und weite Verbreitung lässt vermuten, dass bei den oft recht zufällig gestreuten archäologischen Untersuchungen ein repräsentativer Ausschnitt des ehemals vorhandenen Materials erfasst wird.

Die Nutzung im Rahmen archäologischer Untersuchungen geborgener Medaillen und Anhänger als Quelle zur barocken Frömmigkeitsgeschichte erweitert nun die Auswertungsmöglichkeiten gegenüber einer Analyse der Anhänger und Medaillen aus Museen und Sammlungen ganz erheblich. Bei den Objekten einer Sammlung ist meistens nicht mehr bekannt, wie und vor allem woher sie in die Sammlung kamen. Die Herkunft aus einer archäologischen Untersuchung erlaubt dagegen – abhängig von den genauen Fund- und Bergungsumständen – die Ermittlung einer Reihe von zusätzlichen Informationen zu den mit den Darstellungen und Beschriftungen der Objekte erfassten Phänomenen der Frömmigkeit: Mit dem Fundort haben wir eine genaue geographische Verortung und wir wissen, ob wir uns im städtischen oder ländlichen Milieu bewegen. Manche Objekte können wir einem klerikalen Umfeld zuordnen. Im günstigen Fall, z. B. bei vielen Funden aus Bestattungen, können wir sogar Aussagen zum Geschlecht, Alter oder sozialen Stand der Nutzerinnen und Nutzer der Anhänger und Medaillen treffen. So könnte man untersuchen, ob Frauen bestimmte Heilige bevorzugten oder Kleriker bestimmte Wallfahrtsorte. Und nicht zuletzt kann mit archäologischen Methoden manches Phänomen der tatsächlich ausgeübten Glaubenspraxis zeitlich näher eingegrenzt werden.

Mit diesen Überlegungen könnte man eigentlich schließen. Es wurde aufgezeigt, dass es möglich ist, mit Hilfe der Archäologie Aussagen zur Religionsgeschichte zu gewinnen. Aber ich denke, es wäre nicht sehr befriedigend, auf der methodischen Ebene stehen zu bleiben. Deswegen möchte ich anhand einiger Beispiele das Potential der archäologisch geborgenen Quellen aufzeigen. Wir bleiben bei der eben vorgestellten Quellengattung der neuzeitlichen religiösen Medaillen und Anhänger. Die Grundlage der folgenden Aussagen zur frühneuzeitlichen Frömmigkeit in Südwestdeutschland sind rund 500 im

---

23 So fanden sich z.B. im Nachlass eines Salzburger Devotionalienhändlers aus der Mitte des 18. Jahrhunderts mehrere Kilo an Benediktuspfennigen und Kreuzanhängern; Franz Martin, Ein Salzburger Kaufmann als Devotionalienhändler in Mariazell, in: ÖZVK 52 (1949), 55-58.

Zuge archäologischer Unternehmungen in Südwestdeutschland geborgene Anhänger und Medaillen religiöser Thematik.[24] Welche Ergebnisse lieferte die Auswertung?

3.4.1. Marienverehrung als geschlechtstypisches Phänomen?

Besaßen Frauen oder Männer eine engere geistliche Beziehung zu Maria? Hatte die Zugehörigkeit zum geistlichen oder weltlichen Stand eine Auswirkung auf die Marienverehrung? Nach den Angaben in der Literatur war dies nicht der Fall. Um diese Fragen zu beantworten, wurden die Objekte analysiert, die aus Grabfunden stammen. Innerhalb des Arbeitsgebiets ist bei 47 Objekten das Geschlecht der zugehörigen Bestattung bekannt (19 Frauen, 28 Männer). Davon konnten sieben Objekte männlichen Klerikern zugeordnet werden. Um die statistische Basis zu vergrößern, war es sinnvoll, auch die Grabfunde außerhalb des Arbeitsgebiets einzubeziehen. Außerhalb des Arbeitsgebiets konnten weitere 107 Objekte männlichen, 63 weiblichen Bestattungen zugeordnet werden. Darunter sind 33 bzw. 21 Objekte von Angehörigen des geistlichen Stands. Wie hoch ist nun bei diesen Objekten aus Bestattungen jeweils der Anteil der Objekte mit einem Beleg für die barocke Marienverehrung?

Gruppe	Anteil marianischer Objekte bei den Bestattungsfunden
Laie	26,3 %
Laiin	19,7 %
Klerus Mann	30,0 %
Klerus Frau	23,8 %
Mann	27,4 %
Frau	21,0 %
Laie/Laiin	23,7 %
Klerus	27,9 %
Gesamt	24,9 %

Die Anteile bewegen sich in einer Spanne zwischen knapp 20 % und 30 %. Am geringsten ist er bei den Laiinnen, am höchsten bei den männlichen Geistlichen. Die Zugehörigkeit zum geistlichen oder weltlichen Stand hatte offenbar keine sehr großen Auswirkungen auf die Intensität der Marienverehrung, die Anteile liegen bei einem leichten Vorsprung der Geistlichen nicht weit auseinander.[25] Markanter ist dagegen der Unterschied bei den Geschlechtern. Der

24 Fassbinder, Wallfahrt, Andacht und Magie.

25 Zur Frömmigkeit der Kleriker ausführlicher: Stefan Fassbinder, Frömmigkeit der Kleriker, Frömmigkeit der Laien? Unterschiede und Gemeinsamkeiten in der Frömmig-

Anteil der Objekte mit einem Beleg für die Marienverehrung beträgt bei den Frauen gut ein Fünftel, bei den Männern deutlich über einem Viertel. Die Einbeziehung der auf Grund der Lage im Kirchenschiff einem Geschlecht zuweisbaren Objekte stützt diese Beobachtung. Marianische Belege sind im barockzeitlichen Südwestdeutschland überproportional oft Männern zuzurechnen. Offensichtlich hatte im Barock Maria in der männlichen Frömmigkeit eine größere Bedeutung als in der weiblichen. Die These Arnold Angenendts[26], dass sich in der frühen Neuzeit von Maria »insbesondere die Frauen angezogen fühlten«, sollte nochmals mit anderen Quellen überprüft werden.

3.4.2. Hitliste der Heiligenverehrung

Auf den archäologischen Funden aus Südwestdeutschland treten bei den barockzeitlichen Objekten 51 Heilige auf – ohne Personen des Alten Testaments, der Trinität, ohne Maria, Nebenfiguren oder an einen Wallfahrtsort gebundene Heilige. Geordnet nach der Anzahl der Belege entsteht eine Rangfolge südwestdeutscher Heiligenverehrung der Barockzeit.

---

keitspraxis diesseits und jenseits frühneuzeitlicher Klostermauern, in: Klöster und monastische Kultur in Hansestädten. Kolloquium Stralsund 2001, Rahden 2003, 289-295.

26 Arnold Angenendt, Heilige und Reliquien, München 1994, 246.

In Südwestdeutschland auf barocken Medaillen und Anhängern vertretene Heilige	Belege
Michael	23
Ignatius von Loyola	12
Franz Xaver	11
Johannes von Nepomuk	11
Georg	10
Heilige Familie	9
Sebastian	8
Valentin	6
Anastasius	5
Augustinus	5
Aloysius	5
Scholastika	5
Antonius von Padua	5
Petrus	4
Johannes Franz Régis	4
Anna	3
Bernhard von Clairvaux	3
Franz von Assisi	3
Joseph	3
Karl Borromäus	3
Magnus	3
Nikolaus von Tolentino	3
Theresia von Avila	3
weitere 11 Heilige	je 2 (= 22)
weitere 16 Heilige	je 1 (= 16)

Um zu untersuchen, ob es bei der Heiligenverehrung regionale Unterschiede gibt, wurden auch die Funde außerhalb des Arbeitsgebietes ausgewertet. Neben den auf den südwestdeutschen Funden vorkommenden 51 Heiligen treten noch 29 weitere sicher identifizierte Heilige auf. Im Gegensatz zu Südwestdeutschland wurde für die anderen Gebiete allerdings nur in beschränktem Umfang eine Repräsentativität erreicht. Die Rangfolge ist so lediglich der Versuch, etwaige Tendenzen aufzuzeigen.[27]

[27] Bei der Erstellung der Rangfolge wurden die Belege außerhalb Südwestdeutschlands zum Ausgleich für die wesentlich schlechtere Forschungssituation dreifach gewertet.

Auf Medaillen und Anhängern aus archäologischen Kontexten vertretene Heilige	Belege
Ignatius von Loyola	69
Franz Xaver	59
Michael	59
Johannes von Nepomuk	56
Heilige Familie	49
Antonius von Padua	48
Franz von Assisi	47
Joseph	41
Georg	37
Sebastian	35
Paulus	28
Anna	28
Petrus	27
Theresia von Avila	21
Karl Borromäus	21
Aloysius von Gonzaga	19
Philippus Neri	18
Venantius	17
Dominikus	15
Schutzengel	14
Anastasius	14
Maria Magdalena	13
Johannes Franz Régis	13
Hubertus	13
Valentin	12
Andreas	11
Augustinus	10
Norbert	10
Bernhard von Clairvaux	9
Scholastika	8
Elisabeth	8
Sonstige	172

Das markanteste Ergebnis ist die weitgehende Übereinstimmung der beiden Ranglisten. Auf den ersten drei Plätzen stehen bei beiden Listen dieselben vier Heiligen. Allerdings tritt der Erzengel Michael im barocken Südwestdeutschland überproportional häufig auf. Auch die übrigen Heiligen sind annähernd in der gleichen Häufigkeit im barocken Südwestdeutschland und in der Gesamtmenge vertreten. Viele Heilige wurden demnach in der ganzen katholischen Welt verehrt, regionale Besonderheiten scheinen nicht so wichtig zu sein. Die größten Abweichungen gibt es beim schon erwähnten heiligen Michael, dem heiligen Franz von Assisi und dem heiligen Joseph.

Ein zweites auffallendes Ergebnis ist die Diskrepanz zu den bisher in der Forschung zum barocken Heiligenhimmel Südwestdeutschlands herausgestellten Heiligen. Mit Ausnahme des heiligen Sebastian fehlen die dort angeführten wichtigen Heiligen bei den religiösen Anhängern entweder ganz (Florian, Gallus, Kümmernis, Leonhard, Odilia, Othmar, Wendelin) oder sind im barocken Südwestdeutschland eher schwach vertreten (Antonius von Padua, Walburga, Wolfgang). Offensichtlich haben die bisher ausgewerteten Quellen nur einen Teil der barocken Heiligenverehrung erfasst und die Listen der beliebtesten Heiligen müssen ergänzt und zum Teil anders gewichtet werden.

Die Auswertungen lassen noch weitere Schlüsse zur Heiligenverehrung zu. 60 % der auf den religiösen Anhängern im barocken Südwestdeutschland vorkommenden Heiligenbelege sind Kleriker (inklusive Apostel), ein Viertel sind Laien (24,2 %).[28] Der Anteil von rund einem Viertel Laien bei den Heiligenbelegen deckt sich in etwa mit ihrem Anteil an allen je kanonisierten Personen.[29] Obwohl es in den Schriftquellen Hinweise dafür gibt, dass der Klerus und die Orden eine wichtige Rolle bei der Verteilung der religiösen Anhänger spielten, verhalf dieser Einfluss den Heiligen aus dem geistlichen Stand zwar zu einem großen, aber im Vergleich zu ihrem Anteil an der Gesamtmenge aller Heiligen (ca. 70 %) leicht unterproportionalen Anteil in der sich in den religiösen Anhängern niederschlagenden Frömmigkeit. In Anbetracht des großen Übergewichts der Ordensmitglieder im Heiligenkalender ist ein Anteil der Ordensheiligen von 43,1 % bei den Belegen eher gering. (Dies änderte sich allerdings radikal, zählte man die Benediktuspfennige dazu.) Man gewinnt den Eindruck, dass die Orden einen großen Einfluss auf die Frömmigkeitspraxis (z. B. bei apotropäischen Mitteln, Gemeinschaften) hatten, aber mit Ausnahme der Jesuiten die Ordensheiligen bei den Gläubigen nicht sehr populär wurden. Die ersten nichtjesuitischen Ordensheiligen stehen in der Rangfolge erst auf Platz 9. Die Orden waren zwar die erfolgreichste Lobby bei Heiligsprechungen; sie konnten diese über Jahre,

---

[28] Anastasius, Erzengel Michael, Schutzengel sind nicht eindeutig einzuordnen (15,5 %).

[29] Das Verhältnis Kleriker : Laien : Sonstige beträgt nach Bell / Weinstein 67,4 % : 32,6 % : 0,0 %, nach Delooz 72,3 % : 22,8 % : 4,9 %; Rudolph M. Bell, Donald Weinstein, Saints & Society. The Two Worlds of Western Christendom, 1000-1700, Chicago / London 1982, 204; Pierre Delooz, Sociologie et canonisations, Lüttich 1969, 323-310; Zur geringen Rolle der Laien siehe auch Raymond Darricau, La sainteté en France au XVIIe siècle (1590-1715), in: Histoire et Sainteté, Angers / Paris 1982, 65-94, hier 81-82.

ja Generationen hin in Rom vorantreiben. Und nach der Kanonisation waren sie dank ihrer zahlreichen Mitglieder in der Lage, bei den Gläubigen für die neuen Heiligen zu werben. Aber sie konnten ihre Heiligen nicht oktroyieren, wie man an den religiösen Anhängern sieht. Die Gläubigen trafen durchaus eine eigene Wahl.

Eine weitere Frage ist, ob in der Barockzeit erst jüngst kanonisierte Heilige besonders populär waren und ob sie ältere Kultziele verdrängen konnten. Dazu wurden die auf den religiösen Anhängern vorkommenden Personen nach dem Kultbeginn sortiert.[30]

Verehrungsbeginn	Personen	Belege
Engel	2	12,8 %
Umfeld Jesu	9	14,4 %
Spätantike	13	26,6 %
Hochmittelalter	5	4,8 %
13. Jh.	4	6,4 %
15. Jh.	3	2,7 %
16. Jh.	1	0,5 %
17. Jh.	11	21,3 %
18. Jh.	3	10,6 %

Biblische und frühchristliche Personen machen demnach über die Hälfte aller Belege aus (53,9 %). Nur schwach vertreten sind Personen, deren Kult im Mittelalter (8.-16. Jahrhundert) begann (14,4 %). Barockheilige haben einen Anteil von fast einem Drittel (31,9 %). Vergleicht man diese Zahlen mit den erfolgten Heilig- und Seligsprechungen[31], dann kann überprüft werden, ob diese Zahlen weniger die Kultstärke der Heiligen im barocken Südwestdeutschland als vielmehr die tatsächlich vorhandene Anzahl heiliggesprochener Personen aus den verschiedenen Jahrhunderten widerspiegeln. Betrachtet man die Zahlen und vergleicht sie mit den in den jeweiligen Zeiträumen kanonisierten Personen, so zeigt sich tatsächlich bei den südwestdeutschen Medaillenbelegen ein überproportional hoher Anteil aus dem 17./18. Jahrhundert. Von allen Heiligen, die im 10.-18. Jahrhundert zur Ehre der Altäre gelangten, schafften dies 47,4 % vor 1600. Dagegen beträgt

[30] Ab dem 11. Jahrhundert gilt das Jahr der Kanonisation als Bezugspunkt, vorher ist die Einordnung etwas schwieriger. So wurde z.B. die heilige Familie bei der Gruppe »Umfeld Jesu« eingereiht, obwohl der Kult eigentlich erst im 17. Jahrhundert richtig einsetzte.

[31] Delooz, Sociologie, 247-254.

der entsprechende Anteil bei den religiösen Anhängern nur 27,1 %. Im frühneuzeitlichen Heiligenhimmel Südwestdeutschlands dominierten demzufolge einerseits biblische und frühchristliche Personen (darunter legendäre Gestalten wie Georg und Christophorus) und andererseits vor kurzem kanonisierte. Die starke Präsenz mittelalterlicher Heiliger, besonders der Ordensgründer, in den barocken Gemälden und Fresken scheint dagegen eher ein Zeugnis für die Auftraggeber der Kunstwerke, als für die Glaubenspraxis größerer Bevölkerungsgruppen zu sein.

3.4.3. Stadt und Land

Verlassen wir nun die Heiligenverehrung und schauen uns an, ob und in wieweit sich die barocke Frömmigkeit nach Wohnort, Geschlecht oder Stand der Gläubigen differenzierte. Unterschied sich die Frömmigkeitspraxis bei Mann und Frau, Adel und gemeinem Volk?

Verehrungsziel	Stadt	Land
Barocke Objekte	*28,7 %*	*63,1 %*
Heilige	41,5 %	49,5 %
Jesuitenheilige	62,2 %	37,8 %
Christus	24,3 %	69,9 %
Maria	25,9 %	71,6 %
Bruderschaften	27,1 %	70,8 %
Benediktuspfennig	25,0 %	67,3 %
Ulrichskreuz	31,0 %	65,5 %
Caravacakreuz	52,6 %	21,1 %
Wallfahrten	22,5 %	69,4 %
Weingarten	7,0 %	86,1 %
Einsiedeln	15,8 %	84,2 %
Wessobrunn	9,1 %	90,9 %
Mariazell	36,4 %	63,6 %
Loreto	71,4 %	28,6 %
Rom	80,0 %	20,0 %

Beginnen wir mit Stadt und Land: Das Land gilt gemeinhin als beharrend in seinen Anschauungen, magischen und »abergläubischen« Praktiken anhängend und nach Werner Blessing[32] der »Wissens- und Gewissenskomponente der Gebildeten-Religiosität« nicht zugänglich. Betrachten wir einige Vereh-

32 Werner K. Blessing, Reform, Restauration, Rezession. Kirchenreligion und Volksreligiosität zwischen Aufklärung und Industrialisierung, in: Wolfgang Schieder (Hg.), Volksreligiosität in der modernen Sozialgeschichte, Göttingen 1986, 97-122, hier 98.

rungsziele und -praktiken und schauen, ob sie gehäuft im ländlichen oder städtischen Milieu auftreten.

Das auffallendste Ergebnis ist die weitgehende Übereinstimmung der durch die Objekte erfassten Frömmigkeit in Stadt und Land. (Die zu 100 % fehlenden Anteile sind Belege aus klösterlichem Milieu.) Hierbei sind nicht die Prozentwerte von Stadt und Land bei den einzelnen Verehrungszielen miteinander zu vergleichen, sondern die Abweichungen von der Verteilung der Objekte aus städtischem (28,7 %) bzw. ländlichem Milieu (63,1 %). Bis auf wenige Ausnahmen haben die städtischen Belege in den einzelnen Kategorien einen Anteil, der annähernd dem Anteil der barockzeitlich städtischen Funde an allen südwestdeutschen Funden von knapp 30 % entspricht. (Die fehlenden 8 % sind Funde aus Klöstern.) Überproportional sind in den Städten die Belege für die Heiligenverehrung (41,5 %) vertreten. Dies könnte teilweise mit den Jesuiten erklärt werden, deren Heilige fast ein Fünftel (19,7 %) aller barocken Heiligenbelege stellen. Von den 37 barocken Belegen für Jesuitenheilige stammen 23 von städtischen Funden. Wenn damit auch nicht alles erklärt werden kann, so ist doch zumindest umgekehrt festzuhalten, dass die Heiligenverehrung im Barock kein überwiegend ländliches Phänomen war. Belege für den Besuch von Gnadenstätten sind insgesamt in Stadt und Land einigermaßen gleichmäßig verteilt. Es lassen sich jedoch bei den Wallfahrtszielen Unterschiede feststellen. Nachweise für barockzeitliche Pilgerfahrten nach Loreto, Rom und Mariazell sind in der Stadt über-, nach Einsiedeln, Weingarten und Wessobrunn unterrepräsentiert. Vielleicht gab es unter der städtischen Bevölkerung eher Personen mit Interesse bzw. Zeit und Geld für eine Italienfahrt. Die Gründe für das geringere städtische Interesse am oberschwäbischen Weingarten und dem schweizerischen Einsiedeln bedürfen noch weiterer Untersuchungen. Bei der erst im 18. Jahrhundert entstandenen Wallfahrt nach Wessobrunn in Oberbayern könnte die größere Resonanz wallfahrtsfeindlicher Tendenzen in der Stadt eine Rolle gespielt haben. Insgesamt ist die gleichmäßige Präsenz der meisten durch die Anhänger erfassten Phänomene in Stadt und Land zu konstatieren. Dies gilt selbst für Objekte wie das Ulrichskreuz und den Benediktuspfennig, deren vorwiegende Nutzung als Apotropaion weit von der Blessingschen »Wissens- und Gewissenskomponente« der Religion entfernt ist.

3.4.4. Mann und Frau

Liefert die Archäologie auch einen Beitrag zur Geschlechterforschung? Kann man im Barock von einer männlichen und einer weiblichen Frömmigkeit sprechen? War es so, wie Martin von Cochem in seinem »Goldenen Himmel-Schlüssel« bemerkte, dass nämlich die Frauen es bei Wallfahrten und anderen Formen der Frömmigkeit »dem männlichen Geschlecht weit vorthun«?[33] Um dies zu untersuchen, müssen die aufgefundenen Objekte Mann oder Frau zugeordnet werden können. Am sichersten ist die Zuweisung im Fall geschlechtlich bestimmter Bestattungen. Eine weitere, allerdings weniger gesicherte Möglichkeit geschlechtlicher Zuordnung bietet die Sitzordnung in Pfarrkirchen. Traditionell saßen in der Kirche die Frauen auf der Nord-, die Männer auf der Südseite.[34] So ist davon auszugehen, dass in der entsprechenden Kirchenschiffseite angetroffene Verlustfunde, die ja in erster Linie durch das Rosenkranzbeten entstanden, Männern bzw. Frauen zuzuordnen sind.

Verehrungsziel	Mann	Frau
Barocke Objekte	*55,4 %*	*44,6 %*
Heilige	60,5 %	39,5 %
Christus	38,9 %	61,1 %
Maria	65,0 %	35,0 %
Bruderschaften	63,6 %	36,4 %
Benediktuspfennig	45,5 %	54,5 %
Wallfahrten	56,1 %	43,9 %
Weingarten	75,0 %	25,0 %
Einsiedeln	53,9 %	46,1 %

In den meisten Fällen entspricht das Verhältnis der Männern bzw. Frauen zugeordneten Objekte in den einzelnen Kategorien dem aller barocken Objekte von 55,4 % : 44,6 %. Überproportional sind bei den Männern Belege für eine Marien- und Heiligenverehrung sowie Bruderschaftsabzeichen vertreten. Unterrepräsentiert sind Belege für eine Christusverehrung und Benediktuspfennige. Auf das Verhältnis der Männer zu Maria in der barocken Frömmigkeit bin ich bereits oben eingegangen. Die oben zitierte Aussage Martin von Cochems zur größeren Wallfahrtsfreudigkeit der Frauen wird durch die Wallfahrtsandenken nicht bestätigt. Sie sind entsprechend den Gesamtanteilen auf die beiden Geschlechter verteilt. Das gleiche gilt für die Behauptung von

33 Martin von Cochem, Goldener Himmel-Schlüssel, Augsburg 1774, Vorrede, http://books.google.de/books?id=h449AAAAcAAJ&printsec=frontcover&hl=de&source=gbs_ge_summary_r&cad=0#v=onepage&q&f=false (gelesen 28.11.2013).

34 Eine Ausnahme war z.B. die Stiftskirche Unsere Liebe Frau in Bruchsal, wo die Männer 1724-1945 in der linken Hälfte saßen, da dort der Altar der Männersodalität stand; Stadtkirche »Unsere Liebe Frau« Bruchsal, Wiesbaden [3]1977, 32.

Odilo Ringholz[35], dass vor dem Aufkommen der Eisenbahn mehr Männer als Frauen nach Einsiedeln gepilgert seien. Die Verteilung der barocken Belege für einen Besuch in Einsiedeln auf Männer und Frauen entspricht der Gesamtverteilung. Für Weingarten konnte jedoch eine interessante Abweichung festgestellt werden. Hier beträgt das Verhältnis zwischen Männern und Frauen zugeordneten Objekten 3 : 1. Vielleicht hängt dieses Ungleichgewicht mit den ausschließlich männlichen Teilnehmern der Reiterprozessionen nach Weingarten zusammen.

Insgesamt kann festgehalten werden, dass die Untersuchung archäologischer Quellen die Chance bietet, das Verhältnis der Geschlechter in Bezug auf die Frömmigkeitspraxis und die Auswahl der Kultziele zu erforschen. Der erste Eindruck liefert, abgesehen von der Christus- und Marienverehrung, ein recht ausgewogenes Bild für die Barockzeit. Es konnten keine großen Unterschiede zwischen Männern und Frauen erkannt werden. Allerdings muss die Zahl der Objekte, die einem Geschlecht zugewiesen werden kann, noch deutlich erhöht werden, um hier zu sicheren Aussagen zu gelangen und beispielsweise regionale Spezifika auszuschalten.

3.4.5. Volksfrömmigkeit?

Wird über Formen der Frömmigkeit, insbesondere der Frömmigkeitspraxis in Gegenwart oder Vergangenheit gesprochen, dann taucht fast unweigerlich der Begriff »Volksfrömmigkeit« auf. Das gilt für Geschichtsforschung, Volkskunde und Theologie, aber auch gerne im Journalismus. Bereits Max Weber postulierte für alle Religionen eine Trennung von »Virtuosenreligiosität« und »Massenreligiosität«[36]. Speziell in der katholischen Kirche stehe die Masse der Gläubigen immer unter dem bestimmenden Einfluss des Klerus. Allerdings müsse jede Priesterschaft, um ihren Einfluss zu halten, »in der Gestaltung ihrer Lehre und ihres Handelns dem traditionellen Vorstellungskreis der Laien entgegenkommen«.[37] Bis heute geht die Mehrzahl der Forscherinnen und Forscher, die sich um die Frömmigkeitsgeschichte bemühen, davon aus, dass es eine »Volksfrömmigkeit« gegeben hat, die sich von anderen Frömmigkeiten unterschied. Definition und inhaltliche Füllung werden allerdings

---

[35] Odilo Ringholz, Die Wallfahrt aus dem badischen Lande zu U.L.F. in Einsiedeln und Freiburg im Breisgau und Einsiedeln, Einsiedeln 1923, 9.

[36] Max Weber, Wirtschaftsgeschichte, Berlin ^{4}1981, 310.

[37] Max Weber, Wirtschaft und Gesellschaft, Bd.1, Tübingen ^{5}1976, 284.

in sehr unterschiedlicher Weise durchgeführt. Die kritische Sicht Andreas Holzems und Wolfgang Brückners[38] konnte sich bis heute nicht durchsetzen.

Gab es im Barock eine »Volksfrömmigkeit«? Soll der Begriff einen heuristischen Wert haben, dann müssen in der Frömmigkeit Differenzierungen erkennbar sein, die sich entlang sozialer Grenzen ausbildeten. Lassen sich mit den religiösen Anhängern und Medaillen aus archäologischen Zusammenhängen hierzu Erkenntnisse gewinnen? Es wurde bereits festgestellt, dass sich mit unserer Quellengruppe zwischen der barockzeitlichen Frömmigkeit städtischer und ländlicher Bevölkerungen, zwischen derjenigen der Laien und Geistlichen wie auch Mann und Frau keine bemerkenswerten Unterschiede erkennen ließen. Gilt dies auch bezüglich der Stände und ähnlicher gesellschaftlicher Gruppierungen?

Anhand verschiedener Kriterien können 44 Objekte der Oberschicht zugerechnet werden.[39] Dies bedeutet nicht, dass die übrigen 658 Objekte Mitgliedern der Mittel- und Unterschichten gehörten. Es kann sich darunter weiterer Besitz der Oberschichten befinden.

Verehrungsziel	Oberschicht
Barocke Objekte	*8,0 %*
Heilige	9,6 %
Christus	5,8 %
Maria	4,3 %
Bruderschaften	10,4 %
Benediktuspfennig	5,8 %
Ulrichskreuz	3,5 %
Caravacakreuz	26,3 %
Wallfahrten	6,6 %

---

38 Andreas Holzem: »Volksfrömmigkeit«. Zur Verabschiedung eines Begriffs, in: ThQ 182 (2002), 258-270; Wolfgang Brückner, Probleme der Frömmigkeitsforschung. Religiöse Volkskunde im öffentlichen Bewußtsein, in: ders., Frömmigkeit und Konfession. Verstehensprobleme, Denkformen, Lebenspraxis, Würzburg 2000, 75-92.

39 Eine gesicherte Zuweisung liegt bei den 21 Objekten vor, die aus namentlich bekannten Adelsbestattungen oder -stiftungen stammen. Hier ist eine Auswertung für eine soziale Gruppe möglich. Allerdings können bei der geringen Anzahl regionale, chronologische, familiäre oder andere Spezifika das Bild stark beeinflussen. Weitere 23 Objekte wurden einer nicht sehr präzise gefassten sozioökonomischen Oberschicht zugeordnet. Als Kriterien galten Bestattung im Chor, der Ornat des Bestatteten, anthropologische Daten wie Körpergröße, Arbeitsbelastung und Ernährungsweise, die Bestattung in einer Kapelle auf dem Friedhof, Schriftquellen zu den Bestatteten und den Hausbesitzern.

Als erstes kann festgehalten werden, dass sich beinahe alle Objektgruppen und Verehrungsziele auch bei der Oberschicht finden. Dies gilt für die Kultzielgruppen, für funktional definierte Objektgruppen wie Wallfahrtsandenken und Bruderschaftsabzeichen, für einige Sonderkreuze und den Benediktuspfennig. Sogar ein in der Literatur stets unter den Objekten der Volksfrömmigkeit eingereihtes Objekt wie die Nepomukszunge fand sich in einer Adelsbestattung. D. h. es gab im Barock kaum einen durch die Anhänger repräsentierten Bereich der Frömmigkeit, an dem die Angehörigen der Oberschicht nicht partizipierten. In den Anhängern und Medaillen ist keine »Volksfrömmigkeit« erkennbar. Und meiner Meinung nach gab es sie auch nie in der Form eines geschlossenen, umfassenden Systems, dem eine wie auch immer zu bezeichnende andere Frömmigkeit gegenüber stand.

3.5. Abschied von der Dichotomie – von mittelalterlichen Nah- und barocken Fernwallfahrten

Als letztes Beispiel möchte ich mich mit dem mittelalterlichen und frühneuzeitlichen Wallfahrtswesen beschäftigen. Seit dem Erscheinen der grundlegenden Arbeit zur Geschichte des christlichen Wallfahrtswesens von Georg Schreiber 1934[40] unterteilte man die Geschichte der Wallfahrt in drei große Abschnitte, jeweils getrennt durch eine Zeit des Niedergangs der Wallfahrtsaktivitäten:

1. Das Mittelalter habe nur wenige Wallfahrtsziele – in erster Linie Rom, Jerusalem und vor allem Santiago de Compostela gekannt. Im 12./13. Jahrhundert entstanden – insbesondere entlang der Pilgerwege – neue Kultorte wie z. B. Chartres, Saint-Gilles, Saint-Léonard-de-Noblat, Rocamadour, Aachen, Köln, Einsiedeln, Lucca, Bari.
2. Nach dem Niedergang des Wallfahrtswesens in der Zeit der Reformation blühte es – beschränkt auf den katholisch gebliebenen Teil Europas – im Barock neu auf. Im Gegensatz zu den mittelalterlichen Fernwallfahrten zu wenigen Kultzielen, die nur von einem Teil der Christen und gewöhnlich nur einmal im Leben aufgesucht wurden,

[40] Georg Schreiber, Strukturwandel der Wallfahrt, in: ders. (Hg.), Wallfahrt und Volkstum in Geschichte und Leben, Düsseldorf 1934, 1-183; Wolfgang Brückner datiert die Feststellung eines »Strukturwandels der Wallfahrt« zwischen dem weltweiten mittelalterlichen Pilgerwesen und der neuzeitlichen Territorialwallfahrt auf die Zeit um 1600; Wolfgang Brückner, Das Nord-Süd-Problem in der Wallfahrtsforschung, in: Hartmut Kühne u.a. (Hg.), Spätmittelalterliche Wallfahrt im mitteldeutschen Raum. Tagung Eisleben 2002, Berlin 2002, 7-13, hier 8.

sei das Pilgerwesen des Barock bestimmt gewesen von Nahwallfahrten zu den zahllosen Gnadenstätten in der direkten lokalen oder zumindest regionalen Umgebung der Gläubigen. Es wurde beinahe zur Regel, dass jeder Katholik mehrmals im Leben individuell Gnadenstätten aufsuchte oder an fest etablierten Gemeindewallfahrten zu immer demselben Ziel teilnahm.

3. Nach dem durch die Aufklärung und Säkularisation bewirkten Rückgang des Wallfahrtswesens erlebte es ab den 1830er Jahren eine Restauration. Das Pilgerwesen erreichte allerdings nicht mehr den Umfang des barocken Wallfahrtswesens und erfasste auch nicht mehr alle Teile der Bevölkerung. Außerdem konzentrierte es sich wieder auf wenige Fernwallfahrtsziele (Lourdes, Fatima, Rom).

Die geschilderte Einteilung des christlichen Wallfahrtswesens in drei Abschnitte, geprägt von dem Wechsel zwischen Fern- und Nahwallfahrten, zwischen wenigen und zahlreichen aufgesuchten Kultorten ist in der Tendenz in der Forschung heute noch weitgehend gültig. In dem grundlegenden Nachschlagewerk »Theologische Realenzyklopädie« wird 2003 vom frühneuzeitlichen Wallfahrtswesen »in Form der bischöflich oder pfarramtlich beaufsichtigten Nahwallfahrten« und von der »Territorialisierung der Wallfahrt« und »kleinräumige[n] Kultlandschaften« gesprochen. Auch Bernhard Schneider resümierte 2005 für die Neuzeit, dass »Nahwallfahrten innerhalb eines überschaubaren geographischen Raumes die Regel wurden.«[41] Ich möchte mit Hilfe der Quellengruppen »mittelalterliche Pilgerzeichen« und »barocke Wallfahrtsandenken«, geborgen im Rahmen archäologischer Untersuchungen, diese Thesen überprüfen.

3.5.1. Mittelalter

Welche Strecken legten nun die mittelalterlichen Pilger zurück? Wie lange waren sie unterwegs? Stimmt das Bild vom Mittelalter als Zeit der ausschließlichen, oft Jahre dauernden Fernwallfahrt? Zur Beantwortung dieser Fragen wurden drei große Pilgerzeichenkomplexe untersucht.[42]

---

[41] Hartmut Kühne, Wallfahrt V. Kirchengeschichtliches, in: TRE 35 (2003), 423-430, hier 428-429; Bernhard Schneider, Kampf gegen den Aberglauben. Pilgern in der Neuzeit, in: Klaus Herbers u.a. (Hg.), Pilgerwege im Mittelalter, Darmstadt 2005, 119-125, hier 121.

[42] Fassbinder, Umbrüche und Kontinuität.

Paris[43]: Im Musée National du Moyen Age befinden sich 685 religiöse und profane Metallabzeichen des 12.-16. Jahrhunderts. Sie wurden größtenteils in den 1850/60er Jahren bei Arbeiten an den Ufern der Seine im Schlamm gefunden. Sie verdanken - wie eine große Zahl der Pilgerzeichen überhaupt - ihre Erhaltung der Aufbewahrung im feuchten Milieu. Für die Auswertung wurden die 162 sicher identifizierten, vorwiegend in das 14./15. Jahrhundert datierenden Wallfahrtsandenken mit Fundort Paris betrachtet. Man geht davon aus, dass die Abzeichen zum überwiegenden Teil als Dank für eine erfolgreich abgeschlossene Pilgerfahrt bewusst in die Seine geworfen wurden. Deswegen können die Abzeichen als Beleg für Pilgerfahrten dienen, die in erster Linie von Bewohnern der Stadt durchgeführt wurden und nicht von Durchreisenden. Sie belegen somit die Wallfahrtsziele der Bevölkerung von Paris. Die 162 Pilgerzeichen stammen aus 42 Orten. Knapp drei Viertel der Orte liegen im heutigen Frankreich, je gut 7 % in Spanien und Italien. Hinzu kommen je zwei Orte in Belgien, dem Heiligen Land sowie einer in England.[44]

Niederlande und Belgien[45]: In der über 2.700 Metallabzeichen umfassenden Sammlung H.J.E. van Beuningen konnten 315 Pilgerzeichen von 76 verschiedenen Wallfahrtsorten identifiziert werden. Die Pilgerzeichen stammen von 33 Fundplätzen in Belgien und den Niederlanden, wobei über die Hälfte in der 1530 von der Flut zerstörten Stadt Nieuwlande in der südwestniederländischen Provinz Zeeland aufgefunden wurde. 42 % der Pilgerziele liegen in Belgien und den Niederlanden, ein gutes Viertel in Frankreich, ein knappes Fünftel in Deutschland - vornehmlich im Rheinland - vier Orte in Italien, je zwei in Spanien und Großbritannien und einer in der Schweiz.

Zeeland[46]: Als letztes sollen 713 weitere in der niederländischen Provinz Zeeland auf elf Fundplätzen gefundene religiöse Abzeichen auf unsere Fragestellung hin untersucht werden. 377 dieser Objekte konnten 44 Wallfahrtszielen zugeordnet werden. Die Wallfahrtsorte verteilen sich auf folgende Länder: Niederlande und Belgien (38,6 %), Frankreich (20,4 %), Deutschland (13,6 %), Großbritannien (11,4 %), Italien (6,8 %), Spanien (4,5 %) sowie die Schweiz

---

43 Denis Bruna, Enseignes de pèlerinages et enseignes profanes. Musée National du Moyen Age-Thermes de Cluny, Paris 1996.

44 Bei der Zuordnung zu einem Land wird immer von den heutigen politischen Grenzen ausgegangen. Acht weitere Pilgerzeichen stammen vermutlich aus Aachen oder Köln. Sie wurden aber wegen der unsicheren Zuschreibung nicht einbezogen.

45 Hendrik J. E. van Beuningen / Adrianus Maria Koldeweij, Heilig en Profaan. 1000 laatmiddeleeuwse insignes uit de collectie van H. J. E. van Beuningen, Cothen 1993.

46 Robert Maarten van Heeringen / Adrianus Maria Koldeweij / Antonia Anna Gertruida Gaalman, Heiligen uit de modder. In Zeeland gevonden pelgrimstekens, Utrecht 1987.

und das Heilige Land. Im Vergleich zu der obigen Untersuchung von Zeichen aus dem ganzen Beneluxraum aus der Sammlung van Beuningen fällt der geringere Anteil französischer und deutscher Orte gegenüber Orten in Großbritannien auf. Es stellt sich die Frage, ob damit eine regionale Besonderheit der Provinz Zeeland erfasst werden konnte.

Ich habe drei Kategorien von Wallfahrten anhand der Entfernung zwischen Heimatort der Pilger und Wallfahrtsziel gebildet: Lokalwallfahrten (bis 30 km Luftlinie Entfernung), Regionalwallfahrten (bis 200 km) und Fernwallfahrten. Die Ergebnisse sind überraschend und deutlich.

<table>
<tr><th>Herkunft der Pilger</th><th>Lokal-wallfahrten</th><th>Regional-wallfahrten</th><th>Fern-wallfahrten</th></tr>
<tr><td>Paris</td><td>14,2 %</td><td>46,3 %</td><td>39,5 %</td></tr>
<tr><td>Niederlande / Belgien</td><td colspan="2">63,2 %</td><td>36,8 %</td></tr>
<tr><td>Provinz Zeeland</td><td colspan="2">77,5 %</td><td>22,4 %</td></tr>
</table>

Als Fazit kann für das spätmittelalterliche Pilgerwesen festgehalten werden: Neben den bekannten Fernwallfahrtszielen wie z. B. Santiago de Compostela, Rom oder Mont-Saint-Michel wurde eine Vielzahl von weiteren Orten aufgesucht. Der Besuch von über 100 verschiedenen Pilgerzielen ist allein durch die Funde von Abzeichen in den drei vorgestellten Regionen Paris, Belgien und den Niederlanden belegt. Das am meisten überraschende Ergebnis ist der geringe Anteil der Fernwallfahrten. Der Anteil der Wallfahrten, bei denen sich das Kultziel mehr als 200 km Luftlinie entfernt vom Heimatort des Pilgers, der Pilgerin befindet, liegt nur zwischen einem knappen Viertel und einem guten Drittel. Für das 15. Jahrhundert kann man sogar von einer Dominanz der Wallfahrten von unter 150 km Länge sprechen. Wie lassen sich diese Zahlen erklären, die im Widerspruch zur traditionellen und noch heute in Handbüchern verbreiteten Auffassung über den Charakter des mittelalterlichen Wallfahrtswesens stehen? Zwei Umstände schränken die erstaunliche Vorherrschaft der Nah- und Regionalwallfahrten etwas ein. Erstens nahmen die Pilger von einem der Hauptwallfahrtsziele – Santiago de Compostela – Andenken aus leichter vergänglichem Material mit, die sich daher seltener in archäologischen Untersuchungen – vor allem in Begehungen mit dem Metalldetektor – finden: Jakobsmuscheln und Gagatfigürchen (Azabaches)[47].

[47] Muscheln: Denis Bruna, Les enseignes de pèlerinage et les coquilles Saint-Jacques dans les sépultures du Moyen Age en Europe occidentale, in: BSNAF (1991), 178-190; Andreas Haasis-Berner, Pilgerzeichen des Hochmittelalters, Darmstadt / Würzburg

Flössen diese Objekte in die Untersuchung mit ein, wäre der Anteil der Fernwallfahrten sicherlich höher, als er hier erscheint. Zweitens liegen einige Pilgerziele, deren Besuch durch die Abzeichen belegt ist, auf den Wegen nach Santiago de Compostela und nach Rom. Diese Orte wurden also vermutlich im Zuge von Fernwallfahrten aufgesucht. Dies kann aber nicht für die Orte gelten, die in entgegengesetzter Richtung liegen. Für die Pilger aus Paris sind das z. B. Ziele in Nordfrankreich, für diejenigen aus den südlichen Niederlanden Kultorte in England oder Norddeutschland. Ohne genaue Zahlen nennen zu können, bleibt es demnach bei der Feststellung, dass sich ein erheblicher Teil des mittelalterlichen Wallfahrtswesens im Rahmen von lokalen und regionalen Wallfahrten abspielte.

3.5.2. Nah- und Fernwallfahrten in der Frühen Neuzeit

Kann eine vergleichbare Akzentverschiebung im Verhältnis zwischen Nah- und Fernwallfahrt, wie sie für das Spätmittelalter herausgearbeitet werden konnte, auch für die Frühe Neuzeit festgestellt werden? Wie schon geschildert, gilt in der Forschung das barocke Wallfahrtswesen als geprägt durch Nahwallfahrten zu einer Vielzahl von Kultzielen der Umgebung bzw. des heimatlichen politischen Territoriums. Als Fernwallfahrt fand bisher lediglich der Massenansturm auf Rom anlässlich der alle 25-50 Jahre gefeierten Heiligen Jahre Beachtung.[48] Von der historischen Forschung wenig rezipiert wurden die schon vor 30 Jahren erschienenen Untersuchungen von Ilja Mieck zur Santiagowallfahrt. Er konnte anhand der Schriftquellen erarbeiten, dass nach einer um 1550 einsetzenden Krise in der Mitte des 17. Jahrhunderts ein neuer Aufschwung – wenn auch auf niedrigerem Niveau – zu beobachten ist.[49] Welche Aussagen zum frühneuzeitlichen Wallfahrtswe-

---

2003, 26; Azabaches: Bernd Thier, Ein spätmittelalterliches Pilgerzeichen aus Gagat, gefunden in Otterndorf-Westerwörden, Ldkr. Cuxhaven, in: Nachrichten aus Niedersachsens Urgeschichte 62 (1993), 331-338.

48 Marcello Fagiolo / Maria Luisa Madonna (Hg.), L'arte degli anni santi. Roma 1300-1875. Ausstellung Rom 1984 / 1985, Mailand 1984; Paolo Brezzi, Storia degli anni santi, Mailand 1950; Eva-Maria Jung-Inglessis, Romfahrt durch zwei Jahrtausende, Bozen ²1978.

49 Ilja Mieck, Zur Wallfahrt nach Santiago de Compostela zwischen 1400 und 1650, in: SFGG, Reihe I: GAKGS 29 (1976), 483-533; ders., Kontinuität im Wandel. Politische und soziale Aspekte der Santiago-Wallfahrt vom 18. Jahrhundert bis zur Gegenwart, in: GeGe 3 (1977), 299-328; ders., Polen und die Pilgerfahrt nach Compostela in der Frühen Neuzeit, in: Klaus Herbers / Dieter R. Bauer (Hg.), Der Jakobuskult in Ostmitteleuropa, Tübingen 2003, 159-174; Jüngst hat sich Floriano Grimaldi in seiner Wallfahrtsgeschichte

sen lassen nun die archäologischen Quellen zu? Anhand der Analyse der Medaillenfunde wird der Versuch unternommen, Ergebnisse zur Dauer barocker Wallfahrten zu ermitteln.

Südwestdeutschland: Bei der schon erwähnten Untersuchung der im Rahmen archäologischer Unternehmungen in Südwestdeutschland[50] aufgefundenen religiösen Anhänger und Medaillen konnten für die Frühe Neuzeit 174 Wallfahrtsmedaillen von 46 verschiedenen Kultorten ermittelt werden. Sie liegen zu je einem guten Viertel in Baden-Württemberg und Bayern, zu einem knappen Fünftel in Österreich, daneben in Böhmen, Italien, der Schweiz sowie in geringem Umfang in Luxemburg, Belgien und Nordrhein-Westfalen. Die wichtigsten Wallfahrtsziele der Katholiken Südwestdeutschlands waren in der Barockzeit Weingarten in Oberschwaben, Einsiedeln in der Ostschweiz, Mariazell in der Steiermark und Wessobrunn in Oberbayern.

Abb. 1: Ziele südwestdeutscher Wallfahrer.

Welche Strecken legten nun die barockzeitlichen Pilger Südwestdeutschlands auf ihren Wallfahrten zurück? Die entferntesten Ziele waren die italienischen Gnadenstätten Rom, Loreto und Numana-Sirolo mit Luftliniendistanzen von 600-800 km. Im Durchschnitt wurden 376 km pro Wallfahrt (Hin- und Rück-

Loretos auch mit den neuzeitlichen Pilgern beschäftigt: Floriano Grimaldi, Pellegrini e pellegrinaggi a Loreto nei secoli XIV-XVIII, in: Supplemento n. 2 al Bollettino Storico della Città di Foligno, o. O. 2002, 233-245.

50 Fassbinder, Wallfahrt, Andacht und Magie, 120-210; Der untersuchte Raum umfasst das heutige Bundesland Baden-Württemberg und einen schmalen grenznahen Streifen des Regierungsbezirkes Schwaben in Bayern.

reise zusammen) zurückgelegt. Dies ist bereits ein erster Hinweis gegen die Alleinherrschaft der Lokalwallfahrt.

Um die Datenbasis zu vergrößern wurden die Medaillenfunde weiterer Regionen betrachtet:

Region	Anzahl Wallfahrtsziele	durchschnittliche Strecke pro Wallfahrt
Worms[51]	11	870 km
Slowenien[52]	16	790 km
Kloster Müstair in Graubünden[53]	6	984 km[54]
Kanton Sankt Gallen[55]	6	146 km

51 Mathilde Grünwald, Pilgerzeichen, Rosenkränze, Wallfahrtsmedaillen, Worms 2001, 24-70.

52 Darko Knez, Svetinjice iz zbirke Narodnega muzeja Slovenije, Ljubljana 2001.

53 Christian Hesse, Zeugnisse der Volksfrömmigkeit. Die ausgegrabenen »Religiosa« im Kloster St. Johann zu Müstair, in: Müstair. Kloster St. Johann 2: Münzen und Medaillen, Zürich 2004, 165-209.

54 Das ist mehr als in den bisherigen Beispielen. Spiegelt sich hier eine größere Mobilität der Kleriker wider?

55 Benedikt Zäch, Kanton St. Gallen 1. Mittelalterliche und neuzeitliche Münzfunde. Inventar der Fundmünzen der Schweiz 6, Bern 2001.

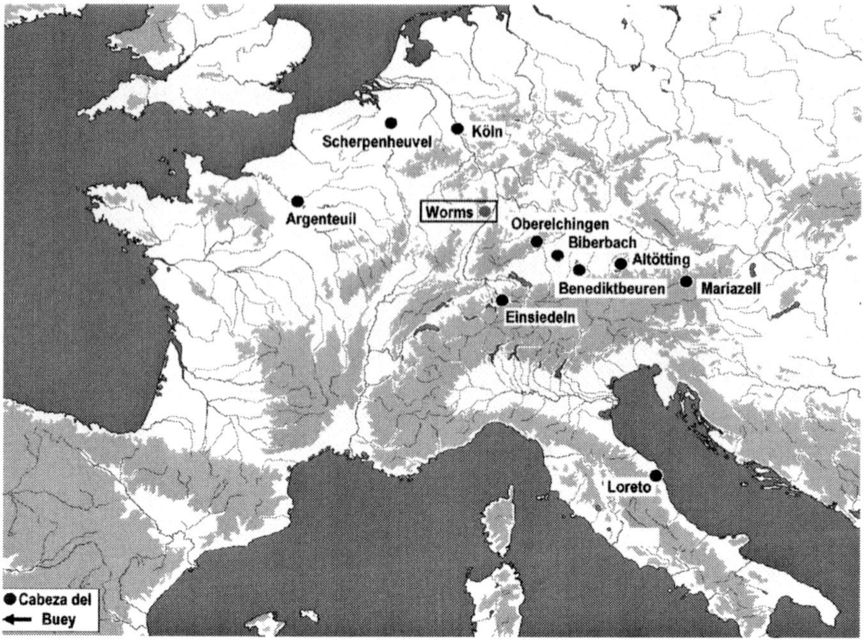

Abb. 2: Ziele der Wallfahrten ab Worms.

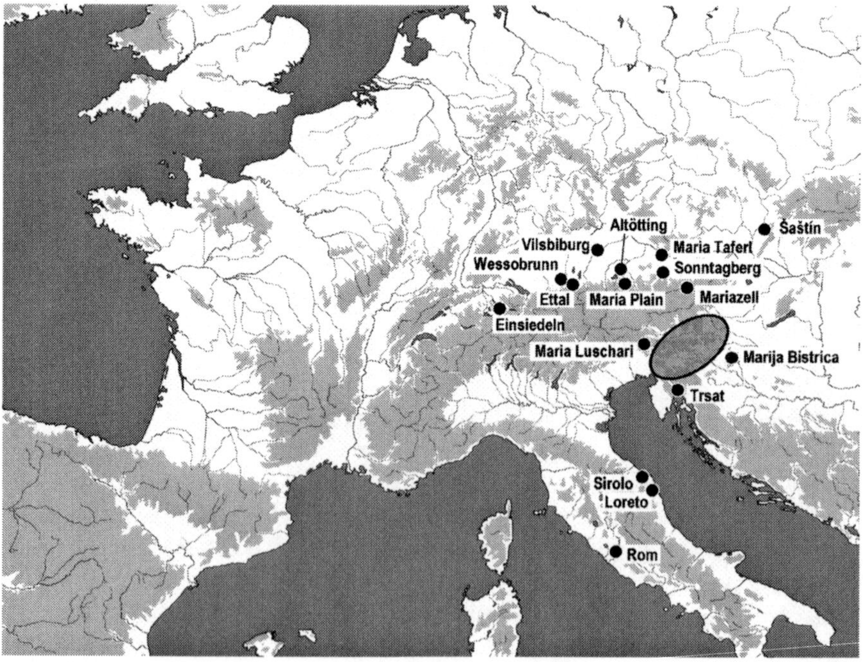

Abb. 3: Ziele slowenischer Wallfahrer.

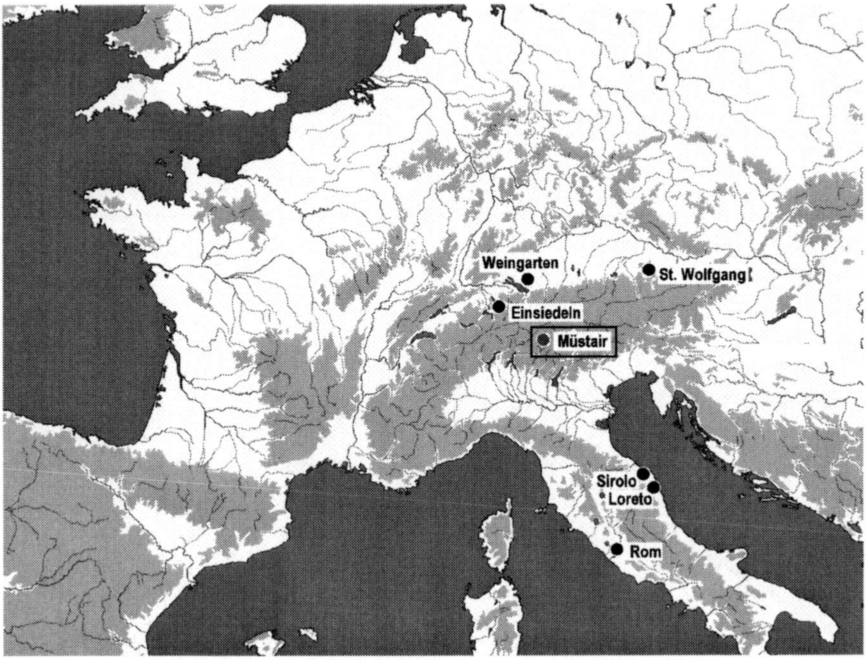

Abb. 4: Ziele der Wallfahrer aus dem Kloster Müstair in Graubünden.

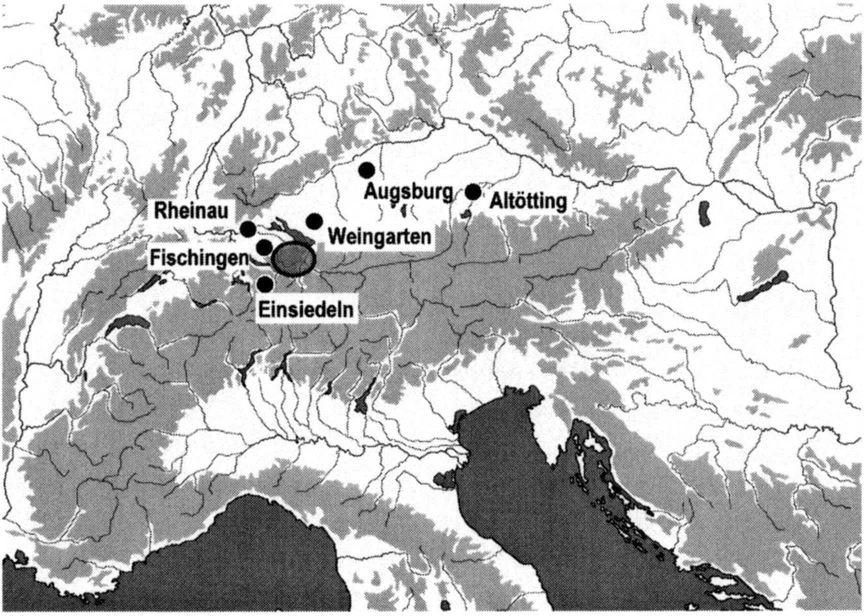

Abb. 5: Ziele der Wallfahrer aus dem Kanton Sankt Gallen.

Interessanter als die relativ künstliche Ziffer der durchschnittlich zurückgelegten Strecke ist die Verteilung der Nah- und Fernwallfahrten innerhalb aller Wallfahrten. Wie viele Tage waren die Pilger unterwegs?

Hinreise-dauer[56]	Südwest-deutschland	Slowenien	Müstair / CH	Worms	Kt. Sankt Gallen
Wallfahrts-medaillen	174	38	20	17	13
0,5 Tage	19,0 %	0,0 %	0,0 %	0,0 %	38,5 %
1 Tag	5,2 %	0,0 %	0,0 %	0,0 %	15,4 %
2 Tage	13,2 %	0,0 %	0,0 %	0,0 %	23,1 %
3 Tage	23,0 %	5,3 %	0,0 %	0,0 %	7,7 %
4 Tage	8,6 %	7,9 %	0,0 %	0,0 %	0,0 %
5-8 Tage	10,3 %	18,4 %	30,0 %	35,3 %	15,4 %
9-12 Tage	7,4 %	31,6 %	5,0 %	41,2 %	0,0 %
13-16 Tage	7,5 %	28,9 %	40,0 %	5,9 %	0,0 %
17-26 Tage	5,8 %	7,6 %	25,0 %	17,6 %	0,0 %
Durchschnitts-strecke	376 km	790 km	984 km	870 km	146 km

Man kann es wohl so zusammenfassen – wobei wir wegen der wesentlich besseren Datenbasis vor allem Südwestdeutschland betrachten müssen: Die Gläubigen unternahmen häufig eintägige Wallfahrten (Hinreisedauer 0,5 Tage). Wenn sie aber schon übernachten mussten, dann blieben sie meist mehrere Nächte fort. Waren sie länger als acht Tage unterwegs, dann machte es auch keinen großen Unterschied mehr, ob sie zwei, drei oder gar sechs Wochen auf Pilgerschaft blieben. Die entsprechenden Prozentzahlen verändern sich nicht stark. Wenn man zum Vergleich mit der obigen Untersuchung des mittelalterlichen Wallfahrtswesens noch eine Trennung von Fern- und Regionalwallfahrten (inklusive Lokalwallfahrten) durchführt, dann zeigt sich, dass die Verhältnisse im Barock denen des Mittelalters erstaunlich ähnelten: Immerhin mehr als ein Viertel der barocken Wallfahrten waren nach Ausweis der gefundenen Wallfahrtsandenken demnach richtige Fernwallfahrten, die eine mehrwöchige Trennung vom Heimatort mit sich brachten.

Als Ergebnis kann man feststellen, dass man sich zwar nicht von der Zweiteilung des Wallfahrtswesens in ein von Fernwallfahrten zu wenigen Orten geprägtes Mittelalter und eine ausschließlich von Nahwallfahrten zu zahlreichen kleinen Kultorten bestimmte frühe Neuzeit ganz verabschieden

[56] Bei Südwestdeutschland liegen den Berechnungen Luftliniendistanzen, bei den übrigen Beispielen tatsächliche Wegstrecken zu Grunde.

muss, aber die Bedeutung mittelalterlicher Nah- und barocker Fernwallfahrten wurde offensichtlich bisher unterschätzt. Der Aufstieg der Regional- und Lokalwallfahrten begann bereits in der zweiten Hälfte des 14. Jahrhunderts und auch die Gläubigen im Zeitalter des Barocks verließen oft Haus und Hof für viele Wochen, um an weit entfernten Orten besondere Gnaden zu erfahren. Es ist ganz offensichtlich, dass in der Forschung bisher die Dominanz lokaler Wallfahrten in der Frühen Neuzeit zu hoch angesetzt worden ist. Hier hat die Archäologie eine bedeutende Korrektur ermöglicht. In diesem Zusammenhang ist auch noch einmal die These von der obrigkeitlichen Kontrolle der frühneuzeitlichen Religiosität zu überprüfen.

4. Lohnt sich das Graben? Resümee

Lohnen sich das Ausgraben und das Auswerten der Funde und Befunde? Kann die Archäologie einen Beitrag leisten zur Erforschung der Geschichte der Bekenntnisse? Ich denke, es konnte überzeugend dargelegt werden, dass archäologische Methoden wichtige Ergänzungen und Korrekturen der anhand der Schriftquellen gewonnenen Erkenntnisse liefern können. Die Archäologie kann Bereiche und Auswirkungen eines historischen Prozesses erfassen, die sich in anderen Quellen weniger oder gar nicht niedergeschlagen haben[57] – wobei das Beispiel »Arianismus« auch die Grenzen aufzeigte. Sie untersucht serielle Quellen und kann damit manchmal quantifizierte Aussagen treffen; d. h. sie kann nicht nur das Vorhandensein eines Phänomens aufzeigen, sondern auch seine Verbreitung und Relevanz abschätzen. Diese Stärke ist allerdings auch ein Problem: Einzelne Funde und Befunde sagen oft wenig aus. Man braucht zahlreiche Untersuchungen mit aussagekräftigen Funden und / oder Befunden, um zu einer interessanten Aussage zu kommen. Im Gegensatz zur Sichtung schriftlicher Quellen ist die Gewinnung der archäologischen Quellen (Funde und Befunde) nicht so einfach möglich. Abgesehen von der finanziellen Herausforderung, für eine Fragestellung zahlreiche Ausgrabungen durchzuführen, gibt es auch juristische und wissenschaftsethische Hürden. Man darf nicht einfach drauf los graben, auch wenn man das Geld dazu hätte. Eine Denkmalschutzregelung, die in der Regel nur Rettungsgrabungen – d. h. Eingriffe in das archäologische Erbe nur bei Gefährdung durch Baumaßnahmen etc. – vorsieht und der Respekt vor der Nachwelt, der man möglichst viele ungestörte Bodenarchive hinterlassen möchte – denn eine ar-

57 Scholkmann, Forschungsfragestellungen.

chäologische Untersuchung ist immer auch eine Zerstörung der Fundstelle –, stecken hier Grenzen ab.

Die Stärke der Archäologie liegt in der Erforschung der Frömmigkeitspraxis, des sinnlich erfahrbar gelebten Glaubens. Die Auswertung der Schriftquellen liefert vor allem Erkenntnisse zu den Produzenten; die Archäologie kommt an den Nutzer heran. Sie kann Aussagen zum gelebten Bekenntnis machen, zur tatsächlich ausgeübten Praxis frommen Tuns. Sie bleibt zwar auf der Nutzungsebene stehen, denn die Archäologie kann nicht aussagen, was die Nutzer sich dabei gedacht haben, was sie sich vielleicht von einer Handlung erhofften. Aber die Archäologie kann sagen, welches religiöse Objekt wann und wo, manchmal auch von wem eingesetzt wurde, wie sich Wandlungsprozesse in Raum und Zeit gestalten, und kann damit doch erstaunlich weitreichende religionshistorische Aussagen machen, die auch die Nachbardisziplinen nicht länger übersehen sollten.

Reformiert Bekennen – Der Heidelberger Katechismus

Thomas K. Kuhn

1. Einleitung

Nach dem Calvin-Jahr 2009 tritt der reformierte Protestantismus 2013 erneut offensiv in die Öffentlichkeit – nun mit dem 450. Gedenken an die Entstehung des Heidelberger Katechismus. Vor vier Jahren präsentierte beispielsweise das Deutsche Historische Museum in Berlin die sehenswerte Ausstellung »Calvinismus. Die Reformierten in Deutschland und Europa«[1], zahlreiche neue Biographien erzählten das Leben Calvins und mehrere Tagungen nahmen sich des Genfer Reformators an. Auch das Gedenken des Heidelberger Katechismus wird von einem breiten erinnerungskulturellen Angebot flankiert. Neben einer informativen Homepage[2] und neueren Publikationen[3] ist in erinnerungsgeschichtlicher Perspektive vor allem die internationale Ausstellung »Macht des Glaubens«, die vom 12. Mai bis 15. September 2013

---

1 Diese Ausstellung, die das Deutsche Historische Museum in Kooperation mit der Johannes a Lasco Bibliothek Emden vorbereitet hatte, war vom 1. April bis 19. Juli 2009 im Deutschen Historischen Museum zu sehen. Siehe dazu den Ausstellungskatalog »Calvinismus. Die Reformierten in Deutschland und Europa«, hg. von Ansgar Reiß und Sabine Witt, Dresden 2009.

2 Siehe dazu: http://www.heidelberger-katechismus.net.

3 In knapper Auswahl nenne ich Matthias Freudenberg / J. Marius J. Lange van Ravenswaay (Hg.), Geschichte und Wirkung des Heidelberger Katechismus. Vorträge der 9. Internationalen Emder Tagung zur Geschichte des reformierten Protestantismus, Neukirchen-Vluyn 2013; Martin Ernst Hirzel / Frank Mathwig / Matthias Zeindler (Hg.), Der Heidelberger Katechismus - ein reformierter Schlüsseltext, Zürich 2013; Christoph Strohm / Johannes Ehmann / Albert de Lange (Hg.), Heidelberg und die Kurpfalz – Orte der Reformation 6, Leipzig 2013; die Zeitschrift »Evangelische Theologie« veröffentlichte ein Themenheft: 450 Jahre Heidelberger Katechismus (1563–2013), in: EvTh 72 (2012), 400-480; Martin Heimbucher / Christoph Schneider-Harpprecht / Aleida Siller (Hg.), Zugänge zum Heidelberger Katechismus. Ein Handbuch für die Praxis. Geschichte – Themen – Unterricht, Neukirchen-Vluyn 2012. Eine bislang unveröffentlichte »Einführung in die reformierte Lehre aufgrund des Heidelberger Katechismus« von Karl Barth findet sich in: ThZ 69 (2013), 266-276.

ungefähr 20.000 Besucherinnen und Besucher angezogen hat[4], zu nennen. Hochkarätige Leihgaben aus dem In- und Ausland dokumentierten die Zeit um 1600 als eine Umbruchs- und Krisenzeit und führten in die historischen Kontexte der Entstehung dieser wirkmächtigen, in ca. 40 Sprachen übersetzten reformierten Bekenntnisschrift ein.[5]

Angesichts der Tatsache, dass die Reformierten in Deutschland, die sich in reformierten sowie in unierten Gemeinden versammeln, nur zwei Millionen der insgesamt 26 Millionen Protestantinnen und Protestanten umfassen, ist diese Dichte reformierter Erinnerungskultur durchaus bemerkenswert. Ob und inwiefern sich diese Präsentationen für den reformierten Protestantismus im speziellen und den Protestantismus im allgemeinen auswirken werden, – diese Frage stellt sich bei allen vergleichbaren erinnerungskulturellen Inszenierungen – ist jetzt noch nicht zu beantworten. Ein Rekurs auf die Geschichte der protestantischen Erinnerungskultur zeigt allerdings, dass eine längerfristige öffentliche Wirkung kaum zu erwarten ist. Immerhin dokumentieren die Veranstaltungen die Existenz reformierter Gemeinden und Traditionen im Umfeld lutherischer Majorität. Zudem eröffnen solche Jubiläen Arbeitsfelder für die sogenannte »Erinnerungsgeschichte«. Diese versucht, die engen fachwissenschaftlichen Diskurse aufzubrechen und inszeniert Geschichte als mediales Event. Und nicht zu vergessen ist: »Erinnerungsgeschichte steht am Anfang einer jeden Geschichtsüberlieferung.«[6]

---

4 Siehe dazu den Ausstellungskatalog »Macht des Glaubens – 450 Jahre Heidelberger Katechismus«, hg. von Karla Apperloo-Boersma und Herman J. Selderhuis, Göttingen 2013. Diese Ausstellung wurde insgesamt an drei Ausstellungsorten gezeigt: im Schloss Heidelberg, im Kurpfälzischen Museum der Stadt Heidelberg und im Paleis Het Loo in Apeldoorn (NL).

5 Zur Wirkung des Heidelberger Katechismus beispielsweise in Nordamerika siehe Jan Stievermann, Der Heidelberger Katechismus in Nordamerika: Von der Kolonialzeit bis zum Bürgerkrieg, in: EvTh 72 (2012), 432-443; Daniel Silliman, Der Heidelberger Katechismus in Nordamerika: Vom Bürgerkrieg bis heute, in: EvTh 72 (2012) 445-457; Douwe Nauta, Die Verbreitung des Katechismus, Übersetzung in andere Sprachen, moderne Bearbeitungen, in: Lothar Coenen (Hg.), Handbuch zum Heidelberger Katechismus, Neukirchen-Vluyn 1963, 39-62.

6 Siehe dazu Dieter Langewiesche, Erinnerungsgeschichte. Ihr Ort in der Gesellschaft und in der Historiographie, in: SZRKG 100 (2006), 13-30, hier 13; ferner Günter Lottes, Erinnerungskulturen zwischen Psychologie und Kulturwissenschaft, in: Günter Oesterle (Hg.), Erinnerung, Gedächtnis, Wissen. Studien zur Kulturwissenschaftlichen Gedächtnisforschung, Göttingen 2005, 163-184.

Das Gedenken des Heidelberger Katechismus ist im Zusammenhang der sogenannten Reformationsjubiläen zu verorten.[7] Als solches ist es ein Ort protestantischer Inszenierung und Erinnerungskultur und dient protestantischer Selbstbesinnung und Selbstbestimmung in konfessionell respektive religiös heterogenen sozialen Kontexten.[8] Diese Art Feier macht – um mit dem Soziologen Winfried Gebhardt zu sprechen – den an ihr Beteiligten »das Woher, Warum und Wozu ihres Lebens, ihrer Gruppe oder der Institution, der sie – immer oder nur partiell – angehören«, bewusst. Diese Feiern »reflektier[en] Herkunft, Bedeutung, Aufgabe und Zukunft von Individuum, Gruppe und Institution, rechtfertig[en] sie so in ihrem Bestand und präsentier[en] sie nach innen und außen als sinnvoll und für das ›Ganze‹ – individuelle Lebensführung, Gesellschaft, Vaterland oder Menschheit – als bedeutend und wichtig«.[9]

Die im Kontext des Jubiläums des Heidelberger Katechismus erscheinende memoriale Semantik lässt zweifelsohne die Evidenz der hier nur knapp angedeuteten theoretischen erinnerungskulturellen Überlegungen mit ihrer Betonung von Identitätsstiftung, Selbstbesinnung und Legitimierungsstrategien sichtbar werden. Sowohl der Titel der Heidelberger Ausstellung »Macht des Glaubens« als auch die Stilisierung des Katechismus als »Symbol des

---

7 Dorothea Wendebourg, Die Reformationsjubiläen des 19. Jahrhunderts, in: ZThK 108 (2011), 270-335; dies., Das Reformationsjubiläum von 1921, in: ZThK 110 (2013), 316-361; Thomas K. Kuhn, Erinnerung, Identität und Repräsentation. Reformationsfeiern in Baden bis zum Ende des Großherzogtums, in: SZRKG 100 (2006), 125-153; Hans-Jürgen Schönstädt, Das Reformationsjubiläum 1617. Geschichtliche Herkunft und geistige Prägung, in: ZKG 93 (1982), 5-57; ders., Das Reformationsjubiläum 1717. Beiträge zur Geschichte seiner Entstehung im Spiegel landesherrlicher Verordnungen, in: ZKG 93 (1982), 58-118; Gottfried Maron, Luther 1917. Beobachtungen zur Literatur des 400. Reformationsjubiläums, in: ZKG 93 (1982), 177-221; Christian Albrecht, Zwischen Kriegstheologie und Krisentheologie. Zur Lutherrezeption im Reformationsjubiläum 1917, in: Hans Medick / Peer Schmidt (Hg.), Luther zwischen den Kulturen: Zeitgenossenschaft - Weltwirkung, Göttingen 2004, 482-499; Wolfgang Flügel, Konfession und Jubiläum. Zur Institutionalisierung der lutherischen Gedenkkultur in Sachsen 1617-1830, Leipzig 2005; ders., Zeitkonstrukte im Reformationsjubiläum, in: Winfried Müller (Hg.), Das historische Jubiläum. Genese, Ordnungsleistung und Inszenierungsgeschichte eines institutionellen Mechanismus, Münster 2004, 77-99; Stefan Laube / Karl-Heinz Fix (Hg.), Lutherinszenierung und Reformationserinnerung, Leipzig 2002.

8 Siehe dazu die Beiträge in dem Sammelband: Martin Heimbucher (Hg.), Reformation erinnern. Eine theologische Vertiefung im Horizont der Ökumene, Neukirchen-Vluyn 2013.

9 Winfried Gebhardt, Fest, Feier und Alltag. Über die gesellschaftliche Wirklichkeit des Menschen und ihre Deutung, Frankfurt am Main u.a. 1987, 63.

Aufbruchs und der Veränderung in Europa, Amerika und Asien«[10] sind wohl kaum allein Ausdruck werbestrategischer Überlegungen, sondern stehen exemplarisch auch für das Bemühen, konfessionelles Selbstbewusstsein zu markieren sowie konfessionsspezifische Geschichtsbilder zu popularisieren.[11]

Die folgende Darstellung führt zunächst in die Entstehungsgeschichte des Heidelberger Katechismus ein und schließt mit einigen exemplarischen Bemerkungen zur Rezeption des Katechismus im 19. und 20. Jahrhundert.

2. Katechismen und Bekenntnisschriften im Zeitalter der Reformation

Ursprünglich umfasste der Begriff »Katechismus« altkirchlich erstens den Taufunterricht und zweitens die Inhalte desselben. Im Mittelalter konnte schließlich drittens damit das diesen Inhalt umfassende Buch bezeichnet werden. Erste Katechismen für den nachgeholten Taufunterricht stammen aus dem 8./9. Jahrhundert, ein erster schriftlich tradierter Fragekatechismus ist aus dem 11. Jahrhundert belegt.[12] Durch die sich vollziehende Trennung von Exorzismus am Täufling und der stellvertretenden Unterweisung der Paten entwickelte sich der heute übliche Sprachgebrauch. Im Zeitalter der Reformation entstanden zahlreiche Katechismen sowohl in der römisch-katholischen wie in den evangelischen Kirchen[13] in unterschiedlichen politischen, sozialen und religiösen Kontexten. Sie knüpften erstens an die mittelalterliche Praxis der Predigt über die Zehn Gebote, das Glaubensbekenntnis und das Unser Vater an, verfolgten zweitens seelsorgerliche Absichten und zielten drittens auf die Beförderung der Kirchenzucht. So galt beispielsweise – so zumindest

---

[10] So beispielsweise die Ankündigung des Ausstellungskataloges im Verlagsprospekt.

[11] Für diese Problematik gilt es sich auch mit Blick auf das Jubiläum 2017 zu sensibilisieren. Siehe dazu Hartmut Lehmann, Luthergedächtnis 1817 bis 2017, Göttingen 2012 und das Themenheft der Berliner Theologischen Zeitschrift 28 (2011) »Ratlos vor dem Reformationsjubiläum 2017?«, 9-159.

[12] Siehe dazu Hans-Jürgen Fraas, Katechismustradition. Luthers kleiner Katechismus in Kirche und Schule, Göttingen 1971, 9.

[13] Siehe hierzu Gerhard J. Bellinger, Art. Katechismus II. Römisch-katholische Kirche, in: TRE 17 (1988), 729-736; Christopf Moufang (Hg.), Katholische Katechismen des 16. Jahrhunderts in deutscher Sprache, Mainz 1881 (Nachdruck Hildesheim 1964); Hans-Jürgen Fraas, Art. Katechismus I. Protestantische Kirchen, 1. Historisch (bis 1945), in: TRE 17 (1988), 710-722; ders., Art. Katechismus. IV. Evangelische Katechismen, in: RGG[4] 4 (2001), 864-866.

die offiziellen Anforderungen – die Kenntnis des Katechismus als Voraussetzung für die Zulassung zum Abendmahl, zur Patenschaft und zur Ehe.[14] Als übergreifende und verbindende Gemeinsamkeiten der Katechismen können katechetische und normierende Intentionen benannt werden, die aus den ernüchternden Erfahrungen der zahlreich durchgeführten Gemeindevisitationen resultierten. Die Notwendigkeit einer breiten Katechese formulierte beispielsweise schon früh Martin Luther in der Vorrede zur Deutschen Messe:

> »Wolan ynn Gottis namen! Ist auffs erste ym deudschen Gottis dienst eyn grober, schlechter, eynfeltiger guter Catechismus von nöten. Catechismus aber heyst eyne unterricht, damit man die heyden, so Christen werden wollen, leret und weyset, was sie gleuben, thun, lassen und wissen sollen ym Christenthum: da her man Catechumenos genennet hat die leer jungen, die zu solcher unterricht angenommen waren und den glauben lernten, ehe denn man sie teuffet.«[15]

Luthers Forderung blieb nicht ungehört, sondern fand bis 1529 in ca. 30 Lehrbüchern offensichtlich Niederschlag. Zu ihnen zählt auch das Werk des Nürnberger Pfarrers Andreas Althamer (vor 1500-1539)[16], der maßgeblich an der Reformation in der Markgrafschaft Brandenburg-Ansbach beteiligt war. Sein Büchlein ist deswegen besonders erwähnenswert, weil es erstmalig den Begriff »Katechismus« im Titel führt: »Catechismus. Das ist Unterricht zum Christlichen Glauben, wie man die jugent leren und ziehen sol, in frag weyß und antwort gestelt«, Nürnberg 1528. Ein Jahr später erschienen Luthers Großer und Kleiner Katechismus.

Neben diesen »Katechismen« als Unterrichtsbüchern – Luther sprach auch von der »Laien-bibel«[17] – im engeren Sinne entstanden als Manifestationen konfessioneller Positionierung wie theologischer Normierung die Bekenntnisschriften, auch Symbole genannt. Hier seien beispielsweise für den deutschsprachigen Raum die drei auf dem Augsburger Reichstag 1530 vorgelegten Bekenntnisse genannt: Confessio Augustana, Fidei ratio sowie Confessio Tetrapolitana. Weitere bedeutende Bekenntnisschriften aus der Frühzeit des Protestantismus sind der Berner Synodus (1532), das Basler Bekenntnis (1534), die Confessio Helvetica prior (1536) als das erste reformierte gemein-

---

14 Siehe Fraas, Art. Katechismus IV., 864.

15 Martin Luther, Deutsche Messe und Ordnung Gottesdiensts, in: WA 19, 44-113, hier 76, 1-7.

16 Heinz Scheible, Art. Andreas Althamer, in RGG^4 1 (1998), 373; dort weiterführende Literatur.

17 WA 30 I, 26-27; 41, 275.

same Bekenntnis, der Consensus Tigurinus (1549), der Emder Katechismus (1554), der Heidelberger Katechismus (1563) sowie die Confessio Helvetica posterior (1566).[18] Den Abschluss der lutherischen Bekenntnisbildung bot schließlich das Konkordienbuch von 1580.

Das Beispiel des Heidelberger Katechismus zeigt exemplarisch, wie eine ursprünglich katechetischen Zwecken dienende Schrift den Rang einer Normativität beanspruchenden Bekenntnisschrift erlangen konnte. Auf der Synode zu Dordrecht 1618/19 wurde, nach der verbindlichen Festlegung seines Wortlautes, der Katechismus zum Bekenntnisbuch, das nicht nur im deutschsprachigen Raum in den folgenden Jahrhunderten eine herausragende Rolle einnehmen sollte. Doch auch andere ursprünglich katechetische Texte weisen einen solchen Bedeutungs- und Funktionswandel auf. Luthers Kleiner Katechismus beispielsweise, der zunächst als religiöse Sprachschule dienen sollte und zudem als Gottesdienstbuch oder als privates Andachtsbuch Verwendung fand, erlangte letztlich dadurch einen exklusiven autoritativen Rang, dass neben dem Inhalt ebenfalls dem Wortlaut Normativität zukam und er Teil des Konkordienbuches wurde.[19] Nun erhielt auch der Wortlaut der Erklärungen Kanonizität und wurde schließlich als heilig und göttlich bezeichnet. Luthers Text gedieh zunehmend zur Norm, nach der alle Lehre ausgerichtet werden sollte. Diese Entwicklung kulminierte schließlich in der Vorstellung, dass der Katechismus wörtlich inspiriert sei. So erklärt im späten 16. Jahrhundert beispielsweise Adelarius Praetorius (1540-1598): »Wer . . leugnet, dasz der heilige Geist Luthero die rechte Schreibhand und Feder geführt, der ist entweder kein Christ oder, ist er ein Christ, so hört er mit der Lügen auf, ein Christ zu sein, und wird zum Mamelucken.«[20] Oder an anderer Stelle heißt es, dass die Kinder den Katechismus zu lernen hätten, »auf dasz sie vor rechtschaffene Christen bestehen mögen: denn wer den Catechismum nicht weisz

---

[18] Siehe dazu Rudolf Mau u.a. (Hg.), Evangelische Bekenntnisse. Bekenntnisschriften der Reformation und neuere Theologische Erklärungen, 2 Bde., Bielefeld ²2008; Heiner Faulenbach / Eberhard Busch u.a. (Hg.), Reformierte Bekenntnisschriften, 2 Bde., Neukirchen-Vluyn 2002-2009; ferner J. F. Gerhard Goeters, Genesis, Formen und Hauptthemen des reformierten Bekenntnisses in Deutschland. Eine Übersicht, in: Heinz Schilling (Hg.), Die reformierte Konfessionalisierung in Deutschland - Das Problem der »Zweiten Reformation«, Gütersloh 1986, 44-59.

[19] Johannes Schilling, Katechismen, in: Albrecht Beutel (Hg.), Luther Handbuch, Tübingen ²2010, 305-312, hier 311.

[20] Zitiert bei Otto Frenzel, Zur katechetischen Unterweisung im Zeitalter der Reformation und Orthodoxie, Leipzig 1915, 46; siehe dazu auch Fraas, Katechismustradition, 56-58.

noch glaubt, der ist kein Christ.« Und um die Autorität des Katechismus von Luther noch weiter zu steigern, konnte sein Ursprung im Paradies verortet werden. Abraham Lange (1565-1615) erklärte, dass Christus »erstmalig im Paradies unsere ersten Eltern den Katechismus gelehrt und erstlich aus dem Gesetz ihnen ihre Sünde gelehrt und erwiesen, darnach durch die tröstliche Predigt vom Weibessamen sie wieder erquickt« habe.[21]

Die Bekenntnisschriften besitzen in den verschiedenen Konfessionskulturen allerdings unterschiedliche normative Geltung. Im Luthertum, das 1580 im Konkordienbuch seine bis heute gültige Sammlung von Bekenntnisschriften fixierte, hat das Bekenntnis »als Schriftauslegung seine Autorität und trägt Zeugnischarakter vor der Welt«. Insofern gründet das Bekenntnis die Kirche.[22] Zur Bildung neuer Bekenntnisse kam es im Luthertum nach 1580 nicht.[23] In den reformierten Kirchen hingegen findet sich ein anderes Verständnis hinsichtlich des Bekenntnisses. Hier besteht – um es in aller Kürze zu sagen – kein für alle reformierten Kirchen gültiges Bekenntnis. In der reformierten Tradition sind zeitliche wie territoriale Aspekte neben dem Grundsatz der Veränderbarkeit des Bekenntnisses aufgrund besserer Einsicht von zentraler Bedeutung.[24] Noch weiter gehen reformierte Kirchen in der Schweiz: Dort gibt es keine Bekenntnisbindung mehr, sondern seit dem 19. Jahrhundert eine kirchenrechtliche wie liturgische Bekenntnisfreiheit. Als Konsequenz aus einer historisch-kritischen Analyse der symbolischen Texte erfolgte eine Relativierung der Normativitätsansprüche der überkommenen Bekenntnisse.[25]

---

21 Beide Texte zitiert bei Frenzel, Unterweisung, 47f.

22 Carl Heinz Ratschow, Art. Konfession / Konfessionalität, in: TRE 19 (1990), 419-426, hier 419.

23 Siehe dazu Irene Dingel, Bekenntnis und Geschichte. Funktion und Entwicklung des reformatorischen Bekenntnisses im 16. Jahrhundert, in: Johanna Loehr (Hg.), Dona Melanchthoniana. FS Heinz Scheible, Stuttgart-Bad Cannstatt ²2005, 61-81; ferner Thomas Kaufmann, Das Bekenntnis im Luthertum des konfessionellen Zeitalters, in: ZThK 105 (2008), 281-314.

24 Siehe dazu Georg Plasger / Matthias Freudenberg (Hg.), Reformierte Bekenntnisschriften. Eine Auswahl von den Anfängen bis zur Gegenwart, Göttingen 2005.

25 Zur Geschichte siehe Thomas K. Kuhn, Kirchen ohne Bekenntnis – Der schweizerische theologische Freisinn und seine Folgen, in: Jochen-Christoph Kaiser (Hg.), Vom Ertrag der neueren Kirchengeschichte für Kirche und Gesellschaft. Symposion zum 70. Geburtstag von Martin Greschat, Marburg 2008, 85-104; Rudolf Gebhard, Umstrittene Bekenntnisfreiheit. Der Apostolikumstreit in den Reformierten Kirchen der Deutschschweiz im 19. Jahrhundert, Zürich 2003.

3. Die Reformation in der Kurpfalz

Das erst später als »Heidelberger Katechismus« bezeichnete katechetische Lehrbuch entstand in einem recht präzise beschreibbaren politischen, sozialen und religiösen Kontext vor 450 Jahren. Seine Wurzeln liegen in der Kurpfalz, die sich als das letzte große weltliche Territorium des Reichs der Reformation angeschlossen hatte.[26] Erst nach dem Augsburger Religionsfrieden vom 25. September 1555, der den Reichsständen die Konfessionswahl zusprach und die Möglichkeit eröffnete, zwischen der lutherischen (d. h. den Augsburgischen Konfessionsverwandten) und der römisch-katholischen Konfession zu wählen, – das reformierte Bekenntnis war reichsrechtlich noch nicht anerkannt – führte Kurfürst Ottheinrich (1502-1559) in der Kurpfalz die Reformation ein.[27] Der schwer übergewichtige Herrscher, der schließlich fast bewegungsunfähig auf einer Sänfte transportiert werden musste, hatte sein Herrschaftsgebiet nach dem Tod seines Vorgängers Friedrich II. (1482-1556) in einem »Zustand der konfessionellen Offenheit und Unordnung« gefunden[28], bevor er es in seiner nur dreijährigen Regierungszeit zielstrebig einem gemäßigten Luthertum zuführte. Kurz nach seinem Regierungsantritt erließ er beispielsweise im April 1556 ein Reformationsmandat, das die Messe verbot und das Abendmahl in beiderlei Gestalt vorschrieb.[29] Ferner setzte er im selben Jahr eine Kirchenordnung in Kraft, die sich stark am württembergischen Vorbild orientierte.[30] Die Versuche, einen der bekannteren Reformatoren wie Philipp Melanchthon (1497-1560) oder den Württemberger

---

26 Siehe dazu Armin Kohnle, Kleine Geschichte der Kurpfalz, Karlsruhe ^{4}2011, 66-87; Meinrad Schaab, Geschichte der Kurpfalz, Bd. 2: Neuzeit, Stuttgart u.a. 1992; ferner Walter Henß, Zwischen Orthodoxie und Irenik. Zur Eigenart der Reformation in der rheinischen Kurpfalz unter den Kurfürsten Ottheinrich und Friedrich III., in: ZGO 132 (1984), 153-212.

27 Siehe dazu Udo Wennemuth (Hg.), 450 Jahre Reformation in Baden und Kurpfalz, Stuttgart 2009; ferner Gustav Adolf Benrath, Die Eigenart der pfälzischen Reformation und die Vorgeschichte des Heidelberger Katechismus, in: ders., Reformation – Union – Erweckung. Beispiele aus der Kirchengeschichte Südwestdeutschlands, Göttingen 2012, 33-55.

28 Kohnle, Geschichte, 67.

29 Reformationsmandat an die Amtleute, betreffend die Abschaffung des katholischen Gottesdients und vorläufige Ordnung des Gottesdients im evangelischen Sinne, vom 16. April 1556, abgedruckt in: Emil Sehling (Hg.), Die evangelischen Kirchenordnungen des XVI. Jahrhunderts, Bd. 14: Kurpfalz, Tübingen 1969, 111-113.

30 Sehling, Kurpfalz, 113-220.

Johannes Brenz (1499-1570) zu gewinnen, blieben erfolglos, so dass sich der Kurfürst mit einem weniger bekannten Namen zufrieden geben musste. Folglich engagierte er den ursprünglich aus Lindau stammenden Bäckerssohn Johannes Marbach (1521-1581)[31]. Dieser hatte bei Melanchthon promoviert, war zwischenzeitlich zu einer führenden kirchlichen Kraft in Straßburg aufgestiegen, hatte die Reichsstadt auf dem Tridentinum vertreten und zählte zu den entschiedenen Vertretern des Luthertums. Im Auftrag des Kurfürsten visitierte er die kurpfälzischen Gemeinden, erkannte dabei gravierende Missstände, vor allem unter der Pfarrerschaft und setzte sich nicht nur in der Kurpfalz, sondern auch in Pfalz-Zweibrücken für den Aufbau eines reformatorischen Kirchenwesens ein.

Neben dieser personellen Entscheidung betrafen die weiteren reformerischen Maßnahmen des Kurfürsten die Ausstattung der Kirchengebäude sowie die Universität in Heidelberg. Letztere erhielt nicht nur neue Statuten, sondern auch präzise Regelungen für die Lehrstühle und für die Besoldung der Professoren. Außerdem erlebte die Artistenfakultät eine Reform im Sinne des Humanismus und sollte nun eine gleichberechtigte Stellung neben der theologischen, juristischen und medizinischen Fakultät erhalten. Obwohl Ottheinrich am Luthertum festhielt, betrieb er keinen exklusiven Konfessionalismus, wie die Berufungen des französischen Theologen Petrus Boquin (um 1515-1582) und des schweizerischen Mediziners Thomas Erast (1524-1583) zeigen, die beide der reformierten Konfession angehörten.

Nach dem Tod von Ottheinrich übernahm 1559 der Pfalzgraf Friedrich von Pfalz-Simmern (1515-1576) als Friedrich III. bis 1576 die Regierungsgeschäfte in Heidelberg. Er stammte ursprünglich aus einer streng altgläubigen Familie, hatte sich aber 1544 einem gemäßigten Luthertum zugewandt und stand theologisch Melanchthon nahe. Ausgehend von einer intensiven Bibellektüre beschäftigte er sich mehr oder weniger selbstständig mit theologischen Fragen und kümmerte sich intensiv um die religionspolitischen Belange seines Territoriums. Als Herzog von Pfalz-Simmern hatte er dort 1557 unmittelbar nach Übernahme der Regentschaft zielstrebig die Reformation eingeführt.

---

31 Theodor Mahlmann, Art. Johannes Marbach, in: BBKL 5 (1993), 747-753.

4. KONFESSIONELLE TRANSFORMATION

Mit der Zeit distanzierte sich Friedrich, der später den Beinamen »der Fromme« erhielt, vom Luthertum und näherte sich allmählich einer reformierten Spielart des Protestantismus an.[32] Diese Entwicklungen nahm man im reformierten Zürich wohlwollend wahr und der dortige Antistes Heinrich Bullinger (1504-1575) begleitete sie durch Korrespondenzen mit dem Kurfürsten sowie mit weiteren einflussreichen Pfälzern.[33] Außer diesen externen Einflüssen beflügelte intern ein 1559/60 in Heidelberg ausgetragener Abendmahlsstreit Friedrichs Abwendung vom Luthertum.[34] Diese Kontroverse, die angeblich sogar zu gewalttätigen Auseinandersetzungen auf dem Markplatz geführt haben soll, trugen vornehmlich der lutherische Generalsuperintendent Tileman Heshusius (1527-1588) und der Zwinglianer Wilhelm Klebitz (1533-1568), Diakon an der Heiliggeistkirche, aus. Das harsche Auftreten von Heshusius, der aus Rostock vertrieben von Melanchthon in die Kurpfalz empfohlen worden war, und sein lehrgesetzliches Luthertum stießen bei Friedrich III. und einigen seiner Berater auf Ablehnung. Der Kurfürst reagierte auf den Streit, indem er zunächst beide Kontrahenten aus ihren Ämtern entließ und Melanchthon um ein Gutachten zum Abendmahlsverständnis bat. In seiner Stellungnahme nahm der Wittenberger Theologe einen vermittelnden Standpunkt ein und sprach beim Abendmahl von der Teilhabe (consociatio) am Leib Christi. Diesen Gedanken nahm der Kurfürst auf und führte die Kurpfalz zielstrebig der reformierten Konfession zu. Auf diesem Weg änderte er 1561 den traditionellen Abendmahlsritus und sah nun den Gebrauch von Brot anstelle der Hostien vor. Ans Ziel kam dieser konfessionelle Wandel einerseits durch die Einführung von Katechismus und Kirchenordnung, andererseits durch die Ablösung der Generalsuperintendenten durch einen von reformierten Mitgliedern dominierten Kirchenrat.

---

32 Inhaltlich war der Begriff »reformiert« damals allerdings noch nicht eindeutig definiert, er konnte vielmehr durchaus unterschiedliche evangelische Ausprägungen bezeichnen. Christoph Strohm, Entstehung des Heidelberger Katechismus, theologisches Profil und Forschungsgeschichte, in: EvTh 72 (2012), 407-419, hier 407.

33 »Bullinger wurde ab 1560 zu dem wichtigsten theologischen Berater des Kurfürsten«, so Andreas Mühling, Der Heidelberger Katechismus im 16. Jahrhundert. Entstehung, Zielsetzung, Rezeption, in: MEKGR 58 (2009), 1-11, hier 6.

34 Siehe dazu die Schilderung bei August Kluckhohn, Friedrich der Fromme, Kurfürst von der Pfalz, der Schützer der reformierten Kirche 1559-1576, Nördlingen 1879, 39-128.

Vor dem Hintergrund des Augsburger Religionsfriedens von 1555 und der allgemeinen reichspolitischen Verhältnisse führten diese Entwicklungen die Kurpfalz allerdings in die politische Isolation; sie war nun nicht mehr reichsrechtlich vom Religions- und Landfrieden geschützt. Von daher wird einerseits verständlich, dass Friedrich III. – wie andere reformierte Fürsten auch – sich immer wieder bemühte, seine Übereinstimmung mit den lutherischen Bekenntnisschriften wie der Confessio Augustana und der Apologie zu unterstreichen, wobei hier die Variata von 1540 gemeint war.[35] Doch angesichts der erheblichen zu befürchtenden politischen Konsequenzen, die dem Kurfürsten durchaus bewusst gewesen sein dürften, stellt sich die Frage nach den Gründen für seinen religiösen und damit auch politischen Kurswechsel. Die schon erwähnten antilutherischen Animositäten, wie sie der Heidelberger Abendmahlsstreit befördert hatte, dürften als Erklärung allein kaum ausreichen. Entscheidender scheint mir erstens die Tatsache, dass die Betonung der Rationalität – auch hinsichtlich des Gottesbezuges sowie der religiösen Zeremonien – der reformierten Konfession eine besondere Attraktivität verleihen konnte.[36] Neben einem positiv verstandenen Aspekt der Rationalität trat zweitens negativ die Erfahrung defizitärer Züge im Luthertum. Der Kurfürst brachte diese Erfahrung auf den Punkt, indem er erklärte: »Dr. Luther ist ayn mensch gewesen, der sowol als andere irren konden.«[37] Drittens ist die reformierte Intention zu unterstreichen, nach der emendatio doctrinae nun zu einer emendatio vitae voranzuschreiten, oder anders formuliert, die Reformation zu ihrem eigentlichen Ziel zu führen – übrigens ein Gedanke, der

---

35 Dieses Vorgehen brachte späteren Reformierten den Vorwurf der konfessionellen Gegner ein, sich unter dem calvinistischen Deckmantel ins Luthertum einschleichen zu wollen. Siehe dazu Hellmut Zschoch, Das Bild des Calvinisten. Zur polemischen Publizistik im konfessionellen Zeitalter, in: Thomas K. Kuhn / Hans-Georg Ulrichs (Hg.), Reformierter Protestantismus vor den Herausforderungen der Neuzeit, Vorträge der 6. Tagung zur Geschichte des reformierten Protestantismus, Wuppertal 2008, 19-46.

36 Dieser These wird gerne mit Verweis auf die reformierte Prädestinationslehre widersprochen. Aber dieser Einwand greift deshalb nicht, weil diese Lehre erst später thematisiert wurde und in der Pfälzer Theologie überhaupt nur eine marginale Rolle gespielt hat. Siehe hierzu Eike Wolgast, Reformierte Territorien und Dynastien im Alten Reich, in: Ansgar Reiß / Sabine Witt (Hg.), Calvinismus. Die Reformierten in Deutschland und Europa, Dresden 2009, 204-212.

37 August Kluckhohn, Briefe Friedrich des Frommen. Kurfürsten von der Pfalz, Bd. 1: 1559-1566, Braunschweig 1868, 540.

ja auch später den Pietismus bewegte.[38] Viertens ist aber auch ein zentraler Aspekt zu benennen, auf den schon 1969 J. F. Gerhard Goeters in der von ihm bearbeiteten Ausgabe der kurpfälzischen Kirchenordnung[39] und jüngst wieder Christoph Strohm verwiesen haben. Hierbei handelt es sich um eine stärker sozial- und migrationsgeschichtliche Perspektive: In die Kurpfalz kamen in Folge von Verfolgungen und Vertreibungen zahlreiche Glaubensflüchtlinge aus altgläubigen wie lutherischen Herrschaftsgebieten, die unter anderem auch in ehemaligen Klöstern Unterschlupf fanden. Diese Glaubensflüchtlinge vernetzten sich rasch mit denjenigen Milieus, aus denen sich die Heidelberger Elite am Hof, in Verwaltung sowie an der Universität speiste[40] und brachten in die religionspolitischen und theologischen Diskurse ihre spezifischen Verfolgungserfahrungen ein. Eine zentrale Figur dieser Flüchtlinge ist der flämische Theologe Petrus Dathenus (1531/32-1588), der in der Kurpfalz rasch an Einfluss gewinnen konnte.[41] Er war zunächst aus Flandern nach Frankfurt am Main geflohen, siedelte aber, als dort ein Mandat der lutherischen Obrigkeit am 23. April 1561 die Ausübung des reformierten Gottesdienstes untersagt hatte, mit knapp sechzig Familien ins kurpfälzische Kloster Frankenthal über. Dathenus avancierte schließlich in der Kurpfalz nicht nur zu einem wichtigen theologischen Berater, sondern wirkte von 1569/70 bis zu seinem Tod als Hofprediger des Kurfürsten. Dieses Beispiel zeigt, wie antilutherische Dispositionen neben der theologischen auch eine existentielle und lebensgeschichtliche Begründungsperspektive erhalten können.

Bei der historischen Rekonstruktion der Entstehung des Heidelberger Katechismus sind die Glaubensflüchtlinge aber auch deshalb zu berücksichtigen, weil einige von ihnen – wie der gerade erwähnte Dathenus – am kurfürstlichen Hof in einflussreiche Positionen aufgestiegen waren. Zusammen mit anderen kurfürstlichen Beratern aus dem unmittelbaren Umfeld des Kurfürsten, wo sich neben Theologen insbesondere Juristen einfanden, beförder-

---

38 In der jüngeren Forschung ist in diesem Zusammenhang der inzwischen sehr umstrittene Begriff der »Zweiten Reformation« aufgekommen, der eben diesen eher lebenspraktischen Zug reformatorischer Praxis betonen soll. Harm Klueting, »Zweite Reformation« – Konfessionsbildung – Konfessionalisierung. Zwanzig Jahre Kontroversen und Ergebnisse nach zwanzig Jahren, in: HZ 277 (2003), 309-341; Kaspar von Greyerz / Manfred Jakubowski-Tiessen u.a. (Hg.), Interkonfessionalität – Transkonfessionalität – binnenkonfessionelle Pluralität. Neue Forschungen zur Konfessionalisierungsthese, Gütersloh 2003.

39 Sehling, Kurpfalz, 40-41.

40 Strohm, Entstehung, 411.

41 Sehling, Kurpfalz, 40-41.

ten sie den konfessionellen Wandel. Eine zentrale Rolle beim Übergang der Kurpfalz zum reformierten Protestantismus spielte beispielsweise der aus Augsburg stammende Christoph Ehem (1528-1592). Er zählte neben Wilhelm Klebitz, Thomas Erast, Stephan Zirler (um 1520-1568) und Petrus Boquin zu einer Gruppe von Reformierten, die schon Ottheinrich berufen hatte.[42] Christoph Ehem, der unter Ottheinrich dem Kirchenrat vorstand, wirkte als Professor für Jurisprudenz und wurde später kurpfälzischer Kanzler. Unter den Theologen scheint der vom Katholizismus zu den Hugenotten konvertierte und stark von Calvin geprägte Caspar Olevian (1536-1587), der übrigens auch Rechtswissenschaft studiert hatte, zu den engsten Beratern des Kurfürsten gehört zu haben. Olevian, der aus Trier stammte, und unter anderem in Genf und Zürich studiert hatte, wurde 1560 Professor für Dogmatik in Heidelberg und Mitglied im Kirchenrat. Anders als es die ältere Forschung annahm, gilt er allerdings heute nicht mehr als einer der Hauptverfasser des Heidelberger Katechismus. Er hatte aber ebenso wie der schon erwähnte Petrus Dathenus unter der Verfolgung der Protestanten gelitten und zählt somit zu der Vielzahl gut ausgebildeter Glaubensflüchtlinge in der Kurpfalz. Zu ihnen gehörte ferner der einflussreiche böhmische Jurist Wenzel Zuleger (1530-1596), ein Bekannter Olevians aus Studientagen, der mit Calvin in persönlicher Beziehung stand und seit 1561 kurpfälzischer Kirchenratspräsident war. Schließlich sei noch ein weiterer Glaubensflüchtling genannt: Immanuel Tremellius (1510-1580) war vom Judentum konvertiert und hatte seit 1561 die Professur für Altes Testament in Heidelberg inne. Er verfügte über zahlreiche Kontakte in die Schweiz und nach Genf.

5. Zur Entstehung des Heidelberger Katechismus

Bei der Frage nach der Entstehung des Heidelberger Katechismus kommt eine weitere Person in den Blick, die für die reformatorische Entwicklung der Kurpfalz von erheblicher Bedeutung ist. Als Olevian 1561 aus dem Heidelberger Sapienzkolleg ausgeschieden war, dem Friedrich 1561 die Aufnahme von Theologiestudenten zugewiesen hatte und das sich zu einer Pflanzstätte

---

42 Andreas Mühling, »Vornehmstes Stück unseres Regimentes«. Die Entstehung des Heidelberger Katechismus, in: Martin Heimbucher u.a. (Hg.), Zugänge zum Heidelberger Katechismus. Geschichte – Themen – Unterricht, Neukirchen-Vluyn 2012, 51-57, hier 52.

reformierter Geistlicher entwickeln sollte, berief der Kurfürst den erst 27jährigen, aus Schlesien stammenden Zacharias Ursinus (1534-1583), ebenfalls ein Schüler von Melanchthon, der aber zudem in der Schweiz von den Vertretern des reformierten Protestantismus geprägt worden war. Im August 1562 übernahm er außerdem als Nachfolger Olevians die Heidelberger dogmatische Professur. Vermutlich spielte er bei der Entstehung des Heidelberger Katechismus eine zentrale theologische Rolle, die aber kaum mehr präzise zu fassen ist wie so viele Umstände die Genese des Katechismus betreffend.

Ein generelles Problem bei der Rekonstruktion der Anfänge des Heidelberger Katechismus ist, dass die Forschung aufgrund fehlender Quellen in weiten Teilen nicht über Vermutungen hinauskommt. Die meisten relevanten Quellen gingen in den Kriegswirren des 17. Jahrhunderts verloren. Es wäre an dieser Stelle nun reizvoll auf die überaus interessante Forschungs- respektive Spekulationsgeschichte einzugehen, da eine Vielzahl methodischer Vorgehensweisen und Thesen präsentiert werden könnte. Da aber die Forschungsgeschichte nicht Gegenstand dieses Beitrags ist, will ich darauf verzichten und bloß die drei umstrittensten Punkte benennen: Es ist erstens die Frage nach der Verfasserschaft und zweitens jene nach dem theologischen Profil des Katechismus. Drittens schließlich stehen die textlichen Überarbeitungen und Ergänzungen des Katechismus zur Debatte. Bei der Frage nach der theologischen Prägung und nach den theologischen Quellen werden zahlreiche Thesen formuliert, in denen Melanchthon, Calvin, Zwingli, Beza, Bullinger als Quellen genannt werden. Aber auch unübersehbare Einflüsse durch den Emder Katechismus – vermittelt durch Dathenus und die niederländischen Glaubensflüchtlinge – erkennt die neuere Forschung.[43] Diese rezeptionsgeschichtlichen Thesen argumentieren sowohl exklusiv als auch synthetisierend. Bei der Bestimmung des theologischen Profils des Katechismus ergeben sich allerdings zwei zentrale methodische Probleme. Zum einen prägt die spezifische Quellenkenntnis jeweils die Theoriebildung des Autors: Er erkennt die theologischen Denkfiguren im Katechismus wieder, die ihm in anderen Texten begegnet sind. Zum anderen werden solche personen- und konfessionskulturellen Zuschreibungen wie calvinistisch, zwinglianisch oder melanchthonisch-calvinistisch inhaltlich durchaus unterschiedlich gefüllt, so dass diese schillernden Begriffe keineswegs klar umrissene Positionen und / oder Konzepte markieren und deshalb häufig nur eine beschränkte Aus-

---

[43] So Herman J. Selderhuis, Ein Büchlein geht durch die Welt: Von Heidelberg über Emden, in: Karla Apperloo-Boersma / Herman J. Selderhuis (Hg.), Macht des Glaubens – 450 Jahre Heidelberger Katechismus, Göttingen 2013, 25, sowie Sehling, Kurpfalz, 41.

sagekraft haben. Solange keine neuen Quellen Licht in das Dunkel der Entstehungsgeschichte bringen, kommt die Geschichtsschreibung deshalb nicht über mehr oder weniger begründete Vermutungen hinaus.

Bekannt ist, dass der Text des Heidelberger Katechismus in einem größeren, nicht weiter zu spezifizierenden Gremium in der Zeit vom 13. bis 18. Januar 1563 verhandelt wurde und der Kurfürst auf die Entscheidungen – möglicherweise auch durch schriftliche Eingaben[44] – Einfluss genommen hat. Unbekannt ist aber, von welcher Textvorlage die Diskussion ausging. Von einem diskursiven Vorgehen kann deshalb ausgegangen werden, weil sich der Kurfürst in einem Brief gegen den Vorwurf zur Wehr setzt, der Katechismus stamme vom Zürcher Heinrich Bullinger. Dieser sei vielmehr, so der Kurfürst, von seinen Theologen verfasst und ihren Entwurf habe er empfangen und »in etlichem verbessert«.[45] Zudem ist aufgrund der Zusammensetzung des beratenden Gremiums wahrscheinlich, dass es sich bei dem Katechismus um einen Kompromisstext handelt, der sich aus unterschiedlichen theologischen Quellen speisen dürfte.

Wenn es aber eine Vorlage gegeben hat – was meines Erachtens durchaus wahrscheinlich gewesen und den Gepflogenheiten entsprochen haben dürfte – stellt sich die Frage nach der Verfasserschaft. Bis zum Ende des 19. Jahrhunderts ging man im Gefolge von Heinrich Altings (1583-1644) posthum herausgegebener Darstellung aus dem Jahr 1701[46] von der Verfasserschaft Olevians und Ursinus' aus. Die neueste Forschung hingegen schreibt mehrheitlich Ursinus die Vorlage zu. Diese These wird mit dem Verweis auf seine beiden vorgängigen Arbeiten, eine »Summa theologiae« und eine »Catechesis minor«[47], begründet. Denn in seiner »Catechesis« findet sich auch die für den Heidelberger Katechismus typische Dreiteilung des Stoffes in die Abschnitte Elend, Erlösung und Dankbarkeit. Da Ursinus sowohl durch Melanchthon als auch durch Vertreter der Schweizer Reformation beeinflusst worden war, scheint es mir doch schwierig, seine Theologie auf einen Begriff zu bringen. Ursinus legte – so darf vermutet werden – eine eigenständige Synthese unter-

---

44 Sehling, Kurpfalz, 41.

45 Albrecht Wolters, Zur Urgeschichte des Heidelberger Katechismus, in: ThStKr 40 (1867), 7-51, hier 27.

46 Heinrich Alting, Historia Ecclesiae Palatinae, in: Monumenta Pietatis & Literaria Virorum in Re Publica & Literaria illustrium, selecta, Frankfurt am Main 1701, 189.

47 Beide Schriften sind enthalten in: August Lang, Der Heidelberger Katechismus und vier verwandte Katechismen (Leo Jud's und Micron's kleine Katechismen, sowie die zwei Vorarbeiten Ursins') mit einer historisch-theologischen Einleitung, Leipzig 1907, 152-199 (Summa theologiae), 200-218 (Catechesis minor).

schiedlicher Einflüsse vor, die anscheinend ein überzeugendes und konsensfähiges theologisches Profil besaß und somit möglicherweise als Fundament des Katechismus gelten kann. Über diese Vorlage haben vermutlich einige Theologen disputiert, wie eine Anmerkung des Kurfürsten in einem Brief an Herzog Johann Friedrich den Mittleren von Sachsen (1529-1595) Ende März 1563 nahelegt:

> »Das ist aber nit one, das ich alle meyne superintendenten fürnehmste kirchendiener und theologos bey aynander gehabt (wie sie dan vermög der ordnung alle jar ayn oder zway mahl zusamen kommen und mir was vor gebrechen hin und wider in kirchen und schulen sindt dieselbige zuverbessern habe anzaygung thun sollen), welche aynes aynhelligen catechismi, der so wol vor die jugent als die kirchendiener selbs, sich verglichen, auß ursachen, das ich im werck befunden, wie bißhero in meynem furstentumb ayn grosse ungleichayt und unrichtigkayt mit dem catechismo, an vilen orten aber gar kayner gehalten worden ist, deren ich E. L. hiemit aynen, so gleychwol etwas schlecht eyngebunden, und darneben noch etzlich exemplaria freundtlich zuschick und gebeten haben will, denselbigen mit vleys zu lesen.«[48]

Und in der Vorrede des Katechismus vom 19. Januar 1563 heißt es ähnlich:

> »Und demnach mit rhat und zuthun unserer gantzen theologischen facultet allhie, auch allen superintendenten und fürnemsten kirchendienern einen summarischen underricht oder catechismum unserer christlichen religion auß dem wort Gottes beides, in deutscher und lateinischer sprach, verfassen und stellen lassen.«[49]

Diese kollektiv-diskursive Vorgehensweise[50] notiert ferner Olevian in Briefen an Calvin und an Bullinger, wobei er auch das Verdienst des Mediziners Thomas Erast bei der Entstehung des Katechismus erwähnt.[51]

In der Forschungsgeschichte kann aufgrund der vorliegenden Quellen zwar nicht die Behandlung einer Textvorlage in diesem Expertengremium geleugnet werden, aber immer wieder findet sich die Bemerkung, der vorge-

---

48 Kluckhohn, Briefe, Bd. 1, 390.

49 Zitiert bei Sehling, Kurpfalz, 343, Anm. 32.

50 Diese betont auch schon Moritz Lauterburg in seinem Artikel: Katechismus, Heidelberger oder Pfälzer, in: RE[3] 10 (1901), 164-173, hier 166.

51 Peter Opitz, Der Heidelberger Katechismus, Schweizer Wurzeln, Schweizer Verbreitung, in: Karla Apperloo-Boersma / Herman J. Selderhuis (Hg.), Macht des Glaubens – 450 Jahre Heidelberger Katechismus, Göttingen 2013, 63-71, hier 67.

legte Text sei ohne Veränderung angenommen worden. Für diese Annahme fehlen meines Erachtens die Belege in den Quellen. Möglicherweise soll diese Behauptung die normative Autorität des Textes, vor allem als Bekenntnistext unterstreichen und dieser in Analogie zu Luther auf einen präzise bestimmbaren Autor bezogen werden können. Dieses Anliegen widerspricht aber der Intention des Heidelbergers selbst, denn dieser nennt nirgends Namen oder Referenzen. Sein Ziel dürfte es vielmehr sein, einen Beitrag zur Schaffung konfessioneller Einheit zu leisten.

Wie immer auch der Text des Heidelberger Katechismus letztlich entstanden sein mag, jedenfalls erschien in der Heidelberger Druckerei von Johann Mayer die erste Ausgabe in deutscher Sprache Ende Januar 1563, ein genaues Datum ist nicht überliefert. Der Band umfasste 100 Seiten im Octav-Format. Der Titel des Buches, das mit dem Wappen des Kurfürsten (Löwe für die Pfalz, Rauten für Bayern) sowie mit dem Reichsapfel versehen ist und somit einen amtlichen Charakter erhält, lautet: »Catechismus Oder christlicher underricht, wie der in kirchen und schulen der churfürstlichen Pfaltz getrieben wirdt«. Die lateinische Fassung für Lateinschüler, Studenten und den internationalen Markt folgte später im Jahr; sie besaß im Unterschied zu den frühen deutschen Fassungen eine Zählung der Fragen.[52] Der Katechismus gliedert sich in 129 Fragen, die in den ersten Fassungen noch nicht durchnummeriert sind. Er ist – wie oben schon erwähnt – dreiteilig und umfasst die Abschnitte »Von des Menschen Elend« (Fragen 3-11), »Von des Menschen Erlösung« (12-85) und »Von der Dankbarkeit« (86-129).

Wie so viele andere historische Details bleibt auch die Frage nach den Quellen für diese Dreiteilung umstritten. August Lang (1867-1945) beispielsweise sah im frühen 20. Jahrhundert als Vorbild Luthers »Kurze Form der zehn Gebote« aus dem Jahr 1520[53], der Niederländer Maurits A. Gooszen (1837-1916) verwies auf die Loci communes von Melanchthon[54], Walter Hollweg (1883-1974) führte die Dreiteilung auf Bezas Beschreibung des dreifachen Wirkens des Heiligen Geistes zurück[55]. Diese und andere Vorschläge haben durchaus eine gewisse Plausibilität, überzeugen aber nicht ganz, am wenigs-

---

52 Die Nummerierung der Fragen erscheint erstmalig 1570 in einer deutschen Ausgabe; siehe Sehling, Kurpfalz, 43.

53 August Lang, Heidelberger Katechismus und vier verwandte Katechismen, LXXX.

54 Maurits A. Gooszen: De Heidelbergsche Catechismus. Textus receptus met toelichtenden Teksten, Leiden 1890, 75.

55 Walter Hollweg: Die beiden Konfessionen Theodore von Bezas. Zwei bisher unbeachtete Quellen zum Heidelberger Ketechismus, in: ders., Neue Untersuchungen zur Geschichte und Lehre des Heidelberger Katechismus, Neukirchen-Vluyn 1961, 96-98.

ten der Verweis auf Melanchthon. Am wahrscheinlichsten dürfte der Hinweis von Johann M. Reu (1869-1943) – ebenfalls aus dem frühen 20. Jahrhundert – auf eine Veröffentlichung mit dem Titel »Eine Kurtze Ordenliche summa der rechten Waren Lehre vnsers heiligen Christlichen Glaubens« sein[56], den nun neuerdings der US-amerikanische Professor Lyle D. Bierma unterstützend aufgegriffen hat. Mit Bierma ist hier dreierlei festzuhalten[57]: Erstens finden sich seit den 1520er Jahren durchaus weitere Vorlagen für eine triadische Gliederung in Elend, Erlösung und Dankbarkeit in unterschiedlichen Textgattungen. Zweitens kann die Frage nach der Quelle für die Dreiteilung nicht eindeutig beantwortet werden. Mit einer gewissen Wahrscheinlichkeit ist die von Reu benannte »Kurtze Ordenliche summa der rechten Waren Lehre vnsers heiligen Christlichen Glaubens« zu nennen, die zunächst 1547 in Regensburg und dann 1558 in Heidelberg erschienen war und von einer bisher unbekannten Person verfasst wurde. Diese Summa scheint Anfang der 1560er Jahre in der Kurpfalz neben anderen Katechismen in Gebrauch gewesen zu sein.[58] Somit ist es drittens sehr wahrscheinlich, dass die Dreiteilung des Heidelberger Katechismus nicht reformierten, sondern lutherischen Ursprungs ist.

Kaum war die erste Ausgabe des Heidelberger Katechismus erschienen, kamen wohl im März und spätestens Anfang April zwei weitere Überarbeitungen hinzu. Hier fallen neben typographischen und gestalterischen insbesondere jene inhaltlichen Modifikationen auf, die eine schärfere Polemik gegen die römisch-katholische Kirche bieten. In der dritten Ausgabe erfolgte eine weitere Zuspitzung in Form der nun eingefügten 80. Frage, auf die auf der letzten Seite des Katechismus hingewiesen wird. Im Katechismus heißt es nun im Zusammenhang mit der Eucharistie:

> »Die Mess aber lehret, dass die lebendigen und die todten nicht durch das leiden Christi vergebung der sünden haben, es sey denn dass Christus noch täglich für sie von den Messpriestern geopffert werde: und dass Christus leiblich under der gestalt brods und weins sey, und derhalben darin sol angebettet werden. und ist also die Mess im grund nichts anders, denn eine verleugnung des einigen opffers und leidens Jesu Christi, und ein vermaledeite Abgötterey.«

---

56 Johann Michael Reu (Hg.): Quellen zur Geschichte des Katechismus-Unterrichts, Teil 1, Bd. 1, Gütersloh 1904, 201-203.

57 Lyle D. Bierma: Die Ursprünge der Dreiteilung des Heidelberger Katechismus: Eine andere Sichtweise, in: Karla Apperloo-Boersma / Herman J. Selderhuis (Hg.), Macht des Glaubens – 450 Jahre Heidelberger Katechismus, Göttingen 2013, 31-39, hier 37.

58 Sehling, Kurpfalz, 40.

In der vorhergehenden Fassung hieß es:

> »Und ist also die Mess im grund ein abgöttische verleugnung des einigen opffers und leidens Jesu Christi«.«[59]

Die Frage nach den Gründen für diese scharfe antikatholische Polemik wird gewöhnlich als Reaktion auf die Entscheidungen des Konzils zu Trient interpretiert. Doch ist diese Begründung aus zwei Gründen problematisch. Erstens wurden die Konzils-Beschlüsse erst nach Einfügung der polemischen Texte publiziert und somit zugänglich. Zweitens übersieht diese Interpretation, dass sich die Ablehnung der leiblichen Realpräsenz in der dritten Ausgabe auch gegen die sogenannten Gnesiolutheraner wendet. Um die beiden Stoßrichtungen, die antipapistische wie die anti-gnesiolutherische historisch angemessen erklären zu können, erscheint die These von Christoph Strohm wesentlich plausibler, der nicht nur eine Einflussnahme der oben erwähnten Flüchtlingsgemeinden vermutet, sondern die Entstehung und inhaltliche Ausrichtung des Katechismus im Kontext einer politischen Neuausrichtung der Kurpfalz nach Westeuropa hin verortet.

6. Die kurpfälzische Kirchenordnung von 1563

Der Katechismus, der als Ausdruck unterschiedlicher protestantischer Theologien gelten darf und neben den Einflüssen Melanchthons reformierte Züge zwinglianischer und calvinischer Provenienz aufweist, wurde zunächst als Lehrbuch konzipiert und publiziert. Seine Aufnahme in die am 15. November 1563 veröffentlichte Kirchenordnung[60] verlieh ihm eine weitreichende normierende Qualität. Die kurpfälzische Kirchenordnung, der ein Jahr später

59 Ulrich Beyer, Abendmahl und Messe. Sinn und Recht der 80. Frage des Heidelberger Katechismus, Neukirchen-Vluyn 1965, 14.

60 Siehe die »Kirchenordnung, wie es mit der christlichen lehre, heiligen sacramenten und ceremonien in des durchleuchtigsten, hochgebornen fürsten und herren, herrn Friderichs, pfaltzgraven bey Rhein, des heiligen römischen reichs ertzdruchsessen und churfürsten, hertzogen in Bayrn etc., churfürstenthumb bey Rhein gehalten wirdt.«, in: Sehling, Kurpfalz, 333-408. Siehe dazu u.a. Ernst Walter Zeeden, Calvinistische Elemente in der Kurpfälzischen Kirchenordnung von 1563, in: ders., Konfessionsbildung. Studien zur Reformation, Gegenreformation und katholischen Reform, Stuttgart 1985, 286-313.

noch eine Kirchenratsordnung folgte,[61] orientierte sich an Genfer und Zürcher Vorbildern. Sie trägt synodale und presbyteriale Züge und misst den sogenannten Laien maßgebliche Aufgaben zu. Ferner regelt sie das kirchliche Leben, wie die Vorrede des Kurfürsten ankündigt:

> »Auf daß nun auch in den ceremoniis, administrierung der heiligen sacramenten und andern kirchenübungen (in welchen bißher nit weniger ungleichheyt gespürt und befunden) ebnermassen erheischender notturft nach ein richtigkeyt und gleichförmigkeyt gehalten werde und also unsere liebe underthonen zugleich in der lehr und auch in den eusserlichen ceremoniis zu rechter erkandnuß göttliches worts und willens durch einen einträchtigen und in der heiligen schrift gegründten weg gebracht und geführt möchten werden, so haben wir ein kurtze kirchenordnung, welcher gestalt sich der kirchendiener in verkündigung göttliches worts, administrierung der heiligen sacramenten und anderm in den kirchen unsers churfürstenthumbs durchauß einhelliglich verhalten sollen, oberzehlter ursachen halben durch unsere fürnemen theologen, superintendenten, kirchendiener und andere gottselige, gelehrte menner und räthe begreifen, besichtigen und endtlich in truck ausgehen lassen.«[62]

Die Vorrede lässt das Bemühen um innenpolitische Vereinheitlichung und Normierung von Lehre und Glaubenspraxis erkennen, die durchaus als Modernisierungsschub verstanden werden kann.

Mit dieser Kirchenordnung ist der Übergang zum reformierten Protestantismus markiert. Der Reichstag zu Augsburg sollte drei Jahre später den religiösen Sonderweg der Kurpfalz vorläufig sanktionieren und die lutherischen Reichsstände verhinderten 1566, dass der Kaiser der Kurpfalz den Schutz des Religionsfriedens entzog. Ihnen waren die Übereinstimmungen im Artikel über die Rechtfertigung wichtiger als die Differenzen im Abendmahlsartikel. Auch der Pfälzer Kurfürst und seine Theologen maßen dem Sakramentsverständnis im Detail anscheinend keine zentrale, heilsnotwendige Bedeutung bei.[63]

In der Kirchenordnung folgt nach Abschnitten über Predigt und Taufe ein umfangreicher Teil über den Katechismus, der sich in vier Abschnitte gliedert: 1. »Vom catechismo«, 2. »Catechismus«, 3. »Sprüch der h. schrift« und 4. eine »Kurtze summa des catechismi«. Zunächst erfolgt eine Beschreibung des Begriffs »Catechismus«, der in dreierlei Hinsicht Verwendung findet: Zu-

---

[61] Sehling, Kurpfalz, 409-424.

[62] Sehling, Kurpfalz, 335.

[63] Wolgast, Territorien, 204.

nächst ist erstens nicht der schriftlich fixierte Lehrtext gemeint, sondern in Analogie zu anderen Praxisfeldern wie Predigt und Taufe die mündliche Unterweisung und zweitens das Wissen, das sich die Katechumenen aneignen müssen. Erst in einem dritten Schritt wird der Stoff als Katechismus bezeichnet. Folgerichtig lautet die Definition in Anlehnung an die Kirchenordnung von 1556: »Catechismus in unser christlichen religion heist ein kurtzer und einfeltiger, mündtlicher bericht von den fürnemsten stücken der christlichen lehr, darin von den jungen und einfeltigen widerumb gefordert und gehört wird, was sie gelernet haben.«[64] Die unverzichtbare Bedeutung der Katechese wird sowohl biblisch[65] als auch historisch begründet und darüber hinaus gehend auch funktional, indem ihr mit Blick auf die Gegenwart für die Aufrechterhaltung der kirchlichen und damit auch der politischen Ordnung höchste Relevanz beigemessen wird. In historischer Perspektive erhält die Begründung antikatholische Züge, wenn es heißt, dass »das alte volck im bapsthumb one catechismus ist auferzogen und leichtlich der stück der christlichen religion vergisset«.[66] Um diese Gefahr zu bannen, soll nun in allen Gottesdiensten im Kurfürstentum der Kirchendiener vor der Predigt ein Stück »auß dem catechismo klar und verstendtlich dem volck fürlese also, das er in neun Sontagen außgelesen werde.«[67] Im folgenden nennt die Kirchenordnung die einzelnen jeweils zu verlesenden Abschnitte. Kommt dem Katechismus und damit der Lehrunterweisung schon ein hoher gottesdienstlicher Stellenwert zu, so wird dieser dadurch weiter gesteigert, dass für den Sonntagnachmittag eine Katechismuspredigt vorgesehen ist.[68] Für diesen Gottesdienst ist auch der liturgische Ablauf notiert: Nach dem Gesang betet der Kirchendiener das Vaterunser und ruft Gott um den rechten Verstand seines Wortes an. Dann liest er die Zehn Gebote dem Volk »verständlich« vor. Weiter geht es zunächst darum, diejenigen zu instruieren, welche die entsprechenden Katechismusfragen noch nicht lernen konnten. Hierauf werden jene, die in der Schule oder zu Hause die Fragen und Antworten gelernt haben, abgefragt, bevor der Pfarrer »etliche folgende fragen einfeltig und kürtzlich erklären und außlegen« soll. Auch für diese Gottesdienste wird der Katechismus derart aufgeteilt, dass der Pfarrer ihn in einem Jahr durchpredigen kann. Nach diesen einführenden Bemerkun-

---

64 Sehling, Kurpfalz, 341.

65 Es wird auf Ex 12,26-27; 13,8-9.14 und Dtn 4,37-40; 6,1-9; 11,18-21 verwiesen; Sehling, Kurpfalz, 341.

66 Sehling, Kurpfalz, 342.

67 Sehling, Kurpfalz, 342.

68 Siehe hierzu die Aufteilung des Katechismus auf 52 Sonntage; Sehling, Kurpfalz, 342-368.

gen und verpflichtenden Regelungen folgt der Abdruck des Katechismus und dieser setzt ein mit der berühmten Frage: »Was ist dein einiger trost in leben und sterben?« und antwortet:

> »Das ich mit leib und seel beyde, in leben und in sterben nicht mein, sonder meines getreuen heilands Jesu Christi eigen bin, der mit seinem theuren blut für alle meine sünden volkommlich bezalet und mich auß allem gewalt des teufels erlöset hat und also bewaret, das one den willen meines vaters im himmel kein har von meinem haupt kan fallen, ja auch mir alles zu meiner seligkeyt dienen muß. Darumb er mich auch durch seinen heiligen geist des ewigen lebens versichert und im forthin zu leben von hertzen willig und bereit macht.«

7. Schluss: Kritik und Identität

Auf diese individuell-existentielle Eingangsfrage antwortet der Katechismus mit einer trinitarischen Explikation, die an ein gottesdienstliches Votum erinnert. Insgesamt gesehen zeigt der Katechismus einen irenischen Grundton. Solche Themen, die im Protestantismus umstritten waren, wie beispielsweise die Prädestination oder die Kirchenzucht, werden kaum expliziert. Diese vom Kurfürsten intendierte konfessionell irenische Haltung fußte auf den theologischen Entwürfen von Ursinus und Bullinger und verfolgte neben innenpolitischen Interessen außenpolitisch das Ziel, gemeinsam mit den lutherischen Reichsständen eine innerprotestantische Verständigung zu erlangen.[69] Auch wenn der reformierte Bekenntnisstand der Kurpfalz in den Jahren 1576, 1592 und 1610 durch dynastische Umstände zur Disposition gestanden hatte, konnte er sich schließlich doch dauerhaft etablieren. Damit kam der reformierten Kurpfalz als ranghöchstem weltlichem Kurstand des Reiches die Aufgabe zu, übertrittsbereite Fürsten und Städte zu ermutigen und zu bestärken.[70]

Die unmittelbaren Auseinandersetzungen nach Erscheinen des Katechismus fielen recht überschaubar aus; im weiteren Verlauf der Geschichte kam es allerdings immer wieder zu Kontroversen.[71] Aber wie kaum ein anderes frühneuzeitliches religiöses Druckerzeugnis fand der Heidelberger Katechismus internationale Verbreitung und prägte über Jahrhunderte bis in

---

[69] Mühling, Stück, 56.

[70] Wolgast, Territorien, 204.

[71] Siehe dazu Irene Dingel, Der Heidelberger Katechismus in den konfessionellen Debatten des 16. Jahrhunderts, in: Karla Apperloo-Boersma / Herman J. Selderhuis (Hg.), Macht des Glaubens – 450 Jahre Heidelberger Katechismus, Göttingen 2013, 41-51.

die Gegenwart hinein reformierten Glauben. Doch spätestens im Verlauf des späten 18. Jahrhunderts und dann insbesondere auch im frühen 19. Jahrhundert stand er wie andere überkommene Katechismen in der Kritik. Drei Jahre nach dem 250. Jubiläum erschien beispielsweise in Heidelberg eine Schrift von Johann Ludwig Ewald (1748-1822), in der er sich mit dem Heidelberger Katechismus, aber auch mit dem Kleinen Katechismus Luthers auseinandersetzte.[72] Der reformierte Theologe Johann Ludwig Ewald, der auch als Professor für Moral- und Pastoraltheologie an der Universität Heidelberg gewirkt hatte, war zu dieser Zeit Ministerial- und Kirchenrat in Karlsruhe und setzte sich für die Badische Union ein. Er vereinigte in seiner Person spätaufklärerische wie pietistische Elemente. Seine Schrift ist von besonderem Interesse, weil sie aus reformierter Perspektive eine deutliche Kritik des Heidelbergers bietet. Zudem spiegeln sich in Ewalds Ausführungen sehr markant die politischen, gesellschaftlichen und kirchlichen Kontexte wider, die sich im Zuge der territorialen und der damit einhergehenden konfessionellen Veränderungen im frühen 19. Jahrhundert ergeben hatten. Im nun neu entstandenen Großherzogtum Baden, in das die Pfalz politisch aufgegangen war, wurden schon bald Überlegungen laut, die beiden evangelischen Konfessionen zu vereinen, um gegenüber der römisch-katholischen Kirche geschlossen auftreten zu können. In diesen Diskurs reihte sich Ewald mit seiner Schrift ein, in der er nachdrücklich bestreitet, dass konfessionelle Identität von der Bindung an einen Katechismus abhängig sei.[73] Er forderte vielmehr – den neuen konfessionellen Gegebenheiten entsprechend – von den kirchlichen Behörden einen neuen und zeitgemäßen Katechismus. Geradezu programmatisch setzt er mit dieser Forderung ein, um dann breit die Defizite wie auch die Unbrauchbarkeit der historischen Katechismen zu beschreiben. Der Heidelberger Katechismus beispielsweise eigne sich wegen seiner antikatholischen Polemik nicht als Unterrichtsbuch.[74] In einem konfessionell gemischten Territorium

---

[72] Der Titel des Beitrags von Johann Ludwig Ewald lautet: »Etwas über Catechismen überhaupt, über Ursins und Luthers Catechismen insbesondere, und über Vereinigung der beiden evangelischen Confessionen«, Heidelberg 1816. Bei diesem Titel fällt auf, dass Luthers Kleinem Katechismus derjenige Ursins gegenübergestellt wird. Damit ist aber der Heidelberger Katechismus gemeint. Ewald suggeriert mit diesem eher unüblichen Titel eine präzise zu fassende Verfasserschaft.

[73] Ewald, Catechismen, 4, erklärt, »daß es nichts Neues und Unerhörtes sey, wenn man andere Lehrbücher, als die von Luther oder Ursin wünscht, und daß man darum noch nicht aufhört, sich zur lutherischen oder reformirten Confession zu bekennen.«

[74] Ewald, Catechismen, 6: Der »im Drang der Zeitumstände, und nach dem Willen eines gegen die Catholiken aufgebrachten Fürsten geschriebene, natürlich mit Polemick

und vor dem Hintergrund der aufgeklärten Konfessionsirenik war es Ewalds zentrales Anliegen, dass ein Katechismus auf jegliche Polemik verzichtet[75] und keine »Farbe und Gepräg von Zeitumständen tragen« möge, die nicht mehr existierten.[76] Der Katechismus müsse transkonfessionell sein, er dürfe nicht »zu sehr nach Lutherthum, Kalvinismus oder Zwinglianismus« schmecken.[77] Man müsse auch deswegen nicht am Heidelberger Katechismus festhalten, weil es bekanntlich auch vorher und an anderen Orten Reformierte ohne diesen Katechismus gegeben habe. Folglich brauche es den Katechismus nicht für die Ausbildung reformierter Identität. Außerdem komme es weder auf solche konfessionelle Identifikation an, noch auf »Kirchengeist«, sondern vielmehr auf »ächte christliche Religion«[78]. Jenseits der inhaltlichen Kritik, die er in einem eigenen Teil breit anhand einzelner Fragen expliziert[79] und dabei die »unleugbaren Mängel und Unrichtigkeiten« herausstreicht[80], verwirft Ewald den Heidelberger Katechismus auch aufgrund methodischer Erwägungen. Es gehe schließlich nicht um die Vermittlung theologischer Lehren, sondern darum, die Menschen »religiöser, gottesfürchtiger, frömmer zu machen«.[81] Neben der historischen Methode empfiehlt Ewald die Präsentation des Stoffes in kurzen Sätzen; eine dialogische Methode lehnt er ab, da es sich hier um »Abhörungs- oder Examensfragen«[82] handle. Am Ende seiner scharfen Kritik bemüht sich Ewald dann aber noch um Versöhnung mit den Anhängern des Heidelberger Katechismus und erklärt: »Durch diese Bemerkungen soll der objektive Werth des Buchs, besonders als Symbol des Glaubens re-

---

gegen diese durchwebte, mithin so, wie er da ist, für unsere Zeit, nicht mehr brauchbare, sogenannte Heidelbergische Katechismus [reicht] zu einem vollständigen Christlichen Religionsunterricht« nicht mehr aus.

75 Bezüglich der berühmt-berüchtigten Frage 80, in der es um die Messe geht, erklärt er: »Die 80te Frage ist das non plus ultra von Unrichtigkeit und Intoleranz, wie Jeder zugiebt und zugeben muß.« Ewald, Catechismen, 44. Diese antikatholische Polemik sei auch mit Blick auf Kinder »aus gemischten Ehen« unverantwortlich. Ewald, Catechismen, 45.

76 Ewald, Catechismen, 12.

77 Ewald, Catechismen, 16.

78 Ewald, Catechismen, 19.

79 Siehe das Kapitel »Bemerkungen über den Katechismus des Ursinus, oder den sogenannten Heidelberger Katechismus, und Luthers Katechismen; auch über Einführung eines neuen, für beide evangelische Konfessionen gemeinschaftlichen Lehrbuchs«, Ewald, Catechismen, 36-56.

80 Ewald, Catechismen, 37.

81 Ewald, Catechismen, 20.

82 Ewald, Catechismen, 25.

formirter Christen, gar nicht herabgesezt, sondern es soll nur als Christliches Lehrbuch für die Jugend in unserer Zeit gewürdigt werden.«[83]

Knapp einhundert Jahre später sollte sich das Blatt wiederum wenden, erkennbare konfessionelle Identitäten waren wieder gefragt. Der Hallenser Domprediger und spätere Moderator des Reformierten Bundes August Lang veröffentlichte im Januar 1913 in der Reformierten Kirchen-Zeitung, dem Organ des reformierten Bundes, einen Beitrag mit dem Titel »Zum 350jährigen Jubiläum des Heidelberger Katechismus«.[84] Lang, der sich um die Erforschung des Heidelberger Katechismus verdient gemacht hatte,[85] berichtet in seinem Artikel über ausgeprägte Feiern der Reformed Church in den USA und beklagt daran anschließend das geringe Interesse in Deutschland.[86] Mit Verweis auf das Calvinjubiläum 1909 empfiehlt er allerdings einerseits, von einem Fest in höherem Stile abzusehen, andererseits sollten die Reformierten diesen Anlass zur Stärkung ihrer konfessionellen Identität nutzen. Langs Ausführungen lassen dabei eine markante Spannung zwischen Nationalismus und Internationalismus erkennen. Für Lang ist der Heidelberger Katechismus nämlich das einzige »Palladium« der deutschen Reformierten, das »sich den besten Schöpfungen der außerdeutschen Reformirten an die Seite stellt [...] In ihm hat sich deutsche Art aufs innigste mit dem reformirten Frömmigkeitstypus vermählt und durch ihn die außerdeutschen reformirten Kirchen nachhaltig beeinflußt.«[87] Ferner geht Lang auf die beiden in Deutschland ge-

---

[83] Ewald, Catechismen, 46-47. Zum Vergleich der beiden Katechismen heißt es: »Der Ursinische Katechismus, enthält mehr Theologie, die Lutherischen, mehr populäre Religion. Der Ursinische hat mehr Vorstellungsarten des Systems, die Lutherischen tragen durchweg das Gepräge, von Luthers eigenthümlicher Vorstellungsart. Uebrigens, sind auch diese beiden Katechismen, so wie sie sind, für unsere Zeit, gar nicht oder nur in den Händen sehr guter Religionslehrer brauchbar; besonders weil der kleine Katechismus viel zu unvollständig ist, der große aber den Teufel überall einmischt, und von dessen Gewalt, eine zu fürchterliche, muthraubende Vorstellung beibringt, und, weil er die schneidendste, oft bittere Polemik gegen die Katholiken, in Luthers derber Sprache, überall vorträgt, wodurch der Geist der Liebe, also der religiöse Sinn, gewis nicht genährt, sondern ihm geschadet wird« Ewald, Catechismen, 47-48.

[84] August Lang, Zum 350jährigen Jubiläum des Heidelberger Katechismus, in: RKZ 63 (1913), Nr. 3, 17-20.

[85] Siehe beispielsweise von August Lang, Heidelberger Katechismus und vier verwandte Katechismen; Der Heidelberger Katechismus. Zum 350jährigen Gedächtnis seiner Entstehung, Leipzig 1913; Der theologische Charakter des Heidelberger Katechismus, in: ThStKr 89 (1916), 138-157.

[86] Lang, Jubiläum, 18.

[87] Lang, Jubiläum, 18.

bräuchlichen Katechismen[88] ein und erklärt sie zum »Modell« und »Typus«.[89] Die vielfältigen neueren Katechismen lehnt er indes weitgehend ab. Für ihn sind alle jene religionspädagogischen Versuche zum Scheitern verurteilt, die sich allein auf die biblische Geschichte beziehen.[90] Vielmehr bedürfe es einer knappen und populären Zusammenfassung des »Glaubens- und Wahrheitsgehaltes«, wie sie der Heidelberger Katechismus als »brauchbares Lehrbuch für die Unterweisung der Jugend« und als »Bekenntnisbuch« biete. Mit ihm stehe und falle die reformierte »religiöse und kirchliche Eigenart«.[91] Im Sinne konfessioneller Selbstvergewisserung erklärt er: »Die eigentümliche geschichtliche Aufgabe des deutsch-reformirten Protestantismus und sein Recht auf Sonderexistenz liegt, von allem andern abgesehen, in der Vermittlung der Geistesschätze der außerdeutschen Protestanten und der deutschen Lutheraner«. D. h. Lang nimmt seine Ausführungen zum Jubiläum zum Anlass, in geradezu apologetischer Weise die reformierte Konfession mit zahlreichen historischen Beispielen reformierter Innovation innerhalb des deutschen Protestantismus zu legitimieren. Diese spezifische Aufgabe berge aber die Gefahr, »von dem Lutherthum aufgesogen zu werden.« Diese Gefahr könne nur durch den Heidelberger Katechismus abgewehrt werden: »Das hauptsächlichste Schutzmittel, zu dem sich seine Eigenart flüchtet, und durch das sie zum Nutzen des gesamten Protestantismus erhalten werden kann, ist der Heidelberger Katechismus. Ueberall, wo er verloren geht, wird wahrscheinlich sehr bald das reformirte Wesen überhaupt verschwinden.«

Mit dieser pessimistischen Prognose lag August Lang glücklicherweise daneben. Es gibt die Reformierten erfreulicherweise bis auf den heutigen Tag. Und es ist dem Protestantismus unbedingt zu wünschen, dass das so bleibt und sich dieser Protestantismus auch zukünftig vielfältig artikuliert – eben auch: reformiert.

---

88 »Der Vorzug des Heidelberger dagegen ist sein systematischer Aufbau. Er bietet keine populäre Dogmatik, und befriedigt doch das in jedem Christen vorhandene Bedürfnis nach einer volkstümlichen Zusammenfassung dessen, was das Wesen des Christentums ausmacht. Dieser Vorzug hat freilich die Kehrseite, daß der Katechismus wenigstens als Ganzes den Anfängern sehr viel mehr Mühe macht, als der lutherische.«, Lang, Jubiläum, 20.

89 Lang, Jubiläum, 18.

90 Lang, Jubiläum, 18; dort auch die folgenden Zitate.

91 Dabei schließt Lang eine Modernisierung des Textes nicht aus.

Zwischen Union und Konfession

Der Streit um das Bekenntnis in Preußen in der ersten Hälfte des 19. Jahrhunderts

Volker Gummelt

Gemäß mancher Überblicksdarstellung der Kirchengeschichte Deutschlands scheinen nach dem sogenannten konfessionellen Zeitalter – der Zeit klarer nach Lehrbekenntnissen vollzogener Trennungen, gar erbitterter Anfeindungen im 16. bis 18. Jahrhundert – im 19. Jahrhundert die konfessionellen Unterschiede in den Hintergrund zu treten. Die folgenden Ausführungen sollen hingegen zeigen, dass der Umgang hinsichtlich der Bekenntnisfrage seit der ersten Hälfte des 19. Jahrhunderts weitaus differenzierter zu betrachten ist.

1. Die Begründung der Evangelischen Kirche der Union in Preussen – der Versuch, eine evangelische Kirche ohne Bekenntnisschriften zu schaffen

Nach der Neuordnung Deutschlands zu Beginn des 19. Jahrhunderts war die Frage der konfessionellen Bindung eines Territoriums nicht unerheblich. Eine besondere Herausforderung stellte dies seit dem Jahre 1815 in Preußen dar, dem größten Königreich innerhalb Deutschlands. Durch die Neuordnung war die Bevölkerung hier um die Hälfte gewachsen. Die große Mehrheit war zwar weiterhin dem lutherischen Bekenntnis zugehörig, doch bekannten sich nun auch fast 30 Prozent der Bevölkerung zum katholischen Glauben. Weitaus weniger als 10 Prozent gehörten einer reformierten Kirche an.[1] Ziel des preußischen Königs und seiner Regierung musste allein schon aus staatspolitischen Gründen sein, die konfessionellen Unterschiede in dem Königreich zu überwinden.

---

[1] Vgl. dazu J. F. Gerhard Goeters, Der Anschluss der neuen Provinzen von 1815 (Sachsen, Vorpommern, Posen, Westpreußen, Westfalen, beide Rheinprovinzen) und ihre kirchliche Ordnung, in: ders. / Rudolf Mau (Hg.), Die Geschichte der Evangelischen Kirche der Union, Bd. I, Die Anfänge der Union unter landesherrlichem Kirchenregiment (1817-1850), Leipzig 1992, 77-82.

Im Rahmen der Modernisierung des preußischen Staats- und Kirchwesens zur Zeit der Wende vom 18. zum 19. Jahrhundert wurde daher stets auch an eine Union und damit an eine Vereinigung der beiden evangelischen Konfessionskirchen gedacht. Dass der Unionsgedanke in jener Zeit gleichsam in der Luft lag, belegen verschiedene Veröffentlichungen bedeutender Theologen jener Zeit. So schrieb der Berliner Konsistorialrat Johann Joachim Spalding die Abhandlung »Von der Einigkeit in der Religion« (Berlin 1786). Unter dem Titel: »Über die Trennung und Wiedervereinigung der getrennten christlichen Haupt-Partheyen« publizierte der Göttinger Theologieprofessor Gottlieb Jakob Planck im Jahre 1803 eine Schrift. Der reformierte Hofprediger Friedrich Samuel Gottlieb Sack gab ein Buch »Ueber die Vereinigung der beiden protestantischen Kirchenparteien in der Preußischen Monarchie« (Berlin 1812) heraus. Dabei sprachen sich diese Theologen gegen eine landeskirchlich verordnete Vereinigung der Konfessionen aus. Ihr Wunsch war vielmehr eine schrittweise Annäherung der Kirchen, die durch den Aufbau einer Synodalordnung begleitet werden sollte.

Dass der Unionsgedanke in Deutschland auch außerhalb Preußens die Menschen bewegte, zeigt sich daran, dass im kleinen Herzogtum Nassau noch vor der Union in Preußen bereits eine Union beider evangelischer Konfessionen in einem Land geschaffen wurde.[2] Im Herzogtum Nassau, in dem die Hälfte der Bevölkerung in der katholischen Kirche beheimatet war und etwa je ein Viertel dem reformierten bzw. lutherischen Bekenntnis angehörte, beschloss am 11. August 1817 eine gemeinsame Synode von reformierten und lutherischen Geistlichen, die staatlicherseits einberufen worden war, eine, wie es hieß, »evangelisch-christliche Kirche« zum 31. Oktober 1817 zu gründen. Der junge Herzog Wilhelm von Nassau ordnete einige Tage später per Edikt kraft des landesherrlichen Kirchenregiments die Gründung dieser Kirche in seinem Lande an. Beachtenswerterweise einigte man sich bei der Bekenntnisgrundlage dieser ersten Unionskirche Deutschlands darauf, neben der Bibel und dem apostolischen Glaubensbekenntnis die Confessio Augustana von 1530 – das Bekenntnis, welches einst von Luthers engem Mitarbeiter Philipp Melanchthon verfasst worden war – anzuerkennen. Das bedeutete aber auch, dass man damit etwa die Katechismen Luthers oder den Heidelberger Katechismus als allgemein anerkannte Bekenntnisschriften ausschloss.

Angesichts der Ereignisse in Nassau fühlte sich auch der König von Preußen Friedrich Wilhelm III. zum Handeln gedrängt. Bot doch die bevorstehende

---

2 Vgl. Alfred Adam, Die nassauische Union von 1817, in: Jahrbuch der Kirchengeschichtlichen Vereinigung in Hessen und Nassau 1 (1949), 35-408.

»Säkular-Feier der Reformation« einen ausgezeichneten Anlass für eine Union der seit der Reformationszeit getrennten evangelischen Konfessionen nun auch in Preußen. Am 27. September 1817 erließ Friedrich Wilhelm III. eine Kabinettsorder, in der er zur Vereinigung der Lutheraner und der Reformierten seines Landes beim 300. Jubelfest der Reformation aufrief.[3] Jene Kabinettsorder gilt heute allgemein hin als die »Gründungsurkunde der Union« in Preußen.[4] Der König wünschte sich in diesem Aufruf, dass zu »dieser heilsamen, schon so lange und auch jetzt wieder so laut gewünschten [...] Vereinigung, in welcher die reformirte Kirche nicht zur lutherischen und diese nicht zu jener übergehet, sondern beide Eine neue belebte, evangelisch-christliche Kirche« werden. Für Friedrich Wilhelm stand der Vereinigung »kein in der Natur der Sache liegendes Hinderniß mehr entgegen, sobald beide Theile nur ernstlich und redlich in wahrhaft christlichem Sinne sie wollen.« Sah doch der König es so, dass die beiden Konfessionen »nur noch durch äußere Unterschiede getrennte protestantische Kirchen seien«. »Die Hauptsache im Christentum« – so die Ansicht Friedrich Wilhelms – darin seien sich beide Konfessionen einig. Zwar erwähnt der König in seinem Aufruf zur Union der Konfessionen, die er eine »Einigkeit der Herzen« nannte, dass jene »nach ächt biblischen Grundsätzen, ihre Wurzeln und Lebenskräfte« haben sollte. Eine lehr- und bekenntnismäßige Grundlage dieser Kirche führt die preußische Unionsurkunde jedoch an keiner Stelle an. Es wäre sicher historisch ungerecht, dem König vorzuwerfen, er habe die traditionellen Lehrdifferenzen zwischen den beiden Konfessionen bewusst leichtfertig übergangen. Vielmehr ist es wohl richtiger anzunehmen, dass Friedrich Wilhelm die dogmatischen Subtilitäten der Bekenntnisschriften in diesem Zusammenhang als belanglos betrachtete.

> »Einigkeit der Herzen« bei Friedrich Wilhelm – so eine treffende Einschätzung von Klaus Wappler – »behauptet folglich Übereinstimmung in allen wichtigen Fragen des Glaubens. Friedrich Wilhelm III. meinte also im Grund eine Konsensusunion, die jedoch, weil der Konsensus nicht explizit beschrieben ist, präziser als latente Konsensusunion zu bezeichnen ist.«[5]

---

3 Abgedruckt ist der genaue Wortlaut der Unionsurkunde vom 27. September 1817 in: Goeters / Mau (Hg.), Die Geschichte der Evangelischen Kirche der Union, Bd. I, 91-92. Im Folgenden wird daraus zitiert.

4 Vgl. etwa Iselin Gundermann, Die Evangelische Kirche Preußens von 1817 bis 1840, in: Iselin Gundermann / Dietrich Meyer / Hartmut Sander (Hg.), Evangelische Kirche der preußischen Union 1817-2003. Ein Bild- und Textband, Berlin 2013, 11.

5 Klaus Wappler, Reformationsjubiläum und Kirchenunion (1817), in: J. F. Gerhard Goeters / Rudolf Mau (Hg.), Die Geschichte der Evangelischen Kirche der Union, Bd. I,

Da die Trennung der Konfessionen nach Ansicht des preußischen Königs nur noch in äußeren Dingen vorhanden sei, sah er auch in einem äußeren Akt die Vereinigung vollzogen. Alle protestantischen Gemeinden in seinem Reich sollten dem Beispiel der bis dahin getrennten reformierten und lutherischen Hof- und Garnisonsgemeinde zu Potsdam folgen und das Reformationsfest mit einer gemeinsamen Abendmahlsfeier begehen.

Jener Aufruf Friedrich Wilhelms III. vom 27. September 1817 wurde in breiten Kreisen Preußens begrüßt. Wo Geistliche beider Konfessionen vor Ort waren, fand man sich am 30. oder am 31. Oktober 1817 zu einer gemeinsamen Abendmahlsfeier zusammen, die man nach einer speziell für diesen Anlass geschaffenen Liturgie abhielt. Freilich kehrten viele Pfarrer samt ihren Gemeinden alsbald wieder zum gewohnten Ritus zurück. Somit entstand nunmehr der Eindruck von drei evangelischen Konfessionen in dem einen Königreich Preußen. Angesichts dieser verwirrenden Entwicklung sah sich König Friedrich Wilhelm genötigt, nun die Durchsetzung der Union in seinem Reich entgegen seiner ursprünglichen Absicht selbst in die Hand zu nehmen. Zur Einsetzung einer Generalsynode oder auch nur von Provinzialsynoden etwa, die zu dieser Angelegenheit entsprechende Beschlüsse hätten fassen können – wie das Beispiel Nassau gezeigt hatte – konnte Friedrich Wilhelm sich nicht entschließen, da alles bei ihm eine tiefe Abneigung hervorrief, was in irgendeiner Weise an einen Liberalismus erinnerte. Auch wollte der König vermeiden, auf den Bekenntnisstand der Gemeinden einen Einfluss zu nehmen. Friedrich Wilhelm tat dies mit der Begründung, dass er in guter Tradition der preußischen Könige »die Freiheit der Überzeugung in Glaubenssachen achtete«.[6] Der für ihn einzig gangbare Weg der Vereinigung der beiden evangelischen Kirchen lag in der Vereinheitlichung der Liturgie. Dies entsprach der konsequenten Weiterverfolgung eines seit seinem Regierungsantritt 1797 verfolgten, ursprünglichen Gedankens einer Gottesdienstreform in Preußen.

Die Anfänge der Union unter landesherrlichem Kirchenregiment (1817-1850), Leipzig 1992, 109.

6 Wappler, Reformationsjubiläum, 113-114.

2. Die Unionsagende – der Versuch, die Festlegung auf eine Bekenntnistradition zu umgehen

Friedrich Wilhelm III. war, wie Wolf-Dieter Hauschild ihn prägnant bezeichnete, ein »begabter Amateurliturgiker«.[7] So schuf der König höchstselbst eine einheitliche Liturgie für die Unionskirche seines Reiches. Er entnahm dazu verschiedene Teile aus Gottesdienstordnungen der Reformationszeit, aber auch Stücke aus den Liturgien etwa der russisch-orthodoxen und anglikanischen Kirche.[8]

Zu Weihnachten 1821 wurde diese Einheitsliturgie, die zu allererst für die Berliner Hof- und Domkirche gedacht war, gedruckt und sogleich auch in der gesamten preußischen Armee eingeführt. Bei einer zweiten notwendig gewordenen Auflage im Jahr darauf wurde die Unionsliturgie durch den König erweitert. Sie erhielt nun unter anderem eine Ordnung für die Ordination von Pfarrern. Dabei ist interessant, dass in dem sogenannten Ordinationseid, der lehrbekenntnismäßigen Verpflichtung, die jeder zu ordinierende Geistliche einzugehen hatte, Friedrich Wilhelm ursprünglich die drei altkirchlichen Bekenntnisse, die Confessio Augustana von 1530 sowie das Concordienbuch erwähnen wollte. Damit wären der König und die Unionskirche ganz in der lutherischen Bekenntnistradition verblieben. Jedoch änderte Friedrich Wilhelm diesen Passus, weil seine Berater Einspruch erhoben. An die Stelle der namentlich aufgeführten Bekenntnisse setzt er eine offenere Formulierung, nach der die lehrmäßige Grundlage »die bekannten und in der evangelischen Kirche allgemein angenommenen symbolischen Bücher« seien.[9] Diese Aussage zu den Bekenntnissen entsprach zwar dem Unionsgedanken, erschwerte aber letztlich eine Klärung eines Konfessionsstatus.

Die Unionsagende Friedrich Wilhelms brachte nicht die erhoffte Einheit der evangelischen Kirche in Preußen. Aus unterschiedlichen Gründen stieß sie auf viel Widerstand. Bei der Abwehr der Agende wurden auch konfessionelle Argumente gebraucht. So meinte etwa der Weimarer Generalsuperintendent Johann

---

[7] Wolf-Dieter Hauschild, Lehrbuch der Kirchen- und Dogmengeschichte, Bd. 2, Reformation und Neuzeit, Gütersloh 2005, 759.

[8] Vgl. dazu Anselm Schubert, Liturgie der Heiligen Allianz. Die liturgischen und politischen Hintergründe der Preußischen Kirchenagende (1821/22), in: ZThK 110 (2013), 291-315 sowie vor allem Wilhelm H. Neuser, Agende, Agendenstreit und Provinzialagenden, in: J. F. Gerhard Goeters / Rudolf Mau (Hg.), Die Geschichte der Evangelischen Kirche der Union, Bd. I, Die Anfänge der Union unter landesherrlichem Kirchenregiment (1817-1850), Leipzig 1992, 134-159.

[9] Zitiert nach Neuser, Agende, 145.

Friedrich Röhr in der Zeitschrift »Kritische Prediger-Bibliothek«, jene Agende sei ein Zeugnis des Krypto-Calvinismus und deshalb nicht annehmbar.[10] Um den sogenannten Agendenstreit einzudämmen, veränderte der König seine Liturgie in der nächstfolgenden Zeit immer wieder. Jedoch verstärkte Friedrich Wilhelm so selbst die Verwirrung, was nun in den Kirchen seines Landes gelten sollte.

War die Einführung der Unionsagende zunächst freiwillig, erhöhte der König angesichts des Widerstandes den Druck zur Annahme. So befahl Friedrich Wilhelm im Juli 1825, dass »bei der Wiederbesetzung erledigter evangelischer Pfarrstellen darauf zu halten [sei], dass nur solche Candidaten dazu gelangen, die sich zur Annahme der Agende und Einführung der Liturgie bereit erklären.«[11] Andererseits machte der König auch Zugeständnisse. So entschied er im darauf folgenden Jahr 1826, dass zwar einerseits in allen Provinzen der Grundtyp der Agende beizubehalten sei, doch in einem jeweiligen Anhang die althergebrachten Gebete und Formulare der Region aufgenommen werden könnten. Zu Anfang des Jahres 1827 erschien erstmalig der pommersche Provinzialanhang.[12] Jener Anhang wurde Vorbild für entsprechende Anhänge in anderen Provinzen, die alsbald erarbeitet und veröffentlicht wurden. Somit war letztlich nur noch dem Schein nach eine einheitliche Gottesdienstordnung in Preußen gewahrt, jedoch der stärkste Widerstand gebrochen. Anstelle der gewünschten Einheit war nun vielmehr eine größere Vielfalt das Resultat aller Bemühungen. Förderlich dabei war gewiss, dass man auf eine Entscheidung hinsichtlich der Bekenntnistradition bewusst verzichtet hatte.

3. Das Jubiläum des Augsburger Bekenntnisses im Jahre 1830 – der Versuch, sich mit der überlieferten Bekenntnistradition auseinanderzusetzen

Für König Friedrich Wilhelm und seine Regierung sollte der 300. Jahrestag des Augsburger Bekenntnisses im Jahre 1830 als Anlass dienen, – so der Vorschlag

---

10 Vgl. dazu Gerhard Besier, Das Luthertum innerhalb der Preußischen Union (1808-1918). Ein Überblick, in: Wolf-Dieter Hauschild (Hg.), Das deutsche Luthertum und die Unionsproblematik im 19. Jahrhundert, Gütersloh 1991, 131-150, insbesondere 136.

11 Zitiert nach Neuser, Agende, 155.

12 Vgl. Hellmuth Heyden, Zur Geschichte der Kämpfe um Union und Agende in Pommern, in: ZKG 71 (1960), 287-323, insbesondere 291.

des damaligen preußischen Kultusministers Karl von Altenstein – die Union in Preußen weiter voranzubringen.[13] Am 4. April 1830 erließ Friedrich Wilhelm III. eine Kabinettsorder, in der er erklärte, »die dritte Säkular-Feier des Tages, an welchem die Übergabe der Augsburger Konfession erfolgte«, sei »für die evangelischen Glaubensgenossen eine willkommene Veranlassung, [...] zur dankbaren Freude über die ihnen bisher erhaltenen Segnungen der evangelischen Lehre sich zu vereinigen.«[14] Aus diesem Grunde sollten in allen evangelischen Kirchen des Landes am 25. Juni des Jahres Dank- und Erinnerungsgottesdienste stattfinden und jener Tag als öffentlicher Feiertag im ganzen Lande begangen werden. Hatten der König und seine Berater bisher bei ihren Bemühungen um eine Unionskirche in Preußen auf die Bezugnahme auf eine konkrete Bekenntnisschrift verzichtet, so wurde nun mit dem Jubiläum der Confessio Augustana ein Bekenntnis der Reformation in das Blickfeld gerückt, »durch welches das heilsame Werk der Union [...] der Vollendung näher geführt werden kann.«

Welche Bedeutung sah Friedrich Wilhelm in der Augsburger Konfession, jenem Bekenntnis, das einst auf dem Reichstag zu Augsburg im Jahre 1530 von den lutherischen Ständen dem Kaiser vorgelegt worden war? Gemäß der Kabinettsorder vom April 1830 war das Augsburger Bekenntnis neben der Heiligen Schrift als die »Haupt-Grundlage der evangelischen Kirche« anzusehen. Unerwähnt blieb, dass es sich bei der Confessio Augustana um ein rein lutherisches Bekenntnis handelte.

Die Schulkinder des Landes sollten – so wurde zudem ministeriell angeordnet – zu diesem Anlass gesondert über die Geschichte des Augsburger Reichstages und über den Inhalt des Bekenntnisses unterrichtet werden. Den Pfarrern wurde zur Pflicht gemacht, »in ihren Predigen den Inhalte, die Bedeutung, Wirkung und Anwendung der Augsburgischen Konfession gehörige dazulegen.« So erschienen zu diesem Jubiläum Hunderte von Publikationen auf unterschiedlichstem Niveau. Manche der im Juni 1830 gehaltenen Reden und Predigten gab man alsbald auch im Druck heraus.

So betonte der Philosoph Georg Friedrich Wilhelm Hegel in seiner, in lateinischer Sprache vorgetragenen Berliner Universitätsrede zum 25. Juni 1830, die er in seiner Eigenschaft als Rektor hielt, den Akt der Übergabe des Augs-

---

13 Vgl. im Folgenden Joachim Mehlhausen, Augustana-Jubiläum und Julirevolution (1830), in: J. F. Gerhard Goeters / Rudolf Mau (Hg.), Die Geschichte der Evangelischen Kirche der Union, Bd. I, Die Anfänge der Union unter landesherrlichem Kirchenregiment (1817-1850), Leipzig 1992, 210-220.

14 Karl Albert von Kamptz (Hg.), Annalen der preußischen Staatsverwaltung, XIV. Bd., Berlin 1830, 323-324. Im Folgenden wird danach zitiert.

burger Bekenntnisses auf dem Reichstag durch die Fürsten und Vertreter der Stände als das entscheidende Ereignis.[15] Für Hegel war es bedeutsam, dass es Laien waren, die sich mit diesem Bekenntnis auf dem Reichstag öffentlich zum Evangelium bekannten und somit die Unabhängigkeit ihres Glaubens von jeder priesterlichen Vermittlung zum Ausdruck brachten. Auf dem Hintergrund der Erfahrungen der konfessionellen Auseinandersetzungen in den vergangenen Jahrhunderten forderte Hegel, dass das Bekenntnis als Lehrtext nicht wieder zu einer Fessel der Glaubensfreiheit gemacht werden dürfte.

Friedrich Daniel Ernst Schleiermacher, der führende Theologe der Berliner Fakultät zu jener Zeit, veröffentlichte zehn Predigten »in Bezug auf die Feier der Übergabe der Augsburgischen Confession.«[16] Auch Schleiermacher sah wie Hegel in der Übergabe des Bekenntnisses das historische Ereignis, das der Confessio Augustana gegenwärtige Bedeutsamkeit verleihe. So schrieb er in der Vorrede anlässlich der Veröffentlichung jener Predigten: »Die Feier [d. h. des Augsburger Bekenntnisses] gilt ja überhaupt nicht der Urkunde, dass sie verfasst worden und dass sie gerade so geworden, sondern ihrer Übergabe; nicht das Werk wird gefeiert, sondern die That.« Doch Schleiermacher führte in seinen Predigten auch einen kritischen Dialog mit ausgewählten Einzelaussagen der Confessio Augustana und konnte zwei große »Trefflichkeiten« hinsichtlich des Textes dieses Bekenntnisses erkennen. So sei hierin zum einen mit großer Umsicht und aus reicher christlicher Erfahrung, besonnen und ohne Übertreibung, die Abschaffung der Missbräuche im Gottesdienst und in der Lehre gefordert. Ferner habe das Augsburger Bekenntnis mit rechter Klarheit, mit dem größten Ernste, mit Demut und Treue des Herzens den einen großen Hauptpunkt des Glaubens aufgefasst und dargelegt: die Rechtfertigungslehre. Diese beiden »Trefflichkeiten« geben Schleiermacher hinreichenden Anlass, sich am Augsburger Bekenntnis »im hohen Maße zu erfreuen«. Deshalb, forderte er seine Zuhörer bzw. Leser auf, möge man sich das Bekenntnis »seinem Geist und seinem Wesen nach« aneignen.

---

15 Vgl. Georg Wilhelm Friedrich Hegel, Rede bei der dritten Säkular-Feier der Übergabe der augsburgischen Konfession, den 25. Juni 1830, in: ders., Sämtliche Werke, hg. von Hermann Glockener, Bd. XX, Stuttgart ^{3}1958, 532-544; sowie Joachim Melhausen, Zur Wirkungsgeschichte der Confessio Augustana im 19. Jahrhundert, in: ders., Verstigia Verbi, Aufsätze zur Geschichte der evangelischen Theologie, Berlin / New York 1998, 95-122.

16 Friedrich Schleiermacher, Predigten in Bezug auf die Feier der Übergabe der Augsburgischen Confession, in: ders., Kleine Schriften und Predigten, hg. von Hayo Gerdes und Emanuel Hirsch, Berlin 1969, 13-154.

Alle evangelischen Pfarrer der preußischen Landeskirche mussten über ihre Feiern am 25. Juni 1830 ihrem Superintendenten berichten. Diese leiteten die Berichte an die Konsistorien der Provinzen weiter. Damit sollte sichergestellt werden, dass der Jubiläumsfesttag ganz im Sinne der Union begangen wurde. Doch wurde dieses Ereignis auch zum Ausgangspunkt einer Entwicklung, die deutlich werden ließ, dass die Evangelische Kirche der Union in Preußen in ihrem Bekenntnis mit der lutherischen Kirche nicht identisch war.

4. Die lutherische Separation – der Versuch, das lutherische Bekenntnis in Preussen zu erhalten

Zentrum des neuen Konfliktes in Preußens evangelischer Kirche ab dem Jahre 1830 war die Provinz Schlesien und hier vor allem deren Hauptstadt Breslau.[17] In Schlesien gab es aufgrund der massiven, Jahrhunderte lang währenden Auseinandersetzung mit dem Katholizismus ein starkes Luthertum. Einer der geistig führenden Köpfe war Johann Gottfried Scheibel, der seit 1807 als Pfarrer und seit 1811 zudem als Theologieprofessor in Breslau tätig war. Scheibel, einerseits durch die Erweckungsbewegung und andererseits durch dogmengeschichtliche Studien in seiner Theologie geprägt, trat schon vor dem Jahre 1817 als ein eifriger Gegner einer Union der beiden evangelischen Konfessionen auf. Insbesondere kämpfte er auf Kanzel und am Katheder vor zahlreichen Anhängern für das lutherische Verständnis des Abendmahls. Bekannt wurde Scheibel über die Grenzen der Stadt durch seine 1823 erschienene Schrift »Lehre von der Natur Christi und Abendmahl«, in der er für die lutherische Abendmahlsauffassung als einzig richtige eintrat. Demonstrativ hatte Scheibel bereits an der gemeinsa-

---

[17] Vgl. Wolfgang Nixdorf, Die lutherische Separation. Union und Bekenntnis (1834), in: J. F. Gerhard Goeters / Rudolf Mau (Hg.), Die Geschichte der Evangelischen Kirche der Union, Bd. I, Die Anfänge der Union unter landesherrlichem Kirchenregiment (1817-1850), Leipzig 1992, 220-240; Werner Klän, Die altlutherische Kirchenbildung in Preußen, in: Wolf-Dieter Hauschild (Hg.), Das deutsche Luthertum und die Unionsproblematik im 19. Jahrhundert, Gütersloh 1991, 153-170; Werner Klän, Um Kirche und Bekenntnis. Die preußischen Altlutheraner zwischen Selbstbehauptung und Staatstreue, in: Bernhart Jähnig / Silke Spieler (Hg.), Kirchen und Bekenntnisgruppen im Osten des Deutschen Reiches, Bonn 1991, 177-200; Johannes Hund, Johann Gottfried Scheibel und die »Evangelisch-lutherische Kirche in Preußen«, in: Jürgen Kampmann / Werner Klän (Hg.), Preußische Union, lutherisches Bekenntnis und kirchliche Prägungen, Göttingen 2014, 43-80.

men Abendmahlsfeier der Theologischen Fakultät Breslau am 31. Oktober 1817 in der reformierten Kirche nicht teilgenommen. Zudem lehnte er die königliche Unionsagende mit der Begründung ab, dass bei einer entsprechenden Abendmahlsordnung die klare Bezeugung der realen Gegenwart von Christi Leib und Blut nicht verschwiegen, verdrängt oder verschleiert werden dürfte. In einem Votum zur Agende aus dem Jahre 1828 betonte Scheibel, dass es »unmöglich sei, dass die lutherische Kirche dieselbe Agende mit einer anderen Kirche habe, deren einzelne Lehre nicht nur, sondern der ganze innerste Geist dem unserer Kirche vollkommen entgegen ist.«[18] Mit dieser Ansicht war er nicht allein. Auch die gesamte Geistlichkeit Breslaus sprach sich gegen die Unionsagende aus. In Schlesien insgesamt gab es vor Einführung eines Provinzialanhangs im Jahre 1830 eine überwiegende Ablehnung. Noch im Jahr zuvor waren immerhin 493 der 745 Prediger dieser Provinz gegen eine Annahme der Agende.

Als im Rahmen der Vorbereitung der Augustana-Feierlichkeiten in der ersten Hälfte des Jahres 1830 der Versuch der Durchsetzung der Unionsagende auch in Breslau unternommen wurde, wandte sich Scheibel in mehreren Petitionen an den König, den Gottesdienst weiterhin nach der Wittenberger Agende abhalten zu dürfen. Alle diese Ersuche wurden – wenn überhaupt darauf reagiert wurde – abschlägig beantwortet. Schließlich suspendierte man Scheibel Mitte Juni 1830, und somit noch vor der Feier des Jubiläumstages, von seinen geistlichen Amtsfunktionen.

Die preußische Jubelfeier zum Augsburger Bekenntnis in Breslau am 25. Juni führte Scheibel und Gleichgesinnte zu einem entscheidenden Schritt. Sie legten ein Verzeichnis aller an, die sich durch persönliche Meldung bei ihnen als Glieder der lutherischen Kirche bekannten. Konnten so im Juli 1830 schon 500 Gemeindeglieder gezählt werden, stieg die Zahl zu Ende August auf 1000, im November des Jahres auf 2300 an. Scheibel und Mitstreitende wandten sich wiederum in mehreren Petitionen an den König und seine Regierung. Sie baten unter anderem um Aufhebung der Suspendierung Scheibels, um Verständnis für ihre Ablehnung von Union und Agende und um die Beibehaltung der lutherischen Gottesdienstordnung.

Friedrich Wilhelm III. und seine Berater unterschätzten anfänglich jene Bewegung. Sie waren nicht bereit, nach dem schlesischen Provinzialanhang weitere Zugeständnisse zu machen. Ihrer Meinung nach könne man innerhalb der preußischen Union Lutheraner bleiben. Als Kompromiss schlugen sie vor, dass man bei Annahme der Agende auch die lutherischen Abendmahls- und Taufformulare erlauben könne. Doch Scheibel und dessen Anhänger konnten

---

[18] Zitiert nach Nixdorf, Separation, 223.

diesem nicht zustimmen. Der Gebrauch von lutherischen Formularen in einer unierten Kirche mache noch keine lutherische Kirche aus, so ihre Position.

Immer deutlicher wurde es, dass man nun staatlicher und infolgedessen auch kirchenleitenderseits strenger gegen jene »renitenten« Lutheraner vorgehen musste. So wurde Scheibel im Frühjahr 1832 des Landes verwiesen. Zunächst ging er in das lutherische Königreich Sachsen, von dort nach Bayern. Fortan übernahm der Breslauer Rechtsprofessor Philipp Eduard Huschke die Leitung und den weiteren Aufbau der lutherischen Gemeinde in Breslau und Umgebung. Ende 1833 gab es bereits 13 altlutherische Kirchspiele in Schlesien. Seit dieser Zeit begann die Bewegung auch auf die Nachbarprovinzen Posen und Pommern überzugreifen.

Nach eingehenden Vorarbeiten durch das Kultusministerium erließ Friedrich Wilhelm III. am 28. Februar 1834 eine Kabinettsorder, die gemäß der treffenden Einschätzung von Werner Klän als »das Kernstück eines Maßnahmenbündels« anzusehen ist,[19] mit dessen Hilfe der König und der Kultusminister die Bekämpfung der sogenannten altlutherischen Bewegung in Preußen in Angriff nehmen wollten. Wie gering ihr Verständnis für deren konfessionelle Position war, belegen die Schlussworte dieser Kabinettsorder: »[...] am wenigsten aber – weil es am unchristlichsten sein würde – darf gestattet werden, daß die Feinde der Union im Gegensatz zu den Freunden derselben als eine besondere Religions-Gesellschaft sich constituiren«.[20]

Doch war eine Änderung der bisherigen Kirchenpolitik in jener Kabinettsorder deutlich sichtbar, denn der bisherige strickte Zusammenhang von Einführung der Union und Agende wurde nun aufgegeben. Ausdrücklich hieß es jetzt, dass die Annahme der Agende nicht mit dem Beitritt zur Union verbunden sei. »Der Beitritt zur Union ist Sache des freien Entschlusses.« Hingegen war die Einführung der Agende verpflichtend für alle, denn die Kabinettsorder forderte: »Auch in nicht unirten Kirchen muß der Gebrauch der Landes-Agende unter den für jede Provinz besonders zugelassenen Modificationen [d. h. die Provinzialanhänge] stattfinden.« Bemerkenswert in der Kabinettsorder vom 28. Februar 1824 sind die Aussagen, die man bezüglich der Bekenntnisschriften traf. »Die Union bezweckt und bedeutet kein Aufgeben des bisherigen Glaubensbekenntnisses, auch ist die Autorität, welche die

---

19 Vgl. Klän, Um Kirche und Bekenntnis, 180.

20 Der genaue Wortlaut dieser Kabinettsorder ist abgedruckt bei Hermann Theodor Wangemann, Sieben Bücher Preußischer Kirchengeschichte. Eine aktenmäßige Darstellung des Kampfes um die lutherische Kirche im XIX. Jahrhundert, Berlin 1869/70, 34-36. Im Folgenden wird danach zitiert.

Bekenntnißschriften der beiden evangelischen Confessionen bisher gehabt, durch sie nicht aufgehoben worden.« Weiter heißt es: »Durch den Beitritt zu ihr [d. h. der Union] wird nur der Geist der Mäßigung und Milde ausgedrückt, welcher die Verschiedenheit einzelner Lehrpunkte der anderen Konfession nicht mehr als den Grund gelten läßt, ihr die äußerliche kirchliche Gemeinschaft zu versagen.« Somit sollten einerseits die Bekenntnisse der Kirchen unverändert und uneingeschränkt in Kraft bleiben, jedoch wurde andererseits ein Konsensus in einem »Geist der Mäßigung und Milde« für eine Kirchengemeinschaft vorausgesetzt. Ähnlich unklar wurde auch das Verhältnis von Unionsagende und Bekenntnisschriften in jener Kabinettsorder beschrieben, wenn es hieß, dass die Agende nicht dazu bestimmt wäre, »an die Stelle der Bekentnißschriften zu treten, oder diesen in gleicher Eigenschaft beigestellt zu werden«. Die Agende sollte nur »eine dem Geist der Bekenntnißschriften entsprechende Ordnung« feststellen. Deutlich wird demnach in der Kabinettsorder vom 28. Februar 1834, dass man sich aufgrund der Auseinandersetzung mit dem »renitenten« Luthertum zu Aussagen zum Bekenntnis bzw. den Bekenntnisschriften genötigt sah, die man zuvor absichtlich umgehen wollte.

Die rasche Ausbreitung der lutherisch-konfessionellen Bewegung gerade über die Grenzen Schlesiens hinweg zeigte, welch ein fruchtbarer Boden für ein bekenntnisorientiertes Luthertum in Preußen insgesamt vorlag. Ein entscheidender Grund dafür dürfte die fehlende klare Positionierung zur Stellung von Bekenntnis bzw. Bekenntnisschriften in den ersten Jahrzehnten innerhalb der Kirche der Union gewesen sein.

Die Situation änderte sich, als im Juni 1840 Friedrich Wilhelm III. starb und sein ältester Sohn als König Friedrich Wilhelm IV. die Regierung übernahm. Nun wurden inhaftierte lutherische Geistliche wieder freigelassen und ernsthafte Verhandlungen zwischen den Lutheranern und dem preußischen Staat aufgenommen. Im Jahre 1841 trat eine erste Generalsynode der preußischen Lutheraner zusammen, auf der eine Verfassung jener »Evangelisch-lutherischen Kirche in Preußen« verabschiedet wurde. Seit 1845 wurden die lutherischen Gemeinden in Preußen durch einen königlichen Erlass offiziell geduldet.

Die hier vorgetragene Darstellung der Geschichte der preußischen Kirche in der ersten Hälfte des 19. Jahrhunderts mit der Fokussierung auf Fragen des Bekenntnisses bzw. der Bedeutung der Bekenntnisschriften in diesem Zusammenhang konnte zeigen, dass alle Versuche, eine evangelische Kirche zu gestalten, ohne die Stellung zu den überlieferten Bekenntnissen darin letztlich eindeutig zu klären, zum Scheitern verurteilt waren. Auch verdeutlichen die

Vorgänge in der evangelischen Kirche Preußens in dieser Zeit beispielhaft, dass Entscheidungen zum Bekenntnisstatus weder mit einfachen Mehrheiten noch durch Gewalt gelöst werden dürfen. Eine stete, sich immer wieder neu stellende Aufgabe im Protestantismus ist es, eine klare Position zur Bekenntnisfrage zu entwickeln.

2. Systematisch- und praktisch-theologische Zugänge

Zur Grundlegung der Ethik nach dem Heidelberger Katechismus[1]

Henning Theißen

1. Die ethische Architektur des Heidelberger Katechismus

450 Jahre Heidelberger Katechismus[2] sind ein Anlass, bei der wissenschaftlichen Erforschung und dem kirchlichen Gedenken auch nach den Ursachen für den lang anhaltenden Erfolg dieser Bekenntnisschrift zu fragen.[3] Erfolg ist freilich mit Blick auf diese wohl verbreitetste reformierte Bekenntnisschrift spätestens seit Max Webers klassischen Analysen zum »Geist des Kapitalismus« (1904)[4] eine ethisch zweischneidige Kategorie. Denn Webers Kritik an einer »Protestantischen Ethik«, die das religiöse Erwähltsein mit dem innerweltlichen, insbesondere beruflich-wirtschaftlichen, Erfolg verbindet, zielte speziell auf die an Calvin anschließende, reformierte Konfession. Dass der HK selbst bei Weber gleichwohl nicht im Fokus steht, liegt vielleicht daran, dass die Ethik hier unter einem Stichwort erscheint, das sich ökonomischer Verrechnung widersetzt: »Von der Dankbarkeit« ist der Dritte Teil (HK 86-129) überschrieben. Wenn die Erfolgsgeschichte des HK zumindest teilweise der theologischen Klarheit geschuldet ist, mit der alle drei Teile die

---

1 Dieser Beitrag zur Greifswalder Ringvorlesung (10.4.2013) erschien bereits (mit erweitertem Titel: »Von der Dankbarkeit – Zur Grundlegung der Ethik nach dem Heidelberger Katechismus«) an anderer Stelle: Martin Heimbucher / Christoph Schneider-Harpprecht / Aleida Siller (Hg.), Zugänge zum Heidelberger Katechismus. Geschichte – Themen – Unterricht. Ein Handbuch für die Praxis mit Unterrichtsentwürfen auf CD-ROM, Neukirchen-Vluyn [2]2013, 151-158. Dem Verlag Neukirchener Theologie gilt mein Dank für die freundliche Abdruckgenehmigung.

2 Ich zitiere den Heidelberger Katechismus (= HK) nach der in folgendem Sammelwerk enthaltenen Ausgabe: Rudolf Mau (Hg.), Evangelische Bekenntnisse. Bekenntnisschriften der Reformation und neuere Theologische Erklärungen II, Bielefeld 1997.

3 Dieser Erfolg wird z.B. fortgeschrieben von Eberhard Busch, Der Freiheit zugetan. Christlicher Glaube heute – im Gespräch mit dem Heidelberger Katechismus, Neukirchen-Vluyn 1998.

4 Vgl. Max Weber, Die protestantische Ethik und der Geist des Kapitalismus [EA 1904], in: ders., Gesammelte Aufsätze zur Religionssoziologie I, Tübingen [5]1963, 1-206.

eine Grund- und Ausgangsfrage nach dem »einzige[n] Trost im Leben und im Sterben« (HK 1) 128 Fragen lang weiterverfolgen, dann hat der Kunstgriff (HK 2), diesen ganzen Stoff auf drei miteinander zusammenhängende Teile zu verteilen, keinen kleinen Anteil an der Klarheit und damit am Erfolg des HK. Diese Katechismusarchitektur, von dem Göttinger reformierten Dogmatiker Otto Weber als »analytische Theologie« bezeichnet, hat Vorbilder in Melanchthons Handbuch zu den kursächsischen Kirchenvisitationen (Unterricht der Visitatoren, 1528) und in dem sogenannten Regensburger Büchlein des Melanchthonschülers Nikolaus Gallus (1547),[5] doch auch im Vergleich mit diesen scheint es den HK auszuzeichnen, dass er die für die Ethik der Reformationszeit maßgebliche Frage nach den guten Werken auf die Haltung der *Dankbarkeit* zurückführt. Freilich ist Dankbarkeit gerade für den HK mehr als eine Haltung; sie ist eine praktische Lebensform, die sich am gebündeltesten im Gebet äußert (HK 119-129 zum Vaterunser) und ein Leben »nicht nur nach einigen, sondern nach allen Geboten Gottes« (HK 114) einschließt. Mit diesem hohen ethischen Anspruch setzt der HK einen gewissen Akzent gegenüber anderen reformatorischen Katechismen, die – wie Luther im Kleinen und Großen Katechismus (1529) und, ihm folgend, auch Calvin in seinem Genfer Katechismus (1537) – das Gesetz Gottes, d. h. konkret die Zehn Gebote (= den Dekalog), als erstes Katechismusstück behandeln und dabei seine pädagogische Funktion betonen: Demnach lehrt das Scheitern an Gottes Gesetz die Menschen ihre Sünde erkennen. Wenn sich demgegenüber der HK erst im dritten Teil dem Dekalog widmet (HK 92-115), darf man diese »Katechismussystematik« (Oswald Bayer)[6] doch nicht überstrapazieren, d. h. der HK will nicht (wie etwa der späte Calvin) behaupten, dass Dankbarkeit nur eine christliche Tugend sei, zu der die Nichtchristen gar nicht fähig wären (sog. dritter, wiedergeborener Gebrauch des Gesetzes). Zwar schärft gerade die Auslegung des Vaterunser etwa bei der zweiten, vierten und sechsten Bitte den »geistlichen Streit« (HK 127) zwischen dem christlichen Leben und der unchristlichen Welt ein, doch sieht der HK darin eine Erfahrung, die die Christen mit ihrem eigenen Christsein machen. Die Christen selbst, ja die »Allerheiligsten« unter ihnen (HK 114), erleben

---

5 Vgl. zur hier gegebenen theologiegeschichtlichen Einordnung generell Otto Weber, Analytische Theologie. Zum geschichtlichen Standort des Heidelberger Katechismus [1963], in: ders., Die Treue Gottes in der Geschichte der Kirche. Gesammelte Aufsätze II, Neukirchen-Vluyn 1968, 131-146.

6 Vgl. zur ersten Orientierung Oswald Bayer, Theologie, HST 1, Gütersloh 1994, 173-182; zu beachten ist auch die 2009 erschienene Festschrift für Bayer unter dem Titel »Denkraum Katechismus«.

das vorhin erwähnte Scheitern an Gottes Gesetz (HK 115). Der HK gründet damit die Ethik auf eine Paradoxie, die beim Gebet besonders deutlich wird (HK 117).

Im Gebet entspricht das christliche Leben gerade dadurch Gottes Geboten, dass es hier auf seine eigene Unwürdigkeit zu dieser Entsprechung stößt und sie vor Gott zur Sprache bringt. Wie der Schweizer Reformationshistoriker Gottfried W. Locher plausibel gemacht hat,[7] folgt der HK hier Zwinglis Vaterunser-Auslegung, wonach der *Einklang* des christlichen Lebens mit Gottes Willen am scheinbaren *Missklang* des Eingeständnisses entsteht, selbst Gottes Vergebung nötig zu haben, um anderen vergeben zu können. Das »große« Gleichwie des Vaterunser (»wie im Himmel, so auf Erden«) bildet sich also am Stachel seines »kleinen« Gleichwie (»wie auch wir vergeben unsern Schuldigern«).

2. Das Gewissheitsproblem der auf den Hund gekommenen Ethik

Anhand der bisherigen Beobachtungen lässt sich das Problem der Ethik im Heidelberger Katechismus genau umreißen. Es besteht in der Stellung, die die Dankbarkeit im christlichen Leben einnimmt. Unterscheidet sie gewissermaßen als christliche Tugend Christen von Nichtchristen, weil sie aus dem Empfang der Vergebung fließt, oder mündet das christliche Leben gerade an dieser Quelle in den breiten Strom der Menschheit ein, die durchweg der Vergebung bedarf? Gehört also die Dankbarkeit zum sog. dritten (= wiedergeborenen) oder zum zweiten, dem vorhin erwähnten pädagogischen Gebrauch des Gesetzes? Und behandelt dann der dritte Teil des HK das letzte *Reifestadium des Glaubens,* oder sind alle Teile gleichzeitig als »*Dreitakt des Glaubens*«[8] zu hören? Der Titel »Von der Dankbarkeit« deutet auf eine Lösung jenseits all dieser Alternativen, denn er redet nicht anthropologisch generalisierend wie der erste und zweite Teil von *des Menschen* Elend bzw. Erlösung, aber auch nicht exklusiv von der *christlichen* Dankbarkeit. Vielmehr handelt die Ethik nach dem Heidelberger Katechismus tatsächlich »von der Dankbarkeit« selbst, nämlich der ihr innewohnenden Paradoxie, die mit der beim Gebet,

---

[7] Vgl. hierzu Gottfried W. Locher, »Das vornehmste Stück der Dankbarkeit«. Das Gebet im Sinne der Reformation nach dem Heidelberger Katechismus [1957], in: Lothar Coenen (Hg.), Handbuch zum Heidelberger Katechismus, Neukirchen-Vluyn 1957, 171-185.

[8] Locher, Dankbarkeit, 176.

dem »vornehmste[n] Stück der Dankbarkeit« (HK 116), schon beobachteten identisch ist. Auch alle, die danken, geben zu verstehen, dass sie die Gabe, für die sie danken, unverdientermaßen empfangen, und zeigen sich doch gerade durchs Danken dieser Gabe würdig. Die Bedeutung des Dankes besteht also darin, dass sie den Empfänger der Gabe im existentiellen Widerspruch von unverdientem und würdigem Empfang über die Gabe selbst *vergewissert*. Gewissheit ist das eigentliche Thema der Dankbarkeit.[9] In der geschilderten Paradoxie nennt der HK dieses Stichwort zwar eher beiläufig, wenn er für die Wichtigkeit des Gebets den »festen Grund« anführt, dass Gott »unser Gebet, ob wir auch dessen unwürdig sind, doch um des Herrn Christi willen gewißlich erhören wolle« (HK 117). Tatsächlich aber sucht die Frage nach Gewissheit im Glauben nichts anderes als den »einzige[n] Trost im Leben und im Sterben« (HK 1), wie es der ganze HK tut.

Mit der Gewissheitsfrage betritt die reformatorische Dogmatik (gleich welcher Konfession) das Feld der Ethik, die in den Katechismen meist unter dem Begriff der guten Werke thematisiert wird. Luther etwa legt seiner Leserschaft als gute Werke weder konkrete Handlungen noch eine allgemeine Haltung der Güte nahe, sondern gibt mit der lakonischen (sprachlich unzutreffenden) Feststellung im Großen Katechismus, dass der Name Gott von »gut« herkomme,[10] den grundlegenden Maßstab an die Hand, woran die Christen derjenigen Güter gewiss werden, denen sie wahrhaft nachstreben sollen. Die gleiche gewissheitsbildende Funktion hat der Dank im HK. Ginge es hier um bestimmte *Handlungen*, also ums Danken, dürfte all das Viele, wofür gedankt wird, nicht in einer Globalformulierung wie »allen Bedarf Leibes und der Seele« (HK 123) untergehen. Noch wichtiger aber scheint mir, dass die Themenangabe »Von der Dankbarkeit« auch nicht in einer dankbaren *Haltung* aufgeht, wie dies einer der wirkmächtigsten Ausleger des HK, der langjährige Elberfelder Pastor Hermann Friedrich Kohlbrügge, annahm, der 1851 seine »Erläuternden und befestigenden Fragen zu dem Heidelberger Katechismus« im dritten Teil so eröffnete:

---

9 Den thematischen Akzent auf der Gewissheit arbeitet heraus Michael Beintker, Glaubensgewissheit nach dem Heidelberger Katechismus, in: ders. (Hg.), Certitudo Salutis. Die Existenz des Glaubens zwischen Gewissheit und Zweifel. Symposion aus Anlass des 75. Geburtstages von Hans Helmut Eßer, Münster 1996, 55-69.

10 Vgl. BSLK 565.

»Welches ist das dankbarste Geschöpf Gottes? Der Hund. Worin wird also deine Dankbarkeit bestehen? Darin, daß ich bei der Gnade bleibe, wie der Hund bei seinem Herrn«.[11]

Die erstaunliche Antwort »der Hund« ist ein Fund aus Kohlbrügges Bibellektüre, weil er in 4. Mose 14,24.30 las, dass nur Josua (= Jesus, dt. Seligmacher) und Kaleb (dt. Hund) Gottes Verheißung erlangen sollten;[12] so bot sich dem bibelfesten Pastor eine handliche Verhältnisbestimmung von Gnade und Dankbarkeit (Dogmatik und Ethik) im bis heute beliebten Modell der Abhängigkeit an. Schon eine Generation vor Kohlbrügge hatte aber Hegel seinen beißenden Spott über ein in der Kategorie der Abhängigkeit begriffenes Christentum ausgegossen, als er, gemünzt auf die ethischen Lehnsätze in Schleiermachers Glaubenslehre (1821/22), schrieb:

»Gründet sich die Religion im Menschen nur auf ein Gefühl, so hat solches richtig keine weitere Bestimmung, als das Gefühl seiner Abhängigkeit zu seyn, und so wäre der Hund der beste Christ, denn er trägt dieses am stärksten in sich, und lebt vornehmlich in diesem Gefühle.«[13]

An Kohlbrügge und Hegel wird also deutlich, dass die Ethik buchstäblich auf den Hund kommt, wenn sie in Abhängigkeit von der Dogmatik konstruiert wird. Mit anderen Worten, jede Ethik, die sich bei der Frage nach dem wahrhaft erstrebenswerten Gut (»gute Werke«) darin erschöpft, aus einer (inneren) Haltung oder Tugend des Glaubens bestimmte (äußere) Handlungen als Pflichten der (Nächsten-) Liebe abzuleiten, wird in den Untiefen von Webers Kapitalismusthese unweigerlich Schiffbruch erleiden. Entweder wird sie über der christlichen Begründung ihres Tuns dessen Folgen vernachlässigen und die Gesinnung »après nous le déluge« entwickeln oder aber bei Übernahme der Verantwortung für ihr Tun den christlichen Begründungsanspruch über Bord werfen. Scylla (Gesinnungsethik) und Charybdis (Verantwortungsethik), wie Max Weber sie 1919 (in »Politik als Beruf«)[14] aufgerichtet hat, lassen sich jedoch umschiffen, wenn die schon erwähnte, im Anschluss an Schleierma-

[11] Hermann Friedrich Kohlbrügge, Erläuternde und befestigende Fragen zu dem Heidelberger Catechismus, Elberfeld 1851, 151.

[12] Vgl. Kohlbrügge, Befestigende Fragen, 29.

[13] Georg Wilhelm Friedrich Hegel, Sämtliche Werke, hg. von Hermann Glockner, Bd. XX, Stuttgart [3]1958, 19-20.

[14] Vgl. den Schlussabschnitt von Max Weber, Politik als Beruf [1919], in: ders., Gesammelte Politische Schriften, hg. von Johannes Winkelmann, Tübingen [3]1988, 505-560.

cher in der Generation nach Hegel ausgearbeitete, Frage nach der *Gewissheit* über das erstrebenswerte Gut die Grundlage der Ethik bildet, und genau das scheint der Heidelberger Katechismus unter dem Leitbegriff der Dankbarkeit auch zu leisten.

3. Kreatürliche Gewissheiten als christliche Gewissheit

Vermag die in der Paradoxie der Dankbarkeit (siehe oben) ausgedrückte christliche Gewissheit über das Problem einer auf den Hund gekommenen Ethik hinauszuführen, so muss auch der dritte Teil des HK über das in den ersten beiden Entfaltete hinausgehen, wenngleich nicht als Fortschritt im persönlichen (Dankbarkeit als wiedergeborener Gebrauch des Gesetzes) oder überpersönlichen (Dankbarkeit als exklusiv christliche Tugend), sondern im interpersonalen Sinne als »Glaubenskommunikation«. Der von Thorsten Latzel[15] in die Debatte eingeführte Begriff bezeichnet die Art und Weise, wie sich das vom HK als »einziger Trost im Leben und im Sterben« (HK 1) begriffene Evangelium Menschen mitteilt, also – im Sprachspiel unserer bisherigen Überlegungen – die *Gewissheitsstruktur* des Christseins. Diese Struktur ist uns aus dem »gleichwie« des Vaterunser (siehe oben) bekannt, hat ihre charakteristische Heimat aber im »gleichwie« (HK 73) der Sakramentenlehre des HK, die in der Mitte zwischen Luther und Zwingli die reformierte Konfession zur Geltung bringt, konfessionalistische Einseitigkeiten aber vermeidet. Nicht die (reale oder symbolische, leibliche oder geistige) Präsenzweise Christi in den Elementen von Wasser und Brot, sondern die an ihnen gemachte Erfahrung der Gewissheit steht im Zentrum, wenn es z. B. in der Tauflehre (HK 69, vgl. HK 75) heißt,

> »daß ich so gewiß mit seinem Blut und Geist von der Unreinigkeit meiner Seele, das ist von allen meinen Sünden, gewaschen sei, so gewiß ich äußerlich mit dem Wasser, welches die Unsauberkeit des Leibes hinwegzunehmen pflegt, gewaschen bin«.

Die christliche Gewissheit schließt also nach der Sakramentenlehre des HK (im zweiten Teil) kreatürliche Gewissheiten ein, befindet sich vielmehr so-

---

[15] Vgl. Thorsten Latzel, Theologische Grundzüge des Heidelberger Katechismus. Eine fundamentaltheologische Untersuchung seines Ansatzes zur Glaubenskommunikation, Marburg 2004.

gar in exakter Entsprechung mit ihnen. Erst die Paradoxie der Dankbarkeit (im dritten Teil) macht deutlich, dass diese Entsprechung auf Inkongruenz beruht, weil gerade die christliche Gewissheit die Erfahrung einschließt, dass kreatürliche Gewissheiten (konkret: das schon erwähnte »gleichwie« der Vergebung) gegenüber der himmlischen Gewissheit brüchig sind; die Vaterunser-Auslegung unterscheidet daher zwischen himmlischem Vater und irdischen Vätern (HK 120). Soll die christliche Gewissheit also weiterhin kreatürliche Gewissheiten integrieren – und an diesem Anspruch eines »wie im Himmel, so auf Erden« hält ja gerade der dritte Teil des HK fest! –, dann bleibt nur übrig, dass die christliche Gewissheit jene kreatürlichen zugleich überbieten muss. Folglich ersetzt die Ethik des HK die sakramentstheologische Gleichung »so gewiß – so gewiß« (HK 69, 75) durch die Steigerungsform »viel gewisser« (HK 129):

> »*Was bedeutet das Wörtlein Amen?* Amen heißt: das soll wahr und gewiß sein; denn mein Gebet ist viel gewisser von Gott erhört, als ich in meinem Herzen fühle, daß ich das von ihm begehre.«

Ist die Ethik damit für den HK eine »Steigerungsform der Theologie«, wie es der Münchner Ethiker Trutz Rendtorff aufgefasst hat?[16] Eher hat man in der zitierten Schlussfrage das buchstäblich letzte Wort des HK zu unserer Ausgangsfrage nach dem Erfolg seines ethischen Ansatzes vor sich.

Es charakterisiert demnach die Ethik des HK bleibend, dass sie von den Erlösten ein Leben »nach allen Geboten Gottes« (HK 114) erwartet und mit diesem hohen Anspruch zugleich eine Entsprechung der Erlösten zu ihrem Erlöser, ein großes »gleichwie im Himmel, so auf Erden«, unterstellt. Damit integriert die Gewissheit der Erlösung grundsätzlich und konstruktiv kreatürliche Gewissheiten, jedoch haben diese einen doppelten Bezugsrahmen. Im engeren Horizont des kleinen Gleichwies (»wie auch wir vergeben unsern Schuldigern«), also im Umgang mit ihren Mitmenschen, genügen auch die Christen der beanspruchten Entsprechung nicht, doch indem *ebendies* im weiteren Horizont des großen Gleichwies, indem also die Nichtentsprechung vor Gott ausgesprochen wird, stellt sich im Gebet als dem »Grundethos christlichen Handelns« der »Gott entsprechende Mensch« (Eberhard Jüngel)[17] ein.

---

[16] Vgl. zu diesem Problem Stefan Atze, Ethik als Steigerungsform von Theologie? Sys tematische Rekonstruktion und Kritik eines Strukturprozesses im neuzeitlichen Protestantismus, Berlin 2008.

[17] Ich stütze mich hier auf zwei grundlegende Texte von Eberhard Jüngel, Der Gott entsprechende Mensch. Bemerkungen zur Gottebenbildlichkeit des Menschen [1975],

In dieser nun voll entfalteten Paradoxie wird offensichtlich, welche Pointe der HK mit der Integration kreatürlicher Gewissheiten verfolgt: Es handelt sich um *ein- und dieselbe* kreatürliche Gewissheit, die zum einen im Verhältnis der Christen zu ihren Mitmenschen und zum anderen in ihrem Verhältnis zu Gott betrachtet wird. Konkret: Dass Wasser den Menschen reinigt, hat im Kontext der täglichen Körperwäsche dieselbe Gewissheit wie im Kontext der Taufe. Die Ethik des Heidelberger Katechismus kennt also tatsächlich einen Rückschluss von der kreatürlichen auf die christliche Gewissheit, und doch liegt hier, wie Michael Beintker mit Recht unterstrichen hat,[18] kein syllogismus practicus vor, der im Sinne Webers aus dem beruflichen Erfolg das religiöse Erwähltsein ableitet. Denn dafür müsste der ethische Erfolg (die menschlichen »guten Werke«) zunächst für sich konstatierbar sein, um dann in einem zweiten Schritt auf Gottes Wirken zurückgeführt zu werden. Dankbarkeit bezeichnet aber gerade diejenige ethische Einstellung, die den Erfolg eigener Werke immer schon dem Wirken dessen verdankt, dem sie dankt.[19] Der typisch syllogistische Zweischritt von Prämissen und Konklusion ist in der Dankbarkeit in eine einzige Übertragung – logisch eine Metabasis eis allo genos – zusammengezogen, die eine kreatürliche Gewissheit *vor Gott* artikuliert und so paradoxerweise als ein- und dieselbe christliche Gewissheit identifiziert. Die kaum abzusehende ethische Tragweite dieser paradoxen Übertragung wurde für die Vergebungsbitte des Vaterunser von Sándor Fazakas eingehend untersucht.[20] Sie erlaubt es, eine menschliche Schuld, nämlich ungenügende Vergebungsbereitschaft, *vor Gott*, also *als Sünde* (die sie »von Hause aus« gar nicht ist) zu artikulieren und so ohne die Festlegung auf moralische oder juristische Kategorien oder gar Vorverurteilungen neu von diesem Ungenügen zu reden und (im Sinne der »Glaubenskommunikation«) gemeinschaftlich damit zu leben. Dieselbe Paradoxie der Dankbarkeit führt dazu,

---

in: ders., Entsprechungen. Gott – Wahrheit – Mensch, Theologische Erörterungen II, München 1980, 290-317; ders., Anrufung Gottes als Grundethos christlichen Handelns. Einführende Bemerkungen zu den nachgelassenen Fragmenten der Ethik der Versöhnungslehre Karl Barths [1980], in: ders., Barth-Studien, Einsiedeln / Gütersloh 1982, 315-331.

[18] Vgl. Beintker, Glaubensgewissheit, passim.

[19] Zum theologischen Problem vgl. Eilert Herms, Erfolg. Der theologische Sinn einer Lebensperspektive, in: ders., Gesellschaft gestalten. Beiträge zur evangelischen Sozialethik, Tübingen 1991, 380-398.

[20] Ich eigne mir hier Gedanken an, die Sándor Fazakas, Erinnern und versöhnen – 20 Jahre nach der Wende, in: ZEE 54 (2010), 34-46, aufgrund seiner Studien zur Situation in Ungarn nach 1989 vorgetragen hat.

dass Menschen darauf verzichten, sich ihre Erfolge selbst zuzuschreiben, und gerade so (wiederum im Sinne der »Glaubenskommunikation«) frei dafür werden, Anderen Erfolge zu gönnen, ohne von ihnen denselben Verzicht einzufordern. Die Erfolgsgeschichte des HK dürfte wesentlich mit dieser Einstellung der Dankbarkeit und der durch sie ermöglichten Glaubensgemeinschaft in Erfolg und Ungenügen christlichen Lebens zusammenhängen, denn sie ist die ethische Gestalt dessen, was der HK durchweg als »einzigen Trost im Leben und im Sterben« verkündet.

Confiteor – Bach und das Glaubensbekenntnis

Matthias Schneider

1. Prolog: »Soli Deo Gloria« – Bach als Bekenner

Muss ein Komponist geistlicher Musik selbst ein frommer und rechtschaffener Mensch sein? – Nehmen wir etwa Don Carlo Gesualdo, Principe de Venosa (1566-1613), der im Alter von 24 Jahren seine Frau und deren Liebhaber umgebracht haben soll: mit den sechsstimmigen *Responsoria et alia ad Officium Hebdomadae Sanctae spectantia* hat er Gesänge für die Karwoche geschaffen, die zum Schönsten und Innigsten gehören, was je an Passionsmusik komponiert wurde. Seine Tat wurde nicht geahndet – wie damals bei Ehrenmorden in adliger Gesellschaft nicht unüblich. Als einige Jahre später seine einzige Tochter aus der Ehe mit seiner zweiten Ehefrau Leonora d'Este starb, wandte er sich verstärkt geistlichen Kompositionen zu. Aber stellen diese Werke deshalb schon ein Bekenntnis dar? Wie dachte Gesualdo? Und: Tut dies etwas zur Sache, oder können wir seine Musik losgelöst von seiner Biographie hören? – Im Zusammenhang mit Richard Wagner haben wir diese Debatte ja erst kürzlich hier in Greifswald geführt – etwa wenn es um den Antisemitismus in seinen Schriften geht, der der Rezeption seiner Musik bekanntlich keinen Abbruch getan hat.

Bei Bach ist das etwas anders: hier besitzen wir Zeugnisse seiner Frömmigkeit und Gottesfurcht. Sie geht etwa aus seinem Exemplar der Calov-Bibel hervor, die er emsig studierte und mit Randbemerkungen versah, die heute für uns höchst aufschlussreich sind – etwa jener Note am Rand von 2. Chronik 5, wo es um die Einweihung des Tempels geht:

> 13 Und da die Stimme sich erhob von den Drommeten, Zimbeln und Saitenspielen und von dem Loben des HERRN, daß er gütig ist und seine Barmherzigkeit ewig währet, da ward das Haus des HERRN erfüllt mit einer Wolke,
> 14 daß die Priester nicht stehen konnten, zu dienen vor der Wolke; denn die Herrlichkeit des HERRN erfüllte das Haus Gottes.

Bach schreibt hier an den Rand: »Bey einer andächtigen Musique ist allezeit Gott mit seiner Gnaden Gegenwart«. Bekannt ist auch, dass Bach seine

Kompositionen mit der Widmung »Soli Deo Gloria«, abgekürzt als S.D.G., zu überschreiben pflegte: »Gott allein die Ehre« sollte als Leitspruch über allen persönlichen Ambitionen und Referenzen stehen. Das schließt natürlich nicht aus, dass wir auch bei Bach davon wissen, dass und wie er mittels Dedikationen (an Fürsten) persönliche Karriereziele verfolgte. Ganz singulär ist die Widmung »Soli Deo Gloria« übrigens nicht: auch etwa Georg Friedrich Händel hat sie verwendet.

2. HAUPTTEIL: BEKENNTNISSE IN BACHS MUSIK

Wenn Bach ein Bekenntnis vertonen wollte, dann stand ihm zunächst ein liturgisches Stück zur Verfügung: das *Credo*. In der lutherischen Orthodoxie bieten sich dafür zwei Varianten an: das nizänische (genauer: nizäno-konstantinopolitanische) Glaubensbekenntnis aus der Messe der Alten Kirche sowie Martin Luthers Glaubenslied *Wir glauben all an einen Gott*. Programmatisch hatte Luther in der *Deutschen Messe* (1526) die liturgischen Stücke der Alten Kirche, die bis dato von einer kleinen Gruppe von Spezialisten gesungen worden waren, durch Gemeindelieder ersetzt. Die liturgische Praxis nach der Reformation war gleichwohl, wie wir sehen werden, vielfältiger. So haben beide Varianten in Bachs Werk Niederschlag gefunden. Widmen wir uns zunächst den Orgelbearbeitungen von Luthers Glaubenslied.

2.1. ORGELBEARBEITUNGEN VON LUTHERS GLAUBENSLIED

Unter den (mindestens) sechs Choralbearbeitungen von »Wir glauben all an einen Gott«, die mit Bachs Namen in Verbindung gebracht worden sind, können wohl lediglich vier als authentische Kompositionen Bachs gelten. Ich zeige in der Übersicht gleichwohl alle sechs:

- eine sehr frühe Arbeit, die sich in der um 1790 von dem Lehrer-Organisten Johann Gottfried Neumeister (1756-1840) offenbar zum eigenen Gebrauch angelegten Sammlung von Choralbearbeitungen findet[1] und die auf Bachs Jugend zurückgehen dürfte, mit großer

[1] Vgl. Johann Sebastian Bach, Orgelchoräle der Neumeister-Sammlung, hg. von Christoph Wolff, Kassel u.a. 2003 (J. S. Bach: Neue Ausgabe sämtlicher Werke IV / 9), V-VI.

Wahrscheinlichkeit auf die Jahre vor 1700, nach anderer Einschätzung auf die Zeit um 1703/04 [BWV 1098][2]

- eine frühe, um 1706 entstandene Choralfughette, die in derselben Sammlung überliefert ist [BWV 765][3]
- eine Choralfughette aus einer etwa zur selben Zeit, also am Ende des 18. Jahrhunderts aufgeschriebenen Sammlung, die sich heute in Leipzig befindet; im Anhang von Schmieders Bachwerkeverzeichnis wird sie als BWV Anh. 70 aufgeführt – ihre Echtheit wird angezweifelt
- die beiden Bearbeitungen aus dem *III. Theil der Clavier Übung*, davon eine ›große‹ *pedaliter*-Bearbeitung und eine ›kleine‹ *manualiter*-Bearbeitung [BWV 680 und 681]
- schließlich eine Choralbearbeitung, die verschiedentlich Bach zugeschrieben wurde, nach heutiger Erkenntnis aber aus der Feder seines Schülers (und Notenkopisten) Johann Ludwig Krebs stammt [BWV 740].

Ich beschränke mich auf die beiden Bearbeitungen aus dem Dritten Teil der Klavierübung und verweise darüber hinaus auf Jean-Claude Zehnders Studie zu Bachs frühen Werken, in der er aufgezeigt hat, wie die beiden anderen Bearbeitungen in stilistischer Hinsicht auf diese Stücke vorausweisen. Nicht unerwähnt möchte ich lassen, dass Bach Luthers lange Melodie des Glaubensliedes kein einziges Mal vollständig vertont hat: immer hat er sich auf die erste bzw. die ersten Zeilen des Liedes beschränkt!

Für Bach stand Luthers Glaubenslied wohl kaum im Kontext des Gottesdienstes; vielmehr lernte er es in seiner Kindheit als Teil des Katechismus kennen. So dürfte er bereits in frühester Jugend auf der Lateinschule in Eisenach, sicher aber dann auf dem Lyzeum in Ohrdruf in den Genuss eines Lehrplans gekommen sein, den der Gothaer Rektor Andreas Reyher (1601-

[2] Jean-Claude Zehnder, Die frühen Werke Johann Sebastian Bachs. Stil – Chronologie – Satztechnik, Basel 2009, 165-166, weist die Choralbearbeitung dem Stilbereich um 1703/04 zu und weist auf den »persönlichen *stile antico*-Satz« hin, den Bach hier angewandt habe.

[3] Zehnder, Werke, 234-235, setzt diese Bearbeitung, in der der *stile antico*-Satz »um einen Schritt vorangekommen« erscheint, auf den Stilbereich um 1706: »Die motivische Stringenz ist deutlich höher«.

Abb. 1: Neues Eisenachisches Gesangbuch (1673), Kupferstich.

1673) auf Geheiß von Herzog Ernst I. von Sachsen-Gotha, genannt der Fromme (1601-1675), verfasst hatte[4]:

> Special= vnd sonderbahrer Bericht / Wie nechst Göttlicher verleyhung / die Knaben vnd Mägdlein auff den Dorffschafften / vnd in den Städten die vnter dem vntersten Hauffen der Schul=Jugend begriffene Kinder im Fürstenthumb Gotha / Kurtz vnd nützlich vnterrichtet werden können vnd sollen (Gotha 1642)

Bach wuchs ja nach dem frühen Tod seiner Eltern bei seinem Bruder Johann Christoph (1671-1721) auf; dieser war Schüler von Johann Pachelbel in Erfurt gewesen und wirkte seit 1690 als Organist an der Hauptkirche St. Michaelis in Ohrdruf. Reyhers Lehrplan sah für jeden Tag der Woche ein Katechismus-Stück vor, dem er als Gesang das jeweilige Katechismuslied von Luther zuordnete – genau in der Reihenfolge, in der Bach später im *III. Theil* die Bearbeitungen zu Luthers Katechismusliedern anordnete.

Dieselbe Ordnung der Katechismusstücke bzw. der entsprechenden Lieder findet sich im *Neuen Eisenachischen Gesangbuch* (1673), das Bach in dieser Zeit begleitet haben dürfte. Ihm ist der hier gezeigte Kupferstich (Abb. 1) entnommen; er leitet die Rubrik der Katechismuslieder ein. Aus einem Weinstock wachsen sechs Medaillons, die die sechs Hauptstücke von Luthers *Kleinem Katechismus* (in der 1531 ergänzten Fassung mit der Beichte zwischen Taufe und Abendmahl) darstellen: in der obersten Ebene die zehn Gebote und die auf einer Erdkugel schwebende Trinität, die hier den Glauben symbolisiert, darunter das Gebet, erkennbar als Rauchopfer (Vaterunser) und die Taufe, schließlich Beichte und Abendmahl. Auf den folgenden Seiten enthält das Buch die entsprechenden Katechismuslieder Luthers: *Dies sind die heilgen zehn Gebot* und *Wir glauben all an einen Gott, Vater unser im Himmelreich* und *Christ unser Herr zum Jordan kam* sowie *Aus tiefer Not schrei ich zu dir* und *Jesus Christus unser Heiland, der von uns den Gotteszorn wandt.*

Bach stellt im *III. Theil* Bearbeitungen zu diesen sechs Katechismusliedern zusammen. Ausweislich des Titelblatts besteht die Sammlung aus »[...] verschiedenen Vorspielen über die Catechismus- und andere Gesänge vor [für] die Orgel [...]«. Oft ist diese Sammlung, die Bach im Jahr 1739 veröffentlicht hat, als »Orgelmesse« bezeichnet worden. Diese Deutung geht allerdings am Titel vorbei – sie bezieht sich auf den Rahmen (Präludium und Fuge Es-Dur) sowie die ersten neun Choralbearbeitungen zu Kyrie und Gloria. Als

---

4 Vgl. Albert Clement, Der dritte Teil der Clavierübung von Johann Sebastian Bach. Musik – Text – Theologie, Middelburg 1999, 114.

Kyrie und Gloria stellen sie gewissermaßen eine Lutherische Kurzmesse dar, basierend auf den entsprechenden Gemeindeliedern zum Kyrie (Naumburg 1537 nach dem mittelalterlichen Kyrie-Tropus *Kyrie fons bonitatis)* und dem Gloria-Lied von Nikolaus Decius[5].

- Kyrie, Gott Vater in Ewigkeit; Canto fermo in Soprano à 2 Clav. et Pedal
- Christe Aller Welt Trost; Canto fermo in Tenore à 2 Clav. et Pedal
- Kyrie Gott heiliger Geist; a 5
- Kyrie, Gott Vater in Ewigkeit; alio modo manualiter
- Christe Aller Welt Trost
- Kyrie Gott heiliger Geist
- Allein Gott in der Höh sey Ehr; a 3; Canto fermo in Alto [manualiter]
- Allein Gott in der Höh sey Ehr; à 2 Clav. et Pedal
- Allein Gott in der Höh sey Ehr; manualiter

Auf diese Bearbeitungen – und zwar zunächst je eine große, *pedaliter* gespielte, gefolgt von je einer wesentlich kürzeren *manualiter*-Bearbeitung, beim Gloria wird die *pedaliter*-Bearbeitung sogar von zwei *manualiter*-Bearbeitungen umrahmt – folgen jeweils zwei Bearbeitungen zu den sechs Katechismusliedern Luthers, genau in derselben Reihenfolge, wie wir sie im *Neuen Eisenachischen Gesangbuch* und bei Reyher finden – das Glaubenslied steht an zweiter Stelle:

- Dieß sind die heilgen zehen Geboth; à 2 Clav. et Pedal; Canto fermo in Canone
- Fugetta super Dieß sind die heiligen zehen Geboth; manualiter
- Wir gläuben all an einen Gott; in Organo pleno con Pedale
- Fugetta super Wir glauben all an einen Gott; manualiter
- Vater unser im Himmelreich; à 2 Clav. et Pedal è Canto fermo in Canone
- Vater unser im Himmelreich; alio modo manualiter
- Christ unser Herr zum Iordan kam; à 2 Clav. è Canto fermo in Pedale
- Christ unser Herr zum Iordan kam; alio modo manualiter
- Aus tieffer Noth schreij ich zu dir; a 6; in Organo pleno con Pedale doppio
- Aus tieffer Noth schreij ich zu dir; a 4; alio modo manualiter

---

5 Vgl. dazu Matthias Schneider, Nikolaus Decius, in: Ekkehard Ochs u.a. (Hg.), Stettiner Komponisten, Frankfurt am Main u.a. 2004, 38-47.

- Iesus Christus unser Heyland, der von uns den Zorn Gottes wand; à 2 Clav. è Canto fermo in Pedale
- Fuga super Iesus Christus, unser Heijland; a 4; manualiter

Jedem Katechismus-Stück sind zwei Bearbeitungen des entsprechenden Lutherliedes zugeordnet, wiederum eine größere, *pedaliter* zu spielende sowie eine kleine *manualiter*-Bearbeitung. Mit vier Duetten und der zum Eingangspräludium korrespondierenden *Fuge in Es-Dur* wird die Sammlung abgeschlossen.

2.1.1. Die pedaliter-Bearbeitung BWV 680

Die große Bearbeitung des Glaubensliedes ist als dreistimmige Fuge über einem ostinaten Bassmotiv konzipiert. Die Bassstimme, gespielt auf dem Pedal, beteiligt sich also nicht an der Fuge, sondern steuert ein Ostinato als eigenes Element bei. Bach beschränkt sich auf die erste Choralzeile, aus deren erster Hälfte er das Thema gewinnt; erst der letzte Themeneinsatz (in Takt 89 im Tenor) vervollständigt die Choralzeile, weitere Zeilen werden nicht zitiert.

Wie ist Bachs Bearbeitung des Glaubensliedes zu deuten? – In der Regel hat Bach in seinen Choralbearbeitungen eine wichtige Facette der Choralvorlage, etwa die Kernaussage des gesamten Liedes oder aber der ersten Strophe, zu einem musikalischen Motiv oder Prinzip verarbeitet. Unter den zahlreichen Deutungsversuchen zu diesem Stück überzeugt mich diejenige Interpretation am meisten, die Albert Clement in seiner Monographie über den *III. Theil* vorgebracht hat; er sieht in der dreistimmigen Fuge der Manualstimmen mit gleichmäßig auf alle drei Stimmen verteilten Themeneinsätzen ein Symbol der Trinität[6]. Dargestellt fanden wir sie ja bereits im Zusammenhang des Glaubens auf dem Medaillon im *Neuen Eisenachischen Gesangbuch.* Die drei Fugenstimmen eignen sich gut als Symbol der Trinität: Als musikalisches Motiv behalten sie ihre Eigenständigkeit, zugleich verschmelzen sie im kontrapunktischen Satz miteinander zu einem Ganzen.

Der Bass als vierte Stimme ist an dem Verfahren nicht beteiligt: Er trägt ein eigenes Motiv, das im Verlaufe des Stücks mehrfach variiert wiederholt wird. Welche Funktion übernimmt aber diese Stimme? – Hierzu finden wir einen Erklärungsversuch bei Albert Schweitzer, der in Bachs *Orgelbüchlein* ein »Wörterbuch der Bachschen Tonsprache« erkennt. Schweitzer hat in seinem Bach-Buch auch über diese Bearbeitung geschrieben; die Manualstim-

---

6 Vgl. Clement, Der dritte Teil der Clavierübung, 156-170.

men deutet er zwar gar nicht, zum Bass jedoch hat er eine sehr persönliche Deutung geäußert:

> »Das Stück besteht aus einer weichen, fast träumerischen Phantasie über das Motiv der ersten Verszeile. Um zu verstehen, inwiefern diese Musik in Bachs Augen das Credo wiedergibt, muss man sich in Definition des Glaubens nach Luthers Katechismus gegenwärtig halten, wonach das Wesen desselben in kindlicher Liebe und kindlichem Vertrauen zu Gott dem Vater besteht. Der Glaube als ›gewisse Zuversicht‹ kommt in dem Schrittmotiv des Basses zum Ausdruck.«[7]

Schauen wir uns das Bassmotiv näher an: Es steigt in gleichmäßigen Treppenfiguren, wie sie für das Pedalspiel typisch sind (damit sie mit den Füßen abwechselnd gespielt werden können), um eine Oktave an und fällt anschließend wieder in die untere Oktave zurück. Im Sinne der musikalisch-rhetorischen Figurenlehre spricht man hier von einer *Anabasis* mit nachfolgender *Katabasis* (An- und Abstieg). Darin könnte sich, so Clement, die Schöpfung »Himmels und der Erden« spiegeln: Hohe und tiefe Lage in direkter Gegenüberstellung symbolisieren in der Musik häufig Himmel und Erde – besonders berühmt dafür ist die Vertonung von Ps 73,25 (»So frage ich nichts nach Himmel und Erde«) durch Heinrich Schütz in den *Musicalischen Exequien*. Dass dieses Motiv im Laufe von Bachs Komposition insgesamt sechsmal auftritt, könnte man als Zeichen für die sechs Schöpfungstage deuten, an denen Gott die Welt erschaffen hat, bevor er am siebten Tage ruhte.[8]

Abb. 2: Notenbeispiel – Bass-Motiv aus BWV 680.

2.1.2. *Die manualiter-Bearbeitung BWV 681*

Auch die *manualiter*-Bearbeitung verarbeitet ein aus der ersten Choralzeile gewonnenes Thema in Fugentechnik. Da es sich um eine kleine Form der Fuge handelt, spricht man hier von Fugetta. Auch sie ist – zumindest im Wesentlichen – dreistimmig komponiert, d. h. es erklingen jeweils nur drei Stimmen

---

[7] Albert Schweitzer, Johann Sebastian Bach, Leipzig 1908, Neuaufl. Wiesbaden 1976, 429.

[8] Alle Deutungen nach Clement, Der dritte Teil der Clavierübung, 151.

gleichzeitig, auch wenn die Stimmenzahl der Fuge am Ende etwas ausgeweitet wird. Im Übrigen halten sich die Gemeinsamkeiten zur großen Bearbeitung in Grenzen: Der Charakter dieses Stücks unterscheidet sich vom gleichmäßigen Fluss des Geschwisterwerks völlig. Den punktierten Rhythmus, der sonst in der Regel eine französische Ouvertüre kennzeichnet und den Einzug des Herrschers begleitet, könnte man mit Albert Clement mit der *majestas Dei* in Verbindung bringen[9]: Demnach wurde dieser Ouvertürenrhythmus immer dort verwendet, wo im Text fürstlichen oder königlichen Personen gehuldigt wurde.

Über Bachs eigene Intentionen können wir letztlich nur spekulieren; dem möchte ich jetzt aber nicht weiter nachgehen, sondern wende mich stattdessen der Vertonung des Credos in Bachs Messen zu.

2.2. VERTONUNGEN DES CREDOS IN BACHS MESSEN

Das liturgische Credo gehört zu den Ordinariumsstücken der Messe, also denen, die in jeder Messe, in jedem (Abendmahls-)Gottesdienst wiederkehren. Davon sind zahlreiche Vertonungen bekannt: Ich erinnere nur an die Messkompositionen von Haydn und Mozart, bekannt sind aber auch größere Messen wie Beethovens *Missa solemnis* und natürlich Bachs *H-Moll-Messe*. Die beiden letzteren Werke würden allerdings den Rahmen eines normalen Messgottesdienstes bei weitem sprengen: mit zwei Stunden Aufführungsdauer lassen sie sich kaum in die Liturgie integrieren, zumal ihnen ja noch die entsprechenden Propriumsstücke – also die Gesänge, die zum jeweiligen Sonn- oder Festtage gehören, sowie die Lesungen und Gebete – fehlen. Beethovens *Missa solemnis* stellt denn auch kein liturgisches Stück mehr dar, vielmehr ist sie bereits aus der Kirche aus- und in den Konzertsaal eingewandert.

Bach brauchte als Leipziger Kantor für seine liturgische Praxis nur sogenannte Lutherische Kurzmessen, die aus *Kyrie* und *Gloria* bestehen. Im protestantischen Leipzig wurden Kyrie und Gloria in derjenigen Kirche, in der der erste Chor der Thomasschule und somit die besten Sänger musizierten (das waren im regelmäßigen Wechsel die Thomaskirche und die Nicolaikirche), in der Regel figural ausgeführt, wie die Ordnung nach dem Leipziger Kirchen=Amt bezeugt[10]:

---

9 Vgl. Clement, Der dritte Teil der Clavierübung, 174-175.

10 Zitiert nach Martin Petzoldt, Messe und Katechismus im gottesdienstlichen Leben der Bachzeit, in: Johann Sebastian Bach: Messe h-Moll – »Opus ultimum« BWV 232. Vorträge der Meisterkurse und Sommerakademien Johann Sebastian Bach 1980, 1983 und 1989, Stuttgart / Kassel 1990, 26.

> Nach dem Introitus »folget das Gebet der Kirchen, Kyrie eleison, Christe eleison, Kyrie eleison. Wenn man solches lateinisch singet oder musicieret / kann ein Christ also beten [...] In der Kirchen aber / wo der ander Chor ist / wie auch in andern Städten / wird das Kyrie deutsch gesungen [...] Danach gehet der Kirchen=Diener / so das Amt hält zum Altar / und fähet an zu singen: Gloria in excelsis Deo. Welches der Chor im Namen der Kirchen folgends continuiret [...] In der Kirchen aber / wo der ander Chor ist / und an andern Orten / wird das deutsche Gloria gesungen / welches D. Nicol. Selneccer / hiesiger Superintendens / verfertiget«.

Neben Kyrie und Gloria der H-Moll-Messe wissen wir von vier weiteren lutherischen Kurzmessen, die Bach für diese figurale Aufgabe komponiert hat. Allerdings war er nicht allein auf seine eigenen Kompositionen angewiesen: Daneben stand ihm eine ganze Reihe weiterer liturgischer Werke zur Verfügung, etwa von Giovanni Battista Bassani, Johann Nikolaus oder Johann Ludwig Bach, Johann Christoph Pez und anderen[11]. Kyrie und Gloria der H-Moll-Messe hingegen sind wohl gar nicht für die Leipziger Praxis entstanden – dazu wären sie zu umfangreich gewesen –, sondern für eine Aufführung in Dresden, wo sein Sohn Wilhelm Friedemann an der Sophienkirche im Jahre 1733 eine Organistenstelle angetreten hatte. Bach zielte damit offenbar auf die Gunst des Kurfürsten Friedrich August II., dem er die beiden kunstvollen und umfangreichen Sätze widmete. Er suchte auf diese Weise den Titel eines »Sächsischen Hofkompositeurs« zu erlangen, durch den er hoffte, sich in Leipzig mehr Respekt verschaffen zu können[12].

Alle Messen-Kompositionen Bachs fallen in die 1730er Jahre und damit in eine relativ späte Schaffenszeit Bachs. Mehrheitlich geht das kompositorische Material sowohl von Kyrie und Gloria der H-Moll-Messe als auch der übrigen Kurzmessen auf bereits früher komponierte Kantatensätze zurück. Offenbar suchte Bach in den 1730er Jahren – also nach Abschluss der Komposition von fünf vollständigen Kantatenjahrgängen in den 1720er Jahren – einige besonders gelungene Kantatensätze dadurch zu bewahren, dass er sie in Messkompositionen integrierte und damit einer wiederholten Aufführung zuführte. In den seltensten Fällen waren die Messensätze also Neukompositionen, sondern in der Regel »Parodien« – Umtextierungen – bereits existierender Kantatensätze.

---

[11] Petzold, Messe und Katechismus, 25.

[12] Vgl. dazu Christoph Wolff, Johann Sebastian Bach, Frankfurt am Main 2000, 393-395.

Bei der Parodie wird der früher komponierten Musik ein neuer Text unterlegt, wobei an der Melodieführung lediglich notwendige Anpassungen vorgenommen werden. Solche Anpassungen konnten natürlich in größerem Umfang nötig werden: einerseits folgt die deutsche Sprache anderen Gesetzmäßigkeiten als die lateinische (etwa in Bezug auf Akzentsilben im Deutschen bzw. Längen und Kürzen im Lateinischen); auf der anderen Seite wurde in unserem Fall die madrigalische Dichtung der Kantatentexte durch die lateinische Prosa der Liturgie ersetzt. Und natürlich nutzte Bach darüber hinaus die Gelegenheit einer erneuten Verwendung seiner eigenen Musik stets dazu, sie nochmals zu verfeinern, Motive zu überarbeiten und die Besetzung neuen Bedürfnissen oder dem neuen Kontext anzupassen.

Die folgende Übersicht zeigt, in welchem Umfang Bach für seine Messen ältere Messen- und Kantatensätze wiederverwendet hat (Titel und Vorlage jeweils mit BWV-Nr.).

Titel	Satz	Vorlage
Missa	Kyrie	Kyrie (?) in c-Moll
h-Moll	Gratias	»Wir danken dir, Gott« (29,2)
(232I)	Qui tollis	»Schauet doch und sehet« (46,1)
Missa	Et in terra pax	»Friede sei mit euch« (67,6)
A-Dur	Qui tollis	»Liebster Gott, erbarme dich« (179,5)
(234)	Quoniam	»Gott ist unser Sonn und Schild« (79,2)
	Cum Sancto Spiritu	»Erforsche mich, Gott« (136,1)
Missa	Kyrie	»Siehe zu, dass deine Gottesfurcht« (179,1)
G-Dur	Gloria	»Gott der Herr ist Sonn und Schild« (79,1)
(236)	Gratias	»Auf Gott steht meine Zuversicht« (138,5)
	Domine Deus	»Gott, ach Gott« (79,5)
	Quoniam	»Falscher Heuchler« (179,3)
	Cum Sancto Spiritu	»Wer Dank opfert« (17,1)
Missa	Kyrie	»Herr, deine Augen« (102,1)
g-Moll	Gloria	»Alles nur nach Gottes Willen« (72,1)
(235)	Gratias	»Darum sollt ihr nicht sorgen« (187,4)
	Domine Fili	»Du Herr, du krönst allein« (187,3)
	Qui tollis	»Gott versorget alles Leben« (187,5)
	Cum Sancto Spiritu	»Es wartet alles auf dich« (187,1)
Missa	Kyrie	»Kyrie eleison, Christe du Lamm Gottes« (233a)
F-Dur	Qui tollis	»Weh! der Seele« (102,3)
(233)	Quoniam	»Erschrecke doch« (102,5)
	Cum Sancto Spiritu	»Dazu ist erschienen« (40,1)

Warum enthalten Bachs Messen kein figurales Glaubensbekenntnis? – Die Antwort auf diese Frage ist leicht gefunden: Für das *Credo* galt in Leipzig eine besondere Form. In der Regel wurde es nämlich gar nicht gebraucht. Für die Gottesdienste der Fastenzeiten hatte sich, wie Martin Petzoldt ausgeführt hat, eine »eigentümliche Sitte des *doppelten Credo* im Gottesdienst«[13] gebildet: auf das gregorianisch gesungene *Credo* folgte Luthers Glaubenslied. In der sogenannten festlosen Zeit des Kirchenjahres schloss an die Credo-Intonation direkt die Kantate an, womit diese selbst in den Rang des Bekenntnisses rückte. Und an den hohen Festen schließlich entfiel selbst die Credo-Intonation.

So lässt sich leicht nachvollziehen, dass Bach kein liturgisches Credo schreiben musste – bis auf eines: das Credo der H-Moll-Messe, seiner einzigen Vollmesse. Waren schon die Dimensionen von Kyrie und Gloria in diesem Fall außergewöhnlich, was wir mit der Widmung an August II. erklärt haben, so standen die übrigen Messesätze dem in keiner Weise nach. Warum aber sollte Bach eine so große Messe komponieren, für die er in Leipzig niemals eine Aufführungsmöglichkeit gehabt hätte? Erst spät, Ende der 1740er Jahre, also kurz vor seinem Tod hat er die Messe vollendet. Gab es dafür einen besonderen Anlass? – Ein erst kürzlich von dem Leipziger Bachforscher Michael Maul vorgelegtes, einstweilen noch hypothetisches Szenario lässt es als möglich erscheinen, dass Bach für die Vollmesse in seinem letzten Lebensjahr einen konkreten Auftrag erhielt: Demnach hat ein Wiener Adliger, Graf Johann Adam von Questenberg (1678-1752), den Bach bereits im Frühjahr 1718 in Karlsbad kennen gelernt haben könnte, Anfang 1749 Kontakt mit ihm aufgenommen, um ihn für die Komposition einer vollständigen großen Messe für die Wiener *Musicalische Congregation* zu gewinnen, genauer: für die »*Congregazione Musicale di S. Cecilia*«[14]. Diese Kongregation feierte einmal im Jahr, am Fest der Heiligen Caecilia im November, eine große Zusammenkunft, zu der auch ein Hochamt im Wiener Stephansdom mit einer Orchestermesse von exorbitanten Ausmaßen gehörte. Offenbar wurde in jedem Jahr ein anderer Komponist um einen Beitrag dazu gebeten, und so sind mehrere Werke ähnlicher Dimension und Besetzung wie die H-Moll-Messe erhalten, die nachweislich zu diesem Anlass entstanden sind. Zu Mauls Szenario passt, dass Bachs Sohn Carl Philipp Emanuel im Nekrolog, in dem er die Musikalien aus dem Nachlass aufzählt, von der »großen catholischen Messe« spricht.

---

[13] Martin Petzoldt, Bachs Bemühung um das Ordinarium im Gottesdienst, in: Johann Sebastian Bach ... die Messen gesungen. Programmbuch der 56. Greifswalder Bachwoche, Greifswald 2002, 104-111, hier besonders 106.

[14] Michael Maul, »Die große catholische Messe«. Bach, Graf Questenberg und die Musicalische Congregation in Wien, in: BJ 95 (2009), 153-175.

Dass allerdings der Auftrag nicht Bachs einziger Beweggrund gewesen sein kann, eine Vollmesse zu schreiben, davon zeugt eine Frühfassung des Credos vom Anfang der 1740er Jahre. Vielleicht wollte er ja auch, wie der Dortmunder Bachforscher Martin Geck es formuliert hat, nicht aus dem Leben scheiden, »ohne eine große katholische Messe hinterlassen zu haben«[15]. Ich kann auf das Für und Wider dieser Theorie hier nicht näher eingehen und wende mich stattdessen der Komposition des Credo zu. Nicht *alle* Sätze der H-Moll-Messe gehen auf Stücke aus früher komponierten Kantaten zurück – einige wurden auch neu komponiert. Beiden Satzgruppen ist gemeinsam, dass sie Bachs Geschichtsbewusstsein, sein Denken in universalen Bezügen, erkennen lassen.

Im ersten Abschnitt des *Credo* (*Credo in unum Deum*) bedient sich Bach des »stile antico«, einer Stilannäherung an die franko-flämische Vokalpolyphonie im klassischen Palestrina-Kontrapunkt. Palestrinas Kompositionsstil war nach dem Tridentiner Konzil zu einem paradigmatischen Kirchenstil avanciert und sollte für lange Zeit – zumindest in der römisch-katholischen Kirche – eine normative Rolle spielen. Das *Soggetto* dieses Satzes stammt aus Leipzig: es ist die Leipziger Sonderform der liturgischen Credo-Intonation[16].

Wenn sich der Lutheraner Bach am Beginn des Credo dieses Stils bedient, dann sucht er damit das Überzeitliche und Überkonfessionelle des nizänischen Glaubensbekenntnisses herauszustellen. Der Kontrast mit der sich anschließenden hochmodernen, konzertanten Fuge *Patrem omnipotentem* verstärkt diesen Eindruck nachhaltig: hier setzen Trompeten und Pauken ein, und es wird alles aufgefahren, was das zeitgenössische Orchester zu bieten hat. Die beiden Attribute Gottvaters im Gaubensbekenntnis treten dadurch in einen spannungsvollen Dialog. Doch auch im ersten antikisierenden Abschnitt bleibt Bach nicht bei dem Rückgriff stehen: den motettisch im Palestrina-Stil komponierten Stimmen fügt er einen laufenden Continuo-Bass hinzu (wir würden heute vielleicht sagen: einen *Walking Bass).* Der Motettensatz entpuppt sich hierdurch als ein moderner, generalbassartiger, d. h. in Harmonien gedachter Satz, der sozusagen mit beiden Beinen fest im 18. Jahrhundert steht. Damit ist die Vielschichtigkeit des Credo – um es mit Martin Geck zu formulieren – »kompositorischer Ausdruck jenes Universalismus, der die *h-Moll-Messe* insgesamt auszeichnet«[17].

---

15 Martin Geck, Bach. Leben und Werk, Hamburg 2000, 281.

16 Vgl. Konrad Küster, Bach-Handbuch, Kassel 1999, 508.

17 Geck, Bach. Leben und Werk, 482.

Das Credo zeigt sich als penibel ausgewogene, symmetrisch konzipierte Satzfolge. Dem Satzpaar am Beginn des Credo entspricht ein weiteres am Ende, das ebenfalls aus antikisierender Motette *(Confiteor)* und modernem Konzertsatz *(Et expecto resurrectionem)* besteht. Die beiden Satzpaare rahmen eine Mittelgruppe ein, die zunächst auch aus einem Satzpaar bestand: *Crucifixus* und *Et resurrexit,* flankiert von zwei Solosätzen – dem Duetto und der Bass-Arie. Erst ganz zuletzt kam noch mit *Et incarnatus est* eine Neukomposition hinzu; dies geschah vermutlich erst in der zweiten Hälfte des Jahres 1749, darauf lässt sich nach jüngsten Untersuchungen zur Entwicklung von Bachs Handschrift vor dem Hintergrund des Fortgangs seiner Erkrankung schließen[18]. Auf diese Weise stehen nun das älteste und das jüngste Stück der H-Moll-Messe direkt nebeneinander: *Crucifixus,* komponiert im Jahre 1714 (als Eingangschor »Weinen, Klagen, Sorgen, Zagen« zur Bach-Kantate 12) und *Et incarnatus est.* Zudem rückt das *Crucifixus* auf diese Weise ins Zentrum der Komposition. Lässt sich Bachs Geschichtsbewusstsein, sein Bemühen um Sammeln und Bewahren der besten seiner Stücke und zugleich um Vielfalt in den musikalischen Stilen besser ausdrücken als in einem solch komplexen Bauplan?

Um das *Et incarnatus est* haben sich immer wieder Spekulationen gerankt – nicht zuletzt gab es gar die Theorie, Bach habe das Stück gar nicht selbst komponiert, sondern einer italienischen Komposition entlehnt. Ich halte diese Spekulationen für wenig stichhaltig, den Satz vielmehr stilistisch für ausgesprochen bachisch; für unseren Zusammenhang muss ich mich darauf beschränken zu zeigen, wie Bach den neu komponierten Satz nachträglich in das schon fertige Konzept der H-Moll-Messe eingepasst hat. Das vorangehende Sopran / Alt-Duett *Et in unum Dominum* schloss ja ursprünglich den Text des *Et incarnatus est [de Spiritu sancto ex Maria virgine et homo factus est*] (»und hat Fleisch angenommen durch den Heiligen Geist aus Maria, der Jungfrau, und ist Mensch geworden«) mit ein; nun musste es um diese Zeilen gekürzt werden, weswegen Bach den Text neu auf die bestehende Musik verteilt hat. Dazu fügte er ein zusätzliches Blatt ein, das nun am Ende der Handschrift beigeheftet ist. Es enthält lediglich die beiden Vokalstimmen (»*Duo Voces Articuli 2*«, übrigens mit unverkennbarer Altershandschrift Bachs[19]) mit neuer Textierung. Im Vergleich zum ursprünglichen Entwurf wird der Text über den

---

[18] Vgl. Anatoly P. Milka, Zur Datierung der H-Moll-Messe und der Kunst der Fuge, in: BJ 96 (2010), 53–68.

[19] Vgl. Milka, Zur Datierung, hier besonders 62 und 68.

gesamten Satz gestreckt: dort, wo zuvor der Text *Et incarnatus est* gesungen wurde, steht nun der Text *Qui propter nos homines.*

Auch das Duett war keine Neukomposition für die Messe: In dem »Dramma per musica« (wir sagen heute gelegentlich: in der »weltlichen Kantate«) *Herkules am Scheidewege*, BWV 213, war seine Musik ursprünglich mit dem Text »Ich bin deine, Du bist meine« vorgesehen, wurde dort aber dann durch eine andere Komposition ersetzt, die Bach später als »Herr, dein Mitleid, dein Erbarmen« im Weihnachtsoratorium wiederverwendete. Dass Bach das Duett »Ich bin deine, Du bist meine« in der Glückwunschkantate für den Kurprinzen verworfen hatte, könnte ein Grund mehr gewesen sein, die Komposition auf diese Weise zu retten.

Bachs Credo-Kompositionen, so lässt sich zusammenfassen, bieten in ihrer musikalischen Symbolik, ihrem subtilen Textbezug sowie ihrer stilistischen Vielfalt einen eindrucksvollen Beleg dafür, welch zentrale Rolle für Bach das – von ihm selten vertonte – Bekenntnis einnahm. Symmetrischer Aufbau und planvolle Verwendung kontrastierender Kompositionstechniken fügen sich nicht nur in ein schlüssiges Gesamtbild von Bach als Universalisten, sondern kennzeichnen zugleich den hohen Stellenwert, der dem Bekenntnis für Bach im Kontext von Messe und Katechismus zukam.

3. Epilog: Bekenntnisse zu Bach

Nachdem wir uns zwei der von Bach vertonten Bekenntnisse – das Credo in seiner Vertonung in der H-Moll-Messe sowie Luthers Glaubenslied in zwei Bearbeitungen im *III. Theil* der *Clavier-Übung* – angeschaut und zudem eingangs Bach selbst als Bekenner kennen gelernt haben, möchte ich zum Schluss den Bogen mit einigen ganz kurzen Bemerkungen zu Bach selbst als Objekt eines Bekenntnisses schließen. Im Bach-Jahr 1985 fand – zum Gedenken an den 300. Geburtstag des Komponisten – in der Berliner Philharmonie eine ungewöhnliche Uraufführung statt: es wurde die *Sankt-Bach-Passion* des argentinischen Komponisten Mauricio Kagel aufgeführt. Ulrich Eckhardt, Intendant der Berliner Festwochen, hatte den Auftrag dazu bereits 1981 vergeben. Kagel stellt sein Werk unter einen – nicht ganz unironischen – Leitspruch, von dem er meint, dass er in der Musikwelt breiten Konsens findet: »Es mag sein, dass nicht alle Musiker an Gott glauben, aber alle an Bach«. Inhalt seines knapp zweistündigen Oratoriums für Soli, Chor und Orchester ist das Leben Bachs, dargestellt mit Worten aus dem Nekrolog, den Carl Philipp Emanuel kurz nach Bachs Tod verfasst hat; zu dem Bericht treten Arien mit Betrachtungen zu Bach als Ausnahmeerscheinung, und der Chor steuert Choräle und Turbae-Chöre bei.

Eine Persiflage auf Bach? – Nein, vielmehr eine vielschichtige, dabei nicht humorlose Auseinandersetzung mit dem Komponisten. Keine Frage, dass Bach in seiner kompositorischen Genialität dabei nicht auch nur annähernd erreicht würde. Aber das macht ja vielleicht gerade den Charakter von Bekenntnissen aus.

Hörbeispiel aus dem Beginn von Mauricio Kagels *St.-Bach-Passion* (1985):

CHOR: o a / e a ia / a...o a / eaia a / a o a / e a ia / a o an / eaian bach / (o)n(a)n (e)n(a)n / (ia)n (o)n(a)n

BARITON: Dir, dir, Sebastian, will ich singen, // Thee, thee, Sebastian, will I sing
Denn, wo ist ein solcher Bach wie du? // For Where is such a Bach as thee?
Dir will ich meine Lieder bringen, // To thee my songs I gladly bring
Ach! gib mir deines Geistes Kraft darzu, // O lend thy spirit's strenght to me!
Verleih mir, Höchster, solche Güte, // Bequeath me, Highmost, such rich gifts
So wird gewiß mein Singen recht getan // That what I sing meets justly my desire,
Und so hebt dein Geist mein Herz zu dir empor, // So that thy soul my heart uplifts
Daß ich dir Psalmen sing im höh'ren Chor // And I may sing thee psalms for heaven's choir

CHOR: Abba, lieber Vater Bach // Abba dear Father Bach //
Lieber Vater! // Dear Father!

»Hart am Wind segeln« – Die Nordkirche als Vorreiterin im Bekenntnis

Heinrich Assel

Gotthold Ephraim Lessing, der Hamburger Aufklärer, Schriftsteller (und »Lutheraner«) erzählt von einem schiffbrüchigen Feldprediger, der auf einem einsamen Eiland, »einer kleinen, unbewohnten Bermudischen Insel«, plötzlich auf ein »nacktes fröhliches Völkchen trifft, das Deutsch sprach«; »und zwar ein Deutsch, in welchem er nichts als Redensarten und Wendungen aus Luthers Katechismus zu hören glaubte. Er ward neugierig darob, und siehe! Er fand, dass das Völkchen nicht allein mit Luthern sprach: sondern auch mit Luthern glaubte; und so orthodox glaubte, als nur immer ein Feldprediger.«

Das nackte fröhliche Völkchen auf dem Eiland entpuppt sich bald als Nachkommenschaft schiffbrüchiger Lutheraner, die 150 Jahre zuvor auf dieser einsamen Insel gestrandet waren. Die lutherischen Robinson Crusoes waren seither keinem fremden menschlichen Wesen mehr begegnet. Ihr altes Luther-Deutsch und ihren Luther-Glauben hatten sie derweil treu von Generation zu Generation tradiert. Jedoch – so fährt Lessing nun fort:

> »Einige Kleinigkeiten ausgenommen. Der Katechismus war, wie natürlich, in den anderthalb hundert Jahren aufgebraucht, und sie hatten nichts davon mehr übrig, als die Brettchen des Einbandes. In diesen Bretterchen, sagten sie, steht das alles, was wir wissen. – Hat es gestanden, meine Lieben! sagte der Feldprediger. – Steht noch, steht noch! sagten sie. Wir können zwar selbst nicht lesen, wissen auch kaum, was Lesen ist: aber unsere Väter haben es ihre Väter daraus herlesen hören. Und diese haben den Mann gekannt, der die Bretterchen geschnitten. Der Mann hieß Luther, und lebte kurz nach Christo.«[1]

Ich gestehe: Oft schaue ich fremd wie Lessings Schiffbrüchiger auf die Nordländer, die so ein fröhliches Völkchen sind und an manchen ihrer Strände und

---

1 Gotthold Ephraim Lessing, Axiomata. Wenn es deren in dergleichen Dingen giebt. Wider den Hr. Pastor Goeze in Hamburg (1778), in: ders., Werke und Briefe, hg. von Wilfried Barner, Bd. 9 (1778-1780), Frankfurt am Main 1993, 74-75. Bei Lessing befindet sich der Feldprediger auf Verpflegungsfahrt.

Küsten auch ein nacktes Völkchen sind, die Deutsch sprechen und manchmal sogar Luther-Deutsch sprechen und glauben. »Einige Kleinigkeiten ausgenommen. Der Katechismus war, wie natürlich, aufgebraucht.«

So wie dem Schiffbrüchigen Lessings geht es so manchem Fremden im Norden: Wo die Einheimischen steif und fest der Meinung sind, das authentische Bekenntnis Luthers zu tradieren, findet der Fremde eher lebendige mündliche Traditionen, geschichtlich gewachsene, vielfach gebrochene, manchmal wilde und tribalistische Traditionen – oder, sagen wir es etwas wissenschaftlicher: regionale, ungeschriebene Bekenntniskulturen.

Ich wünschte mir, ich könnte es machen wie Gotthard Ludwig Kosegarten. Kosegarten schrieb ja einst seine wunderbaren »Briefe eines Schiffbrüchigen«, also Briefe eines fiktiven Schiffbrüchigen, der im Norden der Insel Rügen strandet und nun auf dem Eiland Erfahrungen des Fremden sammelt.[2] Da wird das Befremden des Schiffbrüchigen zum Kunstgriff des Verfremdens gemacht. Der fremde Blick des Schiffbrüchigen, aus dem Kosegarten selbst redet, entdeckt in der Armut der vom Heringsfischen lebenden Menschen von Vitt echtes christliches Leben. Er macht daraus Uferpredigten. Die Ödnis der Landschaft im Norden Rügens wird erhaben, weil Kosegarten über ihr den unendlich offenen Himmel Gottes sieht. Das Evangelium der Fischer von Vitt wird zum Evangelium der Fischer vom galiläischen Meer.

Aber ich fürchte, für die Verklärung des Gewachsenen zum Ursprünglichen bin ich zu unromantisch.

1. Drei Notizen aus den Briefen eines Schiffbrüchigen – Über Bekenntniskulturen und »Bretterchen«

1.1. 1. Notiz: Mecklenburger und Pommern über das Leitungsamt in der Kirche

Im Sommer 2007 wurde ich dem mecklenburgischen Altbischof in Rostock vorgestellt: »Das ist der neue Systematiker aus Greifswald«. Der Altbischof fühlte mir sofort auf den Zahn: Ob ich denn auch rechter Lutheraner sei? Ich erklärte mich bekenntnistheologisch und erntete Stirnrunzeln. Zufriedenheit stellte sich in den Gesichtszügen des Altbischofs erst ein, als ich sagte: »Die

---

2 Gotthard Ludwig Theobul Kosegarten, Briefe eines Schiffbrüchigen, neu hg. von Katharina Coblenz, Bremen 1994.

fränkische Stadt Bad Windsheim, in der ich auf das Gymnasium ging und das Abitur ablegte, unterschrieb als freie Reichsstadt die Augsburger Konfession schon auf dem Augsburger Reichstag 1530. Lutherisches Bekenntnis liegt mir im Erbe.«

Mich beschlich eine Ahnung: Grenzt Mecklenburg in Fragen des lutherischen Bekenntnisses vielleicht eher an Franken und Bayern als an Pommern?[3] So kenne ich das ja aus meiner eigenen fränkisch-bayrischen Kirche, in der ich 36 Jahre lebte und vor 23 Jahren ordiniert wurde. Entscheidend ist für manche das Bekenntnis im Erbe. Je älter das Erbe, die Bekenntniskultur, die Patina, umso mehr Kredit hat einer in der Bekenntnistreue. Was jemand von den Bekenntnissen wirklich weiß, wofür jemand steht, welche persönliche Überzeugung jemand aus den Bekenntnissen gewinnt, – das steht auf einem anderen Blatt. Genau diese Verwandlung des Bekenntnistextes in die »tribalistische« Bekenntniskultur nimmt Lessing aufs Korn:

> »Wir können zwar selbst nicht lesen, wissen auch kaum, was Lesen ist: aber unsere Väter haben es ihre Väter daraus herlesen hören. Und diese haben den Mann gekannt, der die Bretterchen geschnitten. Der Mann hieß Luther, und lebte kurz nach Christo.«

In den Beratungen zur Verfassung der Nordkirche, in denen ich Mecklenburger Pastoren, Juristen und Laien über Fragen der Verfassung und der Kirchengemeindeordnung zuhörte – über die Rolle der ordinierten Pastoren in der Gemeindeleitung, über das Verhältnis von Amt und Gemeinde, über das Verhältnis von rechtlicher und geistlicher Leitung in der Gemeinde – in diesen Beratungen meinte ich nicht selten, einen mir vertrauten Zungenschlag zu hören.

Der seinerzeit leitende Jurist der mecklenburgische Kirche verfocht monatelang als Wortführer einer mecklenburgisch-pommerschen Minorität im

---

3 Als kirchen- und theologiegeschichtliche Beispiele dieser Verbindung seien hier nur Johann Christian Konrad v. Hofmann (1810-1877), der Begründer der Heilsgeschichtlichen Theologie, sowie Paul Althaus (1888-1966) genannt. Beide lehrten nach ihren Erlanger Qualifikantenjahren einige Zeit in Rostock, ehe sie sich dann wieder in Erlangen niederließen. Besonders v. Hofmann wirkte durch seine, von späteren Turbulenzen nicht verschonte, Freundschaft mit Theodor Kliefoth und Otto Krabbe indirekt auch auf die Kirchengeschichte Mecklenburgs ein. Vgl. Karl Gerhard Steck, Der Erlanger Hofmann als politischer Theologe, in: Andreas Baudis u.a. (Hg. unter Mitarbeit von Klaus Geyer / Friedrich-Wilhelm Marquardt), Richte unsere Füße auf den Weg des Friedens. FS Helmut Gollwitzer, München 1979, 419-431.

Verfassungsausschuss die Leitungsautorität des ordinierten Amts in der Kirchengemeinde, mit starrer Berufung auf die Augsburger Konfession. Pfarrer sollen die Ortsgemeinde leiten, Pröpste die Sprengel, Bischöfe die Gesamtkirche.

Die Argumente, die diese Minorität vorbrachte, sind seit 150 Jahren bekannt.[4] Sie sind gemessen am theologischen Sachstand zu Confessio Augustana 4-6; 14 und 28, zu Barmen 3 und 4 keineswegs so eindeutig, wie sie vorgebracht wurden. Aber überraschend war das natürlich nicht. Es schlug das bayrisch-mecklenburgische Erbe eben kräftig durch, Bekenntnis im bayrisch-mecklenburgischen Erbe, lutherisches Bekenntnis in der Tradition des Erlanger Konfessionalismus des 19. Jahrhunderts, in der auch der Mecklenburger Konfessionalismus sich bildete.

Überraschend war eher dies: Nicht wenige Menschen aus Pommern im Verfassungsausschuss, die ansonsten wünschenswert treue Bekenner von Barmen 3 und 4, der bruderschaftlichen Ordnung der Gemeinde waren, schlossen sich an. Sie vertraten die mecklenburgisch-lutherische Theologie des ordinierten Amts und seiner Leitungsautorität in der Gemeinde und in der Kirche.

Da wundert sich der Schiffbrüchige. Er wird belehrt: Die Umstände der pommerschen Landgemeinden, in denen es gar nicht genügend kompetente Laien gebe, und das Bekenntnis von Barmen 3 und 4 sind eben nicht dasselbe. In den pommerschen Gemeinden halten die ordinierten Pastoren die Gemeinde zusammen. Bekenntniskultur sticht Bekenntnistext.

1.2. 2. Notiz: Nordelbier über das allgemeine Priestertum aller Getauften

Überhaupt: Es waren in all den Verhandlungen nicht die Theologen, es waren die leitenden Juristen, die am Verfassungsentwurf schrieben, und die Juristen unter den Synodalen, die so direkt aufs evangelische Bekenntnis zurückgriffen wie aufs Bürgerliche Gesetzbuch. Im Brustton der Überzeugung erklären die nordelbischen Wortführer unter den Synodalen:

»›Das Allgemeine Priestertum aller getauften Glaubenden bildet die Grundlage für den Aufbau und für die Struktur der Verfassung.‹ So hätte Ziff. I.1.1. des

[4] Innerhalb der Luther-Gesellschaft ist die der Ekklesiologie gewidmete Coburger Jahrestagung 2005 ein Beispiel dafür, wie diese Argumente auch unter gewandelten kirchlichen Umständen bis in die Gegenwart in derselben Kontroverslage diskutiert werden können, vgl. den Bericht in: Luther 77 (2006), 113-116.

Grundartikels der Nordkirchenverfassung nach den Verfassungsgrundsätzen des Fusionsvertrags lauten sollen.«[5]

Der mecklenburgisch-pommerschen Minorität stand eine Majorität aus versierten Synodalen Nordelbiens gegenüber. Sie verfochten: Der Kirchenvorstand sei das einzige Leitungsorgan der Kirchengemeinde.[6] Dies gründe im allgemeinen Priestertum aller Getauften als Prinzip der Autorität in der Gemeinde und auf allen Ebenen der Kirche. Siehe die Confessio Augustana.

Meinen Studenten biete ich manchmal eine Wette ein: »Ich wette ein Buch oder den Gegenwert in Euro für die Person, die mir zeigt, wo in den lutherischen und unierten Bekenntnisschriften das allgemeine Priestertum aller Getauften direkt und wörtlich als Prinzip verankert ist.« Bisher habe ich diese Wette noch nie verloren.

Tatsächlich ist das allgemeine Priestertum als Grundprinzip der früheren nordelbischen Verfassung nicht einfach Fleisch vom reformatorischen Fleisch. Diese Bekenntniskultur ist gezeugt aus dem Geist des preußischen und norddeutschen Luthertums im 20. Jahrhundert. Sie stammt aus dem Geist Karl Holls und der Lutherrenaissance. Sie verbindet sich mit den bürgerschaftlichen und senatorischen Vorstellungen von politischer Herrschaft im norddeutschen Bürgertum. Wenn das bürgerschaftliche Selbstbewusstsein des Bürgertums der norddeutschen Kaufmannsstädte sich im Rahmen der senatorischen Verfassungen in erkämpften partizipativen Rechten formulierte, wird es da nicht am besten sein, auch die christliche Gemeinde bürgerschaftlich zu verfassen? Im Hintergrund steht ein Bild von den Pastoren, das wohl nicht weit entfernt ist von dem, was man in Thomas Manns »Buddenbrooks« über die Pastoren liest. Manches in den Diskussionen mit den Nordelbiern versteht man besser, wenn man »Buddenbrooks« gelesen hat.

Überraschend ist es allerdings, dass das »Buddenbrooks-Bild« von der Rolle der ordinierten Pastoren sich in der 2012 beschlossenen Verfassung nicht mehr wiederfindet. Da tat sich auf der nordelbischen Seite etwas!

Da wundert sich der Schiffbrüchige und er lernt: Auch in Nordelbien gibt es seit der Zeit der Verfassunggebenden Synode 1970-76 eine kontroverse

---

5 Vertrag über die Bildung einer Evangelisch-Lutherischen Kirche in Norddeutschland i.d.F. vom 5.2.2009 (mit Begründung und Erläuterung), 32.

6 So hielt es Art. 14,1 der nordelbischen Kirchenverfassung für den Kirchenvorstand fest, während die mecklenburgischen und pommerschen Parallelbestimmungen (Art. 31,1 Kirchgemeindeordnung ELLM bzw. Art. 58,1 Kirchenordnung PEK) daneben den eigenen Leitungsauftrag des Pfarramtes formulierten.

Diskussion über die Leitungsfunktion des geistlichen Amts in der Gemeinde. So nutzte man die neue Verfassung und korrigierte die alte nordelbische an diesem Punkt. Die unverzichtbare und unvertretbare Aufgabe der ordinierten Pfarrerinnen und Pfarrern in der Leitung der Gemeinde ist in der neuen Verfassung klarer verankert als in der alten.

1.3. 3. NOTIZ: KONFESSIONALISTISCHE BEKENNTNISKULTUREN

Bei so viel Fremden bleibt dem Schiffbrüchigen nur übrig, das wenige Süddeutsche, das er gerettet hat, zu nutzen, um sich zurecht zu finden.

Ein Exkurs: Als Kind meiner Herkunft hat mich der Konfessionalismus stets beschäftigt. Später – als ich die Artikel im Lexikon »Religion in Geschichte und Gegenwart«, 4. Auflage, über den Erlanger Konfessionalismus schrieb – hatte ich mir einigermaßen historische und kritische Klarheit darüber verschafft. Die bayrische Kirche, aus der ich komme, wurde einst lutherisch gemacht, als es darum ging, aus den Trümmern der nachnapoleonischen Kirchentümer eine bayrische Kirche herzustellen. Die Wiedererweckung des Bekenntnisses in Bayern ist das Produkt einer Kirchenfusion. Sie wurde durchgeführt, um rationalistische Pfarrer zu verdrängen, später auch liberale Pfarrer. Homogene Gemeindemilieus stellte man gegen den Majoritäts-Katholizismus. Gegen das katholische München predigen die fränkischen Lutheraner die Zwei-Reiche-Lehre, Trennung von Politik und Kirche.[7] Wo sie selbst am politischen Drücker sind, machten sie hingegen evangelische Kulturpolitik und Lobbyarbeit, bürokratisch, zentralistisch und effizient. Ich kenne viele Nicht-Bayern, die sich über diese Doppelzüngigkeit ärgerten und nie beruhigten. Wer eine Landeskirche nicht nur von innen kennt, sondern auch von außen ansieht, der sieht von Fall zu Fall genauer, wo wirklich das Bekenntnis und wo andere Faktoren am Werk sind: reale Gemeindeverhältnisse; tatsächliche Leitungsaufgaben, in denen Pastoren sich vorfinden, ob sie wollen oder nicht; politische und historische Erfahrungen, die Gemeinden im Erbe haben; regionale Frömmigkeiten; kirchenpolitische Standesinteressen.[8]

---

7 Musterbeispiel ist wieder v. Hofmann, der als einer der Wortführer der Erlanger »Zwei-Bereiche-Lehre« (U. Rieske-Braun) zugleich Landtagsabgeordneter für die bayrische Fortschrittspartei war. Vgl. Wilfried Behr, Politischer Liberalismus und kirchliches Christentum. Studien zum Zusammenhang von Theologie und Politik bei Johann Christian Konrad v. Hofmann (1810-1877), Stuttgart 1995.

8 Zum kirchengeschichtlichen Hintergrund vgl. Ulrich Schindler-Joppien, Das Neuluthertum und die Macht. Ideologiekritische Analysen zur Entstehungsgeschichte des lutherischen Konfessionalismus in Bayern (1825-1838), Stuttgart 1998; Heinrich Assel,

Wenn es in der Kirche, aus der ich komme, so ist, wird es in der neuen Nordkirche nicht anders sein. Daher die kleinen Überraschungen, die vertauschten Fronten zwischen Lutherisch und Uniert, zwischen Ost und West.

Ich fasse meine drei Notizen eines Schiffbrüchigen zusammen und versuche mir in einigen Thesen Rechenschaft zu geben.

Wenn wir über das evangelische Bekenntnis heute nachdenken, dann nicht, weil sich im Moment wirklich etwas im Bekenntnis ändert. Es ändern sich die kirchlichen Umstände, z. B. durch historisch völlig neue Kirchenfusionen zwischen östlichen und westlichen Kirchen. Sagen wir: Es ändern sich die kirchlichen Umstände unserer Rezeption des Bekenntnisses.

1. Ein evangelisches Bekenntnis ist formell durch drei Bedingungen definiert:
   - durch eine gegebene häretische Situation, den status confessionis;
   - durch eine neue und einheitliche Schriftanwendung, die auf die häretische Situation bekennend antwortet;
   - und durch den Konsens des Bekennens.
2. Dieser Konsens kann sich in einem einmaligen synodal-konfessorischen Akt ausdrücken – wie im Falle der Barmer Theologischen Erklärung von 1934. Oder er kann sich durch einen analogen konfessorischen Akt ausdrücken – wie im Fall des Augsburger Bekenntnisses 1530.
3. Der Konsens kann sich aber auch in einer langfristigen Rezeption vollziehen, wie bei den Katechismen Luthers, die über Jahrhunderte in Familien und Schulen, in Gemeinden und Kirchen gelehrt und erlernt wurden.
4. Bekenntnistexte dienen im Fusionsprozess der Nordkirche in vielen Fällen – nicht in allen Fällen! – dazu, das eigene regionale Bekenntniserbe zu spiegeln und zu vergewissern.
5. Es wandeln sich aber mit den kirchlichen und politischen Umständen der Fusion auch die Rezeptionsumstände. Das ist legitim. Denn lebendige Rezeption gehört in gewisser Weise zum evangelischen Bekennen.

Art. Erlanger Schule. I. Erlanger theologische Schule, 2. Dogmatisch, in: RGG^4 2 (1999), 1420-1422.

6. Aus neuen Rezeptionsumständen heraus wurden in der neuen Nordkirche verschiedene Bekenntniserbschaften in juristische und theologische Kompromissformeln gebracht.

Ein gutes Beispiel sind die Aussagen der Nordkirchenverfassung über das Verhältnis von Amt und Gemeinde, über die Autoritätsverteilung zwischen dem ordinierten Amt und der Leitungsvollmacht des Kirchenvorstands in der Gemeinde. Das ist ein Kompromiss, der den Bekenntniserbschaften und Gemeinderealitäten in West und Ost Raum lässt.

Etwas anderes ist es, wenn ich nun frage und sage:

7. Wandelt sich mit all dem auch das Bekenntnis, das ausdrückt, wofür einer / eine theologisch steht? Wie verhält sich Bekenntniskultur zum persönlich verantworteten Bekennen und zu der im Medium von Bekenntnistexten gebildeten, persönlichen Überzeugung?

Dem will ich mich nun zuwenden.

2. EVANGELISCHES BEKENNEN – WOFÜR EINER STEHT[9]

An dieser Stelle will ich sagen, wofür ich in Dingen des evangelischen Bekenntnisses stehe. Evangelische Bekenntnisse werden nicht geglaubt; sie sind keine Lehrgesetze und keine Glaubensgesetze – im Unterschied zu den katholischen Dogmen. Es gilt vielmehr: Der evangelische Glaube wird bekannt – manchmal auch mithilfe von Bekenntnissen. Damit sagt einer, wofür er steht. »Ich bin ein Berliner« – dieser Satz von John F. Kennedy ist kein Bekenntnis, macht aber klar, wofür einer steht, in einer ganz bestimmten Situation und auf Dauer.

In der Kirche, in der ich ordiniert wurde, wird erwartet, dass einer vor der Ordination schriftlich erklärt, wofür er steht. So war es auch bei mir. Ich formulierte also am Ende meines Vikariats, im Juni 1990, eine Stellungnahme zu Schrift und Bekenntnis – schriftlich und nach allen Regeln der theologischen Kunst, so wie ich sie damals eben beherrschte. Ich sandte meinem Ordinator (dem späteren bayrischen Landesbischof Hermann von Loewenich)

---

[9] Die bekenntnishermeneutischen Grundlagen für diesen Abschnitt sind dargestellt bei Friedrich Mildenberger, Theologie der lutherischen Bekenntnisschriften, Stuttgart 1983, bes. 120-123.

meine Stellungnahme und er nahm mich im Ordinationsgespräch freundlich ins Gebet.

Für diesen Vortrag nahm ich mir diese Stellungnahme nochmals vor. Würde ich heute sagen, wofür ich stehe, würde es wissenschaftlicher, vielleicht schärfer, vielleicht auch umständlicher. Aber eigentlich sehe ich keinen Grund, mich von dem zu distanzieren, wofür ich als Ordinand vor 23 Jahren stand, im Juni 1990. Ich habe das, wofür ich stand und stehe, auf 12 Thesen verknappt und stelle es zur Diskussion.

1. »Das Bekenntnis als Wegweiser zur Schrift (FC Epitome, Einleitung)

(1) Das evangelische Bekenntnis ist der hilfreiche Wegweiser, um die Schrift recht zu verstehen, nämlich als innere Einheit in der sachlichen und historischen Vielfalt der kanonischen Schriften. Diese innere Einheit bildet und bewährt sich in der Anwendung, wenn die vielen Lebenssituationen auf die *eine* Grundsituation, das Leben vor Gott, hin ausgelegt werden.
(2) Zweierlei setze ich dabei voraus: (a) ich rechne auch die Barmer Theologische Erklärung zu den für mich handlungsleitenden Bekenntnissen, so wenig sie offiziell in unserer Kirche diesen Status hat. Und ich lese (b) die reformatorischen Bekenntnisse nach dem Maßstab der Schrift, d. h. kritisch.

2. Das Evangelium, wie es in der Heiligen Schrift gegeben ist (ArtSm II. Teil)

(3) Verbindlich sind für mich jene elementaren Bekenntnisaussagen, deren Verletzung einen evangelischen Prediger jedenfalls in den status confessionis setzen müssten. Luther nennt vier Hauptartikel: (a) das Werk Christi und seine Zueignung im Glauben; die Ablehnung (b) der Messe, (c) des Mönchtums und (d) des Papsttums. Mir ist diese Zusammenstellung Luthers erhellend. Denn hier wird die Frage evangelischer Versöhnung und Rechtfertigung unmittelbar verknüpft mit der Frage rechten Gottesdienstes, rechter Kirchenordnung (Messe und Papst) und der Frage einer reformatorischen Alltagsethik (nicht Mönchtum, sondern weltlicher Beruf als Ort christlicher Heiligung).
(4) Rechtfertigung des Gottlosen, Kirchenreform und gesellschaftliche Verantwortung bedingen einander und machen zusammen das Anliegen der lutherischen Reformation aus.
Mir sind deshalb alle Ausgleichsbemühungen mit der römisch-katholischen Kirche suspekt, die sich nur auf Lehrfragen beziehen und die kirchliche Praxis ausklammern.

(5) Wichtiger noch ist mir: Wird das Bekenntnis auf diese Weise gewichtet und verstanden, so ist es vor allem ein Stachel im Fleisch unserer eigenen Kirche. Sind wir doch selbst nach unserer kirchlichen Praxis und unserer Alltagsethik und Verantwortung gefragt, nicht allein nach ›reiner Lehre‹.

3. Die Rechtfertigung der Gottlosen durch den Glauben (CA 4 und 5; ArtSm 11,1; Kl Kat, Ausleg. zum 2. Artikel)

(6) Christi Kreuz als Sühne für meine Schuld – das blieb mir lange Zeit fremd. Genötigt, darüber zu predigen, dämmert mir etwas vom Sinn dieser traditionellen Aussage. Hier geht es nicht um eine Satisfaktionsleistung Jesu, sondern um die Vergewisserung, dass wir als einzelne *und als Volk* leben dürfen in klarer Erkenntnis unserer Schuld, ohne die Schuld anderer aufzurechnen und ohne zu grübeln, wann ein Volk – oder eine Teil des Volkes – genügend gebüßt hat. Nur die durch Gott eingeräumte Sühne ermöglicht authentische und öffentliche Schulderkenntnis angesichts der unabsehbaren Verstrickungen der jüngsten Geschichte (geschrieben während des Mauerfalls und der Wiedervereinigung - auch heute hat es noch Geltung).

4. Das ministerium ecclesiaticum (CA 5; 7; 14; 28; Tractatus de potestate papae; Barmen 3 und 4)

(7) Auf den Artikel ›de iustificatione‹ folgt in der CA nicht umsonst unmittelbar jener ›de ministerio ecclesiastico‹. In ihm wird klargestellt, dass der Glaube auf das äußere Wort in Predigt und Sakrament angewiesen ist. Weil es sich so verhält, deshalb brauchen alle Gläubigen und jede Gemeinde das Predigtamt. Sie haben deshalb auch ein Recht auf evangeliumsgemäße Predigt und einsetzungsgemäße Sakramentsverwaltung.
(8) Schon in CA 5 ist enthalten, dass Amt und Gemeinde aufeinander angewiesen sind. Nur im Miteinander beider geschieht Leitung der Gemeinde: so sehr schriftgemäße Predigt *›sine vi, sed verbo‹* Zustimmung bei den Hörern verlangen darf (CA 28,22), so nötig ist auch das Urteil der Hörer darüber, ob und inwiefern denn das, was sie von den Kanzeln hören, schriftgemäß ist (CA 28,23).
(9) So verstanden ist CA 5 für mich der Ausgangspunkt evangelischer Kirchenordnung. Ich ziehe synodale Leitungsstrukturen anderen Formen vor. Kirchenvorstände haben hier auf parochialer Ebene ihren Ort (vgl. Barmen 4). Dabei weiß ich, dass es auch in solchen Gremien oft allzu menschlich zugeht.
(10) Insgesamt gilt: So elementar die nota ecclesiae von CA 7 sind und bleiben, so wenig reichen sie für ein Verständnis von Gemeinde schon aus. Hier gibt Barmen 3 und 4 wichtige Weiterbestimmungen im Sinne einer diakonisch-missionarischen Gemeinde von Brüdern und Schwestern.

5. Zur reformatorischen Tauflehre
(CA 9; Kl und GrKat: Taufabschnitte; FC Epitome 5 und 6)

(11) Wo die Bekenntnisschriften (v. a. Luther im GrKat) auf der Taufe als Sakrament bestehen, und zwar zur Gewissheit des Heilswillen, kann ich folgen. Wo sie daraus die Kindertaufe als ausschließliche Praxis folgern (am einleuchtendsten dabei noch Luther im GrKat, BSLK 700-707), kann ich nicht folgen. Mir scheint eine Gleichberechtigung von Säuglings- und Mündigentaufe schriftgemäßer zu sein.

6. Die Berufsarbeit als Ort der Heiligung und die gesellschaftliche Verantwortung der Christen
(CA 16; 20; 26)

(12) Die Kritik der Bekenntnisschriften am Mönchtum ist historisch geworden. Anders die positive Kehrseite dieser Kritik: die Würdigung der profanen Berufsarbeit als Ort der Heiligung. Dem fühle ich mich nach wie vor verbunden. Freilich weiß auch ich, dass das herkömmliche protestantische Berufsethos heute gründlich in die Krise geraten ist. Trotzdem bleiben mir einige Grundentscheidungen der Bekenntnisse wichtig:

- Spiritualität ist nicht selbstzweckhaft, sondern dient dazu den Menschen geschickt zu halten, um zu tun, ›was einem iglichen nach seinem Beruf zu schaffen befohlen ist‹ (CA 26,38). Bloß innerliches, ›geistliches Wachstum‹, wie es gegenwärtig vielfach als Ziel spirituellen Lebens propagiert wird, ist mir fraglich.
- Berufliche Arbeit ist nicht nur eigengesetzlich und nicht allein dem Diktat ökonomischer Zwänge unterworfen. Vielmehr soll jeder und jede ›in solchen Ständen christliche Liebe und rechte gute Werke, ein jeder nach seinem Beruf, beweisen.‹ (CA 16,5) Über allen Ordnungen steht der ›ordo charitatis‹. Das gilt auch im weltlichen Regiment Gottes, in den politischen und ökonomischen ›Ständen‹. Luther hat bekanntlich die frühkapitalistischen Monopolgesellschaften theologisch aufs Schärfste kritisiert (vgl. BSLK 608-610.617f: Luthers Kritik an den Monopolgesellschaften). Diese Tradition unserer Bekenntnisse zeitgemäß zu bewahren, gehört für mich auch zu den Folgen meiner Verpflichtung.
- Schließlich ist mir die Spiritualität des Kreuzes nach wie vor wichtig. Sie bewahrt davor, Glück, Erfolg und Produktivität zu alleinigen Kriterien sinnvoller beruflicher Arbeit zu machen (CA 26,31f; GrKat 677,65 u.ö.).«

Wenn Sie mich fragen würden: Was hat sich in dem, wofür Du vor 23 Jahren stehen wolltest, gewandelt, auf Deinem Weg durch drei Landeskirchen, von

Süd nach West, von West nach Ost? Antwort: Ich sehe einiges nüchterner. Vor allem die Arbeit in der rheinischen Kirche mit ihrer presbyterial-synodalen Leitung hat den jugendlichen Enthusiasmus ein wenig ernüchtert. Ich glaube heute, dass sich vornehmlich die Frage stellt, wofür wir als ordinierte Pfarrer und als vozierte Religionslehrer in unseren Kirchen unverzichtbar stehen; was nur wir einbringen können. Was eigentlich die Gemeinschaft der Ordinierten ausmacht und was uns trägt. Ich frage mich, wie wir Studenten zur »theologischen Existenz« ausbilden, die nicht aus Pfarrhäusern kommen, so wie ich ja auch nicht von daher komme. Und dazu gehört eben für mich auch das Bekenntnis, das man leicht in 12 Thesen zusammenfassen kann.

Aber das, wofür ich einst stand, »mein evangelisches Bekenntnis«, mein theologisches Handgepäck, hat sich in diesem Kern nicht gewandelt. Es hat mir eher geholfen, viele Wandlungen und so manche Schiffbrüche zu überstehen. Es hat mir auch geholfen, mich in den Bekenntniskulturen, denen ich begegnete, zu orientieren. Es hilft mir jetzt, in den regionalen Bekenntniskulturen der Nordkirche Kurs zu halten.

Machen wir schließlich noch die Probe. Schauen wir uns den wichtigsten Wandel im Bekenntnis an, den die neue Nordkirche bringt. Ich bin nämlich der Meinung, dass diese Nordkirchen-Fusion auch eine große Chance für das Bekenntnis im Bekennen enthält.

3. Hart am Wind – Die Nordkirche als Vorreiterin in der Rezeption der Barmer Theologischen Erklärung

Die Präambel der Nordkirchenverfassung erklärt die Barmer Theologische Erklärung nicht zu einem lutherischen Bekenntnis, aber zu einer verbindlichen Bekenntnistradition, die nun auch bestimmte Bindungswirkungen für den Bekenntnisstand dieser Kirche hat.[10]

> »Die Kirche gründet in dem Wort des dreieinigen Gottes. Gerufen von diesem Wort bekennt sich die Evangelisch-Lutherische Kirche in Norddeutschland zu dem Evangelium von Jesus Christus, wie es im Zeugnis der Heiligen Schrift des Alten und Neuen Testaments gegeben, in den altkirchlichen Bekenntnissen und in den lutherischen Bekenntnisschriften ausgelegt ist und wie es aufs Neue

---

[10] Am Entwurf dieser Präambel auf der gemeinsamen Klausur der AG Recht und der AG Theologie der sich fusionierenden Nordkirchen im Januar 2010 auf Zingst durfte ich als Mitglied der AG Theologie mitwirken.

bekannt worden ist in der Theologischen Erklärung der Bekenntnissynode von Barmen.«[11]

Mit diesem 1. Satz der Präambel betritt die Nordkirche Neuland. Sie erklärt die altkirchlichen und lutherischen Bekenntnisschriften zu ihrem Bekenntnis und ordnet sie der fortwährenden Auslegung des Alten und Neuen Testaments zu. Sie fokussiert sich bei den altkirchlichen Bekenntnissen auf das Apostolikum und Nicänum als gottesdienstliche Bekenntnisse.

Sie rezipiert v. a. die Barmer Theologische Erklärung als lutherische Bekenntnistradition – wenn auch nicht als Bekenntnis. Sie greift dazu auf die alte Ordinationsagende der Evangelischen Kirchen der Union zurück.

Die Verbformen im 1. Abschnitt (im Zeugnis ... gegeben, ausgelegt, aufs Neue bekannt) sind mit Bedacht gewählt, um die Abstufung deutlich zu machen. Trotzdem geht die evangelisch-lutherische Kirche im Norden hier so weit wie keine andere lutherische Kirche in Deutschland.[12]

Es ist ja bekannt: Die Lutherischen Kirchen rezipieren nur die Verwerfungen von Barmen, nicht die positiven konfessorischen Sätze der Erklärung.[13] Da die Verwerfungen die häretische Situation der Deutschen Christen vor Augen haben, beginnt der Dauerstreit.

Die Versuche in der VELKD seit 2009, also 75 Jahre nach der Barmer Theologischen Erklärung, eine weitergehende Rezeption einzuleiten, sind bis heute noch zu keinem befriedigenden, konsensuellen Ergebnis gebracht. In dieser Situation ist die Präambel der Nordkirche eine echte Vorreiterin im Bekenntnis.[14]

---

11 Zitiert nach der Verfassung der Nordkirche vom 7.1.2012 (KABl. 1/2012, 2-29, hier 4).

12 Die Evangelische Kirche in Mitteldeutschland (2009 aus der Fusion der thüringischen Landeskirche und der Landeskirche der Kirchenprovinz Sachsens entstanden), die laut Ziff. 5 der Präambel ihrer Kirchenverfassung die Barmer Theologische Erklärung »bejaht« und sich »verpflichtet« weiß, deren Einsichten »über Wesen, Auftrag und Ordnung der Kirche zur Wirkung zu bringen«, ist durch Vollmitgliedschaft in der VELKD und der UEK sowohl lutherische als auch unierte Kirche.

13 Vgl. Art. 2 der VELKD-Verfassung: »Die Vereinigte Kirche, mit der Evangelischen Kirche in Deutschland als Gemeinschaft lutherischer, reformierter und unierter Gliedkirchen verbunden, wahrt und fördert die im Kampf um das Bekenntnis geschenkte, auf der Bekenntnissynode von Barmen 1934 bezeugte Gemeinschaft. Die dort ausgesprochenen Verwerfungen bleiben in der Auslegung durch das lutherische Bekenntnis für ihr kirchliches Handeln maßgebend.«

14 Zur komparativen Situation vor den jüngsten landeskirchlichen Fusionen vgl. grundlegend: Joachim Mehlhausen, Die Rezeption der Barmer Theologischen Erklärung

Jetzt ist die Barmer Theologische Erklärung als ganze, in ihren christologischen, ekklesiologischen und politisch-ethischen Leitsätzen anerkannt, und zwar als konfessorische Neuanwendung des lutherischen Bekenntnisses. Und damit werden alle Bekenntnisse zum »Ruf nach vorwärts« (Karl Barth).[15] Die Frage ist: Hören wir wirklich diesen »Ruf nach vorwärts«?

Da ich mir als Ordinand eine zeitgemäße lutherische Kirche nur »mit Barmen und nicht ohne Barmen« vorstellen wollte, trägt die Präambel zu meiner Beheimatung in der neuen Nordkirche erheblich bei. Die AG Theologie, die auf der Klausurtagung in Zingst im Januar 2010 den Textvorschlag zur Präambel machte, war an diesem Punkt auch vollständig einig. Wir blieben es, obgleich wir einen gewissen Sturm aus dem Theologischen Ausschuss der VELKD erwarteten, der nicht völlig ausblieb.[16] Aber die Nordkirche segelt munter hart am Wind weiter. Der Konsens mit den Brüdern aus Nordelbien und Mecklenburg ist tragfähig. Mein Bild vom Mecklenburger Konfessionalismus ist seither ein anderes. Ich musste die Karikatur, die ich aufgrund meiner ersten Begegnung mit dem Altbischof hatte, völlig revidieren.

Auf der Ebene der Rezeption ist das ein Wandel, dem ich aus der skizzierten persönlichen Bekenntnisüberzeugung zustimme, die ich ja schon lange vorher erworben hatte.

Eine ganz andere Frage ist, wofür wir als Nordkirche damit stehen? Heino Falcke hielt auf dem Begegnungstag der Gemeinden der Nordkirche im Juni 2010 in Stralsund einen Vortrag: »Was hatte die Barmer Theologische Erklärung den Kirchen in der DDR zu sagen?«. Er zeigte, wie die Barmer Theologische Erklärung für ihn das Bekenntnis im Wandel war. Wofür stand einer in den sich wandelnden Situationen? Da sagte Heino Falcke zur Bedeutung der 3. und 4. Barmer These (Stralsund Juni 2010):

> »Der Staat zog [1957] diesen Versuchsballon wieder ein [die Gehälter der Pfarrer in Sachsen teilweise zu zahlen]. Was wir damals nicht wussten: Eben zu der Zeit begann die regelmäßige und mit der DDR-Regierung abgesprochene finanzielle Unterstützung der Kirchen in der DDR durch die Westkirchen und die Bun-

---

in den evangelischen Landeskirchen nach 1945, in: ders., Vestigia Verbi. Aufsätze zur Geschichte der evangelischen Theologie, Berlin / New York 1999, 500-527.

15 Der mit Blick auf die Barmer Theologische Erklärung geprägte Ausspruch Barths (Karl Barth, Texte zur Barmer Theologischen Erklärung, mit einer Einleitung von Eberhard Jüngel und einem Editionsbericht, hg. von Martin Rohkrämer, Zürich ^{2}2004, 172) kann auf die Bekenntnisse insgesamt ausgedehnt werden.

16 Vgl. die Dokumentation der entsprechenden Arbeitspapiere aus dem Theologischen Ausschuss der VELKD in: KuD 57 (2011), 338-359.

desregierung. Sie haben durch diese wachsenden Finanzhilfen gewiss geholfen, die Ostkirchen vor schlimmeren Abhängigkeiten zu bewahren. So sehr für die Großzügigkeit und die Fairness dieser Hilfe zu danken ist, wirft sie im Rückblick für die Ostkirchen doch selbstkritische Fragen auf. Haben wir uns durch diese Hilfen nicht von der Aufgabe dispensiert, uns eine unserer Minderheitssituation entsprechende Organisation und Finanzierungsbasis zu geben? War uns nicht eigentlich das Experiment einer nach-volkskirchlichen Kirchengestaltung aufgegeben? Hätten wir die Westhilfen nicht als Hilfestellung zu diesem Experiment nutzen müssen, statt uns von ihnen zum ›weiter so‹ helfen zu lassen? Haben wir uns nicht vor der Umsetzung von Barmen 3 in unserer Situation gedrückt?
Einen ständigen Streit um die Eigenständigkeit der Kirche gab es, wo kirchliche Veranstaltungen, seien es Gottesdienste, Jugendtage oder Kirchentage, politische Themen aufgriffen. In seiner Veranstaltungsverordnung versuchte der Staat, die Kirche auf eine unpolitisch-privatreligiöse Einengung ihrer Aktivitäten festzulegen. Man wird im Ganzen sagen können, dass die evangelischen Kirchen ihre Eigenständigkeit bewahrt und sich als staatsfreier Raum behauptet haben. Man wird das trotz der ganz und gar nicht zu verharmlosenden Einbrüche der Stasi in die Kirche sagen können.«[17]

Ich weise auf Falckes Vortrag hin, weil er durchaus als ein authentischer Kommentar zur Rezeption von Barmen in der Präambel der Nordkirche gelten kann. Wird mit Falckes Vortrag der Ball an die ostdeutschen Pfarrer und Christen zurückgespielt? »Die Barmer Theologische Erklärung ist euer Bekenntnis. Sagt uns, wofür ihr damit standet und steht.«

Geraten wir damit in eine Falle, einerseits im Kampf um die Eigenständigkeit der Kirche als offene Kirche für alles Volk, andererseits wohl wissend, wie sehr wir als Volkskirche im Nordosten abhängig sein werden vom großen Bruder im Nordwesten?

Sind wir tatsächlich viel wandlungsunfähiger, als wir es wünschen, im Osten und im Westen? Weil wir, gebunden an unsere Erbschaften, uns tatsächlich kaum wandeln können? So wenig wie »ein Panther die Flecken seines Fells wandeln kann« (Jer 13,23)?

Dann wäre der Ruf nach vorne in der Präambel allerdings unversehens ins Gegenteil verkehrt. Dann würde uns das Bekenntnis statt als »Ruf nach vorwärts« nur als Gesetz treffen, das uns behaftet auf unseren Stillstand,

---

17 Heino Falcke, Was hatte die Barmer Theologische Erklärung den Kirchen in der DDR zu sagen? Vortrag auf dem Synodentag der mecklenburgischen, nordelbischen und pommerschen Landessynodalen am 12.6.2010 in Stralsund, 7-8. Online unter http://www.kirche-im-norden.de/fileadmin/Download/100612_Falcke-Barmen.pdf (gelesen 27.9.2013).

während wir ständig dem rasanten Wandel der Volkskirche in Pommern und Mecklenburg hinterherlaufen.

So muss es freilich nicht sein: Bekennen soll uns ja *befreien von den gottlosen Bindungen der Welt zum frohen Dienst* an allen Geschöpfen in der Freiheit und Zuversicht der Kinder Gottes (in Anlehnung an die durch Hans Asmussen geprägte Formel aus Barmen 2).

Aber das sind nur die Fragen eines Schiffbrüchigen, der seinen fremden Blick auf die christlichen Gemeinden am Meer nicht immer zusammenbringt mit der Freude an der großen Landschaft unter dem unbedingt offenen Himmel Gottes über der weiten Ostsee.

Religiöse Bekenntnisse im Film

Roland Rosenstock

Einführung

Eingebettet in die Vortragsreihe »Bekennen, Bekenntnis, Bekenntnisse – Ringvorlesung anlässlich des 450. Jubiläums des Heidelberger Katechismus (1563)«, widmet sich der vorliegende Beitrag den religions- und medienpädagogischen Zugängen zum Thema. Nach eingehender Recherche kann festgestellt werden, dass zurzeit keine Verfilmungen bekannt sind, in denen der Heidelberger Katechismus erwähnt wird oder zumindest indirekt eine bedeutende Rolle spielt. Auch wenn es bei dem deutschen Schriftsteller Theodor Fontane (Effi Briest) und dem niederländischen Romanautor Maarten 't Hart (De Vlieger) literarische Vorbilder gibt, erweist sich der Katechismus an sich als schwer verfilmbar.

Damit beginnt die Spurensuche mit einem Desiderat, das es notwendig macht, das Thema anhand einer erweiterten Fragestellung exemplarisch zu entfalten: 1. Welche Rolle spielt das *Bekennen* im Film? 2. Kann ein Film selbst zum *Bekenntnis* werden? 3. Welche *Bekenntnisse* finden sich in Filmen, deren Hauptpersonen ausgesprochen religiöse Züge tragen?

Das Thema wird im Folgenden in fünf Punkten entfaltet: Vom engeren Verständnis des religiösen Bekenntnisses als theologische Grundlage für eine konfessionelle Erfolgsgeschichte in der Lutherverfilmung von 2003 (Kapitel 1), über das Bekenntnis der Dogma-Bewegung zum puristischen Film (Kapitel 2), das am Pfarrer-Film »Italienisch für Anfänger« exemplifiziert wird (Kapitel 3) und mit der Passionsgeschichte »Breaking the waves« eine eigene ästhetische Bild-Theologie hervorbringt (Kapitel 4), bis zum Transformationsprozess in dem aktuellen Kinofilm »Cloud Atlas«, in dem der Katechismus noch als Chiffre für ein Regelwerk zum konformistischen Verhalten eingeführt wird, der durch die Offenbarung einer weiblichen Erlöserfigur seine Gültigkeit verliert (Kapitel 5). Ein Fazit schließt meine Überlegungen zum religiösen Bekenntnis im Film ab.

Für meine Beobachtungen wähle ich Schlüsselszenen der genannten Filme aus. Dabei vertrete ich die These, dass die Filmemacher mit ihren Erlöserfiguren ein eigenes theologisches Interesse verbinden. Bei der Analyse der

Filmszenen geht es demnach um die Theologie des populären Films und die religösen Bekenntnisse der jeweiligen Regisseure.

1. Bekennen im Film; oder: Geschichte(n) erzählen als narrative Inszenierung

1.1. Luther 1530 und 2003

Am Beispiel des Films »Luther« aus dem Jahre 2003 kann verdeutlicht werden, wie das lutherische Bekenntnis in eine narrative Dramaturgie eingebettet wird.[1] Regisseur Eric Till stellt sich der Herausforderung, die Geschichte des jungen Luther zu erzählen, bekanntermaßen mit internationaler Besetzung und finanzieller Unterstützung amerikanischer Lutheraner und der Evangelischen Kirche in Deutschland (EKD). Dabei lässt er das Drehbuch mit der Konfrontation in Augsburg enden. Melanchthon übergibt die Confessio Augustana, und damit beginnt der erfolgreiche Siegeszug der Reformation – und glaubt man dem Abspann – dauert dieser bis heute an. Doch wie geht der Regisseur mit dem historischen Konflikt auf dem Augsburger Reichstag um? Was verändert sich, wenn das Bekenntnis filmisch inszeniert und dramaturgisch präpariert wird?

Betrachtet man den Hauptdarsteller Joseph Fiennes, wird deutlich, dass ein spezifisch sympathisches Lutherbild dem historischen Original anverwandelt wird. Jung, gutaussehend und mit markanten Gesichtszügen wird hier ein anderer Luther gezeigt, als dies in den Lutherverfilmungen zuvor der Fall war. Und der Antagonist Papst Leo X. wird von Uwe Ochsenknecht gespielt, der als Mann all die Eigenschaften verkörpert, dem sich Luther im Drehbuch entgegenstellt.

1.2. Ausgewählte Szenen: Der Reichstag in Augsburg und der Siegeszug der Reformation

Die folgenden Szenen (ab Min. 106:32) zeigen eine fiktionale Umsetzung der Übergabe der Confessio Augustana (CA) an Kaiser Karl V. auf dem Reichstag zu Augsburg im Jahr 1530. Das Drehbuch versammelt die weltlichen Würdenträger, mehrheitlich Fürsten des Reiches – gekleidet in uniformierter Robe – vor dem jungen Kaiser. Dieser diktiert ihnen »kurz und genau« Anweisungen bezüglich der geforderten Anerkennung der protestantischen Sache. »Eure Priester sollen nicht predigen«, intoniert der Schauspieler Tor-

---

[1] Vgl. Luther, Regie: Eric Till, USA / Deutschland / Großbritannien 2003.

ben Liebrecht auf Geheiß des Regisseurs und eines päpstlichen Gesandten, »und ebenso werdet ihr die Bibeln in der Sprache des Pöbels ächten und einen jeden der eine solche besitzt, zum Feind des Staates erklären.« Sogleich tritt einer der (protestantischen) Kurfürsten vor und widersetzt sich den Erlassen. Der Kaiser fordert darauf von den Kurfürsten, dass sie mit ihm auf der »Corpus Christi« Prozession des Folgetages in die Kathedrale einziehen und »auf die römische Weise« beten. Die Situation spitzt sich weiter zu, als einer der Fürsten der Forderung nicht nur widerspricht, sondern auch erklärt, sich »eher seinen Kopf abschlagen« zu lassen, als seinen Glauben zu verleugnen. Die protestantischen Fürsten und Reichsstände schließen sich ihm an und knien daraufhin vor dem Kaiser in derselben Weise nieder. Dann überreicht Melanchthon, dargestellt von dem Musiker Lars Rudolph, dem Kaiser das verfasste Bekenntnis.

Nun wechselt die Szene und zeigt Luther mit seiner Frau Katharina von Bora, gespielt von der britischen Schauspielerin Claire Cox, die in einem Waldstück in der Nähe der Coburg spazieren, als sich plötzlich gepanzerte Reiter nähern. Luther, in der Annahme, seiner bevorstehenden Verhaftung entgegenzusehen, verabschiedet sich von Katharina. Entgegen der Annahme erscheint auf dem Hügel aus der Schar der Reiter aber Melanchthon mit der frohen Kunde, dass die Confessio Augustana dem Kaiser verlesen wurde und die Fürsten ihm die Stirn geboten haben. Ein Abspann bietet einen Ausblick auf das weitere Leben Luthers und die nachhaltige Wirkung der Confessio Augustana.

1.3. Perspektiven

Die Darstellung einer historischen Szene bietet für den Religionsunterricht die Chance, sich der Frage zu stellen: Was ist »wahr«, wenn alles inszeniert ist? Selbst unter Zuhilfenahme von Akten und Quellenberichten wird es schwer, ein historisch stimmiges Bild zu zeichnen. Die Konstruktion von Geschichte ist hier zweifellos aus einer interessengeleiteten lutherischen Perspektive heraus geschehen. Klischeehafte und emotional zugespitzte Darstellungen wechseln sich ab, mit der Suche nach den authentischen Vorgängen.

In den Unterrichtsmaterialien zum Lutherfilm wird auf die Unterschiede hingewiesen:[2] War es nicht Johann der Beständige, der die Confessio Augustana übergab? Wurden nicht noch weitere Bekenntnisse vorgelegt? Bot wirklich

---

2 Matthias-Film (Hg.), Luther, DVD-educativ, Stuttgart 2004, 14. Kapitel, Das Augsburger Bekenntnis (4:37), vgl. dazu die Materialien auf der DVD-Rom-Ebene, Extra 14.1 aus denen die folgenden Fragestellungen entnommen sind.

ein Kurfürst seinen Kopf oder hat das Drehbuch den Ausspruch von Markgraf Georg von Brandenburg-Ansbach »[...] man könne ihm den Kopf abschlagen, nicht aber seinen Glauben nehmen« zur historischen Wirklichkeit einer Märtyrerhaltung verklärt? Die Schülerinnen und Schüler sollen sich mit der Frage von Fiktion und Wirklichkeit auseinandersetzen: Was leistet das Bekenntnis im Film als Folie, um historische Zusammenhänge zu vermitteln? Sie sollen darüber diskutieren, wie sich Deutschland und das Christentum entwickelt hätten, wenn Leo X. die Reform der Kirche unterstützt hätte; oder was passiert wäre, wenn Karl V. in den 1520er Jahren in Deutschland geblieben wäre. Die Rekonstruktion der geschichtlichen Abläufe ist selber eine fiktive Konstruktion. Es hätte auch ganz anders kommen können: Welche Entwicklung hätte stattgefunden, wenn Sultan Suleiman – zusammen mit den protestantischen Verbündeten – 1529 Wien erobert hätte?

Die narrative Darstellung von Geschichte in einer szenischen Inszenierung kann die Schülerinnen und Schüler auch darüber ins Gespräch bringen, aus wie vielen einzelnen Akteurinnen und Akteuren sich Geschichte als Ablauf entwickelt, um dem geschichtsdidaktischen Prinzip von Personalisierung und Personifizierung Rechnung zu tragen. Es sind eben nicht nur »große Männer«, die Geschichte schreiben. Die vorliegende Szene hätte auch das Potential, diesen Sachverhalt kritisch zu diskutieren und kann dazu führen, dass narrative Darstellungen von historischen Ereignissen grundsätzlich als fiktive Konstruktion erkannt werden, die einer bestimmten Absicht folgen, die mediendidaktisch herausgearbeitet werden kann.

2. Exkurs: Der Film als Bekenntnis – zur Keuschheit

Ende März 1995 unterzeichnen die beiden dänischen Regisseure Lars Holbaek Trier und Thomas Vinterberg ein Manifest und verbreiten es medienwirksam in Form von Flugblättern während einer Konferenz zum 100. Geburtstag des Films in Paris. Die Dogma 95 Bewegung wendet sich gegen die Kommerzialisierung der Filmindustrie und gilt im Rückblick als eine der gelungensten PR-Aktionen zweier junger Regisseure, um international bekannt zu werden. Was der Tagesspiegel in seiner Onlinekolumne nicht ganz unpassend als »Keuschheitsgelübde« bezeichnete, wird von den Autoren als Grundlage einer veränderten Filmästhetik gepriesen.[3]

1. »Als Drehorte kommen ausschließlich Originalschauplätze in Frage, Requisiten dürfen nicht herbeigeschafft werden.
2. Musik kann im Film vorkommen (z. B. als Spiel einer Band), darf aber nicht nachträglich eingespielt werden.
3. Zur Aufnahme dürfen ausschließlich Handkameras verwendet werden.
4. Die Aufnahme erfolgt in Farbe, künstliche Beleuchtung ist nicht akzeptabel.
5. Spezialeffekte und Filter sind verboten.
6. Der Film darf keine Waffengewalt oder Morde zeigen.
7. Zeitliche oder lokale Verfremdung ist verboten.
8. Es darf sich um keinen Genrefilm handeln.
9. Das Filmformat muss *Academy 35 mm* sein.
10. Der Regisseur darf weder im Vor- noch im Abspann erwähnt werden.«[4]

Die zehn Gebote der Dogma 95 Bewegung bekennen sich zum puristischen Film, doch genau darin sah der bekannte Filmkritiker Georg Seeßlen einen »Aufbruch in die Sackgasse«:

> »Nur die direkte Handkamera sollte zugelassen werden, keine Suche nach dem ›schönen Bild‹ [...], keine Kostüme, keine Bauten, keine Schminke, kein Licht, das den Dingen und Personen eine zweite Bedeutung geben würde, Musik sollte nur verwendet werden, wenn sie in der Szene selbst vorhanden wäre [...], nur einspuriger Originalton sollte zugelassen werden, keine Vergangenheit und keine Zukunft, nur das Hier und Jetzt sollte sich auf der Leinwand offenbaren. Kino von einem virtuellen Nullpunkt her, befreit von der ökonomischen Last seiner technischen Bearbeitungs- und Fälschungsmöglichkeiten, befreit aber auch von der Last der Selbstreflexion, der Selbstkritik und der eigenen Geschichte.«[5]

---

[3] Vgl. http://www.tagesspiegel.de/kultur/das-manifest-dogma-95-die-10-gebote-des-keuschheitsgeluebdes/7988368.html (gelesen 6.1.2014).

[4] Vgl. http://de.wikipedia.org/wiki/Dogma_95 (gelesen 6.1.2014).

[5] Georg Seeßlen, Aufbruch in die Sackgasse. Die dänischen Dogma-Filme: Radikaldilettantismus oder Utopieverrat? Eine Zwischenbilanz, in: DIE ZEIT (28/1999) veröffentlicht unter www.zeit.de/1999/28/199928.dogma_.xml (gelesen 6.1.2014).

Dass die Kunst – in den ihr je speziellen Kategorien wie in diesem Fall der Film – im Stande ist, sich zu einem Keuschheitsgelübde zu bekennen, kann auch im Rahmen eines veränderten Religions- und Ästhetikverständnisses gedeutet werden. Mit Gadamer wird Kunst in den Dimensionen von Spiel, Symbol und Fest gedacht und rückt damit in die Nähe eines funktionalen Religionsbegriffs.[6] Aus den Bekenntnissen zum wahren Film spricht die Sehnsucht nach ästhetischer Authentizität, die religiös überhöht wird und dem, der im Stande ist, es in seiner (bild-)ästhetischen Fülle auch wahrzunehmen, einen Zuwachs an Sein verspricht. Und so endet das Bekenntnis auch mit dem Schwur:

> »My supreme goal is to force the truth out of my characters and settings. I swear to do so by all means available and at the cost of any good taste and any aesthetic considerations. Thus I make my VOW OF CHASTITY.«[7]

Dogma 95 ist ein interessantes Beispiel dafür, wie sich ein Regisseur zu Regeln der materiellen und ästhetischen Enthaltsamkeit bekennt: eine radikale filmische »Keuschheit« als Protest gegen die Übermacht der amerikanischen Unterhaltungsindustrie. Trier und Vinterberg schufen mit ihrem Manifest – bis zum Widerruf im Jahr 2005 – für zehn Jahre eine neue Bekenntnisgrundlage für eine visuelle Kommunikation des spirituellen Augenblicks, der dem dänischen Film neue Aufmerksamkeit und Vertriebswege öffnete.

3. Pfarrer im Film; oder: Die Liebe ist stärker als der Tod

3.1. Das Reich Gottes für Anfänger

»Italienisch für Anfänger« gilt als einer der wichtigsten Dogma 95-Filme.[8] Die dänische Autorin Lone Scherfig schrieb das Drehbuch und führte auch die Regie. Der Film »Italienisch für Anfänger« konfrontiert die Zuschauer mit zwei sehr verschiedenen Pfarrerpersönlichkeiten, die sich beide in einer Gemeinde gegenüberstehen. In der Parallelhandlung wird über einen Italienischkurs in der Volkshochschule als Kontaktbörse auf der Suche nach der großen

---

6 Hans-Georg Gadamer, Die Aktualität des Schönen, Kunst als Spiel, Symbol und Fest, Stuttgart 1977.

7 Die englische Originalfassung findet sich unter anderem bei Achim Forst, Breaking The Dreams. Das Kino des Lars von Trier, Marburg 1998, 237-338.

8 Vgl. Italienisch für Anfänger, Regie: Lone Scherfig, Dänemark 2000.

Liebe erzählt. Dabei stehen die Kirchengemeinde und die Gemeinschaft der Suchenden im italienischen Sprachkurs als Orte gegenüber, in denen Gott verborgen bleibt oder in der Erfahrung der Überwindung des Todes erfahren werden kann.

Zur Handlung: Der junge verwitwete Pastor Andreas (Anders W. Berthelsen) wird als Vertretung in eine verstörte Gemeindesituation entsandt. Sein gescheiterter Vorgänger Pfarrer Wredmann (Bent Mejding) wurde beurlaubt. Beide verbindet ein schweres Schicksal. Der langjährige Pfarrer verlor ebenfalls seine Frau auf tragische Weise und mit ihr auch das Vertrauen in das Leben und die Liebe zu seiner Gemeinde. Die Küsterin (Elsebeth Steentoft) trägt Andreas die Sorgen der Gemeinde vor: Man hätte von Gottes Anwesenheit in der letzten Zeit wenig gespürt. Andreas' Wohnsituation erweist sich als schwierig, da der ehemalige Pfarrer Wredmann noch im Pfarrhaus wohnt. Andreas trifft in seinem Hotel auf den freundlichen Portier Jørgen Mortensen (Peter Gantzler). Mortensens' Vorgesetzter zwingt ihn, in einem Nebenstrang der Handlung, seinen Freund, den Betreiber des Lokals im ortsansässigen Fußballstadion und ehemaligen Fußballspieler Hal-Finn (Lars Kaalund), aufgrund von dessen Unfreundlichkeit herauszuwerfen. Giulia, die italienische Kellnerin des Fußballlokals, ist in Mortensen verliebt, der an Impotenz leidet und Angst hat, aus diesem Grund keine Partnerin mehr zu finden. Alle Charaktere finden sich – wie auch die Friseuse Karen und die Verkäuferin Olympia – im Italienischkurs wieder, einem sich langsam ausbreitenden Reich Gottes, das Andreas' Bekenntnis, dass die Liebe sich stärker erweist als der Tod, nicht nur für ihn erfahrbar macht. Am Ende des Films reisen die Teilnehmer des Kurses nach Venedig. Hier gestehen sich die gläubige Katholikin Giulia und Mortensen ihre Liebe. Um sich darüber sicher zu sein, braucht Giulia nicht mehr in die Kirche zu gehen. Sie läuft nur kurz um die Ecke, hält inne und betet. Dann sehen sich beide an und sagen: »Si« zueinander.

3.2. Ausgewählte Szenen

Szene – Italienisch für Anfänger (1): Gott existiert nicht (ab Min. 13:09)

Andreas ist mitten in der Predigtarbeit zu Lukas 17. Ein Kameraschwenk zu der Gemeinde verrät, dass die Besucherzahlen des Gottesdienstes nur noch gering sind. Neben zwei älteren Schwestern sitzt auch Wredmann in der Reihe der Zuhörenden und unterbricht lautstark Andreas in seiner Predigt. »Nein, Nein, Nein. Gott existiert nur als ein Begriff. Wir sind schuldig, ihr seid schuldig!« Womit er auf die beiden noch anwesenden Gottesdienstbesucher zeigt und nach einem Moment der Stille die Kirche verlässt. Eine der Schwestern geht zur Küsterin und flüstert dieser etwas zu, worauf diese

Andreas erklärt, dass bei weniger als zwei Besuchern der Gottesdienst auch ausfallen könne und unterbricht diesen gleichsam. Zwei Herren, die in der oberen Empore sitzen, erkundigen sich, ob sie nun »Trainieren gehen« könnten. Andreas setzt sich resigniert neben das Rednerpult. Die Küsterin schlägt ihm vor, die Herren in das Stadion zu begleiten, was er aber ablehnt. Sie erkundigt sich, ob er soziale Kontakte und alte Bekannte aus seiner Studienzeit habe, was er beides verneint. Daraufhin kommen die beiden auf die Frau von Andreas zu sprechen und die Umstände, warum die Küsterin dereinst inhaftiert war. Nachdem sie Andreas die Liste der Überfälle aufgezählt hat, die sie gezwungen war, aufgrund ihrer Drogensucht zu verüben, sagt sie ihm, dass sie nun den Glauben als alternativen Lebensweg gefunden und bejaht habe. Die Küsterin lädt Andreas zu dem Italienischkurs ein, zu dem sie seit einer Weile geht.

Szene – Italienisch für Anfänger (2): Gott ist Liebe (ab Min. 21:50)
Andreas geht durch sein Hotelzimmer und scheint über etwas zu sinnieren. Nachdem er sich den Mund abgewischt hat, beginnt ein kurzer Monolog. »Aber Gott ist hier. Im menschlichen Mitgefühl, in der Freundschaft. Mitten unter uns und in uns.« Er nimmt seine Brille ab. »Und in der Liebe. In jeder Bewegung. In dem Arm, den man um seine Liebste legt und deren Taille.« Der Witwer bedeckt seine, nun von Tränen erfüllten Augen, mit der rechten Hand und ringt um Fassung.

Szene – Italienisch für Anfänger (3): Theodizee; oder: Gott hat mir die Frau genommen (ab Min. 81:55)
Die Schlüsselszene spielt in der Christnacht. Andreas geht zum Pfarrhaus und klingelt dort mehrfach vergebens, ehe er klopft. Wredmann öffnet ihm die Tür und fragt ihn in verständnislosem Ton: »Wer sind sie?«, worauf ihm Andreas »Frohe Weihnachten« wünscht. Hernach entspinnt sich ein Dialog zwischen den Pastoren:

Wredmann: »Weihnachten?«
Andreas: »Ja.«

W: »Sie haben keine Ahnung von Weihnachten.«
A: »Haben sie Gäste?«

W: [Erheblich gereizt:] »Ich verbitte mir ihre Unverschämtheiten!«
A: »Wredmann«

W: »Sie stinken nach Alkohol. Warum sind sie hier? Was wollen sie?«
A: »Was halten sie davon, wenn ich mich als ihr Nachfolger bewerbe?«

W: »Wozu sollte das gut sein?«
A: »Für die Kirche, für die Gemeinde.«

W: »Ach die Gemeinde, die Gemeinde.«
A: »Darf ich eintreten?«

W: »Ich frag mich: Wie könnten sie wohl der Hirte einer ganzen Gemeinde sein, wenn sie sich nicht mal entscheiden können, ob sie draußen bleiben oder reinkommen wollen. Geschweige denn, ob sie verheiratet sein wollen oder nicht. Haben sie nicht ihre Frau sitzen lassen?«
A: »Es ist tierisch kalt, Pater Wredmann, dürfte ich vielleicht reinkommen?«

W: »Ja, kommen sie rein.« Der alte Pfarrer wendet sich nach innen und gewährt Andreas Zutritt. Nach einem schnellen Schnitt sieht man die beiden nebeneinander im Wohnzimmer stehen und debattieren.

A: »Gott existiert. Wenn wir an ihn glauben, existiert er auch.«
W: »Meine Frau ist nicht zu Hause, meine Frau ist tot. Sie ist jetzt schon seit vier Jahren tot. Gott hat mir die Frau genommen und sie hat mir Gott genommen. Gott ist eine Abstraktion, sie werden diese Idioten nie dazu bekommen, diesen Gedanken zu verstehen.«

A: »Wozu sollte eine so abgehobene Diskussion gut sein? Wozu soll das gut sein? Was soll das bringen?«
W: »Sie wissen nicht, was Verlust heißt.« Wredmann wendet sich von Andreas ab.
»Einen Menschen zu sehen, seinen Nächsten, der, der einem am meisten bedeutet, wie der verschwindet. Selbst die einfachsten Dinge wurden immer schwieriger. Am Ende konnte sie nicht mal ein Streichholz anzünden. Sie verschwand einfach.«

A: [Nun ebenfalls gereizt:] »Das gibt ihnen noch lange nicht das Recht, die Gemeinde zu ruinieren, und ihre Trauer unterscheidet sich nicht von der Trauer anderer Menschen bei Todesfällen!«
W: »Sie verstehen nichts, gar nichts! Elizabeth war nicht wie die anderen. Die kleinen und unbedeutenden Menschen, die wir tagein tagaus beerdigen.«

A: »Dann bleiben sie weg. Verschwinden sie und lassen sie uns frischen Wind in die Kirche bringen! Ihnen kann egal sein, was die Leute glauben, ob sie dieses glauben oder jenes, bleiben sie weg, lassen sie sie in Ruhe!«
W: »Sie begreifen überhaupt nichts, weil sie ihn nicht kennen: den Schmerz. Sie kennen keinen Verlust und sie kennen auch keine Liebe!«

A: »Ich weiß ausgesprochen gut, wovon ich spreche! Sie sind ja dermaßen, dermaßen, dermaßen egoistisch Wredmann, reißen sie sich doch zusammen, so geht das nicht weiter!«

Wredmann hält sanft seine Hand an die Wange von Andreas und starrt diesen erst entsetzt an, danach starrt er in die Leere.

3.3. Perspektiven

Der theologische Disput zwischen den beiden Pastoren zum Fest der Liebe ist eindrücklich und steht unversöhnlich nebeneinander. Auch wenn sie der Verlust ihrer Frauen miteinander verbindet, so ziehen sie doch sehr unterschiedliche Konsequenzen. Wredmann sieht in Gott nur noch eine Abstraktion. Mit dem Tod seiner Frau ist die Liebe aus dem Leben des alten Pfarrers gewichen. Zurückgezogen in der Einsamkeit seiner Trauer kann er nicht mehr an einen Gott glauben. Die Liebe existiert für ihn nur in seiner Frau, die er höher stellt als alle anderen Mitglieder seiner Gemeinde. Andreas dagegen geht es um die Liebe an sich. Wenn Gott Liebe ist, dann wird die Liebe auch durch andere Menschen erfahrbar sein – in Freundschaft, Umarmung und Sexualität.

Der Film ist besonders für die Ausbildung von Theologiestudierenden geeignet. Er regt an, sich mit Pfarrerbildern im Film am Beispiel von Andreas und Wredmann zu beschäftigen. Dabei bietet die Theodizee-Frage die Grundlage für ein Filmgespräch, das Andreas in der Rolle als Pfarrer und als Teilnehmer am Italienischkurs vergleicht. Auch sollten die verschiedenen Formen der Liebe betrachtet werden, die dann theologisch gedeutet werden können. Am Ende wird sich Andreas nicht in der Gemeinde bewerben. Warum er dies nicht tut? Vielleicht weil die direkte Kommunikation und die lebendige Erfahrung im Kurs der Volkshochschule den Geist der Liebe erfahrbarer machten als die Gottesdienstsituation in der Gemeinde. Der Film kreiert ein durchaus denkwürdiges Bekenntnis, das sich als Fazit darbietet: Gottes Gegenwart ist nicht auf die Kirche begrenzt, sondern das Reich Gottes beginnt mitten unter uns – eben auch im Italienischkurs. In der Stadt der Verliebten finden die Paare zueinander. Der schüchterne Jørgen Mortensen und die temperamentvolle Katholikin Giulia bekennen ihre Liebe zueinander. Und die Kraft der Liebe erweist sich stärker als der Stachel des Todes.

4. Weibliche Passionsgeschichten; oder: Das Bekenntnis zum Opfer

4.1. Gemeindezucht und Gottesvergiftung

»Breaking the waves« ist einer der bekanntesten Filme von Lars von Trier.[9] Zugleich gehört der Film zu den markantesten indirekten Jesusfilmen mit einer weiblichen Passionsgeschichte als Plot. Die spielt in einer äußerst frommen Gemeinde im Schottland der 1970er Jahre. Die calvinistische Gemeinde richtet ihr ganzes Leben auf Gottes Wort als ein Leben unter dem Gesetz aus. Sie lehnt Vergnügungen wie Musik und Tanz ab und verzichtet auch auf den Klang von Kirchenglocken. Nur Männer dürfen in der Kirche reden. Frauen dürfen selbst bei Bestattungen nicht dabei sein. Der Pfarrer (Jonathan Hackett) verdammt tote Sünder in die Hölle und leitet mit den Ältesten die Gemeinde. In diesem lustfeindlichen Milieu ist Bess (Emily Watson) aufgewachsen, eine kindliche junge Frau, die im Gebet eine tiefe Nähe zu einem Gott pflegt, dem sie eine männlich autoritäre Stimme verleiht. Um Bess kümmert sich die junge Witwe ihres Bruders Dodo (Katrin Cartlidge). Bess verliebt sich in Jan (Stellan Skarsgård), einen lebensfrohen Arbeiter von einer Bohrinsel vor der Küste, der ganz anders ist, als die Männer der Dorfgemeinschaft. Er liebt Musik, trinkt gern Alkohol und ist sexuell aktiv. Durch die Liebe zu Jan entdeckt Bess ihr Glück. Beide heiraten – misstrauisch beäugt von den Ältesten der Kirchengemeinde. Doch Jan muss zurück zur Bohrinsel und wird dort mehrere Wochen arbeiten, bevor er wieder einige Tage frei machen kann.

Bess betet darum, dass ihr Mann schneller nach Hause kommen kann. Ihr Wunsch geht auf tragische Weise in Erfüllung: Bei einem Unfall wird Jan so schwer verletzt, dass er gelähmt bleibt. Von den Medikamenten verändert, bittet er seine Frau, sexuelle Erlebnisse einzugehen und diese mit ihm zu teilen. Bess geht darauf ein, weil sie glaubt, ihren Mann dadurch zu heilen. Doch ihre Passion wird vom Dorf als Prostitution verurteilt. Von Jugendlichen wird sie verspottet, das Haus ihrer Eltern bleibt ihr verschlossen und sie kommt gewaltsam ums Leben. Doch am Ende bekennt sich Gott durch virtuelle Glocken im Himmel zu ihr und ihr Mann kann geheilt sein Bett verlassen. Das

---

[9] Vgl. Braeking the waves, Regie: Lars von Trier, Dänemark / Deutschland / Norwegen 1996.

Bekenntnis von Lars von Trier, der streng atheistisch erzogen wurde und sich als exzentrisch geltender Regisseur Mitte der neunziger Jahre katholisch taufen ließ, entwickelt eine eigene Theologie, die sich kritisch mit der Wort- und Gesetzesorientierung spezifischer protestantischer Gruppen auseinandersetzt. In der Schlüsselszene führt er Bess auf ihren Passionsweg in die Kirche und lässt sie dort ihr Bekenntnis verkünden, bevor sie vom Pfarrer aus der Gemeinde verbannt wird.

4.2. AUSGEWÄHLTE SZENEN

Szene – Breaking the waves; oder: Ein Wort – wie soll man das lieben? (ab Min. 125:02)

In der gezeigten Szene läuft Bess, bekleidet mit stereotypen Kleidungsstücken einer Prostituierten, einem roten Minirock, völlig überschminkt, Netzstrumpfhose usw. in die Kirche. Dort findet in diesem Augenblick im Rahmen des Gottesdienstes die Predigt statt.

Der Älteste spricht: »Es gibt nur einen Weg für uns – Sünder die wir sind – in den Augen Gottes Vollkommenheit zu erlangen. Durch bedingungslose Liebe, zu dem Worte das geschrieben steht, durch bedingungslose Liebe zum Gesetz.« Nach diesen Worten setzt sich der Älteste wieder.

Bess beginnt zu widersprechen, wobei sich alles zu ihr umdreht. »Ich kann das nicht verstehen, was sie da sagen. Ein Wort – wie soll man das lieben? Ihr könnt doch Worte nicht lieben? Wie soll ich mich denn in ein Wort verlieben können? Man kann nur einen anderen Menschen lieben. Das ist Vollkommenheit.«

Der Pfarrer fährt ihr von der Kanzel ins Wort. »An diesem Ort spricht keine Frau! Bess McNeill, der Ältestenrat dieser Gemeinde hat heute entschieden, dass dir fürderhin der Zutritt zu dieser Kirche verwehrt wird. Jene, die dich kennen, sollen dich nicht kennen. Hinfort Bess McNeill aus dem Hause Gottes!«

Während der Rede wird Bess von zwei älteren Herren ergriffen und unter wimmerndem Protest aus der Kirche gedrängt.

4.3. PERSPEKTIVEN

Der Film reiht sich thematisch in die Gruppe von indirekten Jesusfilmen ein. Das Leiden der Frauen wird symbolisch mit dem Leiden Christi verbunden. Bess durchlebt das Gefühl der Verlassenheit von Gott und die Zweifel an der eigenen Mission. Sie wird verspottet und durch die eigene Glaubensgemeinschaft gedemütigt. In der Gerichtsverhandlung, die aufgrund ihres Todes stattfindet, wird der Arzt die Rolle des Hauptmanns unter dem Kreuz wahrnehmen. Mit kurzen Worten bestätigt er ihre Passion: »Sie war einfach gut«, heißt es in Anlehnung an Lukas 23,47. Im Moment der Auferstehung bekennt sich Gott zu ihrer Passion. Anstatt des Erdbebens läuten die Glocken im Himmel als Bekenntnis Gottes zu ihrer Liebe. (ab Min. 152:21) »Ein Wort - wie soll man das lieben? Ihr könnt doch Worte nicht lieben? Wie soll ich mich denn in ein Wort verlieben können? Man kann nur einen anderen Menschen lieben.« Das Bekenntnis von Bess ist zugleich ein Bekenntnis des Regisseurs zur dogmatischen Bildästhetik, die man in der Sekundarstufe II im Religionsunterricht gut erarbeiten kann. Auch wenn die wahre Liebe in die Passion führt, wird gerade die Liebe, die sich opfert, gerechtfertigt. Allein der Film kann zeigen, was wahre Liebe ist. Die wahrhaftige Erfahrung ist nur im Kino zu machen. So stellen extreme Nahaufnahmen die Nähe zu den Schauspielern her: Der direkte Blickkontakt der kindlich naiven Bess, die auch einmal in die Kamera blinzeln darf, führt zu einer empathischen Verbindung zwischen Zuschauer und Schauspielerin.[10] Naivität und kindlicher Glaube liegen nah beieinander. Nicht der gerechte Mensch, sondern die wahrhaft Liebende muss scheitern. Doch Gott setzt die verachtete Bess ins Recht und läutet der Welt über dem Meer, in dem ihr Leichnam verschwunden ist, die Glocken. Gottes Perspektive wird auch in den wunderschönen Landschaftsaufnahmen zwischen den einzelnen Akten sichtbar. So unterscheidet sich die enge Vorstellung eines Gottes des Gesetzes der Gemeinde von den ästhetischen Betrachtungen Gottes bzw. des Regisseurs, an deren Schönheit sich der Mensch im Sinne des siebten Schöpfungstages einfach freuen kann.

Ob allerdings alle Zuschauer diesem Bild vollkommener weiblicher Eigenschaften zustimmen können, sei dahin gestellt. Dem Film kommt zumindest in Anlehnung an die Dogma-Gebote eine eigene »Bildtheologie« inne.[11] Diese ist nicht nur durch ihre Symbolik gegeben, sondern auch durch die visuelle Kommunikation, bei der die Kamera als »spirituelles Schreibinstrument« aktiv und wertend an der Handlung beteiligt ist (Charles Martig).

---

[10] Vgl. Forst, Breaking The Dreams, 133-134.

[11] Vgl. Charles Martig, Kino der Irritation. Lars von Triers theologische und ästhetische Herausforderung, Marburg 2008, 95.

5. CLOUD ATLAS; ODER: DIE OFFENBARUNG DER DIENERIN ALS LEGITIMES ENDE DES KATECHISMUS

5.1. ZURÜCK IN DIE ZUKUNFT

»Cloud Atlas« ist eine Geschichte, die mit dem Gedanken spielt, dass sich Karma und Wiedergeburt in fortlaufenden Geschichten entfalten und so Menschen aus verschiedenen Zeitepochen aufeinander Einfluss nehmen und deren Lebensgeschichten sich zu einer Narration verflechten können, sodass die Unterscheidbarkeit der Personen unmöglich wird.[12] Die Handlung beginnt in einer fernen Zukunft auf einem anderen Stern. Ein alter Mann, genannt Zachary (Tom Hanks), erzählt einer Gruppe von Kindern, die um ein Lagerfeuer herumsitzt, eine lange Geschichte. Es folgen Figuren aus ganz unterschiedlichen Zeitepochen und dennoch sind ihre Schicksale allesamt miteinander verknüpft: Ein gebrechlicher Doktor (Hanks) trifft im Jahre 1849 auf einen Anwalt (Jim Sturgess) und einen entflohenen Sklaven (David Gyasi); zwei Komponisten (Jim Broadbent, Ben Wishaw) konkurrieren 1936 miteinander, um 1970 nimmt es eine Journalistin (Halle Barry) mit dem Chef eines Kernkraftwerks (Hugh Grant) auf; 2012 muss ein vom Glück verlassener Buchverleger mit seinem Leben zurechtkommen (Broadbent); 2144 kommt es in »Neo Seoul« zu einer Affäre zwischen einer Sklavenarbeiterin (Doona Bae) und einem Rebell (Sturgess), der ihr das Leben gerettet hat, und im 24. Jahrhundert verbündet sich schließlich Zachary mit einer reisenden Forscherin (Berry) auf der Suche nach der Möglichkeit, für die verbliebenen Menschen nach der Apokalypse auf einem anderen Planeten Rettung zu finden.

5.2. AUSGEWÄHLTE SZENEN

Szene – Cloud Atlas (1): Ehre den Konsumenten (ab Min. 24:45)
In der Szene wird die Gruppe der Dienerinnen erklärend eingeführt. Ein ehemals karger Raum verändert sich durch holographische Projektionen in ein bunt geschmücktes kitschiges Restaurant. Der Boden suggeriert, eine Glasfläche zu sein, unter der Karpfen schwimmen, die kreisrunde Theke in der Mitte des Raumes ist in grelles Rot getaucht, in Kontrast dazu stehen die eierschalenförmigen Sessel in gelb. Eine weibliche Stimme aus dem Off erklärt den Tagesablauf der Replikantinnen, während eine Gruppe von Frauen gehorsam die Arbeitsplätze im Diner besetzt. »Um Stunde fünf besetzen wir unsere Stationen und begrüßen die ersten Konsumenten des Tages.« Die weiblichen

---

12 Vgl. Claud Atlas, Regie: Tom Tykwer / Andrew und Lana Wachowski, Deutschland / USA / Hongkong / Singapur 2012.

Klone sprechen: »Willkommen im Pada Song!« Die Frau aus dem Off erklärt weiter, während im Hintergrund Familien zu sehen sind, die einkaufen, Dienerinnen via Hightech-Abfüllgeräte Tabletts bestücken und Tische abräumen. »Die nächsten 19 Stunden geben wir Bestellungen ein, bestücken Tabletts, verkaufen Getränke, füllen Gewürze nach, wischen Tische und entsorgen Müll. Alles gestreng den Vorgaben des ersten Katechismus.« Nach einem Cut sieht man, wie einer der Kunden einer Dienerin auf entwürdigende Weise auf den Hintern schlägt, diese arbeitet jedoch ohne Anstalten weiter. Die Szenerie wechselt. Die Dienerin Sonmi-451 sitzt vor einem in schwarz gekleideten Mann, der sie verhört.
Der Archivar sagt: »Sag mir, wie der erste Katechismus lautet!«
Sonmi antwortet: »Ehre deinen Konsumenten.« Damit respektiert die geklonte Sklavin die Regeln des Konzerns, der die Replikantinnen ausnutzt, um die Menschen zu bedienen, die im Film als »Reinblüter« bezeichnet werden.

Die Szenerie wechselt wieder zu einer Gruppe von Sklavenarbeiterinnen, die an einer Abfüllstation Tetrapacks ausgehändigt bekommen. Die Stimme aus dem Off fährt fort.
»Nach dem letzten Putzen leeren wir einen Seifenkarton und kehren in unsere Schlafboxen zurück. Das ist das Schema jedes einzelnen Tages.« Die Szenerie schwenkt wieder zu der Verhörsituation.
Der Archivar in Schwarz fragt die Dienerin: »Hast du je über die Zukunft nachgedacht?«
Diese entgegnet: »Für Pada Song Bedienerinnen gibt es nur eine in Betracht kommende Zukunft.«
Mann: »Du meinst das Elysium? Kannst du dieses alljährliche Übertrittsritual schildern?«

Die Szenerie wechselt erneut. Zu sehen ist eine Gruppe von Dienerinnen, die singt, während ein Mann ihnen eine Markierung mit einem Stempel verpasst. Die Stimme aus dem Off ist erneut zu hören: »An Tag eins stempelt der Sihari jeder Bedienerin einen Stern an den Halsreif. Zwölf Sterne bedeuteten das Ende unseres Vertrages.«

Szene – Cloud Atlas (2): Der Katechismus als Denkverbot (ab Min. 28:38)
In der nachfolgenden Szene sind zwei Dienerinnen zusammen in ihrer Gruppenzelle. Yoona nähert sich dem Zellentor und fragt Sonmi: »Stellst du dir manchmal vor, wie es wäre, oben bei den Konsumenten zu leben?« Sonmi entgegnet entsetzt: »Der dritte Katechismus verbietet solche Fragen!«

Szene – Cloud Atlas (3): Das System muss abgeschafft werden (ab Min. 140:45) Sonmi und der Freiheitskämpfer Hae-Jao Chang, der ihr zur Flucht verholfen hat, liegen nebeneinander. Vor kurzem hat die Geflohene erfahren, dass es kein Elysium gibt, sondern die Dienerinnen, die in einer Prozession weggenommen werden, kurz darauf getötet und zu dem verarbeitet werden, von dem sich die anderen Dienerinnen Tag für Tag ernähren. Der Offizier der Rebellen-Union nimmt die Erlöserin in die Arme. Unter Tränen bekennt sie ihren Ungehorsam: »Dieses Schiff muss vernichtet werden! Das System, das es bauen ließ, muss abgeschafft werden. Es spielt keine Rolle, ob wir aus dem Mutterleib oder einem Tank kommen – wir sind alle Reinblüter. Wir müssen ihnen den Kampf ansagen und wenn nötig unseren Tod riskieren. Alles tun, um den Menschen die Wahrheit zu lehren.« In der Szene folgt ein Ausblick auf die kommende Revolution, in der Chang und Sonmi ihr Leben verlieren.

Nachdem die entflohene Dienerin Sonmi erfasst wird, wird sie in eine Verhörsituation geführt, wo sie ihre Offenbarung verkündet und damit gleichsam das theologische Bekenntnis des Films formuliert (ab Min. 151:26):
»Unsere Leben gehören nicht uns. Von der Wiege bis zur Bahre sind wir mit anderen verbunden – in Vergangenheit und Gegenwart. Und mit jedem Verbrechen und mit jedem Akt der Güte erschaffen wir unsere Zukunft. [...] Ich glaube, dass der Tod nur eine Tür ist. Wenn sie sich hinter uns schließt, wird sich eine andere öffnen. Wenn ich mir vorstellen wollte, was der Himmel ist, dann würde ich mir eine Tür vorstellen, die sich öffnet und dahinter ist er und wartet auf mich.«

5.3. Perspektiven

Die Thematik und Inszenierung des Films »Cloud Atlas« gehen über das Unterhaltungsmedium Kino weit hinaus. Sie bilden einen spirituellen Raum, der die Kinobesucher anregt, Selbstverständlichkeiten in Frage zu stellen und komplexe Zusammenhänge von Angst und Glaube bzw. Schuld und Verantwortung neu zu entdecken. Auch setzt sich der Film mit dem Christentum auseinander, doch wird dieses in seinen negativen Auswirkungen dargestellt, dort wo es politisch oder für den persönlichen Vorteil missbraucht wird.

So wird das Wort »Katechismus« aus der christlichen Tradition heraus transformiert: Der Katechismus dient in ferner Zukunft als strenge Vorschrift für die Dienerinnen, um gehorsam den Konsumenten zu ehren. Er verwehrt den Dienerinnen, die gleiche Würde und die gleichen Rechte wahrzunehmen wie die Menschen, die als »Reinblüter« nicht aus einem Reagenzglas gezeugt wurden. Zugleich stellt er den Konsumenten aus der Sicht des Konzerns an die Stelle Gottes, dem Ehre gebührt und dessen Handeln nicht hinterfragt werden darf.

Die Globalität unserer Zeit wird in der Tradition einer Verantwortungsethik (Hans Jonas) als Bekenntnis zum Überleben einer zukünftigen Generation thematisiert. Unser Leben gehört nicht uns. Die Offenbarung der Dienerin wird fortan zur Religion der Überlebenden einer globalen Katastrophe, die für das Weiterexistieren der Menschheit auf einem anderen Planeten die Hilfe der Kolonisten notwendig macht. Damit wird der menschliche Speziesismus durch den Film in Frage gestellt. Hieran schließen sich für die didaktische Umsetzung auch aktuelle Probleme der Tierethik, aber auch des potentiellen Missbrauchs der künstlichen Befruchtung an.

Die Perspektive der Wahrheit kommt – in jüdisch / christlicher Tradition – von den Entrechteten und Gedemütigten, auf deren Kosten der größtmögliche Konsum ermöglicht wird: Die Art des heutigen utilitaristischen Umgangs mit Tieren ist – so könnte eine Botschaft des Films lauten – ein entwürdigender Akt des Menschen, der auf ihn zurückfallen wird – die Szenerie der Dienerinnen, die sich von sich selbst ernähren müssen, erinnert nur zu stark an die Todesfuge von Paul Celan. Geschichte(n) wirkt (wirken) weiter und wird (werden) Geschichte. Es ist die Verantwortung für die Folgen unserer Handlungen, die uns als Weltgemeinschaft verbindet, so lautet eine weitere Botschaft des Films.

In diesem Sinne kann am Schluss unserer Spurensuche eine Verbindung zum Wesen des Bekenntnisses gezogen werden: Der Katechismus einer Gemeinschaft muss sich daran messen lassen, ob er entwürdigende Gemeinschaftsformen der Überwachung und Kontrolle legitimiert, oder gelingende Formen des Zusammenlebens aller Mitglieder der Gemeinschaft fördert.

Fazit

Auch wenn der Heidelberger Katechismus (noch) nicht verfilmt wurde, finden sich in populären Filmen religiöse Bekenntnisse. Dabei interessiere ich mich für die theologischen Aussagen der Regisseure, die durch die Beobachtung von Drehbuch- bzw. Filmsequenzen in religions- und medienpädagogischen Zusammenhängen erörtert werden können. Methodisch wähle ich dafür Szenen aus, die dezidiert theologische Sprach- und Bekenntnisformen verwenden. Damit grenze ich mich gegen Ansätze ab, die – aus evangelischer Perspektive - einen weiten Religionsbegriff wählen und das Kino grundsätzlich als »Sinnmaschine« (Jörg Herrmann) beschreiben, bzw. – von katholischer

Seite aus – in populären Filmen die »Allgegenwart von Religiosität« erkennen wollen (Thomas Bohrmann / Werner Veith / Stephan Zöller).

Am Beispiel der Schlussszene des konfessionellen Auftragsfilms »Luther« von 2003, in der der Regisseur Eric Till das Augsburger Bekenntnis als emotionale (Re-)Konstruktion des Widerstandes inszeniert, wollte ich zeigen, wie der Regisseur komplexe historische Ereignisse vereinfacht und personifiziert, um den »Siegeszug der Reformation« zu kolportieren. Dass Filme selbst zum Bekenntnis werden können, sollte das Beispiel des Keuschheitsgelübdes der Dogma 95 Bewegung exemplifizieren. Von den Vertretern der Dogma Bewegung habe ich zwei Filme ausgewählt, die sich konkreten theologischen Fragestellungen zuwenden. Dabei lässt die dänische Autorin Lone Scherfig zwei Pfarrer aufeinandertreffen, um gegen die Unauflöslichkeit der Theodizeefrage des Älteren das Bekenntnis zur Gotteserfahrung »mitten unter uns und in uns« des Jüngeren zu stellen und damit die Bedeutung von Weihnachten zu radikalisieren. Anhand der Provokation einer weiblichen Passionsgeschichte lässt Lars von Trier dagegen seine Protagonistin zur Prostituierten werden, um das Bekenntnis der Liebe zum Gesetz als »Gottesvergiftung« zu entlarven und das Osterereignis neu zu interpretieren. Wie stark sich der Begriff des »Katechismus« als Chiffre für ein Regelwerk zur Unterdrückung und zum konformistischen Verhalten etabliert hat, zeigt zuletzt der Aufruf der Replikantin Sonmi zum Widerstand gegen ein Herrschaftssystem, das Menschenklone industriell produziert, von ihnen Gehorsam einfordert und dafür ein »Elysium« verspricht, sie stattdessen aber tötet und verfüttert. Ihre Offenbarung einer planetarischen Verantwortungsethik enthält auch das aufrüttelnde Bekenntnis des Regie-Trios T. Tykwer / A. und L. Wachowski: »Und mit jedem Verbrechen und mit jedem Akt der Güte erschaffen wir unsere Zukunft«.

Bekennen und Bekenntnis im Kontext säkularer Gesellschaft

Matthias Clausen

1. Vorab

Wer an einem frühen Mittwochabend im Juli in Greifswald nicht an den Strand geht oder auf den Marktplatz, sondern einen Hörsaal betritt, um eine Vorlesung zum genannten Thema zu hören – der tut etwas, das nach meiner Vermutung die meisten Passanten[1], die gerade am Universitätsgebäude vorbeilaufen, für abwegig halten würden. Vielleicht nicht einmal das: denn für abwegig halten kann ich nur etwas, das überhaupt in meinem Denken vorkommt. Auch Ablehnung ist eine Form von Engagement, Indifferenz ist es nicht. Auch Indifferenz ist allerdings oft unverschuldet. Kennen kann man schließlich nur, was einem bekannt gemacht wurde. Wenn hier überhaupt Schuld im Spiel ist, dann ist es also eine Bringschuld von Theologie und Kirche, die Inhalte des eigenen Bekenntnisses deutlich und verständlich genug zu vermitteln.

Nun ist die Diagnose Indifferenz für die Mehrheit der Menschen, die tatsächlich gerade draußen an diesem Gebäude vorbeilaufen, nicht empirisch belegbar; jedenfalls nicht für mich. Ich kann mich irren. Aus der Luft gegriffen ist die Diagnose aber auch nicht, da wir uns eben im Jahre 2013 im Nordosten Deutschlands befinden. Mit dem Soziologen Detlef Pollack lässt sich von daher zumindest die sogenannte Individualisierungsthese entkräften.[2] Gemeint ist die Vorstellung: Prozesse der Entkirchlichung, wie sie in den vergangenen Jahrzehnten besonders im Osten Deutschlands stattgefunden haben, hätten nicht etwa zu einem entsprechenden Rückgang an Religiosität geführt, sondern nur zu deren Individualisierung. Menschen glaubten nach wie vor, sie bräuchten dazu nur nicht mehr die Kirche. Ihre Religiosität habe sich entinstitutionalisiert und individualisiert.

---

[1] Im Interesse der besseren Lesbarkeit wird bei Pluralformen meist nur die männliche Form angegeben. Die weibliche Form ist jeweils mitgemeint.

[2] Vgl. Detlef Pollack, Rückkehr des Religiösen? Studien zum religiösen Wandel in Deutschland und Europa II, Tübingen 2009, besonders 125-127.

Das klingt für manche plausibel, lässt sich empirisch aber gerade nicht erhärten. Schließlich nimmt Pollack bei Menschen, deren Bindung an die Kirche schwächer geworden ist oder die ganz ausgetreten sind, eben auch eine deutlich schwächere Orientierung an wesentlichen religiösen Inhalten wahr. Nicht nur die institutionelle Bindung, sondern auch Glaubensüberzeugungen schwinden.[3] Wenn ich heute von säkularer Gesellschaft spreche, meine ich daher beides: die institutionelle und die persönliche Entfremdung von Glaube und Kirche, Entkirchlichung und Glaubensverlust.

2. Ein Merkmal säkularer Gesellschaft: Verlust des christlichen Themas

Natürlich könnte man sich auch so behelfen, dass man die Ausgangsfrage erweitert – und bewusst nach Spuren *allgemeiner* Religiosität sucht, weniger nach spezifisch christlichen Überzeugungsinhalten. Treibt man dieses interpretatorische Spiel allerdings zu weit, droht der Verlust der Trennschärfe. Wenn alles religiös sein kann, ist nichts mehr religiös. Mindestens die Suche nach Transzendenz etwa sollte bei Menschen nachweisbar und auch von ihnen selbst benennbar sein, um von Religiosität sprechen zu können.

Bevor ich mich nun aber weiter auf das Minenfeld religions- und sozialwissenschaftlicher Begriffsdebatten begebe: Allzu allgemein von Religiosität zu sprechen, wäre jedenfalls bestimmt nicht im Sinne des Heidelberger Katechismus. Der beginnt zwar mit einer Frage, wie sie kaum menschlich grundlegender klingen könnte:

> »Was ist dein einziger Trost im Leben und im Sterben?«

Der Horizont dieser Ausgangsfrage ist aber eben nur scheinbar allgemein-anthropologisch. Darauf haben Karl Barth und Eberhard Busch zu Recht hingewiesen.[4] Schon die Antwort auf diese erste Frage enthält ja christliche Dogmatik in hoch konzentrierter Form. Und schon die Formulierung der Frage zielt auf eben diese Antwort ab: Es wird ja nicht nach Trost allgemein gefragt, sondern nach dem »einzigen Trost«; nicht nach dem, was in bestimmten Si-

---

3 Vgl. Pollack, Rückkehr des Religiösen?, 125-127.

4 Karl Barth, Die christliche Lehre nach dem Heidelberger Katechismus. Vorlesung gehalten an der Universität Bonn im Sommersemester 1947, München 1948, 22-28; Eberhard Busch, Der Freiheit zugetan: christlicher Glaube heute – im Gespräch mit dem Heidelberger Katechismus, Neukirchen-Vluyn 1998, 1-3.

tuationen tröstlich ist, sondern nach dem »einzigen Trost im Leben und im Sterben«. So fragt nur, wer eine Antwort erwartet, die belastbar genug ist für das ganze Leben, inklusive seiner Grenzen.

Stellen wir uns also vor: Wir stellten die erste Frage des Heidelberger Katechismus den eben erwähnten Passanten, die gerade draußen an diesem Gebäude vorbeilaufen. Und trügen ihnen dann die Antwort des Katechismus vor:

> »Was ist dein einziger Trost im Leben und im Sterben?
>
> Daß ich mit Leib und Seele im Leben und im Sterben nicht mir,
> sondern meinem getreuen Heiland Jesus Christus gehöre.
>
> Er hat mit seinem teuren Blut
> für alle meine Sünden vollkommen bezahlt
> und mich aus aller Gewalt des Teufels erlöst;
> und er bewahrt mich so,
> daß ohne den Willen meines Vaters im Himmel
> kein Haar von meinem Haupt kann fallen,
>
> ja, daß mir alles zu meiner Seligkeit dienen muß.
> Darum macht er mich auch durch seinen Heiligen Geist
> des ewigen Lebens gewiß
> und von Herzen willig und bereit,
> ihm forthin zu leben.«[5]

Wie würden unsere Passanten wohl reagieren? Träfen wir nicht zufällig auf jemand von den Kirchenmusikern oder Theologiestudierenden (die gibt es hier auch), dann wäre die Reaktion wohl wieder: Unverständnis. Unverständnis für Sprache und Sache des Katechismus. Die Fragen, die er beantwortet, die Anliegen, denen er begegnet, der Denkhorizont, in dem er sich bewegt, wirken auf viele Menschen in unserem Umfeld schlicht irrelevant. Nicht nur in dem Sinne, dass sie die Formulierungen oder Theologie des Katechismus ablehnten, für überholt oder zu dogmatisch ansähen. Sondern irrelevant in dem Sinne, dass ihnen schon die Grundlage fehlt, eine solche Kritik überhaupt in Worte zu fassen. Das Thema ist eine Leerstelle. Symptomatisch für

---

5 Evangelisch-reformierte Kirche / Lippische Landeskirche / Reformierter Bund (Hg.), Heidelberger Katechismus. Revidierte Ausgabe 1997, Wuppertal / Leer / Detmold 1997, 7 (sic).

diesen Zustand ist die Antwort der ostdeutschen Jugendlichen, die auf die Frage: »Bist du Christ oder nicht?« erwiderten: »Weder noch, normal halt.«[6]

In einem solchen Umfeld ist der Inhalt des christlichen Bekenntnisses also weitgehend fremd. Das gilt nicht für den Sprechakt des *Bekennens*: »Im Akt des Bekennens werden Sache und Person eins.«[7] Die Sache, zu der sich jemand bekennt, kann fremd erscheinen; der Vorgang, sich mit einer Überzeugung oder Haltung öffentlich zu identifizieren, ist dagegen vertraut. Er kommt auch in nichtchristlichen, auch in nichtreligiösen Bezügen vor. Was also für den *Sprechakt* (das Bekennen) weithin gilt, gilt für seinen *Inhalt* (das christliche Bekenntnis) allerdings gerade nicht. Dieser Inhalt kann zunehmend irrelevant erscheinen, oder aber völlig aus dem Blickfeld geraten. Darauf werde ich später noch einmal zurückkommen.

Nun könnte man einwenden: Diese Kennzeichnung ist sehr speziell, sie stimmt allenfalls für besonders stark entkirchlichte Regionen Ostdeutschlands. Wenn es aber um Bekennen und Bekenntnis im Kontext säkularer Gesellschaft geht, muss sich der Blick erst einmal weiten:

3. Säkulare Gesellschaft: zum Begriff

Deutschen Akademikern fällt es bekanntlich nicht schwer, ganze Vorträge oder Aufsätze mit Begriffsbestimmungen zu füllen. Das Wort »säkular« lädt dazu förmlich ein, weil der gesellschaftlich gängige Gebrauch unscharf und oft historisch irreführend ist. Säkularisation hatte im mittelalterlichen Investiturstreit eben nichts mit Entkirchlichung oder gar wachsendem Atheismus zu tun, sondern mit der Rückgewinnung kirchlicher Eigenständigkeit gegenüber dem Staat.

Hier könnte man ansetzen, das Verhältnis von Kirche und Staat vom Mittelalter bis zur Neuzeit nachzeichnen, um irgendwann im 21. Jahrhundert zu landen. Man könnte die Situationen etwa in Deutschland, Frankreich, den USA und der Türkei vergleichen. Bevor an dieser Stelle allerdings das eine oder andere Augenlid schwer wird, entscheide ich mich bewusst für eine

---

[6] Monika Wohlrab-Sahr, Religionslosigkeit als Thema der Religionssoziologie, in: PTh 90 (2001), 152-167, 152. Siehe auch meinen eigenen Aufsatz: Evangelistisch predigen vor Post-Atheisten, in: Matthias Clausen / Michael Herbst / Thomas Schlegel (Hg.): Alles auf Anfang. Missionarische Impulse für Kirche in nachkirchlicher Zeit, Neukirchen-Vluyn 2013, 69-85.

[7] Christian Bunners / Traugott Vogel, Im Blickpunkt: Bekenntnis und Bekennen. Theologische Information für Nichttheologen, Berlin 1987, 8.

griffigere Definition – nicht weil mir die angesprochenen Fragen und Differenzierungen nicht bewusst wären, sondern um thematisch zu fokussieren: Als »säkular« oder »zunehmend säkular« bezeichne ich im Folgenden eine Gesellschaft, in der das Thema Glaube, speziell christlicher Glaube, als immer fremdartiger empfunden wird und immer weniger in der Öffentlichkeit vorkommt.

Dabei unterscheide ich folgende Varianten:

- *Säkular-konfessionslos:* Für entsprechend geprägte Menschen sind Glaubensfragen in der Regel gar kein Thema, meist deswegen, weil es in ihrer Biographie und der ihrer Eltern keine Berührungspunkte mit Kirche oder Christen gab. Das gilt z. B. für besonders entkirchlichte Regionen Ostdeutschlands. Damit Glaube hier zum Thema wird, muss er von Kirche und Christen eigens zum Thema gemacht werden. Dann allerdings kann das Bekenntnis zum Glauben bei den Gesprächspartnern auch alte, vergessene Vorbehalte wachrufen, wie sie etwa typisch für das sozialistische Bildungssystem waren: Glaube ist demnach überholt und mit naturwissenschaftlichen Erkenntnissen nicht vereinbar. Das Bekenntnis zum Glauben trifft dann auf typisch aufgeklärte und insofern moderne Vorbehalte.
- *Säkular-postmodern:* Damit meine ich Menschen, für die der Glaube kein Thema mehr ist, die den Eindruck haben, das Thema Glaube hinter sich zu haben. In ihrem Leben gab es durchaus Berührungen mit Kirche und Glaube; oft sind sie volkskirchlich sozialisiert, getauft und konfirmiert oder gefirmt – also eine typisch westdeutsche Biographie. So wie solche Berührungspunkte aber für sie meist zu einer vergangenen Lebensphase gehören, betrachten sie auch das Glaubensthema als abgehakt: »been there, done that«. Ihre Haltung zum Thema ist damit postmodern entspannt: Glaube »stört« nicht, die Glaubensüberzeugungen anderer müssen nicht debattiert oder widerlegt werden; Glaube ist aber für das eigene Leben und Selbstverständnis nicht nötig und auch nicht wichtig.
- *Säkularistisch:* Damit meine ich Menschen, für die der Glaube ausschließlich negativ ein Thema ist – als etwas, das sie leidenschaftlich *ablehnen*. Sie empfinden ein säkulares Weltbild nicht nur als »normal«, sondern möchten es nach Möglichkeit auch für andere verbind-

lich machen.[8] Paradebeispiel sind die sogenannten Neuen Atheisten um Autoren wie Richard Dawkins, Christopher Hitchens und Sam Harris, die auch in Deutschland eine kleine, aber entschiedene Zahl von Anhängern haben, zum Teil in Verbänden organisiert.[9] Zu ihren Zielen kann die Abschaffung des Religionsunterrichts an staatlichen Schulen und der Theologischen Fakultäten an staatlichen Universitäten gehören.[10] Religionsfreiheit ist für sie vorrangig negative Religionsfreiheit, also die Freiheit, etwas nicht zu glauben und sich an religiöser Praxis nicht zu beteiligen. Dass Religionsfreiheit auch positiv die Freiheit zur Ausübung der eigenen Religion im öffentlichen Raum ist, gerät in den Hintergrund. So klein solche Gruppen in ihren organisierten Formen auch sind – Echos ihres Denkens finden sich längst auch im öffentlichen Diskurs. Symptomatisch war der Tonfall einzelner Äußerungen in der sogenannten Beschneidungsdebatte im Jahr 2012: Nicht nur von Unkenntnis und fehlendem Respekt gegenüber jüdischer und islamischer Tradition geprägt, sondern auch sichtlich von einem Unwillen, etwas anderes als das eigene säkularistische Weltbild als legitime Denkmöglichkeit in Betracht zu ziehen.

Wie sieht es nun mit Bekennen und Bekenntnis in diesem Umfeld aus?

4. Die wachsende Fremdheit des Bekenntnisses

Wie schon erwähnt, unterscheide ich mit Hans-Georg Link und anderen zwischen Bekennen als Sprechakt und Bekenntnis als *Inhalt.*[11] Letzterer muss noch nicht die dogmatisch oder kirchenrechtlich verbindliche Form eines Bekenntnistextes sein; es reicht das persönliche Bekenntnis zum Glauben, in eigenen Worten formuliert.

---

8 Vgl. die Einschätzung von Wolfgang Thierse: »Es mehren sich aber die Stimmen derer, die aus dem weltanschaulich neutralen Staat einen parteiischen Staat der Religionslosen und der Laizisten machen wollen«, http://www.zeit.de/2012/49/Streitgespraech-Religion-Vizepraesident-Bundestag-Wolfgang-Thierse (gelesen 26.6.2013).

9 Z.B. die Giordano-Bruno-Stiftung (GBS) oder der Internationale Bund der Konfessionslosen und Atheisten (IBKA).

10 Günter Kehrer, Plädoyer für die Abschaffung der theologischen Fakultäten, Quelle: http://www.ibka.org/artikel/theol.html (gelesen 7.3.2013).

11 Hans-Georg Link, Bekennen und Bekenntnis, Göttingen 1998, 15-20.

Stimmt meine Kennzeichnung säkularer Haltungen in ihrer konfessionslosen und postmodernen Variante sowie ihrer säkularistischen Ausprägung, dann bedeutet das: Der Bekenntnisinhalt wirkt, je spezifischer christlich er formuliert ist, auf Menschen umso fremder. Erkennbar ist das an den möglichen Reaktionen:

- *Unkirchliche* Adressaten reagieren auf das Bekenntnis zum christlichen Glauben wahrscheinlich mit Unverständnis. Gedacht ist hier an Menschen, die säkular-konfessionslos geprägt sind.
- *Nachkirchliche* Adressaten reagieren auf das Bekenntnis zum christlichen Glauben wahrscheinlich mit Indifferenz. Gedacht ist hier an Menschen, die säkular-postmodern geprägt sind.
- *Antikirchliche* Adressaten reagieren auf das Bekenntnis zum christlichen Glauben wahrscheinlich mit Ablehnung. Gedacht ist hier an Menschen, die im oben genannten Sinne säkularistisch geprägt sind.

5. Eine Herausforderung an die Kommunikation

Unschwer zu erkennen ist, dass ich bei alledem eines voraussetze: Es ist *wünschenswert*, dass der Inhalt des christlichen Bekenntnisses auch öffentlich zum Thema wird – und dass Menschen sich den Glauben dabei neu oder erstmals persönlich aneignen. Ich weiß, dass diese Voraussetzung selbst innerhalb von Kirche und Theologie nicht unumstritten ist. Macht man die Voraussetzung allerdings mit, lässt sich nun auch genauer beschreiben, worin die Herausforderungen für die öffentliche Vermittlung des Glaubens bestehen:

1. *Elementar*: Dies ist ein besonderes Erfordernis für das Gespräch mit Menschen, die dem Glauben mit *Unverständnis* begegnen, weil ihnen Grundkenntnisse fehlen. Das Erfordernis gilt Sprache und Inhalt:

- Mit elementarer Sprache ist nicht einfach eine Sprache gemeint, die allgemeinen Regeln der Verständlichkeit gehorcht[12], auch wenn damit schon viel gewonnen wäre. Wichtig ist vor allem die *außerkirchliche* Verständlichkeit. Kirchliches und biblisches Vokabular ist beständig zu übersetzen und narrativ einzubetten: Denn was die Schlüsselbegriffe des christlichen Glaubens bedeuten, lernt man eben erst, wenn

[12] Vgl. Friedemann Schulz von Thun, Miteinander reden. Band 1: Störungen und Klärungen. Allgemeine Psychologie der Kommunikation, Reinbek bei Hamburg ^{48}2010.

man ihren Platz im Erzählzusammenhang des Glaubens kennenlernt.[13]

- Elementarer Inhalt des Bekenntnisses ist das, was für den christlichen Glauben *zentral* und *spezifisch* ist. Nicht das ganze Lehrgebäude der christlichen Tradition soll zugleich zum Thema gemacht werden. Schon deswegen nicht, weil dies den Gesprächspartner überfordern würde, aber auch deswegen nicht, weil es bei der persönlichen Aneignung des Glaubens eine theo-logische Reihenfolge gibt. Etwa: Zuerst das Vertrauen auf den Gott, der sich in Jesus Christus zeigt, dann die Auseinandersetzung mit Konsequenzen dieses Vertrauens für das eigene Leben. Gemeint ist natürlich nicht eine strikte Chronologie der persönlichen Aneignung, weil Glaubensbiographien eben unterschiedlich und individuell verlaufen. Wichtig ist dennoch eine inhaltliche Logik, die hilft, im Gespräch mit Noch-nicht-Glaubenden zwischen erst- und nachrangigen Inhalten zu sortieren. Dabei kommt man kaum darum herum, vorab das eigene Bekenntnis für sich selbst in Worte zu fassen. Bevor ich anderen vermitteln kann, was mir am Glauben wichtig ist, muss ich mir zunächst selbst darüber klar werden.

2. *Gewinnend*: Dies ist ein besonderes Erfordernis für das Gespräch mit Menschen, die dem Glauben mit *Indifferenz* begegnen, weil sie das Thema schon hinter sich zu haben meinen. Natürlich sollte Kommunikation, die um Zustimmung wirbt, immer »gewinnend« sein. Im aktuellen Fall lässt sich jedoch noch genauer bestimmen, worin das Gewinnende der Kommunikation bestehen kann:

- *Nachkirchliche Formen*: Wer das Thema Glauben für abgeschlossen erklärt, hat meist schon Berührungen mit Kirche und Glaube gehabt, identifiziert sich jedoch ausdrücklich nicht mehr damit. Natürlich lässt sich zunächst nach möglichen biographischen Gründen fragen: Wenn Menschen verkürzten oder irreführenden Selbstdarstellungen des christlichen Glaubens begegnet sind, ist die erste kommunikative Aufgabe, solche Missverständnisse aufzudecken und behutsam auszuräumen. Um ein entsprechendes Gespräch aber überhaupt zu ermöglichen, kann es nötig sein, zunächst bewusst zu *verfremden*: Vertraute kirchliche Formen rufen Erinnerungen und damit alte Vor-

[13] Vgl. Matthias Clausen, Evangelisation, Erkenntnis und Sprache. Überzeugend predigen unter nachmodernen Bedingungen, Neukirchen-Vluyn 2010, 232-237.

verständnisse wach. Alternative Formen können geprägte Erwartungen bewusst durchbrechen und so neues Nachdenken ermöglichen. Das können alternative Gottesdienste sein, andere neue Veranstaltungsformate, aber auch z. B. sogenannte neue Ausdrucksformen von Kirche (»fresh expressions«).

- *Relevante Inhalte*: Indifferenz liegt an gefühlter Irrelevanz. Was uns nicht betrifft, ist uns egal. Aufgabe für das Zeugnis an Menschen, die dem Glauben indifferent gegenüberstehen, ist also, die Relevanz des Glaubens aufzuzeigen, d. h. diejenigen Inhalte des Glaubens hervorzukehren, die für ein konkretes Gegenüber im Gespräch besonders bedeutsam sind, gerade wo es das dem Glauben nicht zutraut. Es geht also nicht etwa darum, Relevanz »herzustellen«, sondern sie aufzuzeigen. Das setzt allerdings voraus, dass wir dem Glauben solche Relevanz zutrauen. Dass wir also damit rechnen: Wenn Menschen anfangen zu begreifen, von was für einem Gott hier die Rede ist, mit was für einer Liebe er Menschen begegnet, was das an Sinn und Hoffnung für ein Leben freisetzt – dann werden sie auch die Relevanz des Glaubens neu für sich bewerten. Das können sie allerdings nicht im Voraus, weil ihnen diese Relevanz bisher ja gerade nicht deutlich gemacht worden ist. Das Angebot ruft hier die Nachfrage hervor. Dazu ist es in der Lage. Es wäre schon eine »christologische Merkwürdigkeit« (Michael Herbst)[14], wenn man dies von vornherein bezweifelte.

3. *Dialogisch:* Dies ist ein besonderes Erfordernis für die Kommunikation mit Menschen, die dem Glauben mit *Ablehnung* begegnen. Selbstverständlich gilt auch hier: Jede Kommunikation, die um Zustimmung wirbt, ja überhaupt jegliche Kommunikation, die ihr Gegenüber achtet, sollte dialogisch sein. D. h. die Haltung des anderen wird ernstgenommen, es ist Raum für seine Einwände, und dies wird auch im Gespräch ausdrücklich angezeigt. Für die Kommunikation mit Menschen, die den Glauben aktiv ablehnen, gilt dies aber umso mehr:

[14] »Es wäre auch eine christologische Merkwürdigkeit, wollte man die Lebensnähe der Predigt gegen ihre Klarheit als Jesus-Predigt ausspielen«, Michael Herbst, »... damit ich möglichst viele gewinne.« Die Predigt im Gottesdienst für Suchende, in: Christian Schwarz / Michael Herbst (Hg.), Praxisbuch neue Gottesdienste, Gütersloh 2010, 185-223.

- *Entgegen-kommende Kommunikation*: Wer engagierte Kritiker des Glaubens gewinnen will, spricht deren Vorbehalte an, präsentiert sie fair und äußert Verständnis, wo dies inhaltlich möglich ist – und macht sich erst dann daran, Einwände zu widerlegen. »Dialogisch« bedeutet ja nicht den Verzicht auf eine eigene Haltung, sondern beschreibt zunächst den Prozess ihrer Vermittlung. Und das nicht etwa als zähneknirschendes Zugeständnis an »besonders schwere Fälle«, sondern christologisch motiviert: In Christus begegnet uns der entgegenkommende Gott, und das Zeugnis von ihm spiegelt dies wider. Konkret bedeutet das die enge Verbindung von Verkündigung und Gespräch bzw. die Verkündigung als Gespräch, Predigt mit dialogischer Struktur, die mögliche Einwände gleich selbst aufgreift und mit bedenkt.
- *Plausible Kommunikation*: Theologische Voraussetzung ist dabei, dass Apologetik möglich ist, gerade im Gespräch mit wechselnden Gesprächspartnern und unterschiedlichen Konzepten von Rationalität. Christlicher Glaube lässt sich plausibel machen, weil sich die Denkwelt des Glaubens mit der Denkwelt eines konkreten Gegenübers fast immer auch überschneidet – und wenn nur an einer einzigen Stelle –, und an diesen Überschneidungen kann das Gespräch beginnen. Wir brauchen also ein verstärktes Training in einer so verstandenen nachmodernen Apologetik. Denn das Suchen der genannten kontingenten Überschneidungen und das flexible Eingehen darauf lässt sich einüben.

Das sind also die kommunikativen Herausforderungen, denen es zu begegnen gilt.

Nun könnte man einwenden: »Bei allem Respekt vor dem umfassenden Bemühen um Elementarität, Plausibilität, Relevanz usw. – aber besteht die Fremdheit nicht zu Recht? Ist die Fremdheit, die viele Menschen in unserem säkularen Umfeld angesichts der traditionellen Inhalte des christlichen Bekenntnisses verspüren, nicht unausweichlich? Und tut man diesen Menschen überhaupt einen Gefallen, wenn man versucht, diese Fremdheit mit Hilfe von ein paar kommunikativen Finessen abzubauen? Wäre es nicht ehrlicher und dialogischer, die Inhalte des Bekenntnisses selbst einer Prüfung zu unterziehen? Immerhin«, so könnte man weiter argumentieren, »widerspricht die starre Festschreibung einzelner Aussagen ja gerade dem Ursprung des Bekenntnisses – als dem Versuch der subjektiven Aneigung einer Glaubenswahrheit, die sich menschlichen Festschreibungen eben entzieht. Legen wir also unsere Karten auf den Tisch und geben zu: In einer säkularen Gesellschaft muss sich auch der Inhalt des Bekenntnisses verändern.«

Soweit ein möglicher Vorbehalt. Was wollen wir nun hierzu sagen? Zunächst: Folgendes stimmt:

6. Bekennen als der Sprechakt für die Postmoderne

Und das gilt für den *Vorgang* des Bekennens, nicht unbedingt für den *Inhalt* des Bekenntnisses. Was macht den Vorgang so attraktiv?

- Zum Bekennen gehört die Person, die bekennt, die persönlich einsteht für das, was sie sagt. Sie bekennt sich; d. h. indem sie bekennt, verbindet sie ihre Person mit dem Inhalt ihres Bekenntnisses. Damit wird sie selbst greifbar und auch verletzlich.
- Bekennen *setzt keine allgemeine Zustimmung voraus.* Wer bekennt, weist meist auf etwas hin, das für andere gerade nicht selbstverständlich ist. (Sonst müsste es nicht bekannt werden.)
- Bekennen *setzt keine allgemein zwingende Plausibilität voraus.* Wer bekennt, wirbt meist um Zustimmung, aber geht faktisch davon aus, dass es für seine Überzeugung immer nur einen partikularen Begründungszusammenhang gibt. Er kann nicht beweisen, nur bezeugen.
- Bekennen ist *öffentlich.* Es bezieht sich also auf etwas, von dem die Bekennenden glauben: Das geht auch die anderen etwas an, auch wenn sie (noch) nicht davon überzeugt sind. Dass die Bekennenden den Inhalt ihres Bekenntnisses nicht zwingend verifizieren können, nimmt also nichts von ihrer Überzeugtheit von der *Geltung* des Bekenntnisses.

Zusammengefasst: Das Bekenntnis ist ein engagiert vorgetragenes – *Angebot.* Als solches passt es in ein säkulares Umfeld, das gegen Ansprüche auf Allgemeinverbindlichkeit grundsätzlich allergisch reagiert – so lange nicht erkennbare Menschen mit ihrer Person für sie einstehen. Nicht ein institutioneller Autoritätsanspruch begründet das Bekenntnis, auch kein Anspruch auf zwingende Plausibilität, sondern allein das persönliche Engagement von Menschen, die anderen auf gleicher Ebene begegnen. Das Risiko, das sie mit dem Schritt in die Öffentlichkeit eingehen, macht ihr Bekennen für andere umso interessanter.

Ähnlich argumentiert auch der amerikanische lutherische Homiletiker David J. Lose in seinem Buch »Confessing Jesus Christ«, in dem er das Bekennen als Leitmotiv für die Verkündigung in der Postmoderne diskutiert. Sein Ausgangspunkt ist die Suche nach einer Rede von Wahrheit, die »weder einem modernistischen *foundationalism* [...] noch einem postmodernen Konstruktivismus erliegt«[15]: Es müsse doch möglich sein, von Wahrheit zu reden, ohne zwingende Plausibilität zu suggerieren, aber auch ohne die Vorstellung von verbindlicher Wahrheit zu relativieren. Lose wird beim neutestamentlichen Gebrauch des Verbs *homologeo* fündig. Dieses bezeichne »(1) die wesentliche christliche Tradition und (2) das Artikulieren dieser Tradition in Reaktion auf die Verkündigung der Kirche und ihrer gegenwärtigen Umstände«.[16] Es verbinde also das, was von der Gemeinschaft geglaubt wird, mit der persönlichen Aneignung der einzelnen und ihrem öffentlichen Eintreten dafür. Das Bekennen drückt nach innen Verbindlichkeit aus, ohne nach außen Druck auszuüben.

»Wenn das so ist«, so könnte man im Sinne des oben genannten Einwandes nun weiter fragen, »lässt sich das alles nicht auch haben ohne die Fremdheit der Inhalte etwa der traditionellen Bekenntnistexte? Wenn ohnehin fast alles auf den *Vorgang* des Bekennens ankommt, wäre es nicht zielführender, aus den überkommenen Texten den Erlebniswert herauszudestillieren, theologische Überzeugungen auf ihre Funktion hin zu befragen und entsprechend völlig neu zu formulieren? Auch der Heidelberger Katechismus wäre dann weniger auf seine Inhalte als auf seine beabsichtigte Wirkung hin zu befragen.«

Meine These lautet nun: Nein – das alles geht gerade nicht. Und das nicht einfach aus theologischem Konservatismus heraus. Sondern weil sich die Wirkung des Vorgangs des Bekennens in einer säkularen Gesellschaft nicht von seinen Inhalten trennen lässt. Anders gesagt:

---

[15] David J. Lose, Confessing Jesus Christ. Preaching in a Postmodern World, Grand Rapids 2003, 111 (meine Übersetzung).

[16] Lose, Confessing Jesus Christ, 80 (meine Übersetzung).

7. Zur Stärke des Bekenntnisakts gehört die Stärke des Bekenntnisinhalts

Natürlich könnte man die Frage nach der Resonanz christlichen Bekennens in säkularer Gesellschaft einfach ausblenden: Denn der Bekenntnisinhalt wird ja nicht durch das Schielen auf seine Wirkung entschieden, sondern auf Grund anderer, theologischer Kriterien. Was die Öffentlichkeit damit anfangen kann, ist eine nachgeordnete Frage.

Dieses Ausblenden ist keine abstrakte Option, sondern eine reale Versuchung für Verkündiger in unbequemer Lage. Wenn uns kaum einer mehr zuhört, gibt es genügend Möglichkeiten, uns diese Situation theologisch weichzuzeichnen:

- Die konservative Variante: die kleine Herde, die Perlen und die Säue, die Verstockung der Mehrheit, das Beispiel der Propheten u.v.m.
- Die progressive Variante: der selbstgewählte Grad der Zugehörigkeit zur Kirche als Zeichen der Mündigkeit, das Desinteresse am Bekenntnis als Ausweis evangelischer Freiheit, unsere Entdeckung verschütteter Religiosität im Alltag der kirchenfernen Mehrheit als Zeichen unserer Weitherzigkeit usw.

Man spürt die Absicht und ist verstimmt. Gerade deswegen möchte ich die Frage also zulassen: Welche Wirkung hat das Bekenntnis zum Glauben an Jesus Christus in einem säkularen Umfeld, so wie ich es eingangs beschrieben habe? Und wenn der Vorgang des öffentlichen Bekennens einzelner Christen selbst gerade in einem solchen Umfeld verblüffend, ja entwaffnend wirken kann – könnte man diese Wirkung nicht auch ermäßigt haben, ohne die allzu fremden Inhalte?

Ich meine: Nein. Der Einwand unterschätzt die bindende Kraft der Inhalte des christlichen Bekenntnisses. Zurück zur ersten Frage des Heidelberger Katechismus:

> »Was ist dein einziger Trost im Leben und im Sterben?«

So fragt nur, wer eine robuste, ewigkeitstaugliche Antwort erwartet. Denn die Frage lautet ja *nicht*: »Was tröstet dich am ehesten, hier und jetzt? Was hast du bisher als stärksten Trost erlebt?« Wer so fragt, fragt den einzelnen Menschen, der mit sich und seiner Welterfahrung allein ist. Er hat vielleicht Menschen an seiner Seite, aber keinen Gott mehr über sich. Hinter seinem

Horizont geht es nicht weiter. Zumindest kann er sich dazu nicht bekennen, denn über seinen Horizont hinaus kann er nicht sehen. Der Heidelberger Katechismus dagegen geht vom Horizont Gottes aus. Gott allein, dieser Gott, hat das erste und das letzte Wort über seinen Menschen. Nichts ist tröstlicher. Das kann man verstiegen nennen, oder vor-neuzeitlich, weil auch dieser Text ja von Menschen formuliert ist. Aber es lässt sich nicht bezweifeln: Ein solches Bekenntnis hat ungleich mehr Kraft als ein rein immanentes.

Es gibt die existenzielle Wirkung eben nicht ohne die inhaltliche Ursache. Wer die Wirkung von der Ursache abzulösen versucht, dem verpufft die Wirkung. Um nicht missverstanden zu werden: Natürlich gehört zum christlichen Bekenntnis in säkularer Gesellschaft, dass man möglichst verständlich, gewinnend, plausibel und auch entsprechend inhaltlich akzentuiert spricht, also besonders relevante Aspekte des Evangeliums hervorkehrt. Siehe oben. Wer daraus aber folgert, spezifisch christliche Inhalte möglichst ganz aus der Verkündigung zu verbannen, wird gerade keine Wirkung erzielen – auch nicht bei den Menschen, die von diesen Inhalten selbst nicht überzeugt sind.

Man könnte versuchen, das an gegenwärtiger Predigtpraxis aufzuzeigen. Das wäre spannend, ehrlich gesagt aber auch etwas riskant. Ich belasse es daher bei einer Veranschaulichung[17]: Bei einer Vortragsreise in eine deutsche Großstadt kam ich ins Gespräch mit einer Theologin, die mit einer Gruppe von Kollegen zusammen regelmäßig Radioandachten im regionalen Rundfunk hielt. Sie erzählte mir von Diskussionen in dieser Gruppe: Ihr eigener christozentrischer Predigtstil wurde hinterfragt. Stattdessen, so einige ihrer Kollegen, sollte man es in den Ansprachen bei allgemeiner Lebenshilfe belassen. Der Nachsatz »Ein Beitrag der evangelischen Kirche« sei doch Bekenntnis genug. Die Theologin, die mir dies erzählte, fügte hinzu: Bei aller Bescheidenheit seien die Rückmeldungen von Hörern – unterschiedlichsten Hörern – auf ihre Andachten weitaus zahlreicher und positiver als auf die anderen Beiträge.

Der englische Dichter T. S. Eliot sagt es so:

> »We had the experience but missed the meaning,
> And approach to the meaning restores the experience«[18]

---

[17] Der Hintergrund ist real, wurde für diesen Text aber anonymisiert.

[18] »Wir hatten die Erfahrung, aber verpassten die Bedeutung. Und Annäherung an die Bedeutung stellt die Erfahrung wieder her.« (meine Übersetzung), T. S. Eliot, Four Quartets, London 1968, 16.

Die Erinnerung an die Inhalte des Bekenntnisses schmälert die existenzielle Wirkung nicht, sondern kann sie verstärken.

Auch empirisch gibt es dafür zumindest Indizien: In der Studie »Wie finden Erwachsene zum Glauben?« des Greifswalder IEEG wurden bis 2010 über 500 Erwachsene umfassend befragt, die in den letzten Jahren eine grundlegende Veränderung hin zum Glauben erfahren hatten. Aus der Fülle an Daten lässt sich unter anderem ablesen, dass bei den Befragten mehr Freude am christlichen Glauben auch mit stärkerer Zustimmung zu Kerninhalten dieses Glaubens einhergeht – oder umgekehrt: Wer stärker zustimmt, freut sich mehr.[19] Selbstverständlich ist mit der Korrelation beider Daten noch nichts über Ursachen oder Zusammenhänge gesagt. Aber als Indiz ist der Befund dennoch interessant.

Natürlich lässt sich auch daraus nun keine einfache Strategie ableiten. So könnte man ja auch schlussfolgern und dann auch versuchen nachzuweisen, dass geschlossene Gemeinschaften mit besonders steilen Wahrheitsansprüchen unter Umständen besonders viel Zulauf haben. Heißt das, dass wir die Mauern eher noch höher ziehen sollen, uns möglichst anspruchsvoll in einer fast hermetischen Bekenntniswelt einrichten sollen? In der Hoffnung, dass die Menschen uns dann umso stärker zuströmen? Natürlich nicht. Denn selbst wenn das bei den angedeuteten Gemeinschaften so nachweisbar wäre – angesichts ihrer Theologien und Ideologien finden sich eben schnell auch benennbare und begründbare theologische Vorbehalte. Die Zurückhaltung ist also auch hier inhaltlich begründet.

Gerade das ist die Pointe meiner Überlegungen: Der selbstbewusste Ausgang bei den Bekenntnis*inhalten* hilft zur Differenzierung auch zwischen berechtigten und verstiegenen Wahrheitsansprüchen, zwischen sachgemäßem Engagement für das eigene Bekenntnis und unzulässigem Druck. Und er macht es uns so möglich, beherzt zu bekennen.

Denn das Beherzte an meinem Bekenntnis zu Jesus Christus und auch das, was dieses Bekenntnis für mein Gegenüber unter Umtständen fremd macht – das alles macht das Bekenntnis nicht schwächer. Es fordert nur, dass ich mich in der Kommunikation an bestimmte Regeln halte: Ich mühe mich um Verständnis und Verständlichkeit, ich mühe mich um den Aufweis von Relevanz und Plausibilität. Und weil ich »ich« sage, werde ich erkennbar als Mensch, der sich eine starke Überzeugung zu eigen gemacht hat und sie nun

19 Johannes Zimmermann / Anna-Konstanze Schröder (Hg.), Wie finden Erwachsene zum Glauben? Einführung und Ergebnisse der Greifswalder Studie, Neukirchen-Vluyn 2010, 165-166.

anderen anbietet. Mehr als anbieten kann er nicht, aber dass er anbietet, wird er sich nicht ausreden lassen.

3. Religionssoziologische und juristische Zugänge

»Spiritualität« - eine moderne Form religiösen Bekennens?

Religionssoziologische Perspektiven

Friederike Benthaus-Apel

1. Spiritualität in religionssoziologischer Perspektive

Die Beschäftigung mit Spiritualität ist in der Religionssoziologie kein randständiges Thema mehr, sondern erfreut sich zunehmender wissenschaftlicher Aufmerksamkeit. Zuweilen ist gar davon die Rede, dass Spiritualität zu einem Modethema avanciert sei. Für die Religionssoziologie gilt: Seit Ende der 1990er Jahre die bis dahin dominant vertretene These einer fortschreitenden Säkularisierung moderner Gesellschaften in die Kritik geriet, wird zunehmend die Re-Spiritualisierung moderner Gesellschaften vertreten.[1]

Aber nicht nur in der Soziologie, sondern auch in anderen Professionen etwa in der Praktischen Theologie und in der Sozialen Arbeit ist Spiritualität ein bedeutsames Thema. Insbesondere in den gesundheits- und therapiebezogenen Handlungsfeldern der Sozialen Arbeit ist sie als eine »gesundheitsförderliche Ressource« wiederentdeckt worden.[2] So wurde im Jahr 2011 an der Universität München die Internationale Gesellschaft für Gesundheit und Spiritualität gegründet und bereits im Jahr 2004 beschäftigte sich eine Fachtagung der Evangelischen Akademie Berlin mit der Frage, ob Glauben gesund machen könne, und behandelte Spiritualität in der modernen Medizin. In der praktischen Theologie ist »Spiritualität« - etwa in den Debatten über milieugerechte Formen religiöser Bildung - ein wiederentdecktes Anliegen.

Nicht zuletzt begegnet uns Spiritualität aber auch im alltäglichen Leben als ein populärer Begriff. Die Januarausgabe der Zeitschrift »DONNA« etwa

---

1 Paul Heelas / Linda Woodhead, The Spiritual Revolution. Why Religion is Giving Way to Spirituality, Oxford 2005.

2 Michael Utsch, Spiritualität in Medizin und Pflege, in: Diakonisches Werk der EKD (Hg.), Spiritualität in der Pflege, Göttingen 2010, 21-33.

titelte »Die Kraft der Spiritualität«[3], und man kann unterstellen, dass die Redaktion den Begriff Spiritualität nicht ohne Grund im Titel verwendet, sondern ihn vielmehr verkaufsfördernd genutzt hat.

Abb. 1: Januarausgabe der freundin DONNA (2013).

Spiritualität, so lässt sich festhalten, hat sich in den letzten Jahren zu einem wichtigen Gegenstand in der fachwissenschaftlichen wie der gesellschaftlichen Öffentlichkeit entwickelt. Spricht dies also dafür, dass Spiritualität auch Ausdruck einer modernen Form des religiösen Bekennens ist? Wer benutzt den Begriff der Spiritualität und warum? Welche Konnotationen schwingen in diesem Begriff mit? Welche Art des Bekenntnisses trägt uns jemand zu, der von sich sagt »Ich bin spirituell«? Und was bedeutet es, wenn jemand sagt »Ich bin spirituell, aber nicht religiös«?

Es ist davon auszugehen, dass unter dem Begriff »Spiritualität« in der Bevölkerung der Bundesrepublik Deutschland ganz Unterschiedliches verstanden

---

3 Julia Meyer-Hermann, Die Kraft der Spiritualität, in: freundin DONNA 1 (2013), 60-65.

wird. Der Bedeutungsraum des Begriffs variiert nach Alter, Geschlecht und religiöser Sozialisation, und dies in je verschiedener Weise in den alten und neuen Bundesländern.[4] Dennoch kann begründet davon ausgegangen werden, dass dieser Terminus trotz aller Unterschiede, die in seinem Bedeutungshorizont liegen, mehrheitlich als ein »moderner« und »populärer« Ausdruck für das Sprechen über Religion verstanden wird. Woran liegt dies und was bedeutet es für die Wahrnehmung von Religion in der gegenwärtigen Gesellschaft? Wenn in dieser Weise über Spiritualität nachgedacht wird, dann befindet man sich, aus soziologischer Perspektive betrachtet, in einer gesellschaftlichen Kommunikation über Religion.

In der Soziologie hat es sich eingebürgert, hierbei zwei Perspektiven zu unterscheiden: die Kommunikation über Religion und die religiöse Kommunikation selbst. Zu religiöser Kommunikation gehören etwa Gebet, Liturgie, Predigt und Meditation. Sich mit der Kommunikation über Religion zu beschäftigen bedeutet, der Frage nachzugehen, was in einer Gesellschaft unter Religion verstanden wird, welchen Stellenwert Religion aktuell im gesellschaftlichen Kontext hat und wie, d. h. mit welcher Semantik in der Gesellschaft über Religion gesprochen wird. In diesem Sinne werde ich im Folgenden der Frage nachgehen, inwiefern Spiritualität als eine moderne Form des religiösen Bekennens zu verstehen ist.

Diese Fragestellung trifft zudem auf eine soziologische Debatte, die sich mit der wachsenden Bedeutung von Prozessen der Selbstthematisierung als Bekenntniskultur beschäftigt.[5] Danach sind Selbstthematisierungen und daran geknüpfte Formen des Bekennens ein zunehmendes und zudem typisches Merkmal von Subjektivierungs- und Individualisierungsprozessen in modernen Gesellschaften.[6] So stellt Burkart fest, dass »eine Gesprächskultur der Selbstthematisierung

---

4 Monika Wohlrab-Sahr, Das stabile Drittel: Religionslosigkeit in Deutschland, in: Bertelsmann Stiftung (Hg.), Woran glaubt die Welt? Analysen und Kommentare zum Religionsmonitor 2008, Gütersloh 2009, 151-168; Paul M. Zulehner, Spirituelle Dynamik? Ein Vergleich zwischen Deutschland, Österreich und der Schweiz, in: Bertelsmann Stiftung (Hg.), Woran glaubt die Welt? Analysen und Kommentare zum Religionsmonitor 2008, Gütersloh 2009, 351-386.

5 Günter Burkart, Einleitung, in: ders. (Hg.), Die Ausweitung der Bekenntniskultur – neue Formen der Selbstthematisierung?, Wiesbaden 2006, 7-40.

6 Burkart weist darauf hin, dass Selbstthematisierung als eine Ausdrucksform des Individualismus auf einen langfristigen Prozess der Individualisierung als ein zentrales Element der westlichen Kultur zurückgehe, dessen Anfänge er in der Renaissance verortet, während andere Autoren diesen Zeitpunkt durchaus früher sehen, in der sogenannten Achsenzeit (vgl. Burkart, Einleitung, 9).

entstanden [ist], die vielfach die Form von Bekenntnis und Geständnis, von sanktionsfreier Selbstenthüllung [annimmt].«[7]

Alois Hahn hat ab den 1980er Jahren darauf aufmerksam gemacht, dass die Art und Weise, wie Menschen über sich selbst erzählen und ihre biografischen Selbstdeutungen gestalten, nicht unabhängig von den übergreifenden sozialen Mustern der Selbstthematisierung zu sehen sind, in die diese Erzählungen eingebettet sind.[8] Erst die gesellschaftliche Existenz von Institutionen der Selbstthematisierung, wie etwa die Beichte oder die Psychotherapie, die die Menschen dazu nötigten oder ihnen ermöglichten, sich selbst zum Thema zu machen, evoziere Bekenntnisse.

> »Als Beobachter der modernen Gesellschaft könnte man bisweilen den Eindruck gewinnen, es handele sich bei ihr um eine ›Bekenntnisgesellschaft‹, so zahlreich sind die Formen, die sie dem Individuum bereitstellt, über sich zu reden oder zu schreiben, vor sich selbst oder anderen sein Innerstes auszubreiten, seine Schuld zu gestehen, sich öffentlich zu schämen oder sein Leben, seine reale oder fiktive Vita, privat oder vor einem großen Publikum zu erbaulichen oder therapeutischen, juristischen, ökonomischen, religiösen oder ästhetischen Zwecken darzustellen. Michel Foucault hat deshalb in diesem Zusammenhang nicht zu Unrecht vom modernen Menschen als einem ›Bekenntnistier‹ gesprochen. Aber dieser Hang, sich selbst zum Thema zu machen, entspringt keinesfalls einem ›natürlichen Instinkt‹, sondern beruht auf institutionellen Veranlassungen. Wir reden nicht von selbst so über uns selbst, wie wir es tun, sondern weil wir gelernt haben, dies je nach Gelegenheit auf bestimmte Weise zu tun.«[9]

So sind Bekenntnisse in modernen Gesellschaften bezogen auf die sich in der gesellschaftlichen Entwicklung herausbildenden – historisch jeweils spezifischen – sozialen Institutionen der Selbstthematisierung. Erst diese ermöglichen es, dass die eigene Lebensgeschichte thematisiert wird. Sie stellen darüber hinaus die Formen bereit, wie die eigene Lebensgeschichte erzählt und sodann mit einer spezifischen Bedeutung versehen wird.

Wenn Spiritualität als eine moderne Form des religiösen Bekennens zu verstehen ist, so ist in soziologischer Perspektive nach den übergreifenden

---

7 Burkart, Einleitung, 8.

8 Alois Hahn, Zur Soziologie der Beichte und anderer Formen institutionalisierter Bekenntnisse. Selbstthematisierung und Zivilisationsprozess, in: KZSS 34 (1982), 407-434; ders., Identität und Biographie, in: Monika Wohlrab-Sahr (Hg.), Biographie und Religion. Zwischen Ritual und Selbstsuche, Frankfurt am Main 1995, 127-154.

9 Hahn, Identität und Biographie, 127.

sozialen Institutionen zu fragen, die Spiritualität als Ausdruck der religiösen Selbstthematisierung nahelegen.

In diesem Zusammenhang ergeben sich zudem gleich mehrere grundlegende Fragen: Ist die Popularität von Spiritualität Kennzeichen einer gesamtgesellschaftlichen Entwicklung hin zu einer »Wiederkehr des Religiösen«? Betrifft dies die alten und die neuen Bundesländer in gleicher Weise? Wer verwendet den Begriff der Spiritualität und warum? Welche soziologischen Erklärungen lassen sich für die Beliebtheit des Spiritualitätsbegriffs anführen?

Um diese Fragen zu beantworten, stelle ich in einem ersten Schritt aktuelle soziologische Erklärungsansätze zur Bedeutung von Religion in der gegenwärtigen bundesrepublikanischen Gesellschaft unter Berücksichtigung der Unterschiede zwischen alten und neuen Bundesländern dar. In einem zweiten Schritt zeige ich in historischer Perspektive einen spezifischen Aspekt des Transformationsprozesses der religiösen Kultur in der Bundesrepublik Deutschland auf und arbeite heraus, wie sich Spiritualität als Leitbegriff eines individualisierten Verständnisses von Religion in der Bundesrepublik Deutschland etablieren konnte. Drittens zeige ich exemplarisch am Beispiel des Yoga, wie der Terminus der Spiritualität in der gegenwärtigen gesellschaftlichen Kommunikation genutzt wird und in welcher Weise er als eine moderne Form religiösen Bekennens verstanden werden kann.

2. Zur gesellschaftlichen Bedeutung von Religion - Erklärungsansätze und empirische Evidenzen unter Berücksichtigung von Ost-West-Unterschieden

Seit den 1980er Jahren - und mit wachsender Dynamik in den 1990er Jahren - wird in der gesellschaftlichen wie der fachwissenschaftlichen Öffentlichkeit ein grundlegender Wandel in der religiösen Lage der Bundesrepublik wahrgenommen. Dieser Wandel bezieht sich vor allem auf eine wachsende religiöse Pluralisierung. Institutionell haben sich religiöse Organisationen und Angebote in der Bundesrepublik Deutschland ausdifferenziert. Damit geht auch eine wachsende Vielfalt in den religiösen Überzeugungen und Praktiken der Bundesbürger einher. Seit der Wiedervereinigung hat sich zudem die religiöse Landschaft in Deutschland nachhaltig verändert. Sie ist von einer Dreiteilung geprägt:

»Die Bevölkerung in Deutschland gehört überwiegend einer der beiden christlichen Volkskirchen an, und zwar je zu knapp einem Drittel der katholischen und der evangelischen Konfession. Eine Minderheit von 2,5 % [...] bekennt sich zu anderen christlichen Gemeinschaften, z. B. zu einer orthodoxen Kirche oder zu einer evangelischen Freikirche. Ein weiteres gutes Drittel (34,5 %) der Bevölkerung gehört keiner oder anderen Glaubensgemeinschaften an.«[10] »Als Folge«, so Pickel, »besteht seit 1989 wohl nirgends anders in Europa eine so zwiespältige Situation wie in Deutschland, da die Wiedervereinigung zwei Landesteile zusammenführte, die in ihrer religiösen Vitalität kaum unterschiedlicher sein konnten.«[11]

Mit den Anschlägen vom 11. September 2001 ist zudem Religion als ein politisches Thema in die öffentliche Diskussion zurückgekehrt. Im Mittelpunkt des politischen wie des fachwissenschaftlichen Interesses stehen dabei Probleme des interreligiösen Dialogs und die wachsende Islamfeindlichkeit.

Insgesamt stellt sich die religiöse Lage in der Bundesrepublik Deutschland als sehr vielschichtig dar. In der religionssoziologischen Auseinandersetzung ist die Frage, welche Bedeutung der Religion in modernen Gesellschaften nun insgesamt zukommt, bislang nicht eindeutig beantwortet. Drei Erklärungsansätze bestimmen die Debatte.[12]

2.1. DIE SÄKULARISIERUNGSTHEORIE

Die Säkularisierungstheorie hat den Diskurs über die gesellschaftliche Entwicklung der Religion lange Zeit dominiert. Vertreter der Säkularisierungsthese gehen davon aus, dass trotz mancher Gegenbewegungen letztendlich von einem anhaltenden Bedeutungsverlust von Religion in modernen Gesellschaften wie der Bundesrepublik Deutschland auszugehen ist. Somit sieht die Säkularisierungstheorie Prozesse der Modernisierung und Religion in einem negativen Spannungsverhältnis zueinander. Fortschreitende Technisierung, Industrialisierung und Rationalisierung haben demnach »einen letztlich ne-

10 Statistisches Bundesamt (Hg.), Datenreport 2006, Bonn 2006, 173.

11 Gert Pickel, Religionssoziologie. Eine Einführung in zentrale Themenbereiche, Wiesbaden 2011, 341.

12 In Auseinandersetzung mit dem Paradigma fortschreitender Säkularisierung und der diesem Ansatz zugrunde liegenden Annahme eines Spannungsverhältnisses zwischen Religion und Modernisierung haben sich die zwei weiteren Erklärungsansätze entwickelt (vgl. Pickel, Religionssoziologie, 135).

gativen Einfluss auf die Stabilität und Vitalität von Religionsgemeinschaften, religiösen Praktiken und Überzeugungen [...]«.[13]

Für diese Sichtweise gibt es gute empirische Argumente: In modernen Gesellschaften, wie sie die Bundesrepublik Deutschland darstellt, halten die Kirchenaustritte an, der Glaube an einen Gott, wie ihn die Kirche beschreibt, nimmt in der Bevölkerung ab, jüngere Menschen sind weniger kirchenverbunden als ältere Menschen, und wenngleich Taufe und kirchliche Bestattung unter Kirchenmitgliedern weit verbreitet sind, nehmen insbesondere kirchliche Trauungen kontinuierlich ab.[14] Mit Blick auf die unterschiedlichen religiösen Kulturen in der Bundesrepublik Deutschland stellt sich die religiöse Situation in Ost- und Westdeutschland wie folgt dar:

Der katholischen und evangelischen Kirche gehören in Ostdeutschland 23 % der Bevölkerung und in Westdeutschland 75 % der Bevölkerung an. Betrachtet man die Entwicklung der Konfessionslosigkeit in Ost- und Westdeutschland von 1991 bis 2008, sprechen die Daten für eine fortschreitende Säkularisierung. Waren in Westdeutschland 1980 6,5 % der Bevölkerung konfessionslos, so stieg der Anteil der Konfessionslosen bis 2008 auf 16,5 %. In Ostdeutschland lag der Anteil der Konfessionslosen 1991 bei 65 % und im Jahr 2008 bei 74 %.[15]

Mit Blick auf die Altersverteilung wird sich dieser Trend fortsetzen, da die Konfessionszugehörigkeit in Ost- und Westdeutschland in den jüngeren Altersgruppen unter dem Durchschnittswert der Bevölkerung liegt.[16] Dies wird in der Theologie unter dem Stichwort »Traditionsabbruch« diskutiert.

2.2. Das Paradigma der religiösen Individualisierung

In direktem Widerspruch zum Säkularisierungsparadigma steht das Paradigma der religiösen Individualisierung. Vertreter dieses Ansatzes gestehen zwar zu, dass durchaus ein Schwinden der christlich-kirchlichen Formen von Religion zu konstatieren sei, dies ändere aber nichts an der Tatsache, dass in modernen Gesellschaften der Religion gesellschaftlich wie individuell ein

---

13 Detlef Pollack, Rückkehr des Religiösen? Studien zum religiösen Wandel in Deutschland und Europa II, Tübingen 2009, 20.

14 Pollack, Rückkehr des Religiösen?, 180-192.

15 Die Angaben sind entnommen aus: Detlef Pollack / Olaf Müller, Die religiöse Entwicklung in Ostdeutschland nach 1989, in: Gert Pickel / Kornelia Sammet (Hg.), Religion und Religiosität im vereinigten Deutschland. Zwanzig Jahre nach dem Umbruch, Wiesbaden 2011, 125-144, hier 130, Grafik 1. Die angegebenen Werte beziehen sich auf die Daten des Allbus der Jahre 1991 und 2008.

16 Vgl. Pollack / Müller, Religiöse Entwicklung in Ostdeutschland, 131.

bedeutender Platz zukomme.[17] Sie sehen Modernität und Religion nicht in einem negativen Spannungsverhältnis, sondern weisen auf die religionsproduktiven Aspekte in Modernisierungsprozessen hin. Dadurch veränderten sich die religiösen Glaubensüberzeugungen wie auch die religiösen Sozialformen. Religion verliere jedoch insgesamt nicht an Bedeutung.

Dem Luckmannschen Paradigma der »unsichtbaren Religion« folgend, geht dieser Erklärungsansatz davon aus, dass religiöses Sinndeuten und Handeln in der Bevölkerung einerseits in den 1980er Jahren zunehmend privatisiert wurde. Andererseits komme durch den wachsenden Einfluss der Medien und unter den gesellschaftlichen Rahmenbedingungen einer Wissensgesellschaft der Religion heute jedoch ein veränderter, neuer Stellenwert zu. Sie sei wieder in die Arena der Öffentlichkeit der gesellschaftlichen Kommunikation zurückgekehrt. Jedoch handele es sich dabei nicht mehr allein um die vertrauten christlich-kirchlich geprägten Formen von Religion und ihren Institutionalisierungen, sondern um eine grundlegend veränderte, neue Form von Religion; diese wird auch als »Populäre Religion« bezeichnet.[18]

In soziologischer Perspektive lässt sich dieser Transformationsprozess von Religion als Entdifferenzierung der gesellschaftlichen Teilsysteme von »Religion« und »Kultur« fassen. Nassehi zufolge zeichnet sich die Neuformierung des Religiösen gerade dadurch aus, dass die Kommunikation über Religion »nicht (mehr) jener bürgerlichen Erwartung an Konsistenz und konfessioneller Eindeutigkeit der religiösen Selbstbeschreibung« entspricht, sondern heute »in einer sich selbst als inkonsistent erlebten Gesellschaft darauf reagiert [...], alles miteinander kommensurabel zu machen, und somit eine Kulturalisierung religiöser Inhalte hervorbringt [...]«.[19]

Dieser Sachverhalt wurde lange Zeit, zumeist negativ konnotiert, als »Bastelreligion«, »Bricolage« oder »Synkretismus« beschrieben. Erst in jüngster Zeit betrachtet man diesen Prozess auch als ein innovatives, religionsproduktives Geschehen.[20]

---

17 Michael Ebertz, Kirche im Gegenwind. Zum Umbruch der religiösen Landschaft, Freiburg 1997; Hubert Knoblauch, Populäre Religion. Auf dem Weg in eine spirituelle Gesellschaft, Frankfurt am Main / New York 2009.

18 Vgl. Knoblauch, Populäre Religion, 193-255.

19 Armin Nassehi, Religiöse Kommunikation. Religionssoziologische Konsequenzen einer qualitativen Untersuchung, in: Bertelsmann Stiftung (Hg.), Woran glaubt die Welt? Analysen und Kommentare zum Religionsmonitor 2008, Gütersloh 2009, 198.

20 Meine weitere Argumentation folgt dem Paradigma der religösen Individualisierung.

Auch für diese Sichtweise gibt es gute empirische Gründe. So ist zwar ein Mitgliederschwund in den beiden großen Volkskirchen zu verzeichnen, dafür wächst aber das außerkirchliche religiöse Angebot: In einer Untersuchung zur religiösen Vielfalt in Nordrhein-Westfalen etwa wurden ca. 1000 Esoterik-Anbieter identifiziert.[21] Der Sozialtypus des religiösen Kunden, der religiöse Angebote gezielt aussucht und punktuell an religiösen Events teilnimmt, stellt somit eine neue Sozialform religiöser Teilhabe dar. Demnach lösen sich einerseits feste traditionale Mitgliedschaften und Glaubensüberzeugungen zugunsten individualisierter Glaubensüberzeugungen und Praktiken auf, andererseits partizipieren Kirchenmitglieder wie Konfessionslose sowohl an kirchlichen wie an außerkirchlichen religiösen Angeboten.

Blickt man wiederum auf Ost- und Westdeutschland, so zeigt sich, dass die kurz nach der Wende kirchlicherseits geäußerte Befürchtung, das religiöse Vakuum werde in den neuen Bundesländern durch neue religiöse Bewegungen gefüllt, sich in dieser Schärfe nicht bewahrheitet hat. Aber ein Interesse an alternativ-religiösen und esoterischen Angeboten ist auch in den neuen Bundesländern durchaus zu verzeichnen, wie Uta Karstein feststellt:

> »Manchmal sind es kleine Beobachtungen im eigenen unmittelbaren Nahbereich, die einen als Wissenschaftler_in aufhorchen lassen. In meinem Falle war es die Beobachtung, dass es in der brandenburgischen Provinz, aus der ich herstamme, in den letzten Jahren zu einer bemerkenswerten Zunahme alternativer Heil- und Fitnessangebote gekommen ist. Zu diesen Angeboten zählen neben speziellen Meditationstechniken, Yoga, Tai Chi und Qigong auch Klangmassagen, Shiatsu, Schamanisches Heilen und Reiki. In einer strukturschwachen, ländlichen Region, die preußisch-protestantisch geprägt ist und sich in 40 Jahren Sozialismus nachhaltig säkularisierte, haben die entsprechenden Anbieter offenbar zunehmend die - wie auch immer begründete - Hoffnung, dass es genügend Patienten bzw. Konsumenten geben würde, um davon als Selbstständiger existieren zu können.«[22]

Diese Wahrnehmung wird auch von den Daten des ALLBUS 2002 unterstützt. »Die Umfrage des Jahres 2002 zeigt bei der jüngsten Gruppe der 18-29-jähri-

---

[21] Vgl. Markus Hero / Volkhard Krech / Helmut Zander (Hg.), Religiöse Vielfalt in Nordrhein-Westfalen. Empirische Befunde und Perspektiven der Globalisierung vor Ort, Paderborn 2008.

[22] Uta Karstein, Klangmassage, Tai Chi und das ›unternehmerische Selbst‹. Überlegungen zum Wandel des religiösen Feldes - nicht nur in Ostdeutschland, Vortragsmanuskript der Tagung »Körper, Kult und Konfession. Religiöse Dimensionen des Sports und Körperkults«, Goethe-Universität Frankfurt am Main, 25.-27.11.2010, 1.

gen Ostdeutschen eine im Vergleich zu 1991 erkennbar stärkere Zustimmung zu bestimmten religionsnahen Aussagen. Auffällig ist in dieser Altersgruppe vor allem ein Befund, den man als relativ allgemeines In-Rechnung-Stellen von Transzendenz interpretieren könnte, und zwar in einer positiven (Leben nach dem Tod) und einer negativen Variante (Okkultismus).«[23]

Mit anderen Worten: Sowohl in West- wie in Ostdeutschland ist eine alternativ-religiöse Szene zu beobachten, was die These stützt, dass nicht allein von einer fortschreitenden Säkularisierung auszugehen ist, sondern auch von einer Neuformierung des Religiösen.

2.3. Die Theorie des religiösen Marktes

Ein dritter Ansatz – die Theorie des religiösen Marktes, der hier der Vollständigkeit halber erwähnt werden soll – kommt aus den USA. Vertreter dieses Ansatzes sehen gerade in der durch die Moderne verursachten Pluralisierung konkurrierender religiöser Angebote eine gesamtgesellschaftliche Stärkung der Bedeutung von Religion in modernen Gesellschaften. Sie propagieren eine Vitalisierung des religiösen Lebens durch marktförmig organisierte plurale Angebote von Religion.[24] Das Motto dieses Ansatzes lautet: Konkurrenz belebt das Geschäft.

Die drei Erklärungsansätze zeigen, dass die Sichtweisen auf die gesellschaftliche Relevanz von Religion durchaus vielschichtig sind und einer differenzierten Analyse bedürfen. Dieser Theorienpluralismus ist sinnvoll. Er zeigt, dass je nach Erklärungsansatz unterschiedliche Entwicklungen in der Bedeutung von Religion in gegenwärtigen Gesellschaften in den Vordergrund der Analyse rücken. Zudem ist die Wahl des Religionsbegriffs entscheidend. Diesem Beitrag liegt eine Verbindung von funktionalem und substanziellem Religionsbegriff zugrunde, wie er in der vierten EKD-Erhebung über Kirchenmitgliedschaft verwendet wurde.[25] Danach hat Religion die zentrale Funktion, zur Bewältigung von Kontingenz beizutragen. Sie bezieht sich hierzu – etwa im Unterschied zur Psychotherapie – auf Sinndeutungen von (großer) Transzendenz.

---

23 Wohlrab-Sahr, Das stabile Drittel, 156.

24 Rodney Stark / Laurence R. Iannaccone, A supply-side reinterpretation of the secularization of Europe, in: JSSR 33 (1994), 230-252.

25 Vgl. zum Religionsbegriff: Detlef Pollack, Säkularisierung – ein moderner Mythos?, Tübingen 2003, 46-48; Monika Wohlrab-Sahr / Kornelia Sammet, Konzeption, in: Jan Hermelink / Ingrid Lukatis / Monika Wohlrab-Sahr (Hg.), Kirche in der Vielfalt der Lebensbezüge. Analysen zu Gruppendiskussionen und Erzählinterviews, Bd. 2, Gütersloh 2006, 23-25.

2.4. Sozialgeschichtlicher Ansatz: Orientalisierung, Somatisierung und Therapeutisierung des Religiösen

Aus der Gesamtdebatte der verschiedenen Erklärungsansätze zur Bedeutung von Religion wird im Folgenden ein Teilaspekt des religiösen Wandels hervorgehoben und eine spezifische Qualität des Wandels in der religiösen Kultur der Bundesrepublik Deutschland dargestellt: die Entwicklungen einer Orientalisierung, Somatisierung und Therapeutisierung des Religiösen, die im Folgenden mit Blick auf die ehemalige Bundesrepublik beschrieben werden.

Diese Veränderungen begannen mit den späten 1960er Jahren, als neue religiöse Bewegungen aus den USA auch in der Bundesrepublik Deutschland bekannt wurden und, zunächst als »Jugendsekten« gebrandmarkt, die religiöse Landschaft und Kultur der Bundesrepublik Deutschland allmählich mit zu verändern begannen.

Mit dem New Age, das in den 1980er Jahren äußerst populär war, erreichte diese Entwicklung einen gewissen Höhepunkt in der öffentlichen Aufmerksamkeit. Pascal Eitler hat diese Veränderung als einen zentralen Aspekt des Wandels in der religiösen Kultur der Bundesrepublik beschrieben. Er stellt fest:

> »Die Somatisierung der Religion stellt [...] die einschneidendste Veränderung innerhalb des religiösen Feldes der Bundesrepublik während der 1970er und 1980er Jahre dar. Bei der Kontextualisierung dieses Transformationsprozesses fällt auf, dass es in erster Linie ›asiatische Erlösungsreligionen‹ waren [...], die als Bezugsgrößen des ›New Age‹ dienten – vor allem im Fall von Zen und Yoga. [...] Die begeisterte Bezugnahme auf orientalische Religionsformen (den Buddhismus, den Taoismus und den Hinduismus) wird in der Forschung meist als Pluralisierung der Religion gekennzeichnet und nicht selten unhinterfragt zur Kenntnis genommen. [...] Ich schlage demgegenüber vor, die permanenten Ovationen auf den ›Orient‹ als einen Akt der Konstruktion in den Blick zu nehmen, in dessen Rahmen der ›Orient‹ als Gegenbild zum ›Okzident‹ nicht nur dargestellt, sondern überhaupt erst hergestellt wurde – als eine spirituelle und mystische Gegenwelt.«[26]

Im Sinne Eitlers ist Spiritualität demnach als semantischer Ausdruck der Konstruktion einer Gegenwelt zur hegemonialen christlich-kirchlichen Kultur zu verstehen. Die Bezugnahme auf »fremde« Religionen war jedoch – und

---

[26] Pascal Eitler, Kosmos – Körper – Kybernetik. Transformationen der Religion im »New Age«, 2007, 8. http://www.zeithistorische-forschungen.de/site/40208753/Default.aspx (gelesen 31.10.2012).

hier möchte ich Eitlers Überlegungen ergänzen – nicht allein Thema eines kultischen Milieus. Aufbruchsversuche einer politisierten religiösen Protestkultur wurden in dieser Zeit auch innerhalb und am Rande der christlichen Volkskirchen wichtig und veränderten die religiöse Kultur in der Bundesrepublik Deutschland nachhaltig. Beispielhaft für diese Entwicklungen sei an das Politische Nachtgebet, die feministische Theologie und die Befreiungstheologie erinnert, die sich nicht als subkultureller Protest fernab, sondern als politisch motivierte religiöse Protestkultur auch innerhalb oder am Rande der Volkskirchen vollzog. Sowohl die politisch motivierte religiöse Protestkultur, hier insbesondere die feministische Theologie, als auch die alternativreligiöse Kultur des New Age kritisierten insbesondere die Leibfeindlichkeit der hegemonialen christlich-religiösen Kultur.

Der Körper als Ort religiösen Erlebens spielte in den Konzepten alternativer Religiosität eine wichtige Rolle: Einigen der Protagonisten ging es vor allem darum, »ursprüngliche Formen der Religiosität« zu etablieren, eine Religiosität *erfahrbar* zu machen, die von den »bürgerlichen Fesseln« befreit wäre.[27] Dabei knüpfte man sowohl an schamanische Traditionen als auch an östliche Religionsformen an. Diese Versuche, Alternativen zur traditionellen christlich-kirchlichen religiösen Kultur zu etablieren, konnten sich auf Traditionslinien beziehen, die bis in die 1920er Jahre und weiter zurückgingen, als sich Intellektuelle für östliche Religiosität, insbesondere den Buddhismus begeisterten und diesen rezipierten.[28] In diesem Kontext gewannen fernöstlich inspirierte körperorientierte religiöse Praxisformen wie Yoga und Meditation an Interesse.

Darüber hinaus war der Prozess der Transformation der religiösen Kultur von einer weiteren weitreichenden Veränderung begleitet: In den 1970er Jahren hatte auch eine umfassende »Psychologisierung« und »Therapeutisierung« im Bereich des Religiösen eingesetzt, die sich nicht nur außerhalb der Volkskirchen abzeichnete, sondern diese besonders erfasste. Es entstanden neue Seelsorgekonzepte, die auf die Eigenverantwortung der Einzelnen setzten. Die Seelsorge avancierte immer mehr zur Selbstsorge.[29] Und auch in

---

27 Ingrid Riedel, Nachwort, in: dies. (Hg.), Der unverbrauchte Gott. Neue Wege der Religiosität, Bern / München / Wien 1976, 223-249.

28 Frank Usarski, Das Bekenntnis zum Buddhismus als Bildungsprivileg. Strukturmomente »lebensweltlicher« Theravada-Rezeption in Deutschland während des Zeitraums zwischen 1888 und 1924, in: Peter Antes / Donate Pahnke (Hg.), Die Religion von Oberschichten, Marburg, 1989, 77.

29 Benjamin Ziemann, Katholische Kirche und Sozialwissenschaft 1945-1975, Göttingen 2007.

diesem Zusammenhang rückte der Körper als ein »Ort« für das Erleben von Religion immer mehr in den Mittelpunkt des Geschehens.

Zudem gewannen in dieser Zeit die gesellschaftlichen Vermittlungsformen von Markt und Medien und die hegemoniale Kulturform der Popularisierung auch für die Religion an Bedeutung.[30] Im Kontext des New Age etablierten sich in den 1980er Jahren neue mediale Formen der Vermittlung von Religion durch populärreligiöse Zeitschriften und marktorientierte Angebotsstrukturen in Kursen und Workshops.[31] Dem Begriff der Spiritualität kommt in diesem Zusammenhang eine wichtige, diese Entwicklung identifikatorisch begleitende Bedeutung in der gesellschaftlichen Kommunikation über Religion zu.

3. Spiritualität – Leitbegriff der Neuformierung des Religiösen in der Bundesrepublik Deutschland

3.1. Zum Begriff der Spiritualität im alternativ-religiösen Milieu der 1960-1980er Jahre

Der Begriff der Spiritualität, der sich in den 1970er Jahren als Alternative zu einem traditionellen christlich-kirchlichen Religionsbegriff zunächst allein im alternativ-religiösen Milieu etabliert hatte, entwickelte sich ab den 1980er Jahren zu einer Art Leit- oder Signalbegriff für eine populäre Religiosität. Auch wenn, wie wir aus verschiedenen empirischen Studien wissen, der Ausdruck der Spiritualität den der Religiosität nicht insgesamt abgelöst hat,[32] markiert seine Popularität doch einen wesentlichen Umbruch in der gesellschaftlichen Deutung und Wahrnehmung von Religion. Die Vorliebe für die Bezeichnung Spiritualität kann somit selbst als ein Merkmal des Transformationsprozesses von Religion auf semantischer Ebene verstanden werden.

Ideengeschichtlich bezogen sich die Akteure alternativer Religiosität in den 1970er und 1980er Jahren auf ein Religionsverständnis, das sowohl an »die mystischen Richtungen in den abrahamitischen Religionen« anschlussfähig war als auch an »die zahlreichen Meditationspraktiken, welche die

---

30 Hubert Knoblauch / Andreas Graff, Populäre Spiritualität oder: Wo ist Hape Kerkeling?, in: Bertelsmann Stiftung (Hg.): Woran glaubt die Welt? Analysen und Kommentare zum Religionsmonitor 2008, Gütersloh 2009, 725-746.

31 Christoph Bochinger, New Age und moderne Religion, Gütersloh [2]1994.

32 Vgl. Utsch, Spiritualität in Medizin und Pflege; Zulehner, Spirituelle Dynamik.

Religionen indischen Ursprungs hervorgebracht haben«.[33] Mit der Wahl des Spiritualitätsbegriffs knüpften sie zudem an die spiritualistischen – weniger an die pietistischen – Frömmigkeitskulturen der Reformationszeit an, die sich durch eine hohe Wertschätzung der subjektiven religiösen Erfahrung und einen ausgeprägten Anti-Institutionalismus auszeichneten. Die Spiritualisten, die zum sogenannten »linken Flügel« der Reformation gezählt werden, »betonten die persönliche Dimension des geistlichen Erlebnisses und hielten jede organisierte Gemeinschaft letztlich für unwesentlich. Die Ablehnung der sichtbaren Kirche führte meist zu konfessioneller Gleichgültigkeit, bisweilen zu Separatismus.«[34]

Der geringe Stellenwert konfessioneller Unterschiede, der für das religiöse Selbstverständnis der alternativ-religiösen Kultur der 1980er Jahre kennzeichnend war, konnte mit der Bezugnahme auf einen – in der reformatorischen Tradition des Spiritualismus stehenden – Begriff der Spiritualität ebenso zum Ausdruck gebracht werden wie ein Religionsverständnis, das universalistische statt partikulare, demokratische statt autoritative (Wert-) Bezüge stärkte und damit ein partizipatorisch-aufgeklärtes Demokratieverständnis und Religion nicht mehr trennte, sondern religionsproduktiv zueinander in Beziehung setzte.

Mit dem Terminus der Spiritualität wurde somit ein Bedeutungsraum von Religion wieder geöffnet, der das in der Aufklärung begonnene Programm einer religiösen Individualisierung sowie die Stärkung religiöser Mündigkeit forcierte.[35] Dabei, so Bernhardt, »verweist der Begriff der Spiritualität nicht so sehr auf ›Religion‹, sondern eher auf Religiosität, also nicht so sehr auf die objektiven Gebilde der historischen Religionen [...], sondern auf das subjektive Erfülltsein von transzendenter Geistigkeit: Persönliche Ganzheitserfahrung statt Übernahme von lehrhaften Glaubensinhalten [...]«[36] sind der Angelpunkt dieses »neuen« Religionsverständnisses.

---

[33] Reinhold Bernhardt, Spiritualität im Spannungsfeld von Esoterik und christlicher Tradition, in: Samuel Leutwyler / Markus Nägeli (Hg.), Spiritualität und Wissenschaft, Zürich 2005, 63-76, hier 66.

[34] Stefania Salvadori, Art. Spiritualisten, in: Enzyklopädie der Neuzeit 12 (2009), 369.

[35] Troeltsch hatte auf den Strukturaspekt der »subjektiven Erfahrung« hingewiesen, der als ein Kennzeichen von Spiritualität in der Mystik aufscheint: Er kennzeichnete die Mystik als eigenständige Form religiöser Vergemeinschaftung und stellte sie neben Kirche und Sekte. Vgl. Ernst Troeltsch, Die Soziallehren der christlichen Kirchen und Gruppen, 2. Neudruck, Aalen 1965.

[36] Bernhardt, Spiritualität im Spannungsfeld, 66.

3.2. Zum Bedeutungsraum des gegenwärtigen Spiritualitätsbegriffs

Dem Begriff der Spiritualität kommt eine zentrale Funktion in der gegenwärtigen Kommunikation über Religion zu. Hubert Knoblauch hat eine Systematisierung des Begriffs in soziologischer Perspektive vorgeschlagen und verweist auf sechs Merkmale gegenwärtiger Spiritualität. Ihm zufolge gehört

> »zur gegenwärtigen Spiritualität (1) eine entschiedene Orientierung an den subjektiven Erfahrungen, die als besonders und herausragend gedeutet werden. (2) Quellen dieser Deutung sind vor allem in der alternativen Religiosität zu suchen, die sich aus den nicht-hegemonialen (östlichen, archaischen, okkulten, mystischen etc.) Traditionen der Religion zusammensetzen. (3) Distanz zur Dogmatik religiöser Großorganisationen und eine Tendenz zum Anti-Institutionalismus verbinden sich mit einer (4) Betonung der religiösen Autonomie des Individuums und damit einem ausgeprägten weltanschaulichen Individualismus. Die Erfahrungsorientierung ermöglicht (5) eine Art Ganzheitlichkeit, die die funktionale Differenziertheit für die Einzelnen wieder zusammenhängend deuten lässt. (6) Schließlich gibt es Hinweise darauf, dass ›Spiritualität‹ für die Handelnden selbst zu einem Alternativbegriff für Religion wird.«[37]

Es ist meines Erachtens plausibel, dass der Ausdruck der Spiritualität sich wachsender Beliebtheit erfreut, erlaubt sein Bedeutungsraum doch, wesentliche Merkmale einer strukturellen Individualisierung gegenwärtiger religiöser Kultur zur Sprache zu bringen:

Mit der Rede von Spiritualität wird religiöse Sinndeutung an die Erfordernisse einer modernen, individualisierten Lebensführung angeschlossen, die durch Selbstverwirklichung, Eigenverantwortung und die Notwendigkeit des Wählens zwischen alternativen Lebensentwürfen charakterisiert ist. Der Bedeutungsraum des Begriffs Spiritualität schließt an diese Erfordernisse an, indem er Individualisierung und Selbstverantwortung auch im Bereich des Religiösen - im Sinne einer wachsenden religiösen Autonomie der Individuen - kommunizierbar macht. Er verweist somit auch auf das Bemühen, Religion und Moderne in ein positives, religionsaffines Verhältnis zu setzen.

---

[37] Hubert Knoblauch, Einleitung. Soziologie der Spiritualität, in: Zeitschrift für Religionswissenschaft 13 (2005), 123-131.

3.3. »Spiritualität« als Leitidee der religiösen Selbstthematisierung am Beispiel des Yoga

Religiöse Angebote, welche die Erfahrung ermöglichen, die Trennung von Körper, Geist und Seele zu überwinden, und damit dem Wunsch nach einer »ganzheitlichen« Lebensführung entgegenkommen, stehen im Mittelpunkt einer Neuformierung des Religiösen, wie sie mit dem Begriff der Spiritualität gesellschaftlich kommuniziert wird.

Dies soll im Folgenden an einem Beispiel, dem Yoga, illustriert und danach gefragt werden, in welcher Weise im Kontext von Yoga, wie es heute in urbanen Vierteln in Yogastudios angeboten wird, Spiritualität als Ausdruck einer modernen Form religiösen Bekennens erkennbar wird.

Methodisch bediene ich mich hierzu des soziologischen Ansatzes des Kommunikativen Konstruktivismus, einer Weiterentwicklung des Sozialkonstruktivismus. Dieser Ansatz, der sich als empirisch arbeitende Wissenssoziologie versteht, richtet seine Aufmerksamkeit auf den Prozess des Aushandelns und Herstellens von sozialer Wirklichkeit durch *Kommunikation*.[38]

Mit diesem Ansatz können drei Aspekte von Kommunikationsprozessen unterschieden werden: erstens die Kommunikation, die in der direkten oder medial vermittelten Interaktion zwischen Personen(gruppen) besteht; zweitens die Kommunikation, die in einer bereits geronnenen Form, etwa als Deutungsmuster (z. B. im Sinne von Traditionen oder Legitimationen), den kommunikativen Gehalt von Kommunikationssituationen mitgestaltet. Und drittens stellen z. B. Räume und Raumausstattungen manifest gewordene Objektivationen von Kommunikation, Konstruktionen sozialer Wirklichkeit dar.[39]

Ich werde im Folgenden exemplarisch – anhand der räumlichen Performanz eines Kölner Yogastudios und eines Gesprächs, das ich mit der Inhaberin dieses Yogastudios geführt habe – verdeutlichen, in welcher Weise im Kontext von Yoga »Spiritualität« als Leitsemantik fungiert.

---

38 Vgl. Reiner Keller / Hubert Knoblauch / Jo Reichertz, Der Kommunikative Konstruktivismus als Weiterführung des Sozialkonstruktivismus – eine Einführung in den Band, in: Reiner Keller / Hubert Knoblauch / Jo Reichertz (Hg.), Kommunikativer Konstruktivismus. Theoretische und empirische Arbeiten zu einem neuen wissenssoziologischen Ansatz, Wiesbaden 2013, 1-21, hier 11.

39 Keller / Knoblauch / Reichertz, Kommunikativer Konstruktivismus, 12.

3.3.1. Spiritualität als Leitbegriff im Yoga

Yoga verbindet religiöse und philosophische Lehren mit körperlichen Übungen. Im Westen wird es häufig auch ohne religiös-philosophischen Hintergrund angeboten. Im Sinne des Berufsverbandes umfasst Yoga jedoch nicht nur körperliche Praxis, sondern möchte auch zum Wachsen in spiritueller Hinsicht anleiten; das wird in den Statuten der berufsethischen Richtlinien des Berufsverbandes der Yogalehrenden in Deutschland hervorgehoben:

> »Als Yogalehrende sind wir uns der Verantwortung gegenüber den Lernenden bewusst. Nach bestem Wissen und Gewissen setzen wir unsere Kräfte dafür ein, Ihre Gesundheit und Lebenskraft zu fördern. Darüber hinaus zeigen wir Ihnen Wege zu innerer Stärke und Harmonie auf und bieten Möglichkeiten für Ihre *geistig-spirituelle* [Hervorhebung F. B.-A.] Entwicklung«.[40]

Betrachtet man die berufsethischen Richtlinien des Yogaverbandes mit dem theoretischen Ansatz des Kommunikativen Konstruktivismus, wird mittels dieser Richtlinien eine soziale Wirklichkeit dergestalt hergestellt, dass Yogalehrende sich nicht allein als Anbieter einer spezifischen Körperpraxis verstehen, sondern auch zur geistig-spirituellen Entwicklung anleiten. Damit wird auf der Ebene der Legitimation – denn das stellen mit Blick auf die Konstruktion sozialer Wirklichkeit die berufsethischen Richtlinien des Yogaverbandes dar – ein spezifischer Ausdruck zur Kennzeichnung des weltanschaulichen Hintergrunds des Yoga verwendet. Es wird an dieser Stelle explizit auf den Ausdruck der Spiritualität und nicht auf den Begriff der Religiosität als Leitsemantik zurückgegriffen, um den religiös-philosphischen Hintergrund von Yoga zu kennzeichnen. In der gesellschaftlichen Kommunikation wird Yoga somit nicht als religiöse, sondern als spirituelle Praxis gedeutet und verankert. Diese Begriffswahl lässt erkennen, dass die mit Yoga in Verbindung gebrachte Möglichkeit, zu einer »geistig-spirituellen« Entwicklung beizutragen, gerade nicht an die dogmatischen Gehalte einer Religion wie etwa des Hinduismus angebunden werden. Im Gegenteil, Yoga – im Sinne der Statuten des Berufsverbandes der Yogalehrenden – soll gerade unabhängig von konfessionellen und weltanschaulichen Bindungen sein; dies wird mit der Wahl des Spiritualitätsbegriffs zum Ausdruck gebracht. Es geht um die Vermittlung religiöser Deutungsangebote in Anerkennung der weltanschaulichen oder religiösen Bindung der Yogaschülerinnen und Yogaschüler.[41]

---

40 Vgl. Berufsethische Richtlinien, www.yoga.de/bdy_berufsverband (gelesen 15.11.2012).

41 In Absatz 2 der berufsethischen Richtlinien wird die Anerkennung verschiedener religiöser Überzeugungen eigens thematisiert: »Wir vermitteln bewährte gesundheits-

Wie sich dieser Anspruch, Möglichkeiten zu einer geistig-spirituellen Entwicklung zu geben, auch in der räumlichen Performanz des Kölner Yogastudios »Vishnus Couch« Ausdruck verschafft, soll anhand der folgenden Abbildungen illustriert werden.

3.3.2. Das Yogastudio – ein Ort modernen religiösen Bekennens?

In dem Yogastudio befindet sich, in einem farblich schön gestalteten Übungsraum, ein Altar:

Abb. 2: Präsentation von Vishnus Couch auf der Homepage (www.vishnuscouch.de/kontakt.php, gelesen 15.1.2013).

Im Gespräch mit der Inhaberin des Yogastudios, Frau Bongartz[42], habe ich nach der Bedeutung des Altars für sie selbst und im Rahmen des Konzepts des Yogastudios gefragt.

---

wirksame Methoden und Übungsweisen des Yoga in voller Anerkennung der geistigen und konfessionellen Freiheit des anderen Menschen. Als Yogalehrende erkennen wir den Wert aller Menschen an, unabhängig von Geschlecht, ethnischem Ursprung, politischer oder religiöser Überzeugung« (www.yoga.de/bdy_berufsverband).

[42] Bedanken möchte ich mich bei Frau Bongartz für ihre Gesprächsbereitschaft und die Erlaubnis, im Yogastudio zu fotografieren.

Abb. 3: Der Altar im Yogastudio Vishnus Couch, Köln Südstadt (Quelle: Benthaus-Apel 2012).

Sie erklärte mir, dass sie ihre eigene Yogapraxis als etwas verstehe, das über die rein körperliche Ebene der Fitness hinausgehe. Dies sei etwas Spirituelles, das zum Wesen von Yoga dazugehöre. Diese Aussage entspricht den Leitlinien des Berufsverbandes der Yogalehrenden und spiegelt damit eine – auch durch den Berufsverband – legitimierte Deutung des Yoga als körperliche und spirituelle Praxis wider. Zudem kann hier von einem Bekenntnis zum »Glauben an etwas Wertvolles (Heiliges)«[43] gesprochen werden. Denn »Spiritualität«, so Frau Bongartz, bedeute für sie, eine Einheit zwischen Körper, Geist und Seele zu erleben und in Kontakt mit dem Heilenden in sich selbst zu sein.

Deutlich ist zudem, dass mit dem Begriff der »Spiritualität« hier zum Ausdruck gebracht wird, dass – unabhängig von religiösen Institutionen und Experten – jeder / jede mit einer heilenden Kraft in sich selbst in Verbindung steht. Yoga bietet somit allen die Möglichkeit, dieses Potenzial zu nutzen: Achtsamkeit, Heil-Sein, Ganzheitlichkeit, das sind die zentralen Merkmale, die mit dem Begriff Spiritualität in diesem spezifischen Kontext kommuniziert werden.

Nun könnte man – als unbeteiligter Beobachter – auch annehmen, dass der Altar im Yogaraum lediglich ein gelungenes Dekorationsobjekt im Yogastudio darstellt. So hat Frateantonio »niederschwellige religiöse Objekte«

43 Burkart, Einleitung, 20.

als typisch für die räumliche Ausstattung von Yogastudios herausgearbeitet.[44] Auf die Bedeutung des Altars im Yogastudio angesprochen, erklärte mir Frau Bongartz jedoch, dass der Altar die Funktion habe, die Traditionslinien des Yogaverständnisses der einzelnen Lehrenden des Yogastudios erkennbar zu machen.[45]

Abb. 4: Nahaufnahme des Altars im Yogastudio Vishnus Couch, Köln Südstadt (Quelle: Benthaus-Apel 2012).

Deshalb befinden sich sowohl die hinduistischen Gottheiten Ganesha und Shiva als auch ein christliches Kreuz sowie Fotos der Ausbilder der Yogaleh-

---

44 Christa Frateantonio, Neue religiöse Räume in der Moderne: Yoga-Studios als urbanes Phänomen. Vortragsmanuskript zur Tagung »Viele Religionen – ein Raum? Multireligiöse Räume als Ausdruck der Transformation von Religion in der Moderne: Pluralität – Individualität – Institutionalisierung«, Marburg, 12. Juli 2013, 6.

45 In diesem Yogastudio wird nicht nur Yoga unterrichtet, sondern es werden dort auch Yogalehrer und Yogalehrerinnen ausgebildet. Frau Bongartz ist als eine der drei Inhaber auch für die Gestaltung des Yogastudios verantwortlich. Es entspricht der professionellen Praxis, den Yogastil des im jeweiligen Studio unterrichteten Yoga für die Schüler erkennbar zu machen.

rer auf dem Altar (vgl. Abb. 4). Frau Bongartz erklärte, dass sie selbst den Altar zudem als einen Ort persönlicher Sammlung und Besinnung nutze.[46]

Wofür steht nun dieses Beispiel im Hinblick auf die Frage, ob »Spiritualität« eine moderne Form des religiösen Bekennens darstellt?

Aus soziologischer Perspektive lässt sich dies folgendermaßen beantworten: Der Begriff der Spiritualität ist »in«, weil er – im Sinne Hahns – als eine soziale Institution der individualisierten religiösen Selbstthematisierung fungiert. Er ermöglicht es, in einer gesellschaftlichen Situation, die durch zunehmende ökonomische und soziale Unsicherheit und durch eine rationale, leistungsorientierte und funktional ausdifferenzierte Lebensführung gekennzeichnet ist, diese zu bewältigen, indem religiöse Deutungen zur Verfügung gestellt werden, die nicht nur die Einheit von Seele, Geist und Körper und den achtsamen Umgang mit sich selbst hervorheben, sondern vor allem auch Bezug nehmen auf das »Heilige«. Mit dem Begriff der Spiritualität wird somit auf eine religiöse Sinndeutung verwiesen, die nicht an die dogmatischen Gehalte einer (Welt-)Religion gebunden ist, sondern, selbstreflexiv gewendet, den Zugriff auf verschiedene religiöse Traditionsbezüge möglich macht. Darüber hinaus wird mit der Wertigkeit der Spiritualität auch das – häufig im Körpergefühl verankerte – Erleben von Transzendenz verbunden. Dem Körpergefühl kommt damit in der Yogapraxis – so kann hier angenommen werden – eine fraglose Evidenz religiösen Erlebens zu.[47] Frateantonio[48] fasst dies als eine spezifische Erweiterung der Seelsorge, die hier als Körpersorge erscheint. Die Möglichkeit, durch Yogapraxis mit dem Heilenden (in sich) in Verbindung zu kommen, kann hier auch als Sakralisierung des Körpers bezeichnet werden.

4. Spiritualität – eine moderne Form religiösen Bekennens

An dem Beispiel des Kölner Yogastudios wird Folgendes deutlich: Mit der Rede von Spiritualität wird eine Offenheit gegenüber unterschiedlichsten

---

46 Der Altar im Yogastudio entspricht damit nicht der Vorstellung eines christlichen Altars, der als »Tisch des Herrn« der Vergegenwärtigung Gottes dient und ein sakraler Ort religiöser Kommunikation ist.

47 Erst eine empirische Untersuchung, die Yogaschüler und Yogaschülerinnen nach der Bedeutung des Religiösen in der Yogapraxis befragte, würde hierzu gesicherte Aussagen ermöglichen.

48 Frateantonio, Neue religiöse Räume, 2.

Traditionen religiöser Sinndeutung einerseits und ein hoher Stellenwert religiöser Autonomie und individualisierter religiöser Sinnsuche andererseits gesellschaftlich kommuniziert. Der Ausdruck der »Spiritualität« verweist außerdem darauf, dass – im Sinne Hahns – dieser Terminus als eine soziale Institution religiöser Selbstthematisierung verstanden werden kann, der die moderne, funktional ausdifferenzierte Lebensführung durch den Verweis auf den Zusammenhang von Körper, Seele und Geist und die jedem verfügbare Möglichkeit, mit dem »Heilenden« selbst in Kontakt zu sein, beherrschbar zu machen trachtet. In diesem Sinne stellt er eine moderne Form religiösen Bekennens dar.

Mit dem Begriff der Spiritualität wird somit an das gesellschaftlich verfügbare, unterschiedlichste religiöse Traditionen und Bezüge umfassende religiöse Wissen angeknüpft, das als ein religiöses Deutungsangebot gerade in genuin nichtreligiösen Kontexten an Einfluss gewinnt: in der (Alternativ-) Medizin, in der Therapie und im Gesundheitswesen, in Bereichen also, die bislang gewohnt waren, Fragen des Religiösen aufgrund funktionaler Differenzierung und Professionalisierung an die Spezialisten des religiösen Feldes, die Pfarrer und Pfarrerinnen zu verweisen.

Die genannten Entwicklungen zeigen einen grundlegenden Wandel im Prozess der Transformation von Religion an, den man – und dies ist mein Angebot einer soziologischen Erklärung – verstehen kann als einen Prozess partieller Ent-Differenzierung von religiösem System und angrenzenden gesellschaftlichen Teilsystemen, die im weitesten Sinne mit der Heilung von Körper und Seele zu tun haben.[49]

Spiritualität als Leitsemantik dieses Transformationsprozesses verweist auf einen gesellschaftlichen Bedarf – jenseits einseitiger Erfordernisse funktionaler Spezialisierung und Rationalisierung moderner Lebensführung –, Möglichkeiten einer ganzheitlichen, Körper, Seele und Geist umfassenden modernen religiösen Lebensführung auszuloten.

Mit dem Theologen Wilhelm Gräb gesprochen: »Spiritualität ist eine Sinneinstellung, eine Offenheit für die Präsenz des Göttlichen, die als Lebensbereicherung erfahren wird«.[50] In diesem Sinne lässt sich die

---

[49] Uta Karstein / Friederike Benthaus-Apel, Asien als Alternative oder Kompensation? Spirituelle Körperpraktiken und ihr transformatives Potential (nicht nur) für das religiöse Feld, in: Robert Gugutzer / Moritz Böttcher (Hg.), Körper, Sport und Religion. Zur Soziologie der religiösen Verkörperung, Wiesbaden 2012, 311-339.

[50] Wilhelm Gräb, Wenn die Religion die Vernunft respektiert. Perspektiven liberaler Theologie. Vortrag gehalten am 18.1.2011 im Rahmen des Forums der Remonstranten

Popularität des Begriffs Spiritualität durchaus als eine moderne Form religiösen Bekennens verstehen.

Berlin in Zusammenarbeit mit dem Religionsphilosophischen Salon Berlin, 2011 (http://religionsphilosophischer-salon.de/keys/liberale-spiritualitat (gelesen 17.3.2013).

Bekenntnis als Rechtsbegriff im Religions- und im Kirchenrecht

Claus Dieter Classen

1. Begriffliche Grundlagen

Sowohl im Religionsrecht, dem vom Staat gesetzten Recht der Religion, herkömmlich Staatskirchenrecht genannt,[1] als auch im Kirchenrecht, dem von den Kirchen gesetzten Recht, kommt dem Bekenntnis eine wichtige Bedeutung zu. Im ersten Fall ist Art. 4 Abs. 1 des Grundgesetzes zu nennen. Danach ist nicht nur die Freiheit des Glaubens und des Gewissens, sondern eben auch die des religiösen und daneben die des weltanschaulichen Bekenntnisses geschützt.

Kirchenrechtlich wird das Bekenntnis etwa in der neuen Verfassung der Kirche in Norddeutschland, der Nordkirche, schon in der Präambel gleich mehrfach angesprochen. Der eigentliche Text der Verfassung definiert die Nordkirche in Art. 1 Abs. 4 als Kirche lutherischen Bekenntnisses und verweist auf im Einzelnen aufgeführte lutherische Bekenntnisschriften. Auch im Weiteren betont die Verfassung immer wieder die Bedeutung des Bekenntnisses für die Tätigkeit der Kirche. Ähnliche Regelungen finden sich auch in den Verfassungen der anderen evangelischen Landeskirchen. Dies gilt auch für die reformierten Kirchen, bei denen dem Bekenntnis eine geringere Bedeutung zukommt als in der lutherischen Tradition.[2]

---

1 Zur Begrifflichkeit siehe etwa Hans Michael Heinig / Christian Walter (Hg.), Staatskirchenrecht oder Religionsverfassungsrecht?, Tübingen 2007; Christian Waldhoff, »Religionsrecht/Religionsverfassungsrecht« sowie »Staatskirchenrecht«, in: Hans Michael Heinig / Hendrik Munsonius (Hg.), 100 Begriffe aus dem Staatskirchenrecht, Tübingen 2012, 203-206 bzw. 247-253; Claus Dieter Classen, Religionsrecht, Tübingen 2006, Randnummer (= Rn.) 3; Martin Honecker, Evangelisches Kirchenrecht, Göttingen 2009, 10-12.

2 Christian Heckel, Die Kirchengemeinschaft in der Evangelischen Kirche in Deutschland, Frankfurt am Main 1995, 49-55 zum lutherischen, 55-59 zum reformierten Verständnis.

Kirchenrechtlich geht es beim Bekenntnis um die »Bekräftigung und Zusammenfassung von Grundaussagen über die Lehre der Kirche«.[3] Auch wenn also einige Rechtstexte zwischen Schrift und Bekenntnis differenzieren, meint das Bekenntnis – im juristischen Sinne – auch die (Interpretation der) Schrift, nicht nur die verschiedenen Bekenntnisschriften als solche. Anderenfalls wären die noch zu erläuternden Regeln zum Bekenntnisveto des Bischofsrates oder zum Lehrverfahren gegen bekenntniswidrig predigende Pastoren, die nur das Bekenntnis erwähnen, aber ersichtlich auch die Schrift meinen, sinnlos. Der Bekenntnisbegriff im kirchenrechtlichen Sinne ist also weiter als das theologische Verständnis. Daher gibt es ein Bekenntnis schließlich auch dort, wo es dieses – wie etwa in reformierten Kirchen in der Schweiz – nicht in formalisierter Form im zuvor erwähnten Sinne gibt.

Gegenüber den Aussagen in den Texten ist dabei klarzustellen, dass Staat und Kirche das Bekenntnis sowohl mit Blick auf das Individuum als auch mit Blick auf die Gemeinschaft verwenden. Die Kirche kennt naturgemäß auch das individuelle Glaubensbekenntnis. Und eine Religionsgemeinschaft im Sinne von Art. 137 Weimarer Reichsverfassung in Verbindung mit Art. 140 des Grundgesetzes bildet »ein die Angehörigen eines und desselben Glaubensbekenntnisses – oder mehrerer verwandter Glaubensbekenntnisse – zusammenfassender Verband zur allseitigen Erfüllung der durch das gemeinsame Bekenntnis gestellten Aufgaben.«[4] In beiden Bereichen bildet das Bekenntnis also die Grundlage für die Identität der Religionsgemeinschaft; dementsprechend kommt ihm nach innen eine Integrations-, nach außen eine

---

[3] Heinrich de Wall / Stefan Muckel, Kirchenrecht, München ³2012, Rn. 24 / 23; vgl. auch Christoph Link, Die Einsegnung gleichgeschlechtlicher Lebenspartnerschaften als Problem des evangelischen Kirchenrechts, in: ZevKR 58 (2013), 1-21, hier 8; aus theologischer Sicht etwa Martin Honecker, Synodale Gesetzgebung und Bekenntnis, in: Karl-Hermann Kästner / Knut Wolfgang Nörr / Klaus Schlaich (Hg.), Festschrift für Martin Heckel zum siebzigsten Geburtstag, Tübingen 1999, 103-115, hier 108-111; ders., Kirchenrecht, 76-79; Joachim Mehlhausen, Schrift und Bekenntnis, in: Gerhard Rau / Hans-Richard Reuter / Klaus Schlaich (Hg.), Das Recht der Kirche, Bd. I, Gütersloh 1997, 417-447, hier 427-431; Martin Heckel, Die theologischen Fakultäten im weltlichen Verfassungsstaat, Tübingen 1986, 127-134; Jens Neie, Bekenntnis, Bekenntnisstand und Bekenntnisbindung im evangelischen Kirchenrecht, Frankfurt am Main 2009, 21-36.

[4] Gerhard Anschütz, Die Verfassung des Deutschen Reiches, Berlin ¹⁴1933, 633; aus heutiger Sicht Axel v. Campenhausen / Peter Unruh, in: Hermann v. Mangoldt / Friedrich Klein / Christian Starck (Hg.), Kommentar zum Grundgesetz, Bd. III, München ⁶2010, Art. 137 WRV Rn. 20; Martin Morlok, in: Horst Dreier (Hg.), Kommentar zum Grundgesetz, Bd. III, Tübingen ²2008, Art. 137 WRV Rn. 28.

Abgrenzungsfunktion zu.[5] Zugleich liegen beim Bekenntnis der Gemeinschaft sowohl im Kirchen- als auch im Religionsrecht die maßgeblichen Probleme, während das individuelle Bekenntnis nur selten ein Problem aufwirft.[6] Daher wird nachfolgend ausschließlich ersteres thematisiert.

2. Das Bekenntnis im Kirchenrecht

2.1. Die Rolle des Bekenntnisses in der Verfassung der Nordkirche

In der Verfassung der Nordkirche – und ähnlich in anderen Kirchenverfassungen – taucht der Begriff des Bekenntnisses außer an den bereits erwähnten Stellen insbesondere in folgenden Zusammenhängen auf:

- Der Kirchengemeinderat und die Pröpste haben für die »schrift- und bekenntnisgemäße Verkündigung des Evangeliums« zu sorgen (Art. 25 bzw. 65); die Bischöfe und Bischöfinnen tragen nach Art. 96 Abs. 3 »besondere Sorge für Lehre und Bekenntnis der Kirche«.
- Bekenntniswidrige Beschlüsse von Kirchengremien sind zu beanstanden. Das gilt für den Kirchengemeinderat (Art. 27), die Kirchenkreissynode (Art. 47), den Kirchenkreisrat (Art. 55), die Landessynode (Art. 79) und die Kirchenleitung (Art. 87). Und sieht der Bischofsrat das Bekenntnis verletzt, kann sich die Synode darüber anders als bei (vermeintlich) rechtswidrigen Beschlüssen nicht hinwegsetzen (Art. 79 Abs. 4; vgl. auch Art. 55 zu Beschlüssen der Kreissynode).
- Bekenntnisrelevante Beschlussvorlagen dürfen der Synode erst nach Stellungnahme der theologischen Kammer der Landeskirche vorgelegt werden (Art. 103 Abs. 3).

---

[5] C. Heckel, Kirchengemeinschaft, 38-40; ähnlich Dietrich Pirson, Das Bekenntnis im Recht der Kirche, in: ders. (Hg.), Gesammelte Beiträge zum Kirchenrecht und Staatskirchenrecht, Halbbd. I, Tübingen 2008, 80-96; Honecker, Kirchenrecht, 82; Heinrich de Wall, Die Änderung der Grundartikel evangelischer Kirchenverfassungen, in: ZevKR 39 (1994), 249-270, hier 255; Reinhard Slenczka, Zum Verhältnis von geistlicher Leitung und rechtlicher Verwaltung der Kirche, in: ZevKR 58 (2013), 21-30, hier 23.

[6] Erwähnt sei immerhin das Urteil des BVerwG zum Schulgebet eines muslimischen Schülers und den durch religiöse Bekenntnisse befürchteten Konflikten, in: Juristenzeitung (2012), 358.

- Kirchengerichte sind nicht nur an das geltende Recht, sondern auch »an Schrift und Bekenntnis« gebunden (Art. 128 Abs. 5).[7]
- Ein Lehrverfahren ist durchzuführen, »wenn begründete Zweifel bestehen, dass die öffentliche Verkündigung oder Lehre einer Pastorin bzw. eines Pastors oder einer anderen ordinierten oder beauftragten Person mit dem in der Evangelisch-Lutherischen Kirche in Norddeutschland geltenden Bekenntnis vereinbar ist« (Art. 129 Abs. 1).

2.2. Das Bekenntnis als Grundlage und Grenze des Kirchenrechts

2.2.1. Grundsätzliche Bedeutung

Mittlerweile hat sich allgemein die Auffassung durchgesetzt, dass anders als bei der Kirche Jesu Christi, der ecclesia invisibilis,[8] zur Konstituierung der weltlichen ecclesiae visibiles Kirchenrecht notwendig ist. Überholt ist damit die zu Anfang des 20. Jahrhunderts diskutierte These, dass das Wesen der Kirche geistlich, das des Rechts weltlich sei und beides daher im Widerspruch zueinander stünde.[9] Das Kirchenrecht soll der Kirche eine adäquate äuße-

---

[7] Dazu Michael Germann, Die Bindung der kirchlichen Gerichte an Schrift und Bekenntnis, in: ZRG 122 Kan. 91 (2005), 499-555; Karl-Hermann Kästner, Evangelische Kirchengerichtsbarkeit zwischen Selbstbehauptung und Selbstüberschätzung, in: ZevKR 49 (2004), 171-190, hier 179-182; ders., Entscheidungsmaßstäbe und Prüfungsbefugnis kirchlicher Gerichte in den evangelischen Kirchen, in: Stefan Muckel (Hg.), Kirche und Religion im sozialen Rechtsstaat. FS Wolfgang Rüfner, Berlin 2003, 423-441, hier 428-433; Hartmut Maurer, Grundprobleme der kirchlichen Gerichtsbarkeit, in: ZevKR 17 (1972), 48-87, hier 56-61.

[8] Dazu etwa Wolfgang Bock, Der Begriff der Kirche in juristischer Sicht, in: Gerhard Rau / Hans-Richard Reuter / Klaus Schlaich (Hg.), Das Recht der Kirche, Bd. I, Gütersloh 1997, 126-168; C. Heckel, Kirchengemeinschaft, 9-11; ausführlich Dietrich Pirson, Universalität und Partikularität der Kirche, München 1965; Honecker, Kirchenrecht, 58-60.158.

[9] So insbesondere Rudolph Sohm, Kirchenrecht, Bd. I: Die geschichtlichen Grundlagen, Berlin ²1923 (Nachdruck 1970), 1.700. Dazu etwa de Wall / Muckel, Kirchenrecht, Rn. 24 / 3, 9-15; Bock, Begriff der Kirche, 131-170; Ralf Dreier, Der Rechtsbegriff des Kirchenrechts in juristisch-rechtstheoretischer Sicht, in: Gerhard Rau / Hans-Richard Reuter / Klaus Schlaich (Hg.), Das Recht der Kirche, Bd. I, Gütersloh 1997, 171-198; Hans-Richard Reuter, Der Rechtsbegriff des Kirchenrechts in systematisch-theologischer Sicht, in: Gerhard Rau / Hans-Richard Reuter / Klaus Schlaich (Hg.), Das Recht der Kirche, Bd. I, Gütersloh 1997, 236-286, hier 237; Honecker, Kirchenrecht, 32-38.

re Form geben. Dementsprechend muss das Bekenntnis das Fundament des Kirchenrechts bilden;[10] es kann als dessen Grundlage und Grenze definiert werden.[11] Besonders deutlich wird dies in These 6 der Barmer theologischen Erklärung zum Ausdruck gebracht.

Die schon erwähnten Eingangsbestimmungen der Kirchenverfassungen dürfen allerdings nicht darüber hinwegtäuschen, dass nicht die Kirchenverfassung das Bekenntnis bestimmt, sondern umgekehrt das Bekenntnis als identitätsstiftendes Element der Kirche die Grundlage von deren Verfassung darstellt. Die Grundlagenartikel der Kirchenverfassungen können also nur deklaratorisch den entsprechenden magnus consensus der Gläubigen[12] nachzeichnen. Auch wenn die Verfassung der Nordkirche dies im Gegensatz zu anderen Landeskirchen nicht explizit verbietet, kann das Bekenntnis als solches keinen Gegenstand entsprechender Gesetzgebung bilden.[13]

Allerdings weist nicht das gesamte Kirchenrecht Bekenntnisrelevanz auf. Sicherlich gilt dies etwa für die Frage des Aufbaus der Kirche: welche Organe besitzt sie, welche Aufgaben haben diese. Bei Finanzfragen, etwa Reisekostenregeln, wird demgegenüber häufiger keine Bekenntnisrelevanz angenommen.[14] Die Diskussionen um die Angleichung der Pfarrbesoldung im Zusammenhang mit der Bildung der Nordkirche (§ 52 Abs. 2 Einführungsgesetz zur

---

10 Bock, Begriff der Kirche, 127; Martin Heckel, Evangelische Freiheit und kirchliche Ordnung, in: ders., Gesammelte Schriften, Bd. II, hg. von Klaus Schlaich, Tübingen 1989, 1099-1121, hier 1117; Neie, Bekenntnis, 171; Dirk Ehlers, Rechtstheologische und säkulare Aspekte des evangelischen Kirchenrechts, in: Richard Bartlsperger u.a. (Hg.), Rechtsstaat, Kirche, Sinnverantwortung. FS Klaus Obermayer, München 1986, 275-285, hier 283.

11 De Wall, in: ZevKR 39 (1994), 256; Maurer, in: ZevKR 17 (1972), 59; vgl. auch Erik Wolf, »Kirchenrecht« I B, RGG[3] (1959), 1509: »grenzziehend«, »grundlegend« und »zielsetzend«.

12 De Wall, in: ZevKR 39 (1994), 257; Dietrich Pirson, Evangelisches Kirchenrecht und Bekenntnis, in: ders. (Hg.), Gesammelte Beiträge zum Kirchenrecht und Staatskirchenrecht, Halbbd. I, Tübingen 2008, 119-141, hier 127-128; dazu auch Germann, in: ZRG 122 Kan. 91 (2005), 548; Honecker, Kirchenrecht, 214; Thomas Barth, Elemente und Typen landeskirchlicher Leitung, Tübingen 1995, 105; Pirson, Das Bekenntnis, 90; Honecker, Synodale Gesetzgebung, 107.

13 De Wall, in: ZevKR 39 (1994), 257; Germann, in: ZRG 122 Kan. 91 (2005), 543-548; M. Heckel, Evangelische Freiheit, 1116; Pirson, Das Bekenntnis, 90; Barth, Leitung, 103-106; Honecker, Kirchenrecht, 145; Link, in: ZevKR 58 (2013), 6; a.A. wohl Kästner, Entscheidungsmaßstäbe, 425.

14 M. Heckel, Evangelische Freiheit, 1118-1119; R. Dreier, Rechtsbegriff, 195; Reuter, Rechtsbegriff, 283.

Verfassung Nordkirche)[15] hat aber die Bekenntnisrelevanz auch finanzieller Regelungen gezeigt. Nichtsdestoweniger sollte man bei Alltagsstreitigkeiten in der Kirche vermeiden, gleich auf das Bekenntnis zu rekurrieren – es betrifft wirklich nur die grundlegenden Fragen des Glaubensverständnisses. Gerade der Umstand, dass es in der evangelischen Kirche kein offizielles Lehramt gibt, dass das rechte Verständnis des Evangeliums der ganzen Kirche anvertraut ist, mahnt zur Zurückhaltung; Differenzen führen ja bekanntlich zum status confessionis, also zur Frage nach einer Kirchenspaltung.

Auch im Grundverständnis sollte man mit Überhöhungen vorsichtig sein. Der Anspruch, dass Kirchenrecht nur seinen Namen verdiene, wenn es sich als »Liebesrecht«, als lex charitatis spiritualis erweist[16], ist sicher ehrenvoll. Die ecclasia visibilis beruht allerdings auf menschlicher Organisation. Sie kennt deswegen, einschließlich der Nordkirche, auch harte Instrumente wie die kirchliche Gerichtsbarkeit, Lehrverfahren und ähnliches.[17]

2.2.2. Praktische Konsequenzen

Konkret zeigt sich die dargestellte Bedeutung des Bekenntnisses für das Kirchenrecht bei den Unterschieden, die bei der Beanstandung von Beschlüssen der Synode bestehen, etwa bei der Setzung von Kirchenrecht. Bei einem Streit um deren Vereinbarung mit höherrangigem Kirchenrecht kann sich vorbehaltlich kirchengerichtlicher Klärung die Synode durchsetzen. Geht es um das Bekenntnis, muss sie den Konsens mit dem Bischofsrat erreichen. Aus weltlicher Perspektive mag eine solche Intervention der vermeintlichen »Kirchenregierung« in die Entscheidung des »Kirchenparlaments« mit demokratischen Vorstellungen nicht in Einklang zu bringen sein.

---

15 Dazu Peter Unruh, Kirchenbildung und Verfassungsgebung in Norddeutschland, in: ZevKR 57 (2012), 121-145, hier 129.

16 Dazu Johannes Heckel, Lex charitatis, hg. von Martin Heckel, Darmstadt ²1973, 225; ähnlich Erik Wolf, Recht des Nächsten, Frankfurt am Main 1958, ²1966; ausführlich ders., Ordnung der Kirche, Frankfurt am Main 1961, sowie Hans Dombois, Das Recht der Gnade, Bd. I, Witten ²1969, Bd. II, 1974, Bd. III, 1983.

17 Dazu Reuter, Rechtsbegriff, 266; vgl. auch R. Dreier, Rechtsbegriff, 177; Hartmut Maurer, Die Aufgabe disziplinarischen Handelns in der Kirche, in: Neue Zeitschrift für Verwaltungsrecht (1993), 609-617; zur Legitimation von Kirchengerichten auch Hartmut Maurer, Die Verwaltungsgerichtsbarkeit der evangelischen Kirche, Göttingen 1958, 107-138; nuancierend M. Heckel, Evangelische Freiheit, 1119; zu den Ambivalenzen Honecker, Kirchenrecht, 198-199, mit Darstellung von Kirchen- und Lehrzucht sowie Disziplinarrecht 164-169.

Nun unterliegen im Sinne einer gewissen Parallele im staatlichen Recht finanzwirksame Gesetze, deren Geldbedarf im Haushaltsgesetz nicht vorgesehen ist, einem Zustimmungsrecht der Bundesregierung (Art. 113 Abs. 1 Grundgesetz). Vor allem aber lässt sich diese Konstruktion des Kirchenrechts leicht aus der Natur der Kirche erklären. Bei Bekenntnisfragen geht es um Wahrheitsfragen, denn das Bekenntnis ist - auch als Menschenwerk - ausgerichtet an der göttlichen Wahrheit.[18] Dieses kann sich also nicht durch eine neue Mehrheit, sondern nur durch eine neue Einsicht ändern.[19] Diese ist sicherlich möglich, aber eben doch an besondere Voraussetzungen geknüpft. Im Klartext: Das geht nicht im Wege normaler, und sei es verfassungsändernder, Gesetzgebung. Insbesondere kann nicht einfach die mehrheitlich aus Laien zusammengesetzte Synode entscheiden.

Vielmehr wird - auch - besondere theologische Kompetenz verlangt. Gefordert ist zunächst eine (beratende) Beteiligung der theologischen Kammer (Art. 103). Daneben liegt eine solche Kompetenz - gerade nach der durch die Wahl zum Ausdruck gebrachten Einschätzung der Synode - auch beim Bischofsrat.[20] Dessen Vetorecht in Bekenntnisfragen ist also nur plausibel. Der in einem solchen Fall erforderliche, bereits erwähnte magnus consensus setzt zwar nicht Einstimmigkeit, aber doch Einmütigkeit voraus.[21] In einer Gemeinschaft, die sich maßgeblich auf bestimmte Überzeugungen stützt, wie dies nun einmal bei einer Kirche der Fall ist, ist das auch naheliegend. Vor solchen Entscheidungen steht wohl zumeist eine Zeit des innerkirchlichen Ringens. Bestehendes Kirchenrecht, gegebenfalls auf früheren Konsens im Bekenntnis gestützt, wird davon aber nicht berührt. Neues Kirchenrecht jedoch, das implizit den (vermeintlich) künftigen Konsens vorwegnimmt, darf

---

18 M. Heckel, Fakultäten, 130; Link, in: ZevKR 58 (2013), 10.

19 Dazu speziell zu Synoden Reinhard Slenczka, Synode zwischen Wahrheit und Mehrheit, in: KuD 29 (1983), 66-81 (77: Synode als Ort nicht der »Wahrheitsentscheidung *über* die Kirche«, sondern des »Ringen(s) um die Wahrheit *in* der Kirche«; Hervorhebung i.O.); Barth, Leitung, 89-92.

20 Dazu Barth, Leitung, 112-114; Pirson, Evangelisches Kirchenrecht, 131-132; vgl. auch M. Heckel, Fakultäten, 136; Honecker, Kirchenrecht, 150.

21 Dazu Michael Germann, Zur kirchengerichtlichen Überprüfung eines Synodenbeschlusses über die Segnung gleichgeschlechtlicher Partnerschaften, in: ZevKR 50 (2005), 590-615, hier 603; Link, in: ZevKR 58 (2013), 9-12; Honecker, Synodale Gesetzgebung, 111-112.

nicht erlassen werden. Zunächst ist die theologische Klärung herbeizuführen; danach kann und muss das Kirchenrecht folgen.[22]

Und schließlich bildet das Bekenntnis als solches keine unmittelbare Rechtsquelle.[23] Es kann daher auch nicht als solches Gegenstand richterlicher Urteilsfindung sein.[24] Die zum Teil vorgesehene Gleichsetzung der Bindung der Kirchengerichte an Kirchenrecht einerseits, Schrift und Bekenntnis andererseits ist daher missverständlich. Das Bekenntnis ist nur Hilfsmittel bei der Auslegung kirchenrechtlicher Normen.[25] Präziser sind die Richter nach der Regelung der Württembergischen Landeskirche »in Bindung an das Evangelium von Jesus Christus, wie es in der Heiligen Schrift gegeben und in den Bekenntnissen der Reformation bezeugt ist, nur dem in der Evangelischen Landeskirche in Württemberg geltenden Recht unterworfen.«[26]

2.3. Zur Konkretisierung: Die christliche Dienstgemeinschaft als Grundlage des kirchlichen Arbeitsrechts

Die in der Kirche einschließlich der entsprechenden Werke, also insbesondere der Diakonie geltenden arbeitsrechtlichen Regeln unterscheiden sich zum Teil von denen, die in sonstigen Unternehmen gelten. Grund ist das besondere Verständnis von kirchlichem Dienst: Dieser besteht primär darin, »dem gemeinsamen Auftrag der Bezeugung und Verkündung des Evangeliums nachzukommen.« »An die Stelle legitimer ökonomischer Interessenmaximierung jedes einzelnen, die das Arbeitsleben und Arbeitsrecht grundsätzlich prägt,

---

22 Jörg Winter, Die Trauung als kirchliche Amtshandlung, in: ZevKR 47 (2002), 697-706, hier 705.

23 M. Heckel, Fakultäten, 134; Germann, in: ZRG 122 Kan. 91 (2005), 526; Honecker, Kirchenrecht, 79-80.

24 Maurer, in: ZevKR 17 (1972), 62; zu ggf. unvermeidlichen inzidenten Entscheidungen: 63-64.

25 Germann, in: ZRG 122 Kan. 91 (2005), 527; Kästner, in: ZevKR 49 (2004), 179; ders., Entscheidungsmaßstäbe, 431; C. Heckel, Kirchengemeinschaft, 65; Maurer, in: ZevKR 17 (1972), 60-61; Ehlers, Aspekte, 284. Zur umstrittenen Frage, ob ein Kirchengericht ein bekenntniswidriges Kirchengesetz verwerfen (besser: nicht anwenden) darf, siehe einerseits bejahend Maurer, in: ZevKR 17 (1972), 60-61, andererseits verneinend Germann, in: ZRG 122 Kan. 91 (2005), 527; differenzierend Kästner, in: ZevKR 49 (2004), 183-184.

26 § 2 Abs. 1 KVwGG Württemberg; dazu Kästner, Entscheidungsmaßstäbe, 429, mit Hinweisen auch auf andere Regelungen.

tritt das Leitbild eines partnerschaftlichen Umgangs von Dienstnehmern und Dienstgebern«[27] – so der Anspruch.

Im individuellen Arbeitsrecht fordert kirchlicher Dienst daher regelmäßig kirchliche Mitgliedschaft und besondere Loyalitätsobliegenheiten.[28] Auf kollektiver Ebene gibt es keinen Betriebsrat, sondern Mitarbeitervertretungen.[29] Vor allem aber werden die maßgeblichen Arbeitsbedingungen weder einseitig durch den Arbeitgeber noch wie in der sonstigen Wirtschaft durch ggf. mit Hilfe von Streiks erkämpfte Tarifverträge festgelegt, sondern – im Regelfall – durch paritätisch zusammengesetzte arbeitsrechtliche Kommissionen[30] – dem sogenannten »Dritten Weg«. Dieser ist nun unter Druck geraten. Innerkirchlich besteht Diskussionsbedarf, weil sich von den drei Landeskirchen, die sich in der Nordkirche zusammengeschlossen haben, nur zwei dem Modell verpflichtet fühlen, während die dritte – Nordelbien – eine lange Tradition von Tarifverträgen kennt. Allerdings sind auch in Nordelbien Streiks unzulässig.[31] Übergangsweise besteht ein Nebeneinander (§ 56 Einführungsgesetz zur Verfassung Nordkirche).[32] Mittelfristig aber muss eine einheitliche Lösung gefunden werden.

Kirchenrechtlich seien Zweifel angebracht an den erwähnten Argumenten zum Selbstverständnis der Kirche als Arbeitgeber – partnerschaftlicher

---

27 Beide Zitate bei Heinig, »Dienstgemeinschaft«, in: ders. / Hendrik Munsonius (Hg.), 100 Begriffe aus dem Staatskirchenrecht, Tübingen 2012, 28. Zur Dienstgemeinschaft ferner Michael Germann / Heinrich de Wall, Kirchliche Dienstgemeinschaft und Europarecht, in: Rüdiger Krause / Winfried Veelken / Klaus Vieweg (Hg.), Recht der Wirtschaft und der Arbeit in Europa. GS Wolfgang Blomeyer, Berlin 2004, 549-577, hier 565.

28 Dazu Reinhard Richardi, Arbeitsrecht in der Kirche, München [6]2012, § 6 Rn. 27; Gregor Thüsing, Kirchliches Arbeitsrecht, Tübingen 2006, 100; Classen, Religionsrecht, Rn. 433-445.

29 Richardi, Arbeitsrecht, § 17; Thüsing, Arbeitsrecht, 181.

30 Richardi, Arbeitsrecht, § 14; Thüsing, Arbeitsrecht, 114. Zur bekenntnismäßigen Fundierung M. Heckel, Evangelische Freiheit, 1118; Reuter, Rechtsbegriff, 283; Honekker, Kirchenrecht, 223; zur – im Laufe der Zeit gewandelten – Haltung der Kirche zum Streikrecht im Allgemeinen Christian Waldhoff, Kirche und Streikrecht - Streikrecht in der Kirche?, in: Alfred Söllner u.a. (Hg.), GS Meinhard Heinze, München 2005, 998-999, auch mit dem richtigen Hinweis, dass aus einer grundsätzlich positiven Haltung der Kirche zum Streikrecht im Allgemeinen keine Aussage zu dessen Verhältnis zum kirchlichen Selbstbestimmungsrecht abgeleitet werden kann.

31 Dazu und zu weiteren Besonderheiten Richardi, Arbeitsrecht, § 13 Rn. 13. Siehe ferner zur theologischen Kritik am Dritten Weg Hartmut Kreß, Aktuelle Probleme des kirchlichen Arbeitsrechts, in: Zeitschrift für Rechtspolitik (2012), 103-105.

32 Dazu Unruh, in: ZevKR 57 (2012), 129.

Umgang statt individueller Interessenmaximierung. Die – in einer menschlichen Gemeinschaft unvermeidlich – auch von Streit und Auseinandersetzung geprägte Lebenswirklichkeit in der Kirche legt nahe, dass die Dienstgemeinschaft insoweit deutlich überhöht wird.

Vielmehr ist zu unterscheiden. Das zum Teil im Dritten Weg praktizierte Zurückdrängen der Gewerkschaften[33] ist historisch verständlich,[34] aber kaum mit dem Bekenntnis zu begründen.[35] Wenn die Kirche in der Welt und mit weltlichen Mitteln ihren Auftrag erfüllen will, darf man nicht verlangen, dass bei der Formulierung des kirchlichen Arbeitsrechts nur mitmachen darf, wer sich selbst christlichen Werten verpflichtet fühlt. Dienst in der Kirche ist zwar auch, aber nicht nur Dienst am Herrn. Im Ergebnis anderes gilt dagegen für den Ausschluss des Streikrechts. Wenn Dienst in der Kirche auch Dienst am Herrn ist, ist Streik schlicht unvorstellbar.

Ganz in diesem Sinne hat das Bundesarbeitsgericht im Herbst 2012 die grundsätzliche Zulässigkeit des Streikverbots bestätigt, zugleich aber Verbindlichkeit für die im Dritten Weg getroffenen Entscheidungen, vor allem aber einen festen Platz für die Gewerkschaften im Modell des Dritten Weges gefordert.[36] Dem entspricht auch das Modellgesetz der EKD, das die Bestellung der Mitarbeitervertreter im Grundsatz den in den Betrieben vertretenen Gewerkschaften zuweist (§ 5 Arbeitsrechtsregelungsgesetz). Bei diesem Ausgangspunkt haben Tarifverträge und arbeitsrechtliche Kommissionen ohnehin gemein die Suche nach einem Konsens zwischen Arbeitgeber und Arbeitnehmer bei der Ausgestaltung der Arbeitsbedingungen.[37]

2.4. Zur Konkretisierung: Gleichgeschlechtliche Paare im Kirchenrecht

Über den Umgang mit gleichgeschlechtlicher Partnerschaft ist in den letzten Jahren in der evangelischen Kirche intensiv gestritten worden. Dabei geht es um die Segnung solcher Paare einerseits, um Pfarrer und deren eventuelle

---

33 Zur Stellung der Gewerkschaften im Dritten Weg näher Richardi, Arbeitsrecht, § 14 Rn. 10-11. für den evangelischen, § 14 Rn. 21 für den katholischen Bereich; zum Gewerkschaftsbegriff Joachim E. Christoph, Zur Relativität des Gewerkschaftsbegriffs, in: ZevKR 31 (1986), 216-227, hier 225.

34 Zur historischen Entwicklung Gerhard Grethlein, Entstehungsgeschichte des Dritten Weges, in: ZevKR 37 (1992), 1-27; zum ursprünglichen Desinteresse der Gewerkschaften an den Kirchen als Arbeitgeber: 6.

35 Vgl. auch Bundesarbeitsgericht (BAG), in: NZA (2013), 448-467, hier 464.

36 BAG, in: NZA (2013), 437-448.448-467.

37 Dazu auch BAG, in: NZA (2013), 463.

Lebenspartner andererseits. Lange Zeit war die Stellungnahme des Rates der EKD mit dem Titel »Mit Spannungen leben« bestimmend.[38] Weil Homosexualität zunehmend gesellschaftlich akzeptiert sei, aber zugleich theologisch gesehen dem Willen Gottes widerspreche, wird eine offizielle Segnung solcher Partnerschaften im Rahmen eines Gottesdienstes abgelehnt; Maßnahmen im Rahmen persönlicher Seelsorge werden dagegen als zulässig angesehen. Einige Landeskirchen halten jedoch weitergehend unter bestimmten Voraussetzungen eine Segnung im Rahmen eines Gottesdienstes für möglich.[39]

Bei der Suche nach einer Lösung könnte man speziell in der Nordkirche versucht sein, auf Art. 2 Abs. 2 von deren Verfassung zu verweisen. Danach sind – bewusst an Art. 3 Abs. 1 Grundgesetz anknüpfend, inhaltlich wohl auch an eine Aussage im Galaterbrief (3,26-29) – alle Menschen vor dem Kirchenrecht gleich. Das Bundesverfassungsgericht sieht nämlich eine Benachteiligung der Lebenspartnerschaft gegenüber der Ehe wegen deren Vergleichbarkeit regelmäßig als unzulässig an.[40]

Nun wird schon über diese verfassungsrechtliche Ableitung gestritten.[41] Im Kirchenrecht ist sie nicht vorstellbar, denn dieses darf eine theologisch

---

38 Mit Spannungen leben. Eine Orientierungshilfe des Rates der Evangelischen Kirche in Deutschland zum Thema »Homosexualität und Kirche«, EKD-Texte 57, Hannover 1996; siehe ferner Kirchenamt der EKD, Theologische, staatskirchenrechtliche und dienstrechtliche Aspekte zum kirchlichen Umgang mit den rechtlichen Folgen der Eintragung gleichgeschlechtlicher Lebenspartnerschaften nach dem Lebenspartnerschaftsgesetz, Hannover 2002, sowie die 2013 verabschiedete Orientierungshilfe des Rates der EKD »Zwischen Autonomie und Angewiesenheit« (Rn. 51-53).

39 Beispiele bei Burkhard Kämper, Eingetragene Lebenspartnerschaft und kirchlicher Dienst, in: Stefan Muckel (Hg.), Kirche und Religion im sozialen Rechtsstaat. FS Wolfgang Rüfner, Berlin 2003, 399-421, hier 412-413. Winter hält eine Differenzierung bei der Art des Segens für nicht möglich, in: ZevKR 47 (2002), 703.

40 Zur Hinterbliebenenversorgung – Entscheidungen des Bundesverfassungsgerichts 124, 199; zur Erbschaftssteuer – BVerfGE 126, 331; zur Beamtenbesoldung – BVerfGE 131, 239; zu Fragen des Adoptionsrechts – BVerfG, in: Juristenzeitung (2013), 460; zum Ehegattensplitting – BVerfG, in: EuGRZ (2013), 316-335. 1957 hat es noch die Strafbarkeit männlicher homosexueller Betätigung für zulässig erachtet (BVerfGE 6, 389).

41 Kritik etwa bei Christian Hillgruber, Der besondere Schutz der Ehe aufgehoben durch das BVerfG?, in: Juristenzeitung (2010), 41-44, hier 43; Uwe Kischel, in: Volker Epping / Christian Hillgruber (Hg.), Beck'scher Onlinekommentar GG, Art. 3 Rn. 120a (gelesen 15.5.2013); Arnd Uhle, in: Volker Epping / Christian Hillgruber (Hg.), Beck'scher Onlinekommentar GG, Art. 6 Rn. 36.2; Hans Hofmann, in: Bruno Schmidt-Bleibtreu / Franz Klein (Hg.), Kommentar zum Grundgesetz, Köln [12]2011, Art. 6 Rn. 22a; Peter Badura, in: Theodor Maunz / Günter Dürig (Hg.), Grundgesetz, Art. 6 Rn. 58d.

umstrittene Frage nicht neu beantworten, und die genannten Beschlüsse zur Segnung einer gleichgeschlechtlichen Partnerschaft im Gottesdienst stellen eine Änderung des Verständnisses der Heiligen Schrift dar. Unabhängig von den jeweiligen persönlichen Überzeugungen ist nämlich nicht zu bestreiten, dass die einschlägigen Bibelstellen in der Vergangenheit unstreitig als negative Bewertung der Homosexualität angesehen wurden. Und soweit ein Pfarrer nicht nur als Seelsorger bestimmte Maßnahmen ergreift, die er dann nur sich selbst gegenüber verantworten muss, sondern im Namen der Kirche bestimmte Amtshandlungen vornimmt – und eine Segnung in einem Gottesdienst stellt eine solche dar –, müssen auch die Maßstäbe der Kirche zum Tragen kommen. Einschlägige Synodalentscheidungen betreffen also das rechte Verständnis des Evangeliums, das Bekenntnis, und erfordern daher den bereits erwähnten magnus consensus.[42]

Mit Blick auf die Pfarrer war Anlass für Diskussionen das neue Pfarrdienstgesetz der EKD. Ausgehend von der selbstverständlichen Bindung der Pfarrer an die christlichen Gebote auch in ihrer privaten Lebensführung[43] sind nach dessen § 39 Pfarrerinnen und Pfarrer auch in ihrer Lebensführung im familiären Zusammenleben und in ihrer Ehe an die Verpflichtungen aus der Ordination gebunden. Nach der Begründung zu dieser Norm kann der Begriff »familiäres Zusammenleben« auch eingetragene Lebenspartner erfassen. Dazu haben sich Anfang 2011 acht Altbischöfe kritisch zu Wort gemeldet.[44] Andere Theologen sehen hingegen hier kein prinzipielles Problem.[45]

Zustimmung hingegen bei Claus Dieter Classen, Dynamische Grundrechtsdogmatik bei Ehe und Familie?, in: Deutsches Verwaltungsblatt (2013), 1086-1093, hier 1089-1090, mit Darstellung des Streitstandes.

42 Link, in: ZevKR 58 (2013), 17; Hans Martin Müller, Theologische Bemerkungen zum christlichen Eheverständnis, in: ZevKR (47) 2002, 530-543, hier 541-542; Germann, in: ZevKR 50 (2005), 607; Kämper, Lebenspartnerschaft, 413.

43 Dazu etwa Hartmut Maurer, Bestehen für die Lebensführung von Pfarrern und Kirchenbeamten besondere rechtliche Anforderungen?, in: ZevKR 38 (1993), 397-412, hier 403-412.

44 Abrufbar unter www.zeit.de/gesellschaft/originaldokument/brief-altbischoefe.pdf (gelesen 21.1.2013).

45 Nachweise etwa unter www.zeit.de/2011/04/Bischoefe-Partnerwahl (gelesen 21.1.2013). Siehe ferner: Empfehlung der Bischofskonferenz der VELKD vom 9. März 2004 für den dienstrechtlichen Umgang mit Eingetragenen Lebenspartnerschaften und gleichgeschlechtlichen Lebensgemeinschaften von Pfarrern und Pfarrerinnen gemäß Art. 9 Abs. 2 Satz 2 der Verfassung der VELKD; weiterhin Kämper, Lebenspartnerschaft, 412-413

Im Jahre 1990 hat der Senat für Amtszucht der Landeskirchen von Hannover und Braunschweig die damalige vorherrschende Meinung wohl zutreffend dahingehend beschrieben, dass »die auf Lebenszeit angelegte Ehe die einzige Form ist, in der nach christlicher Auffassung Sexualität gelebt werden soll.« Das Zusammenleben eines evangelischen Pfarrers in einer gleichgeschlechtlichen Lebensgemeinschaft tangiert danach die Glaubwürdigkeit der Verkündung in erheblichem Maße, sodass die betreffende Person ihrer Leitbildfunktion nicht mehr gerecht werde. Dabei ist dem Urteil kein Hinweis auf Probleme in der Gemeinde zu entnehmen. Als Rechtsfolge wurde – wie von der Vorinstanz – die Versetzung in den Wartestand vorgesehen, diese aber angesichts der sich damals abzeichnenden Diskussion um diese Frage zunächst auf fünf Jahre befristet, um einem Wandel der Auffassungen Rechnung tragen zu können.[46]

Demgegenüber ist § 39 Pfarrdienstgesetz auf Offenheit angelegt. Nach der Begründung umfasst der

> »Begriff ›familiäres Zusammenleben‹ ... nicht nur das generationsübergreifende Zusammenleben, sondern jede Form des rechtsverbindlich geordneten Zusammenlebens von mindestens zwei Menschen, das sich als auf Dauer geschlossene, solidarische Einstandsgemeinschaft darstellt und damit den in (§ 39) Satz 2 genannten inhaltlichen Anforderungen Verbindlichkeit, Verlässlichkeit und gegenseitige Verantwortung genügt. Soweit diese Anforderungen erfüllt sind, bleibt es den Gliedkirchen und gliedkirchlichen Zusammenschlüssen überlassen, ihr eigenes Profil für die Anwendung von § 39 Abs. 1 zu entwickeln und die Norm auf diese Weise näher auszugestalten.«

Das Kirchengesetz will also hier auch durch die Begründung keine Entscheidung herbeiführen, sondern den unterschiedlichen Rechtszustand in der EKD durch eine für alle akzeptable Regelung auf einen Nenner bringen.[47] Das Gesetz regelt ja nicht, wer in welchen Formen zusammenleben darf, sondern knüpft nur jedes Zusammenleben an die Verpflichtung, den Partner bzw. die

---

46 ZevKR 36 (1991), 211. Zustimmend Hans Martin Müller, Homosexualität als Amtspflichtverletzung, in: ZevKR 36 (1991), 199-204, hier 203; ausführlich ders., in: ZevKR 47 (2002), 530-543; Günter Linnenbrink, Zur Frage der Lebensführung kirchlicher Mitarbeiter insbesondere der Pfarrerschaft, in: ZevKR 38 (1993), 381-396 (389-396 mit den Annahmen, dass die Ergebnisse sexualwissenschaftlicher Forschungen offen seien (392) und ein homosexuell ausgerichteter Pfarrer bzw. Pfarrerin sexuelle Enthaltsamkeit üben müsse (393)).

47 Dazu Heinrich de Wall, Das Pfarrdienstgesetz der EKD, in: ZevKR 57 (2012), 390-409, hier 402.

Partnerin auch anständig zu behandeln. Das aber müsste auch der ärgste Kritiker bzw. die ärgste Kritikerin einer gleichgeschlechtlichen Partnerschaft im Pfarrhaus akzeptieren. Verwunderlich ist nur die Begriffswahl, weil sich im staatlichen Recht mit dem Begriff der Familie zwingend eine generationenübergreifende Beziehung verbindet.[48]

3. Das Bekenntnis im staatlichen Religionsrecht

3.1. Religionsgemeinschaftliches Bekenntnis und staatlicher Religionsunterricht

Die Bedeutung des Bekenntnisses für das staatliche Recht wird vor allem im Zusammenhang mit dem Religionsunterricht deutlich. Dieser ist nach Art. 7 Abs. 3 Grundgesetz »ordentliches Lehrfach« und muss »in Übereinstimmung mit den Grundsätzen der Religionsgemeinschaften erteilt« werden. Damit soll die Ausrichtung des Religionsunterrichts am religiösen Bekenntnis sichergestellt werden. Religionsunterricht ist nicht Religionskunde im Sinne einer neutralen Unterrichtung über Religion im allgemeinen oder eine bestimmte Religion, sondern durch die Ausrichtung auf ein konkretes Bekenntnis einschließlich von dessen Wahrheitsanspruch definiert.[49] Löst sich Religionsunterricht von der Vermittlung von spezifischen Glaubenswahrheiten, verliert er sein verfassungsrechtliches Fundament.

Dies führt schon im christlichen Bereich gelegentlich zu Schwierigkeiten, etwa wenn es an Lehrern fehlt oder – insbesondere in Diasporagegenden – an einer hinreichenden Anzahl von Schülern der jeweiligen christlichen Konfession. In Hamburg wird daher ein nur im Ansatz evangelischer, aber letzt-

---

48 Zum Begriff der Familie nach Art. 6 GG BVerfGE 10, 59 (66); 48, 327 (339); Classen, in: Deutsches Verwaltungsblatt (2013), 1090-1091. Ein weitergehendes Familienverständnis hat allerdings der Europäische Gerichtshof für Menschenrechte entfaltet; siehe EuGRZ 1995, 113 Rn. 44 (Keagan); deutlich EuGRZ 2010, 445 Rz. 94-95 (Schalk und Kopf); dazu auch Christoph Grabenwarter / Katharina Pabel, Europäische Menschenrechtskonvention, München [5]2012, § 22 Rn. 16-18.

49 Christoph Link, Konfessioneller Religionsunterricht in einer gewandelten sozialen Wirklichkeit?, in: ZevKR 46 (2001), 257-285, hier 259; Gerhard Robbers, in: Hermann v. Mangoldt / Friedrich Klein / Christian Starck (Hg.), Kommentar zum Grundgesetz, Bd. I, München [6]2010, Art. 7 Rn. 127; Rolf Gröschner, in: Horst Dreier (Hg.), Kommentar zum Grundgesetz, Bd. I, Tübingen [2]2004, Art. 7 Rn. 91-92.

lich an alle Schüler gerichteter Unterricht erteilt.[50] Dies entspricht zwar nicht ganz der reinen Lehre. Allerdings dringt Religionsunterricht nur selten so tief in bekenntnisbezogene Fragen ein, dass dies zu unüberwindlichen Schwierigkeiten führt. Und selbst wenn dies im Einzelfall der Fall ist – Beispiel: die Rolle des Papstes in der katholische Kirche –, besteht die Möglichkeit einer ausdifferenzierten Darstellung. Daher kann man dies für den Bereich der christlichen Kirchen noch akzeptieren.[51] Ohnehin gehören heute weltreligiöse Didaktik und interreligiöses Lernen anerkanntermaßen zum Religionsunterricht.[52] Allerdings geht es insoweit dann nicht mehr um dessen eigentliches Proprium, die Vermittlung von Religion als Wahrheit.

Der im Kontext des Hamburger Modells zum Teil geäußerte Gedanke, dass Religionsunterricht eben nicht einen bestimmten Glauben vermitteln müsse, sondern sich eine gewisse Neutralität auferlegen könne,[53] verkennt allerdings das dargestellte verfassungsrechtliche Konzept von Religionsunterricht. Daher sind der Einbeziehung anderer Religionen Grenzen gesetzt. In den jüngst von Hamburg mit islamischen Organisationen abgeschlossenen Verträgen ist zwar auch deren Beteiligung an diesem konfessionsübergreifenden Religionsunterricht vorgesehen.[54] Unabhängig von der Haltung der evan-

---

[50] Dazu Link, in: ZevKR 46 (2001), 257-261; Elisabeth Chowaniec, Ein Staatskirchenvertrag für Hamburg, in: ZevKR 54 (2009), 445-464 (456: »labiles Gleichgewicht«).

[51] Link, in: ZevKR 46 (2001), 275-276; allgemein auch Claus Dieter Classen, Religionsfreiheit und Staatskirchenrecht in der Grundrechtsordnung, Tübingen 2003, 102; zurückhaltender Martin Heckel, Neue Formen des Religionsunterrichts?, in: Rainer Grote u.a. (Hg.), Die Ordnung der Freiheit. FS Christian Starck, Tübingen 2007, 1093-1128, hier 1118-1119.1124-1128.

[52] Dazu etwa Rainer Lachmann, Historischer Kontext: Ansätze und Grundfragen der Religionsdidaktik am Ende des 20. Jahrhunderts, in: Bernhard Grümme / Hartmut Lenhard / Manfred L. Pirner (Hg.), Religionsunterricht neu denken, Stuttgart 2012, 14-28, hier 23-24; siehe auch Beate-Irene Hämel / Thomas Schreijäck, Förderung interkultureller Bildung in Schule und Religionsunterricht, in: Bernhard Grümme / Hartmut Lenhard / Manfred L. Pirner (Hg.), Religionsunterricht neu denken, Stuttgart 2012, 146-158; zum interreligiösen Lernen auch Volker Elsenbast / Peter Schreiner / Ursula Sieg (Hg.), Handbuch Interreligiöses Lernen, Darmstadt 2005; Christina Kalloch / Stephan Leimgruber / Ulrich Schwab, Lehrbuch der Religionspädagogik, Freiburg i. B. [2]2010, 274-286.

[53] So Kalloch / Leimgruber / Schwab, Lehrbuch, 213.

[54] Siehe jeweils Art. 6 der beiden Verträge mit dem DITIB-Landesverband Hamburg, SCHURA – Rat der Islamischen Gemeinschaften in Hamburg und dem Verband der Islamischen Kulturzentren einerseits, der Alevitischen Gemeinde andererseits.

gelischen Kirche[55] übersteigt das den verfassungsrechtlichen Rahmen, weil es hier ersichtlich an hinreichend gemeinsamen Glaubensüberzeugungen im Sinne eines gemeinsamen Bekenntnisses fehlt;[56] der christliche Charakter des Unterrichts wird dann nicht mehr gewahrt.

Im Übrigen wirft islamischer Religionsunterricht in staatlichen Schulen und damit verbunden islamische Theologie an staatlichen Universitäten vor allem deswegen Probleme auf, weil es anders als bei den christlichen Kirchen hier für den Staat keine klaren Ansprechpartner gibt. Diese sind aber notwendig, weil nur die betreffende Religionsgemeinschaft darüber entscheiden kann, wie der Religionsunterricht auszugestalten ist,[57] und wie im Bereich der christlichen Theologie zugunsten der jeweiligen Kirche selbstverständlich[58] muss es auch hier Zustimmungsrechte bei der Berufung von Theologen und bei der Gestaltung der Prüfungs- und Studienordnungen an Universitäten geben.

Bedingt durch ein abweichendes Religionsverständnis – jeder Muslim steht in unmittelbarer Beziehung zu Allah – gibt es im Islam keine kirchlichen Strukturen. In Deutschland gibt es nur zahlreiche Vereine, teils örtlicher Art (Moscheevereine), teils überregionaler Art.[59] Diese entsprechen aber nicht dem verfassungsrechtlichen Leitbild von Religionsgemeinschaft. Zum einen sind nicht alle Muslime, sondern nur ein Teil, in der Regel die Familienoberhäupter, überhaupt organisiert. Zum anderen sind die Menschen am ehesten in örtlichen Moscheevereinen Mitglied, die aber naturgemäß nicht die gleiche Legitimation wie die Kirchen besitzen, glaubensrelevante Fragen zu entscheiden. Und die überregionalen Verbände wiederum haben nicht wie Kirchen natürliche Personen, sondern die Moscheevereine als Mitglied.

Nun sind anerkanntermaßen die einschlägigen Vorschriften des Grundgesetzes nicht im Lichte eines Leitbildes christlicher Kirchen zu interpretieren, sondern offen im Sinne der Gewährleistung der Religionsfreiheit für alle

---

55 Offenheit nimmt an Chowaniec, in: ZevKR 54 (2009), 457.

56 Vgl. auch Link, in: ZevKR 46 (2001), 275-276; ders., in: ZevKR 47 (2002), 460; M. Heckel, Neue Formen, 1116.

57 Dazu allgemein BVerfGE 74, 244 (251-253); Classen, Religionsrecht, Rn. 486. Zur Diskussion um die damit verbundenen Probleme beim Islam siehe etwa Martin Heckel, Religionsunterricht für Muslime?, in: Juristenzeitung (1999), 741-758; Nina Coumont, Islam in der Schule, in: Stefan Muckel (Hg.), Der Islam im öffentlichen Recht des säkularen Verfassungsstaates, Berlin 2008, 551-565.

58 Dazu M. Heckel, Fakultäten, 47-83.84-126; Classen, Religionsrecht, Rn. 546-551.

59 Thomas Lemmen, Muslime in Deutschland, Baden-Baden 2001.

Religionen.[60] Das den Religionsgemeinschaften zustehende Recht auf Selbstorganisation gestattet diesen auch eine Arbeitsteilung. Daher kann man manche Dachverbände als Religionsgemeinschaften im Sinne von Art. 7 Abs. 3 Grundgesetz ansehen, also als berechtigt, das Programm eines islamischen Religionsunterrichts abzusegnen.[61] Offen bleibt aber, wie angesichts der Vielzahl von muslimischen Gemeinschaften eine hinreichend klare Struktur geschaffen werden kann. Man benötigt ja wissenschaftlich ausgebildete Lehrkräfte, und außerdem setzt Religionsunterricht eine gewisse Mindestanzahl von Schülern und Schülerinnen voraus. Je stärker zersplittert die islamische Gemeinschaft ist, desto schwerer ist sicherzustellen, dass Schülerinnen und Schüler und Lehrerinnen und Lehrer auch innerhalb der diversen Schattierungen des Islams zusammenpassen.

Mancherorts soll das Problem durch Beiräte gelöst werden, die die Rechte der organisierten Religionsgemeinschaft wahrnehmen sollen. Das Modell wurde zunächst für die islamische Theologie in Münster entwickelt[62] und leicht modifiziert Ende 2011 als Übergangsregelung im Schulgesetz von Nordrhein-Westfalen für den dortigen Religionsunterricht verankert (§ 132a). Mitglied sind in diesen Beiräten Vertreter der jeweils maßgeblichen vier islamischen Dachverbände. Angesichts des geringen formalen Repräsentationsgrades dieser Organisationen sind zusätzlich eine gleiche Anzahl weiterer Personen vertreten, die jeweils im Einvernehmen von den muslimischen Verbänden und den betreffenden staatlichen Akteuren bestellt werden.

Im Beirat der Universität Münster sind zwei muslimische Religionsgelehrte und zwei muslimische Personen des öffentlichen Lebens vertreten. Das Schulgesetz sieht im Kern die gleiche Struktur vor, verlangt aber auch

---

60 Zur Bedeutung des Selbstverständnisses im Kontext der Religionsfreiheit – Martin Heckel, Gesammelte Schriften, Bd. IV, hg. von Klaus Schlaich, Tübingen 1997, 689-691; Axel Isak, Das Selbstverständnis der Kirchen und Religionsgemeinschaften für die Auslegung des staatlichen Rechts, Berlin 1994; Classen, Religionsrecht, Rn. 43-47.

61 BVerwG, in: Neue Juristische Wochenschrift (2005), 2101-2108, hier 2103-2105; Classen, Religionsrecht, Rn. 480-482; Peter Unruh, Religionsverfassungsrecht, Baden-Baden [2]2012, Rn. 253, 292, 459.

62 Dazu, auch positiv zur Verfassungsmäßigkeit, Christian Walter u.a., Die Einrichtung von Beiräten für Islamische Studien, Baden-Baden 2011; Janbernd Oebbecke, Islamische Theologie an deutschen Universitäten, in: ZevKR 56 (2011), 262-278, hier 269-275; vgl. auch Classen, Religionsrecht, Rn. 500; abl. Jörg-Uwe Hahn, Ausnahmefall islamischer Religionsunterricht?, in: F.A.Z. vom 3.3.2012, 12; zurückhaltend Unruh, Religionsverfassungsrecht, Rn. 461; Hans Michael Heinig, Islamische Theologie an staatlichen Hochschulen in Deutschland, in: ZevKR 56 (2011), 238-261, hier 252-260.

von den Personen des öffentlichen Lebens eine theologische, religionspädagogische oder islamwissenschaftliche Qualifikation. Im Schulgesetz von Nordrhein-Westfalen explizit genannte Voraussetzung dieser Konstruktion ist dabei, dass auf Grund der Zahl der in Betracht kommenden Schüler Bedarf besteht, islamischen Religionsunterricht im Sinne des Schulgesetzes einzuführen, aber noch keine entsprechende Religionsgemeinschaft im Sinne von Art. 14 und 19 Landesverfassung und Art. 7 Abs. 3 Grundgesetz existiert. Vertreten mehrere Organisationen das gleiche Bekenntnis oder verwandte Bekenntnisse, soll das Ministerium eine Zusammenarbeit mit ihnen gemeinsam anstreben.

Die umstrittene Verfassungsmäßigkeit dieser Regelung ist zu bejahen. Das Modell lebt von der Bereitschaft der Beteiligten an der Mitwirkung. Diese stehen letztlich vor dem schon für Hamburg angesprochenen Problem: Religionsunterricht kann auch verwandte Bekenntnisse zusammenfassen, wenn die Gemeinsamkeiten hinreichen und zudem die Bereitschaft vorhanden ist, gegebenenfalls mit Divergenzen offen umzugehen. Dem kann man sich natürlich verweigern. Nur bestehen kaum Alternativen – welcher muslimische Verein kann gewährleisten, dass seiner islamischen Ausrichtung eine so große Schülerzahl zuzurechnen ist, dass der Staat tatsächlich Religionsunterricht organisieren muss? Und während die katholische Kirche eine Autorität kennt, die in Bekenntnisfragen letztverbindlich entscheiden kann, nämlich den Papst, und evangelische Kirchen immerhin über geistliche Leitungen verfügen, sind die Verhältnisse im Islam weitaus diffuser. Im vorliegenden Zusammenhang kann dies – den Willen der Beteiligten vorausgesetzt – die Kooperation durchaus erleichtern.

Bezweifelt wird auch das Recht des Staates, eine solche Organisation zu schaffen, denn über das Bekenntnis als Grundlage für die Entscheidung über Lehrpläne und Personaleinstellung kann nur die Religionsgemeinschaft entscheiden, nicht der Staat.[63] Das geschieht aber vorliegend auch gar nicht. Der Staat schafft allein – in Absprache mit den verschiedenen muslimischen Organisationen – einen organisatorischen Rahmen, der sicherstellen soll, dass diejenigen, die für den Islam sprechen, diesen auch in seiner Breite und Vielfalt repräsentieren. Nur dann funktioniert das Modell. Geknüpft wird es zudem daran, dass es »keine entsprechende Religionsgemeinschaft gibt«. Dabei geht es nicht nur darum, ob überhaupt eine Religionsgemeinschaft im Islam besteht, sondern auch, ob diese den Bedarf repräsentieren kann. Und genau

[63] Zur Unzulässigkeit solcher »Grundrechtshilfe« siehe Classen, Religionsfreiheit, 86; Unruh, Religionsverfassungsrecht, Rn. 457.

daran hat es in der Vergangenheit regelmäßig gefehlt, weil die einzelnen Organisationen diesen jeweils für sich kaum nachweisen konnten.

Von daher ist auch die Einbeziehung von Personen jenseits des organisierten Islams sachgerecht, sofern diese zwei Voraussetzungen erfüllen: Sie müssen mit Zustimmung der islamischen Gruppierungen bestellt werden und eine spezifische religionspädagogische Kompetenz aufweisen. Dies ist im Schulgesetz von Nordrhein-Westfalen so verankert, letzteres aber nicht bei dem Beirat in Münster. Unter diesen Voraussetzungen ist es also ein tragfähiges Modell.

3.2. Zur Zukunft der Dienstgemeinschaft – Streik in der Kirche?

Beim Dritten Weg schließlich sind aus staatlicher Sicht zwei Rechtspositionen in Einklang zu bringen: Das Selbstbestimmungsrecht der Kirchen nach dem bereits erwähnten Art. 137 Abs. 3 Weimarer Reichsverfassung und die Koalitionsfreiheit nach Art. 9 Abs. 3 Grundgesetz. Im Rahmen der Europäischen Menschenrechtskonvention geht es vergleichbar um die Religionsfreiheit des Art. 9 und die Vereinigungsfreiheit des Art. 11. Eigentlich wäre hier der Gesetzgeber gefordert, doch der überlässt den heiklen Ausgleich wohl lieber den Gerichten, die sich dem auch nicht entziehen können.[64]

Bei beiden Rechtsgütern kann man Argumente für ein besonderes, das entgegengesetzte Recht dominierendes Gewicht anführen: Beim Selbstbestimmungsrecht das Recht zur eigenständigen Normierung des Lebenssachverhaltes,[65] bei der Koalitionsfreiheit die unmittelbare Drittwirkung und die – anders als bei Art. 137 Abs. 3 Weimarer Reichsverfassung – fehlende Schrankenregelung. Beides überzeugt nicht.[66] Es ist das Grundprinzip der verfassungsrechtlichen Konfliktbewältigung – die »praktische Konkordanz« bzw. der »schonende Ausgleich«[67] – heranzuziehen; danach soll von beiden Rechtsgütern möglichst viel bewahrt bleiben.

---

[64] Siehe dazu BVerfGE 84, 212 (226-227) zur Koalitionsfreiheit; ferner 81, 242 (256) zum Individualarbeitsrecht; dem folgend BAG, in: NZA (2013), 462-463.

[65] Dazu Waldhoff, Kirche und Streikrecht, 1003-1008; dem folgend Hermann Reichhold, Streik zur Systemüberwindung oder Systemstabilisierung?, in: ZevKR 57 (2012), 57-74, hier 65-68.

[66] Christian Walter, Kirchliches Arbeitsrecht vor den europäischen Gerichten, in: ZevKR 57 (2012), 233-262, hier 250.

[67] Klassisch Konrad Hesse, Grundzüge des Verfassungsrechts, Heidelberg [20]1995, Rn. 317-319; Peter Lerche, Übermaß und Verfassungsrecht, Goldbach [2]1999, 153; ebenso

Der auf den ersten Blick naheliegende Gedanke einer bereichsspezifischen Differenzierung in Abhängigkeit von der Verkündungsnähe[68] verkennt, dass es vorliegend um ein letztlich auf kollektive Wahrnehmung angelegtes Recht und zudem nicht nur um die Glaubwürdigkeit der Verkündung geht, sondern um den – in jeder Funktion praktizierten – Dienst am Herrn.[69] Zu Recht hat das Bundesarbeitsgericht auf anderem Wege eine austarierte Lösung hergestellt. Einerseits waren der zum Teil praktizierte völlige Ausschluss der Gewerkschaften und die nur begrenzte rechtliche Bindung der Kirche nicht zu rechtfertigen. Andererseits träfe ein Streikrecht die Kirche elementar; das Bekenntnis wäre in Frage gestellt.[70] Reformbedarf besteht nun allerdings bei einigen landeskirchlichen Regelungen, vor allem aber im Bereich der katholischen Kirche.

4. Zusammenfassung

Insgesamt kommt dem Bekenntnis sowohl im Kirchenrecht als auch im staatlichen Religionsrecht eine zentrale Rolle zu, weil es die Identität der Kirche / Religionsgemeinschaft bestimmt. An ihm muss sich das Kirchenrecht ausrichten. Im staatlichen Recht markiert es vor allem den Bereich, der den Religionsgemeinschaften zur Selbstbestimmung überlassen bleiben muss. Das gilt auch und gerade dort, wo diese mit dem Staat kooperieren, wie dies vor allem im Bereich von staatlichem Religionsunterricht und universitärer Theologie der Fall ist.

---

zur konkreten Problematik BAG, in: NZA (2013), 463; Reichold, in: ZevKR 57 (2012), 64; mit Blick auf die EMRK Walter, in: ZevKR 57 (2012), 250-251.

68 So LAG Hamm, in: Neue Zeitschrift für Arbeitsrecht / Rechtsprechungsreport 2011, 185.

69 Abl. auch Waldhoff, Kirche und Streikrecht, 1037.

70 BAG, in: NZA (2013), 448; ebenso (zur EMRK) Walter, in: ZevKR 57 (2012), 260-261. Den status quo verteidigend Reichold, in: ZevKR 57 (2012), 72.

Verzeichnis der Abbildungen

Alle Abbildungen in diesem Band werden ausschließlich zu wissenschaftlichen Zwecken wiedergegeben.

Autorenverzeichnis

Dr. Heinrich Assel, geb. 1961, Professor für Systematische Theologie an der Ernst-Moritz-Arndt-Universität Greifswald

Dr. Friederike Benthaus-Apel, geb. 1961, Professorin für Soziologie an der Evangelischen Fachhochschule Rheinland-Westfalen-Lippe in Bochum

Dr. Stefan Beyerle, geb. 1964, Professor für Altes Testament an der Ernst-Moritz-Arndt-Universität Greifswald

Dr. Christfried Böttrich, geb. 1959, Professor für Neues Testament an der Ernst-Moritz-Arndt-Universität Greifswald

Dr. Claus Dieter Classen, geb. 1960, Professor für Öffentliches Recht, Europa- und Völkerrecht an der Ernst-Moritz-Arndt-Universität Greifswald

Dr. Matthias Clausen, geb. 1972, Professor für Systematische Theologie und Praktische Theologie (Inhaber der Karl-Heim-Professur für Evangelisation und Apologetik) an der Evangelischen Hochschule Tabor in Marburg a. d. Lahn

Dr. Stefan Fassbinder, geb. 1966, Leiter der Abteilung Landesgeschichte am Pommerschen Landesmuseum in Greifswald

Dr. Volker Gummelt, geb. 1963, apl. Professor am Lehrstuhl für Kirchengeschichte an der Ernst-Moritz-Arndt-Universität Greifswald

Dr. Thomas K. Kuhn, geb. 1963, Professor für Kirchengeschichte an der Ernst-Moritz-Arndt-Universität Greifswald

Dr. Roland Rosenstock, geb. 1966, Professor für Praktische Theologie mit dem Schwerpunkt Religionspädagogik und Medienpädagogik an der Ernst-Moritz-Arndt-Universität Greifswald

Dr. Andreas Ruwe, geb. 1958, Sprachlektor für Hebräisch am Lehrstuhl für Altes Testament an der Ernst-Moritz-Arndt-Universität Greifswald

Dr. Matthias Schneider, geb. 1959, Professor für Kirchenmusik an der Ernst-Moritz-Arndt-Universität Greifswald

Dr. Henning Theißen, geb. 1974, Privatdozent, wissenschaftlicher Mitarbeiter am Lehrstuhl für Systematische Theologie an der Ernst-Moritz-Arndt-Universität Greifswald